CONHECIMENTO OBJETIVO

Dados Internacionais de Catalogação na Publicação (CIP)
(Câmara Brasileira do Livro, SP, Brasil)

Popper, Karl R.
 Conhecimento objetivo : uma abordagem evolutiva / Karl R. Popper ; tradução de Bruno Mendes dos Santos. – Petrópolis, RJ : Vozes, 2021. – (Coleção Pensamento Humano)

 Título original: Objective knowledge
 Bibliografia.
 ISBN 978-65-5713-398-9

 1. Indução (Lógica) 2. Teoria do conhecimento
I. Título. II. Série.

21-75840   CDD-121

Índices para catálogo sistemático:
1. Teoria do conhecimento : Filosofia 121

Cibele Maria Dias – Bibliotecária – CRB-8/9427

Karl R. Popper

CONHECIMENTO OBJETIVO

Uma abordagem evolutiva

Tradução de Bruno Mendes dos Santos

Petrópolis

Bragança Paulista

© Karl R. Popper 1945
© University of Klagenfurt / Karl Popper Library 2008

Tradução realizada a partir do original em inglês intitulado
Objective Knowledge: An Evolutionary Approach.
Oxford: Clarendon; New York: Oxford University Press, edição revisada
(reimpressa com correções e um novo apêndice 2), 1979.

Direitos de publicação em língua portuguesa – Brasil:
2021, Editora Vozes Ltda.
Rua Frei Luís, 100
25689-900 Petrópolis, RJ
www.vozes.com.br
Brasil

Editora Universitária São Francisco – Edusf
Avenida São Francisco de Assis, 218
Jardim São José
12916-900 Bragança Paulista, SP
www.saofrancisco.edu.br/edusf
edusf@saofrancisco.edu.br
Brasil

Todos os direitos reservados. Nenhuma parte desta obra poderá ser reproduzida
ou transmitida por qualquer forma e/ou quaisquer meios (eletrônico ou mecânico,
incluindo fotocópia e gravação) ou arquivada em qualquer sistema ou banco de
dados sem permissão escrita da editora.

CONSELHO EDITORIAL

Diretor
Gilberto Gonçalves Garcia

Editores
Aline dos Santos Carneiro
Edrian Josué Pasini
Marilac Loraine Oleniki
Welder Lancieri Marchini

Conselheiros
Francisco Morás
Ludovico Garmus
Teobaldo Heidemann
Volney J. Berkenbrock

Secretário executivo
Leonardo A.R.T. dos Santos

Editoração: Maria da Conceição B. de Sousa
Diagramação: Sheilandre Desenv. Gráfico
Revisão gráfica: Nilton Braz da Rocha / Fernando Sergio Olivetti da Rocha
Capa: Editora Vozes

ISBN 978-65-5713-398-9 (Brasil)
ISBN 0-19-875024-2 (Áustria)

Editado conforme o novo acordo ortográfico.

Este livro foi composto e impresso pela Editora Vozes Ltda.

Dedicado a Alfred Tarski.

PREFÁCIO

O fenômeno do conhecimento humano é, sem dúvida, o maior milagre do nosso universo. Ele constitui um problema que não será resolvido tão cedo e estou longe de crer que o presente volume dê sequer uma pequena contribuição para sua solução. Mas espero ter ajudado a retomar uma discussão que há três séculos fica atravancada em preliminares.

Desde Descartes, Hobbes, Locke e sua escola, que inclui não apenas David Hume mas também Thomas Reid, a teoria do conhecimento humano tem sido, em grande medida, subjetivista: o conhecimento tem sido considerado como um tipo especialmente seguro de crença humana e o conhecimento científico como um tipo especialmente seguro de conhecimento humano.

Os ensaios neste livro quebram com uma tradição que pode ser traçada desde Aristóteles – a tradição dessa teoria do conhecimento do senso comum. Sou um grande admirador do senso comum que, afirmo, é essencialmente autocrítico. Mas ao mesmo tempo em que estou preparado para defender até o fim a verdade essencial do *realismo de senso comum*, considero a *teoria do conhecimento do senso comum* um engano subjetivista. Esse engano tem dominado a filosofia ocidental. Eu fiz uma tentativa de erradicá-lo e de substituí-lo por uma teoria objetiva de conhecimento essencialmente conjectural. Esta pode ser uma alegação ousada, mas eu não vou pedir desculpas por isso.

Sinto, porém, que devo pedir desculpas por certas sobreposições: deixei os vários capítulos, publicados previamente ou não, muito próximos do estado em que foram escritos, mesmo quando eles se sobrepõem parcialmente. Essa é também a razão pela qual eu me refiro aqui, nos capítulos 3 e 4, a "primeiro", "segundo" e "terceiro mundo", ainda que eu prefira agora me referir a "mundo 1", "mundo 2" e "mundo 3", como no capítulo 2, seguindo a sugestão de Sir John Eccles em sua obra *Facing Reality*.

Karl R. Popper
Penn, Buckinghamshire
24 de julho de 1971.

AGRADECIMENTOS

Sou profundamente grato a David Miller, Arne F. Petersen, Jeremy Shearmur e, acima de tudo, a minha esposa, por sua ajuda paciente e infatigável.

K.R.P.
1971

A maior parte das melhorias nesta edição revisada foi sugerida por David Miller; por Jeremy Shearmur, que, graças à generosidade da Fundação Nuffield, é meu assistente de pesquisa; e por John Watkins.

Sou grato a Antony Flew por uma crítica que me levou a melhorar o último parágrafo (b) da p. 26, e a Ivor Grattan-Guinness por apontar uma ambiguidade no primeiro parágrafo novo da p. 397. Correções relevantes foram feitas na quarta impressão, de 1975.

Também sou grato a Adolf Grünbaum por algumas críticas detalhadas. Embora eu não tenha entendido todas as suas críticas, algumas delas levaram-me a fazer duas correções (nas p. 70s. e 75s.) e um comentário no apêndice 2.

Posso também agradecer aqui a todos os outros que responderam, desde que o livro foi publicado pela primeira vez, ao meu pedido por críticas, na p. 15s.

O apêndice 2, Considerações suplementares (1978), foi recém-adicionado.

K.R.P.
1978

SUMÁRIO

1 Conhecimento conjectural: minha solução para o problema da indução, 15
   1 O problema da indução do senso comum, 17
   2 Os dois problemas da indução segundo Hume, 18
   3 Consequências importantes dos resultados de Hume, 19
   4 Meu modo de abordar o problema da indução, 21
   5 O problema lógico da indução: reformulação e solução, 22
   6 Comentários sobre minha solução do problema lógico, 24
   7 Preferência por teorias e a procura pela verdade, 29
   8 Corroboração: os méritos da improbabilidade, 34
   9 Preferência pragmática, 38
   10 Contextualização de minha reformulação do problema psicológico da indução de Hume, 41
   11 Reformulação do problema psicológico da indução, 45
   12 O tradicional problema da indução e a invalidade de todos os princípios ou regras da indução, 46
   13 Além dos problemas de indução e demarcação, 48

2 Duas faces do senso comum: um argumento a favor do realismo de senso comum e contra a teoria do conhecimento do senso comum, 51
   1 Uma desculpa pela filosofia, 51
   2 O ponto de partida inseguro: senso comum e crítica, 52
   3 Contraste com outras abordagens, 54
   4 Realismo, 57
   5 Argumentos a favor do realismo, 58
   6 Considerações sobre a verdade, 65
   7 Conteúdo, conteúdo de verdade e conteúdo de falsidade, 68
   8 Considerações sobre a verossimilhança, 74
   9 Verossimilhança e a procura pela verdade, 76
   10 Verdade e verossimilhança como finalidades, 80
   11 Comentários sobre as noções de verdade e verossimilhança, 81
   12 A equivocada teoria do conhecimento do senso comum, 84
   13 Crítica da teoria do conhecimento do senso comum, 87
   14 Crítica da teoria subjetivista do conhecimento, 89
   15 O caráter pré-darwinista da teoria do conhecimento do senso comum, 90

16 Esboço de uma epistemologia evolutiva, 92

17 Conhecimento de fundo e problemas, 96

18 Todo conhecimento é impregnado de teoria, inclusive nossas observações, 96

19 Retrospectiva da epistemologia subjetivista, 98

20 Conhecimento no senso objetivo, 99

21 A busca pela certeza e a principal fraqueza da teoria do conhecimento do senso comum, 100

22 Considerações analíticas sobre a certeza, 104

23 O método da ciência, 108

24 Discussão crítica, preferência racional e o problema da analiticidade de nossas escolhas e previsões, 109

25 Ciência: o crescimento do conhecimento através da crítica e da inovação, 112

Uma reflexão posterior sobre a indução, 112

26 Os problemas da causalidade e da indução de Hume, 112

27 Por que o problema lógico da indução de Hume é mais profundo do que seu problema da causalidade, 119

28 Intervenção de Kant: conhecimento objetivo, 120

29 A solução do paradoxo de Hume: restauração da racionalidade, 122

30 Confusões ligadas ao problema da indução, 125

31 O que permanece do equivocado problema de justificar a indução?, 127

32 Ceticismo dinâmico: confronto com Hume, 129

33 Análise de um argumento a partir da improbabilidade de acidentes, 132

34 Resumo: uma filosofia crítica do senso comum, 134

3 Epistemologia sem um sujeito conhecedor, 137

1 Três teses sobre a epistemologia e o terceiro mundo, 137

2 Uma abordagem biológica ao terceiro mundo, 145

3 A objetividade e a autonomia do terceiro mundo, 147

4 Linguagem, crítica e o terceiro mundo, 153

5 Considerações históricas, 156

6 Apreciação e crítica da epistemologia de Brouwer, 164

7 Subjetivismo na lógica, na teoria das probabilidades e na ciência física, 177

8 A lógica e a biologia da descoberta, 180

9 Descoberta, humanismo e autotranscendência, 185

Bibliografia selecionada, 189

Nota bibliográfica, 193

4 Sobre a teoria da mente objetiva, 195

1 Pluralismo e o princípio dos três mundos, 195

2 As relações causais entre os três mundos, 197

3 A objetividade do terceiro mundo, 198
4 O terceiro mundo como um produto feito pelo homem, 201
5 O problema do entendimento, 205
6 Processos psicológicos do pensamento e objetos do terceiro mundo, 207
7 Entendimento e resolução de problemas, 209
8 Um exemplo muito trivial, 212
9 Um caso de entendimento histórico objetivo, 214
10 O valor de problemas, 226
11 Entendimento ("hermenêutica") nas humanidades, 228
12 Comparação com o método de reencenação subjetiva de Collingwood, 233

5 A finalidade da ciência, 238
Bibliografia selecionada, 253
Nota bibliográfica, 254

6 De nuvens e relógios, 255
Uma abordagem ao problema da racionalidade e da liberdade do homem, 255

7 Evolução e a árvore do conhecimento, 312
1 Algumas considerações sobre problemas e o aumento do conhecimento, 314
2 Considerações sobre métodos na biologia e especialmente na teoria da evolução, 322
3 Uma conjectura: "dualismo genético", 331
Adendo – O esperançoso monstro comportamental, 340

8 Uma visão realista da lógica, da física e da história, 345
1 Realismo e pluralismo: redução *versus* emergência, 350
2 Pluralismo e emergência na história, 357
3 Realismo e subjetivismo na física, 363
4 Realismo na lógica, 367

9 Comentários filosóficos sobre a teoria da verdade de Tarski, 384
Adendo – Uma nota sobre a definição de verdade de Tarski, 402

Apêndice 1 – O balde e o holofote: duas teorias do conhecimento, 408

Apêndice 2 – Considerações suplementares (1978), 434
Bibliografia selecionada, 448

Índice de nomes, 451

Índice de assuntos, 457

1

CONHECIMENTO CONJECTURAL: MINHA SOLUÇÃO PARA O PROBLEMA DA INDUÇÃO*

O crescimento da irracionalidade ao longo do século XIX e do que já se passou do século XX é uma consequência natural da destruição do empirismo por Hume.
Bertrand Russell

É claro, eu posso estar equivocado; mas acredito ter resolvido um grande problema filosófico: o problema da indução. (Devo ter chegado à solução em 1927 ou perto disso[1].) Esta solução tem sido extremamente frutífera e tem me permitido resolver uma boa quantidade de outros problemas filosóficos.

No entanto, poucos filósofos apoiariam a tese de que eu tenha resolvido o problema da indução. Poucos filósofos se deram ao trabalho de estudar – ou mesmo de criticar – minhas visões sobre esse problema ou levaram em conta o fato de eu ter realizado algum trabalho sobre ele. Muitos livros foram publicados bem recentemente sobre o assunto, os quais não se referem a nenhum de meus trabalhos, embora a maioria deles mostre sinais de terem sido influenciados por alguns ecos muito indiretos de minhas ideias; e os trabalhos que levam em conta as minhas

---

* Este capítulo foi publicado primeiramente em *Revue Internationale de Philosophie* [Revista Internacional de Filosofia], ano 25, 1971, n. 95-96, fasc. 1-2.

1. Anteriormente (no inverno de 1919-1920), eu havia formulado e resolvido o problema da demarcação entre ciência e não ciência e não achei que fosse digno de ser publicado. Mas depois de ter resolvido o problema da indução, descobri uma ligação interessante entre os dois problemas. Isso me fez pensar que o problema da demarcação era importante. Eu comecei a trabalhar no problema da indução em 1923 e encontrei a solução por volta de 1927. Cf. tb. as considerações autobiográficas em *Conjectures and Refutations* [Conjecturas e refutações] (abrev. *C. & R.*), cap. 1 e 11.

ideias geralmente atribuem-me visões que eu nunca defendi ou criticam-me com base em simples mal-entendidos ou leituras equivocadas, ou ainda com argumentos inválidos. Este capítulo é uma tentativa de explicar minhas visões novamente e de um modo que contenha uma resposta completa aos meus críticos.

Minhas duas primeiras publicações sobre o problema da indução foram minha nota na revista *Erkenntnis*, de 1933[2], na qual apresento brevemente minha formulação do problema e minha solução, e minha *Logik der Forschung (L.d.F.)*, de 1934[3]. A nota e também o livro ficaram bastante condensados. Eu esperava, de modo um pouco otimista, que meus leitores descobririam, com a ajuda de meus poucos indícios históricos, por que minha *reformulação* peculiar do problema foi decisiva. Foi o fato de ter reformulado o tradicional problema filosófico, creio eu, que tornou sua solução possível.

Por *tradicional problema filosófico da indução* refiro-me a alguma formulação como a seguinte (a qual eu chamo "*Tr*"):

Tr Qual é a justificativa para a crença de que o futuro será (em grande medida) como o passado? Ou, talvez: Qual é a justificativa para inferências indutivas?

Formulações como essa estão colocadas erroneamente, por diversas razões. Por exemplo, a primeira *assume* que o futuro será como o passado – uma suposição que eu, pelo menos, considero equivocada, a menos que a palavra "como" seja tomada em um sentido tão flexível que torne a suposição vazia e inócua. A segunda formulação assume que há inferências indutivas e *regras* para fazer inferências indutivas e isso, novamente, é uma suposição que não deveria ser feita acriticamente e que deve ser considerada como equivocada. Portanto, eu creio que ambas as formulações são simplesmente acríticas e considerações similares se aplicariam a muitas outras formulações. Minha principal tarefa será, portanto, formular mais uma vez *o problema que creio estar por trás* do que chamei de tradicional problema filosófico da indução.

---

2. "Ein Kriterium des empirischen Charakters theoretischer Systeme" [Um critério do caráter empírico de sistemas teóricos]. *Erkenntnis* [Conhecimento], 3, 1933, p. 426s.

3. *Logik der Forschung*. Viena: Julius Springer Verlag, 1934 (doravante referida como "*L.d.F.*"). Cf. *The Logic of Scientific Discovery*. Londres: Hutchinson, 1959 (doravante referida como "L. Sc. D.") [*A lógica da pesquisa científica*. São Paulo: Cultrix, 1974].

As formulações que até o momento se tornaram tradicionais são, historicamente, de data razoavelmente recente: elas surgem da crítica da indução feita por Hume e seu impacto sobre a teoria do conhecimento do senso comum*.

Retornarei a uma discussão mais detalhada das formulações tradicionais depois de apresentar, primeiro, a visão de senso comum; a seguir, a visão de Hume e, então, minhas próprias reformulações e soluções para o problema.

1 O problema da indução do senso comum

A teoria do conhecimento do senso comum (a qual eu também apelidei de "a teoria da mente como balde"**) é a teoria mais famosa na forma da asserção de que "não há nada em nosso intelecto que não tenha entrado nele senão através dos sentidos". (Tentei mostrar que essa visão foi primeiramente formulada por Parmênides – em uma veia satírica: a maioria dos mortais não tem nada em seu intelecto errante senão algo que tenha chegado até lá através de seus sentidos errantes[4].)

No entanto, temos, sim, *expectativas* e *acreditamos* fortemente *em certas regularidades* (leis da natureza, teorias). Isso leva ao problema da indução do senso comum (que chamarei de "C_S"): C_S Como essas expectativas e crenças podem ter surgido?

A resposta do senso comum é: através de observações *repetidas* feitas no passado: acreditamos que o sol nascerá amanhã porque ele assim o fez no passado.

---

* A expressão "*commonsense theory of knowledge*" (em alemão, *Erkenntnistheorie des Alltagsverstandes*) se refere a uma "teoria do conhecimento" baseada no "senso comum"; i. é, tanto uma teoria do conhecimento construída a partir de ideias do senso comum quanto uma teoria do conhecimento defendida dentro do senso comum [N.T.].

** A expressão "*bucket theory of the mind*" (em alemão, *Kübeltheorie des Geistes*) se refere ao modelo esquemático de uma "teoria da mente" que a considera na forma de um balde, ou seja, um recipiente que acumula dados sensoriais, em oposição à teoria da mente como holofote, em feixe de luz que a cada instante vislumbra uma área limitada de dados. Popper apresenta esse modelo com certo desdém, justamente para criticá-la, e por isso usa o termo "*bucket*" ou "*Kübel*" (balde) que é um recipiente trivial do cotidiano [N.T.].

4. Cf. minhas *Conjectures and Refutations* (*C. & R.*), adendo 8 à 3. ed., 1969, esp. p. 408-412.

Na visão do senso comum, toma-se simplesmente como certo (sem que se levante qualquer problema) que nossa crença em regularidades é justificada por tais observações repetidas, as quais são responsáveis por sua gênese. (Gênese *cum* justificativa – ambas devido a repetição – é o que filósofos desde Aristóteles e Cícero têm chamado *"epagōgē"* ou *"indução"*[5].)

2 Os dois problemas da indução segundo Hume

Hume era interessado na condição do *conhecimento* humano ou, como ele poderia ter dito, em questionar se alguma de nossas crenças – e qual delas – poderia ser *justificada* por razões suficientes[6].

Ele levantou dois problemas: o problema lógico (H_L) e o problema psicológico (H_{Ps}). Um dos pontos importantes é que suas duas respostas a esses dois problemas de algum modo entram em conflito um com o outro.

O problema lógico de Hume é[7]: H_L Estamos justificados em raciocinar a partir de instâncias [repetidas] das quais temos experiência até a outras instâncias [conclusões] das quais não temos experiência?

A resposta de Hume a H_L é: Não, por maior que seja o número de repetições.

---

5. CÍCERO. *Topica*, X. 42. Cf. *De inventione*, livro I; XXXI, 51-XXXV, 61.

6. Cf. HUME, D. *Enquiry Concerning Human Understanding* [*Investigação sobre o entendimento humano*]. Org. de L.A. Selby-Bigge. Oxford, 1927, seção V, parte I, p. 46. (Cf. *C. & R.*, p. 21.)

7. HUME. *Treatise on Human Nature* [Tratado da natureza humana]. Oxford: Selby-Bigge, 1888, 1960, livro I, parte III, seção vi, p. 91; livro I, parte III, seção XII, p. 139. Cf. tb. KANT. *Prolegomena*, p. 14s., onde ele chama de "problema de Hume" o problema da existência de enunciados válidos *a priori*. Até onde sei, fui o primeiro a chamar ao problema da indução de "problema de Hume"; ainda que possa ter havido outros, claro. Eu o fiz em "Ein Kriterium des empirischen Charakters theoretischer Systeme" (*Erkenntnis*, 3, 1933, p. 426s.) e também em *L.d.F.*, seção 4, p. 7, onde escrevi: "Se, seguindo Kant, chamarmos o problema da indução de 'problema de Hume', podemos chamar o problema da demarcação de 'problema de Kant'". Esse brevíssimo comentário meu (sustentado por algumas considerações tais como na p. 29 de *L. Sc. D.*, de que Kant tomou o princípio da indução como "válido *a priori*" continha indícios de uma importante interpretação histórica da relação entre Kant, Hume e o problema da indução. Cf. tb. neste volume, cap. 2, p. 112ss. e p. 122, onde esses pontos são discutidos de modo mais completo.

Hume também mostrou que a situação lógica permanece *exatamente a mesma* se em H_L a palavra *"provável"* for inserida depois de "conclusões" ou se as palavras "até a outras instâncias" forem substituídas por "até à *probabilidade* de outras instâncias".

O problema psicológico de Hume é[8]: H_{Ps} Por que, contudo, todas as pessoas razoáveis esperam e *acreditam* que instâncias das quais elas não têm experiência irão se conformar àquelas das quais elas têm experiência? Isto é, por que temos expectativas nas quais temos grande confiança?

A resposta de Hume a H_{Ps} é: Devido ao "costume ou hábito"; isto é, porque estamos condicionados, por *repetições* e pelo mecanismo da associação de ideias; um mecanismo sem o qual, diz Hume, dificilmente conseguiríamos sobreviver.

3 Consequências importantes dos resultados de Hume

Por esses resultados, o próprio Hume – uma das mentes mais racionais de todos os tempos – tornou-se um cético e, ao mesmo tempo, em um crente: um crente em uma epistemologia irracionalista. Seu resultado, que a repetição não tem poder algum como argumento, embora ela domine nossa vida cognitiva e nosso "entendimento", levou-o à conclusão de que o argumento ou a razão desempenham um papel menor em nosso entendimento. Nosso "conhecimento" é desmascarado como sendo não apenas da natureza de crença, mas de crença racionalmente indefensável – de *uma fé irracional*[9].

Espero que fique claro a partir da minha próxima seção, 4, e das seções 10 e 11, que nenhuma conclusão irracionalista como tal pode ser derivada de minha solução para o problema da indução.

A conclusão de Hume foi enunciada por Russell de modo ainda mais contundente e desesperado, no capítulo sobre Hume em *A History of Western Philosophy*, publicada em 1946 (trinta e

---

8. Cf. *Treatise*, p. 91, 139.

9. Desde Hume, muitos indutivistas frustrados se tornaram irracionalistas (assim como muitos marxistas frustrados).

quatro anos depois de *The Problems of Philosophy*, que continha um enunciado* belamente claro do problema a indução sem referência a Hume)[10]. Russell diz sobre o tratamento da indução por Hume: "A filosofia de Hume [...] representa a falência da racionalidade do século XIII" e "Portanto, é importante descobrir se há qualquer pergunta para Hume dentro de uma filosofia que é inteiramente ou principalmente *empírica*. Se não houver, *não há diferença intelectual entre sanidade e insanidade*. O lunático que acredita ser um ovo escalfado deve ser condenado somente pela razão de ele estar em uma minoria [...]".

Russell prossegue afirmando que se a indução (ou o princípio da indução) for rejeitada, "toda tentativa de se chegar a leis científicas gerais a partir de observações particulares se torna falaciosa e o ceticismo de Hume é inescapável para um empirista"[11].

Desse modo, Russell enfatiza o conflito entre a resposta de Hume para H_L e (a) a racionalidade, (b) o empirismo e (c) os procedimentos científicos.

Espero que minhas discussões nas seções 4 e de 10 a 12 mostrem que todos esses conflitos desaparecem se minha solução do problema da indução for aceita: não há conflito entre minha teoria da não indução e a racionalidade, nem o empirismo ou os procedimentos da ciência.

---

* Dentro da Lógica, o termo *statement* é equivalente a "enunciado" ou "declaração", ou seja, uma formulação linguística que pode ser considerada verdadeira ou falsa. Nesta tradução, optou-se de modo geral por "enunciado", a fim de evitar a confusão com o sentido mais comum de "declaração", ou seja, ato de declarar uma ideia ou opinião, que aparece mais raramente neste livro. Da mesma forma, o verbo *"to state"* foi traduzido como "enunciar". Popper faz menção também a tipos específicos de enunciados como *"proposition"* [proposição], *"assertion"* [asserção] e *"affirmation"* [afirmação]. Já o verbo *"to assert"* foi traduzido como "afirmar" [N.T.].

10. O nome de Hume não aparece no cap. VI ("Sobre a indução") de *The Problems of Philosophy* [Os problemas da filosofia], de Russell (1912 e várias reimpressões posteriores), e o mais próximo de uma referência está no cap. VIII ("Como um conhecimento *a priori* é possível"), onde Russell diz sobre Hume que "ele inferiu a proposição muito mais duvidosa de que nada poderia ser conhecido *a priori* sobre a ligação entre causa e efeito". Sem dúvida, expectativas causais têm uma base inata: elas são psicologicamente *a priori* no sentido que elas são anteriores à experiência. Mas isso não significa que elas são válidas *a priori*. Cf. *C. & R.*, p. 47-48.

11. As citações são de RUSSELL, B. *A History of Western Philosophy* [História da filosofia ocidental]. Londres, 1946, p. 698s. (Os itálicos são meus.)

4 Meu modo de abordar o problema da indução

(1) Eu considero a distinção, implícita no tratamento de Hume, entre um problema lógico e um psicológico como de extrema importância. Mas eu não creio que a visão de Hume sobre o que estou inclinado a chamar de "lógico" seja satisfatória. Ele descreve, de modo suficientemente claro, processos de *inferência válida*; mas ele os considera como *processos mentais* "racionais".

Em contrapartida, um de meus principais métodos de abordagem, sempre que problemas *lógicos* estão em jogo, é traduzir todos os termos subjetivos ou psicológicos, especialmente "crença" etc., em termos *objetivos*. Desse modo, em vez de falar sobre uma "crença", eu falo, por exemplo, de um "enunciado" ou de uma "teoria explicativa"; e em vez de uma "impressão", eu falo de um "enunciado de observação" ou de um "enunciado de teste"; e em vez de uma "justificativa de uma crença", eu falo de "justificativa da alegação [*claim*] de que uma teoria é verdadeira" etc.

Esse procedimento de colocar coisas no modo objetivo ou lógico ou "formal" de falar será aplicado a H_L mas não a H_{Ps}; entretanto:

(2) Uma vez que o problema lógico, H_L, estiver resolvido, a solução é transferida para o problema psicológico, H_{Ps}, com base no seguinte *princípio de transferência*: o que é verdadeiro na lógica é verdadeiro na psicologia. (Um princípio análogo aplica-se, de modo geral, ao que se costuma chamar "método científico" e também à história da ciência: o que é verdadeiro na lógica é verdadeiro no método científico e na história da ciência.) Essa é, deve-se admitir, uma conjectura um tanto audaciosa na psicologia da cognição ou de processos de pensamento.

(3) Ficará claro que meu princípio de transferência garante a eliminação do irracionalismo de Hume: se eu conseguir responder seu principal problema da indução, incluindo H_{Ps}, sem violar o princípio de transferência, então não poderá haver conflito algum entre lógica e psicologia e, portanto, nenhuma conclusão de que nosso entendimento é irracional.

(4) Tal programa, junto com a solução de Hume para H_L, implica que algo mais pode ser dito sobre as relações lógicas entre teorias científicas e observações do que é dito em H_L.

(5) Um de meus principais resultados é que, uma vez que Hume esteja certo em que não há algo como indução por repetição na *lógica*, pelo princípio de transferência não pode haver algo similar na *psicologia* (ou no método científico ou na história da ciência): a ideia de indução por repetição só pode ser devida a um erro – um tipo de ilusão ótica. Resumindo: *não existe algo como uma indução por repetição.*

5 O problema lógico da indução: reformulação e solução

De acordo com o que acabou de ser dito (ponto (1) da seção anterior), devo reformular o H_L de Hume em um modo de falar objetivo ou lógico.

Para esse fim, substituo as "instâncias das quais temos experiência" de Hume por "enunciados de teste" – isto é, afirmativas singulares que descrevam eventos observáveis ("enunciados de observação" ou "enunciados básicos"; e "instâncias das quais não temos experiência" por "teorias universais explicativas".

Eu formulo o problema lógico da indução de Hume conforme segue: L_1 É possível que a alegação de que uma teoria universal explicativa é verdadeira seja justificada por "razões empíricas"; isto é, assumindo a verdade de certos enunciados de teste ou enunciados de observação (os quais, pode-se dizer, são "baseados na experiência")?

Minha resposta ao problema é a mesma de Hume: não, não pode; nenhuma quantidade de enunciados de teste verdadeiros justificaria a alegação de que uma teoria universal explicativa fosse verdadeira[12].

Mas há um segundo problema lógico, L_2, que é uma generalização de L_1. Ele é obtido a partir de L_1 meramente substituindo as palavras "é verdadeira" pelas palavras "é verdadeira ou de que ela é falsa": L_2 É possível que a alegação de que uma teoria universal

---

12. Uma teoria explicativa, essencialmente, vai além mesmo de uma infinidade de enunciados de teste singulares; até mesmo uma lei de baixa universalidade o faz.

explicativa é verdadeira ou de que ela é falsa seja justificada por "razões empíricas"; isto é, é possível que a suposição da verdade de enunciados de teste justifique a alegação de que uma teoria universal é válida ou a alegação de que ela é falsa?

Para esse problema, minha resposta é positiva: sim, a suposição da verdade de enunciados de teste às vezes nos permite justificar a alegação de que uma teoria universal explicativa é falsa.

Essa resposta se torna muito importante se refletirmos sobre a situação do problema no qual o problema da indução surge. Tenho em mente uma situação em que estamos diante de *diversas teorias explicativas* que competem como soluções de algum problema de explicação – por exemplo, um problema científico; e também com o fato de que precisamos, ou pelo menos desejamos, escolher entre elas. Como vimos, Russell diz que sem resolvermos o problema da indução não poderíamos *decidir entre* uma (boa) teoria científica e uma (má) obsessão de um louco. Hume também tinha teorias concorrentes em mente. "Suponha [escreve ele] que uma pessoa [...] desenvolva proposições com as quais eu não concorde, [...] de que a prata é mais fusível que o chumbo, ou o mercúrio mais pesado do que o ouro [...]"[13].

A situação desse problema – de escolher entre diversas teorias – sugere uma terceira reformulação do problema da indução:

L_3 É possível, a respeito da verdade ou da falsidade*, que uma *preferência* por algumas teorias universais concorrentes sobre outras seja eventualmente justificada por tais "razões empíricas"?

À luz de minha resposta a L_2, a resposta a L_3 se torna óbvia: sim; às vezes pode, se tivermos sorte. Pois pode acontecer que nossos enunciados de teste possam refutar algumas das teorias concorrentes – mas não todas; e uma vez que estamos procurando uma teoria verdadeira, preferiremos aquelas cuja falsidade não tenha sido estabelecida.

---

13. HUME. *Treatise*, p. 95.

* Na Lógica, a "falsificação" ou "falseamento" (bem como as formas verbais de "falsificar" ou "falsear") se referem à verificação de que um enunciado ou teoria sejam falsos. Do mesmo modo, a "falsidade" é o caráter do que é falso e a "falseabilidade" e a qualidade do que pode ser "falseado" [N.T.].

6 Comentários sobre minha solução do problema lógico

(1) De acordo com minhas reformulações, a questão central do problema lógico da indução é a validade (verdade ou falsidade) das leis universais *relativas a alguns enunciados de teste "dados"*. Eu não levanto a questão sobre "como decidimos a verdade e a falsidade de enunciados de teste?"; i. é, de descrições singulares de eventos observáveis. Essa questão não deveria, sugiro eu, ser considerada como parte do problema da indução, já que a questão de Hume era se somos justificados em raciocinar a partir de "instâncias" experienciadas até a "instâncias" não experienciadas[14]. Nem Hume nem qualquer outro escritor sobre o assunto antes de mim, que eu tenha conhecimento, avançou daqui até as *questões seguintes*: Podemos tomar as "instâncias experienciadas" como certas? E são elas realmente anteriores às teorias? Embora essas questões seguintes sejam alguns daqueles problemas aos quais fui levado por minha solução do problema da indução, elas vão além do problema original. (Isso é claro se considerarmos o tipo de coisa pela qual filósofos têm procurado, ao tentarem resolver o problema da indução: se um "princípio de indução" que nos permita *derivar leis universais a partir de enunciados singulares* puder ser encontrado e sua alegação à verdade defendida, então o problema da indução seria considerado resolvido.)

(2) L_1 é uma tentativa de traduzir o problema de Hume para um modo de falar objetivo. A única diferença é que Hume fala de *instâncias* (singulares) futuras das quais não temos experiência – isto é, de expectativas – enquanto L_1 fala de leis universais ou teorias. Eu tenho pelo menos três razões para essa mudança. Primeiro, de um ponto de vista lógico, "instâncias" são relativas a alguma lei universal (ou, pelo menos, a uma função de enunciado que poderia ser universalizada. Segundo, nosso método usual de raciocinar a partir de "instâncias" até a outras "instâncias" é com a ajuda de teorias universais. Desse modo, somos levados do problema de Hume para *o problema da validade de teorias universais* (sua verdade ou falsidade). Terceiro, eu gostaria, como

---

14. Op. cit., p. 91.

Russell, de ligar o problema da indução com *as leis universais ou teorias da ciência.*

(3) Minha resposta negativa a L_1 deveria ser interpretada como significando que precisamos considerar *todas as leis ou teorias como hipotéticas ou conjecturais;* isto é, como palpites.

Essa visão é, neste momento, razoavelmente popular[15], mas levou bastante tempo para alcançar este estágio. Ela é, por exemplo, explicitamente combatida em um artigo, por outro lado excelente, de 1937 pelo Prof. Gilbert Ryle[16]. Ryle argumenta (p. 36) que é errado dizer "que todas as proposições gerais da ciência [...] são meras hipóteses"; e ele usa o termo "hipótese" exatamente no mesmo sentido em que eu tenho sempre usado e em que estou usando agora: como uma "proposição [...] que só é presumida para ser verdade" (loc. cit.). Ele afirma contra uma tese como a minha: "Temos muitas vezes a certeza, e a garantia de ter a certeza, de uma proposição de lei" (p. 38). E ele diz que algumas proposições gerais são "estabelecidas": "Estas são chamadas "leis" e não "hipóteses".

Essa visão de Ryle era de fato quase o padrão "estabelecido" à época em que escrevi *L.d.F.* e não está de modo algum morta. Eu me voltei contra ela pela primeira vez por causa da teoria da gravidade de Einstein: nunca houve uma teoria tão *"estabelecida"* como a de Newton e é improvável que eventualmente venha a existir; mas o que quer que se pense sobre a situação da teoria de Einstein, ela certamente nos ensinou a olhar para a de Newton como uma "mera" hipótese ou conjectura.

Um segundo caso como esse foi a descoberta por Urey, em 1931, do deutério e da água pesada. Naquela época, a água, o hidrogênio e o oxigênio eram as substâncias mais conhecidas da química e os pesos atômicos do hidrogênio e do oxigênio formavam os próprios padrões de todas as medições químicas. Aqui estava uma teoria sobre cuja verdade *todo* químico teria apostado a própria vida, pelo menos antes da conjectura dos isótopos de

---

15. Cf. o comentário inicial do Sr. Stove no *Australasian Journal of Philosophy*, 38, 1960, p. 173.

16. Cf. *Aristotelian Society Supplementary Volume*, 16, 1937, p. 36-62.

Soddy, em 1910, e, de fato, até muito tempo depois. Mas foi aqui que uma refutação foi encontrada por Urey (e, desse modo, uma teoria de Bohr corroborada).

Isso levou-me a examinar mais de perto outras "leis estabelecidas" e, especialmente, os três exemplos-padrão dos indutivistas[17]:

(a) que o sol vai nascer e se pôr uma vez a cada 24 horas (ou aproximadamente 90.000 batimentos de pulso);

(b) que todos os homens são mortais;

(c) que o pão alimenta.

Nos três casos, descobri que essas leis estabelecidas foram realmente refutadas no sentido a que originalmente se destinavam.

(a) A primeira foi refutada quando Píteas de Marselha descobriu "o mar congelado e o sol da meia-noite". O fato de que a intenção de (a) era significar "Onde quer que você vá, o sol irá nascer e se pôr uma vez a cada 24 horas" é mostrado pela completa descrença com a qual o seu relato foi encontrado, e pelo fato de que seu relato se tornou o paradigma de todas as histórias de viajantes.

(b) A segunda – ou melhor, a teoria aristotélica na qual ela se baseia – também foi refutada. O predicado "mortal" é uma má tradução do grego: *thnetos* significa "condenado a morrer" ou "suscetível a morrer", em vez de meramente "mortal", e (b) faz parte da teoria de Aristóteles de que toda criatura gerada é essencialmente obrigada a morrer após um período que, embora sua duração seja parte da essência da criatura, irá variar um pouco de acordo com circunstâncias acidentais. Essa teoria foi refutada pela descoberta de que as bactérias não estão condenadas a morrer, uma vez que a multiplicação por fissão não é morte, e, mais tarde, pela constatação de que a matéria viva não está, em geral, condenada a decair e a morrer, embora pareça que todas as formas podem ser mortas por meios suficientemente drásticos. (Células cancerígenas, p. ex., podem continuar a viver.)

---

17. Esses exemplos, que tenho usado frequentemente em minhas palestras, também foram usados no cap. 2 (p. 127s. e nota de rodapé 58). Peço desculpas pela sobreposição, mas estes dois capítulos foram escritos de forma independente e sinto que devem ser mantidos independentes.

(c) A terceira – uma favorita de Hume – foi refutada quando pessoas comendo seu pão de cada dia morreram de ergotismo, como aconteceu em um caso catastrófico em uma vila francesa não muito tempo atrás. Claro que (c) originalmente significava que o pão devidamente feito de farinha devidamente preparada a partir de trigo ou milho, semeado e colhido de acordo com a prática antiga, alimentaria as pessoas em vez de as envenenar. Mas eles *estavam* envenenados.

Desse modo, a resposta negativa de Hume a H_L e a minha resposta negativa a L_1 não são meramente atitudes filosóficas exageradas, como implícitas por Ryle e pela teoria do conhecimento do senso comum, mas sim baseadas em realidades muito práticas. Em uma linha similarmente otimista à do Prof. Ryle, o Prof. Strawson escreve: "Se [...] há um problema da indução, e [...] Hume o propôs, deve-se acrescentar que ele o resolveu" – ou seja, através da resposta positiva de Hume aos H_{Ps}, que Strawson parece aceitar, descrevendo-o da seguinte forma: "a nossa aceitação dos 'cânones básicos' [de indução] nos é imposta pela Natureza. [...] A razão é, e deve ser, a escrava das paixões"[18] (Hume tinha dito: "deve só ser").

Não vi nada antes que ilustre tão bem a citação de *A History of Western Philosophy (História da filosofia ocidental)*, de Bertrand Russell, p. 699, que eu escolhi como lema para a presente discussão.

É claro, porém, que a "indução" – no sentido de uma resposta positiva a H_L ou L_1 – é *indutivamente inválida* e até paradoxal. Pois uma resposta positiva a L_1 implica que nossa explicação científica do mundo é aproximadamente verdadeira. (Com isto eu concordo, apesar de minha resposta negativa a L_1.) Mas daí resulta que somos animais muito astutos, precariamente colocados em um entorno que difere enormemente de quase todos os outros lugares do universo: animais que se esforçam corajosamente para descobrir, por algum método ou outro, as verdadeiras regularidades que regem o universo e, por conseguinte, o nosso entorno. É claro que, qualquer que seja o método que possamos usar, nossas

---

18. Cf. *Philosophical Studies* [Estudos filosóficos], 9, 1958, n. 1-2, p. 20s. Cf. HUME. *Treatise*, p. 415.

chances de encontrar regularidades verdadeiras são escassas e nossas teorias irão conter muitos equívocos* que nenhum "cânone de indução" misterioso, seja básico ou não, irá nos impedir de cometer. Mas isso é exatamente o que diz minha resposta negativa a L_1. Desse modo, como a resposta positiva implica sua própria negação, ela deve ser falsa.

Se alguém quiser moralizar sobre essa história, poderia dizer: a razão crítica é melhor do que a paixão, especialmente em assuntos que tocam a lógica. Mas estou bastante disposto a admitir que nada será jamais alcançado sem um pouco de paixão.

(4) L_2 é meramente uma generalização de L_1 e L_3 é meramente uma formulação alternativa de L_2.

(5) Minha resposta a L_2 e L_3 fornece uma resposta clara às questões de Russell. Pois posso dizer: sim, pelo menos alguns dos desvarios do lunático podem ser considerados como refutados pela experiência; isto é, por enunciados de teste. (Outros podem ser não testáveis e, por conseguinte, distintos das teorias da ciência; isso levanta o problema da demarcação[19].)

(6) O mais importante é que, como enfatizei em meu primeiro artigo sobre o problema da indução, minha resposta a L_2 está de acordo com a seguinte forma, um tanto fraca, do *princípio do empirismo: apenas a "experiência" pode nos ajudar a decidir sobre a verdade ou a falsidade dos enunciados factuais*. Pois acontece que, em vista de L_1 e da resposta a L_1, podemos determinar, no máximo, a falsidade de teorias; e isso, de fato, pode ser feito, em vista da resposta a L_2.

(7) Da mesma forma, não há conflito entre a minha solução e os métodos da ciência; pelo contrário, ela nos leva aos rudimentos de uma metodologia crítica.

---

* Popper usa os termos "*mistake*" e "*error*", traduzidos respectivamente por "equívoco" e "erro". Do mesmo modo, optou-se por traduzir o particípio "*mistaken*" por equivocado [N.T.].

19. O "problema da demarcação" é como eu chamo o problema de encontrar um critério pelo qual possamos distinguir os enunciados da ciência empírica dos enunciados não empíricos. Minha solução é o princípio de que um enunciado é empírico se houver conjunções (finitas) de enunciados empíricos singulares ("enunciados básicos", ou "enunciados de teste") que a contradigam. É uma consequência desse "princípio de demarcação" que um enunciado isolado puramente existencial (tal como "Existe uma serpente marinha em algum lugar do mundo em algum momento") não é um enunciado empírico, embora possa contribuir, é claro, para a nossa situação do problema empírico.

(8) Minha solução não apenas lança bastante luz sobre o problema psicológico da indução (cf. seção 11, adiante), mas também elucida as formulações tradicionais do problema da indução e a razão da fraqueza dessas formulações. (Cf. seções 12 e 13, adiante.)

(9) Minhas formulações e minhas soluções para L_1, L_2 e L_3 enquadram-se inteiramente no escopo da *lógica dedutiva*. O que eu mostro é que, generalizando o problema de Hume, podemos acrescentar-lhe L_2 e L_3, o que nos permite formular uma resposta um pouco mais positiva do que aquela para L_1. Isto porque, do ponto de vista da lógica dedutiva, existe uma assimetria entre verificação e falsificação pela experiência. Isto leva à distinção puramente lógica entre hipóteses que foram refutadas e outras que não foram; e leva também à preferência por estas últimas – mesmo que apenas de um ponto de vista teórico que faz delas, *teoricamente, os objetos mais interessantes para testes posteriores.*

7 Preferência por teorias e a procura pela verdade

Vimos que a nossa resposta negativa a L_1 significa que todas as nossas teorias permanecem palpites, conjecturas, hipóteses. Uma vez que tenhamos aceitado plenamente esse resultado puramente lógico, surge a questão de saber se pode haver argumentos puramente racionais, inclusive empíricos, para preferir algumas conjecturas ou hipóteses a outras.

Pode haver várias maneiras de olhar para essa questão. Irei distinguir o ponto de vista do teórico – o investigador da verdade e, especialmente, das verdadeiras teorias explicativas – daquele do homem prático de ação; ou seja, irei distinguir entre a *preferência teórica e a preferência pragmática*. Nesta seção e na próxima, eu me preocuparei apenas com a preferência teórica e a busca pela verdade. A preferência pragmática e o problema da "confiabilidade" serão discutidos na seção seguinte àquelas.

O teórico, assumo eu, está essencialmente interessado na verdade e, especialmente, em encontrar teorias verdadeiras. Mas quando ele tiver digerido completamente o fato de que nunca podemos justificar empiricamente – ou seja, por enunciados de teste –

a alegação de que uma teoria científica é verdadeira e que, portanto, na melhor das hipóteses, sempre estamos diante da questão de preferir, provisoriamente, alguns palpites a outros, então ele pode considerar, do ponto de vista de um investigador de teorias verdadeiras, as questões: *Que princípios de preferência devemos adotar? Há algumas teorias "melhores" que outras?*

Essas questões dão origem às seguintes considerações:

(1) É claro que a questão da preferência surgirá principalmente, talvez até unicamente, a respeito de um conjunto de *teorias concorrentes*; isto é, teorias que são oferecidas como soluções para os mesmos problemas. (Cf. tb. ponto (8) adiante.)

(2) O teórico que está interessado na verdade também deve estar interessado na falsidade, porque descobrir que uma afirmação é falsa é o mesmo que descobrir que a sua negação é verdadeira. Desse modo, a refutação de uma teoria será sempre de interesse teórico. Mas a negação de uma teoria explicativa não é, por sua vez, uma teoria explicativa (nem tem, via de regra, o "caráter empírico" do enunciado de teste do qual ela deriva). Por mais interessante que seja, ela não satisfaz o interesse do teórico em encontrar teorias explicativas verdadeiras.

(3) Se o teórico se dedica a esse interesse, então descobrir onde uma teoria cai por terra, além de dar informações teoricamente interessantes, apresenta um novo e importante *problema* para qualquer nova teoria explicativa. Qualquer nova teoria não só deverá ser bem-sucedida onde sua predecessora refutada foi bem-sucedida, como também terá de ser bem-sucedida onde sua predecessora falhou; isto é, onde foi refutada. Se a nova teoria for bem-sucedida em ambas, ela será, de qualquer forma, mais bem-sucedida e, portanto, "melhor" do que a antiga.

(4) Além disso, assumindo que essa nova teoria não seja refutada no momento t por um novo teste, ela será, de qualquer forma, no momento t, "melhor" em outro sentido do que a teoria refutada. Pois ela não só explicará tudo o que a teoria refutada explicou e mais, como também terá de ser considerada como possivelmente verdadeira, uma vez que no momento t não se demonstrou que ela fosse falsa.

(5) O teórico, porém, irá valorizar essa nova teoria não só por causa de seu sucesso e por ser talvez uma teoria verdadeira, mas também porque ela possa talvez ser falsa: ela é interessante como objeto de novos testes; isto é, de novas tentativas de refutação que, se bem-sucedidas, estabelecem não só uma nova negação de uma teoria, mas com ela um novo problema teórico para a próxima teoria.

Podemos resumir os pontos (1) a (5) da seguinte forma: o teórico estará, por várias razões, interessado em teorias não refutadas, especialmente porque algumas delas *podem* ser verdadeiras. Ele preferirá uma teoria não refutada a uma teoria refutada, desde que ela explique os sucessos e as falhas da teoria refutada.

(6) Mas a nova teoria, como todas as teorias não refutadas, pode ser falsa. O teórico tentará, portanto, dar o seu melhor para detectar qualquer teoria falsa entre o conjunto de concorrentes não refutadas; ele tentará "apanhá-la". Isto é, ele tentará, a respeito de qualquer teoria não refutada, pensar em casos ou situações em que é provável que ela falhe, se for falsa. Desse modo, ele tentará construir testes *rigorosos*, e situações de teste *cruciais*. Isso equivalerá à construção de uma lei falsificadora; isto é, uma lei que talvez seja de um nível tão baixo de universalidade que talvez não seja capaz de explicar os sucessos da teoria a ser testada, mas que, contudo, irá sugerir um *experimento crucial*: um experimento que pode refutar, dependendo de seu resultado, a teoria a ser testada ou a teoria falsificadora.

(7) Por esse método de eliminação, podemos chegar a uma teoria verdadeira. Mas em nenhum caso o método pode *estabelecer* sua verdade, mesmo que seja verdadeiro; pois o número de teorias *possivelmente* verdadeiras permanece infinito, a qualquer momento e após qualquer número de testes cruciais. (Esta é outra maneira de afirmar o resultado negativo de Hume.) As teorias realmente propostas, evidentemente, serão de número finito; e pode muito bem acontecer que refutemos todas elas e não possamos pensar em uma nova.

Por outro lado, *entre as teorias realmente propostas* pode haver mais de uma que não é refutada em um momento *t*, de modo que podemos não saber qual delas devemos preferir. Mas se, em um momento *t*, uma pluralidade de teorias continua a concorrer dessa forma, o teórico tentará descobrir como experimentos cruciais podem ser projetados entre elas; isto é, experimentos que poderiam falsificar e, assim, eliminar algumas das teorias concorrentes.

(8) O procedimento descrito pode levar a um conjunto de teorias que são "concorrentes", no sentido de que oferecem soluções para, pelo menos, *alguns* problemas comuns, embora cada uma delas ofereça, além disso, soluções para alguns problemas que ela não compartilha com as outras. Pois embora exigimos de uma nova teoria que ela resolva os problemas que sua predecessora resolveu *e* os que não resolveu, é claro que sempre pode acontecer que duas ou mais novas teorias concorrentes sejam propostas de tal forma que cada uma delas satisfaça essas exigências e, além disso, resolva alguns problemas que as outras não resolvam.

(9) A qualquer momento *t*, o teórico estará especialmente interessado em encontrar a mais bem testável das teorias concorrentes, a fim de submetê-la a novos testes. Eu mostrei que esta será, ao mesmo tempo, aquela com o maior conteúdo de informação e o maior poder explicativo. Ela será a teoria mais digna de ser submetida a novos testes, em suma, "a melhor" das teorias concorrentes no momento *t*. Se ela sobreviver a seus testes, será também a mais bem testada de todas as teorias consideradas até então, incluindo todas as suas predecessoras.

(10) No que acabou de ser dito sobre *"a melhor" teoria*, presume-se que uma boa teoria não é *ad hoc*. As ideias de *adhocidade* [*adhocness*] e seu oposto, que talvez possa ser denominado de "ousadia", são muito importantes. Explicações *ad hoc* são explicações que não são testáveis independentemente; isto é, independentemente do efeito a ser explicado. Elas podem ser dadas para o ato da pergunta e são, portanto, de pouco interesse teórico. Discuti a questão dos graus de independência de testes em vários lugares[20];

---

20. Cf. esp. "Naturgesetze und theoretische Systeme" [Leis naturais e sistemas teóricos]. In: MOSER, S. (org.). *Gesetz und Wirklichkeit* [Lei e realidade]. Innsbruck, 1949, p. 43ss.
• "The Aim of Science" [A finalidade da ciência]. *Ratio*, 1, 1957, agora, respectivamente, o apêndice e o cap. 5 adiante.

é um problema interessante e está ligado aos problemas de simplicidade e profundidade. Desde então, tenho também enfatizado[21] a necessidade de referi-lo ou relativizá-lo ao *problema da explicação*, que estamos empenhados em resolver, e às situações de problema em discussão, porque todas essas ideias são relevantes para os graus de "bondade" das teorias concorrentes. Além disso, o grau de ousadia de uma teoria depende também de sua relação com as suas predecessoras.

O principal ponto de interesse, creio eu, é que, para graus muito elevados de ousadia ou não *adhocidade*, eu tenho sido capaz de fornecer um critério objetivo. É que a nova teoria, embora tenha que explicar o que a antiga teoria explicou, *corrige* a antiga teoria, de modo que ela realmente *contradiga* a antiga teoria: ela contém a antiga teoria, *mas apenas como uma aproximação*. Dessa forma, salientei que a teoria de Newton contradiz tanto a teoria de Kepler como a de Galileu – *embora as explique*, devido ao fato de que as contém como aproximações; e, do mesmo modo, a teoria de Einstein contradiz a de Newton, a qual ela igualmente explica, e a contém como uma aproximação.

(11) O método descrito pode ser chamado de *método crítico*. É um método de tentativa e eliminação de erros, de propor teorias e submetê-las aos testes mais rigorosos que pudermos projetar. Se, devido a algumas suposições limitantes, apenas um número finito de teorias concorrentes é considerado possível, esse método pode nos levar a selecionar *a* teoria verdadeira ao eliminar todos os seus concorrentes. Normalmente – isto é, em todos os casos em que o número de teorias possíveis é infinito – esse método não pode determinar qual das teorias é verdadeira; nem qualquer outro método pode. Ele permanece *aplicável*, embora inconclusivo.

(12) O enriquecimento dos problemas através da refutação de teorias falsas, e as exigências formuladas em (3), asseguram que o predecessor de toda nova teoria – do ponto de vista da nova teoria – tenha o caráter de uma aproximação em direção a essa nova teoria. Nada, claro, pode garantir que para cada teoria que

---

21. Cf. *C. & R.*, p. 241.

tenha sido falsificada encontraremos uma sucessora "melhor" ou uma aproximação melhor – uma que satisfaça estas exigências. *Não há garantias de que seremos capazes de realizar progressos em direção a teorias melhores.*

(13) Dois outros pontos podem ser acrescentados aqui. Um deles é que aquilo que foi dito até agora pertence, por assim dizer, à *lógica puramente dedutiva* – a lógica dentro da qual L_1, L_2 e L_3 foram apresentados. Porém ao tentar aplicar isso a situações práticas que surgem na ciência, deparamo-nos com problemas de outro tipo. Por exemplo, a relação entre enunciados de teste e teorias pode não ser tão clara como se assume aqui; ou os próprios enunciados de teste podem ser criticados. Esse é o tipo de problema que sempre surge se quisermos *aplicar* a lógica pura a qualquer situação realista. Em relação à ciência, ele leva ao que eu chamei de *regras metodológicas*, as regras da discussão crítica.

O outro ponto é que essas regras podem ser consideradas como sujeitas à finalidade geral da discussão racional, que é a de chegar mais perto da verdade.

8 Corroboração: os méritos da improbabilidade

(1) Minha teoria de preferência não tem nada a ver com a preferência pela hipótese "mais provável". Pelo contrário, demonstrei que a testabilidade de uma teoria aumenta e diminui com seu *conteúdo informativo* e, portanto, com sua *improbabilidade* (no sentido do cálculo da probabilidade). Deste modo, a hipótese "melhor" ou "preferível" será, na maioria das vezes, a *mais improvável.* (Mas é um equívoco dizer, como faz John C. Harsanyi, que eu tenha alguma vez proposto um "critério de improbabilidade para a escolha de hipóteses científicas"[22]: além de eu não ter um "critério" geral, acontece com bastante frequência que não posso preferir a hipótese logicamente "melhor" e mais improvável, uma vez que alguém conseguiu refutá-la experimentalmente.) Esse

---

22. Cf. HARSANYI, J.C. "Popper's Improbability Criterion for the Choice of Scientific Hypotheses" [O critério de improbabilidade de Popper para a escolha de hipóteses científicas]. *Philosophy*, 35, 1960, p. 332-340. Cf. tb. a nota de rodapé na p. 218 de *C. & R.*

resultado tem sido considerado perverso por muitos, mas meus principais argumentos são muito simples (conteúdo = improbabilidade), e recentemente foram aceitos até mesmo por alguns defensores do indutivismo e de uma teoria probabilística de indução, como Carnap[23].

(2) Eu introduzi originalmente a ideia de *corroboração*, ou *"grau de corroboração"*, com a finalidade de mostrar claramente que toda teoria probabilística de preferência (e, portanto, toda teoria probabilística de indução) é absurda.

Por grau de corroboração de uma teoria quero dizer um relatório conciso avaliando o estado (em determinado momento *t*) da discussão crítica de uma teoria, a respeito da forma como ela resolve seus problemas; seu grau de testabilidade; a rigorosidade dos testes a que foi submetida; e a forma como resistiu a esses testes. A corroboração (ou grau de corroboração) é, desse modo, um *relatório de avaliação do desempenho prévio*. Assim como a preferência, ela é essencialmente comparativa: em geral, só se pode dizer, à luz da discussão crítica, o que inclui testagem, que a teoria A tem um grau de corroboração maior (ou menor) do que uma teoria B concorrente *até algum momento t*. Sendo apenas um relatório de desempenho prévio, ela tem a ver com uma situação que pode nos levar a preferir algumas teorias a outras. *Mas não diz nada, seja lá o que for, sobre o desempenho futuro ou sobre a "confiabilidade" de uma teoria.* (Claro que isto não seria afetado de maneira alguma, se alguém conseguisse mostrar que, em certos casos muito especiais, uma interpretação numérica pode ser dada a minhas fórmulas para o grau de corroboração, ou às de outra pessoa[24].)

---

23. Cf. CARNAP, R. "Probability and Content Measure" [Probabilidade e medida de conteúdo]. In: FEYERABEND, P.K. & MAXWELL, G. (orgs.). *Mind, Matter and Method*: Essays in Honour of Herbert Feigl [Mente, matéria e método: ensaios em homenagem a Herbert Feigl]. Mineápolis: Univ. of Minnesota Press, 1966, p. 248-260.

24. Parece-me que o Prof. Lakatos suspeita que uma contribuição real de números a meu grau de corroboração, se possível, tornaria a minha teoria indutivista, no sentido de uma teoria probabilística de indução. Não vejo razão alguma pela qual isso devesse ser como tal. Cf. p. 410-412 de LAKATOS, I. & MUSGRAVE, A. (orgs.). *The Problem of Inductive Logic* [O problema da lógica indutiva]. Amsterdã: North Holland, 1968. (Acrescentado nas revisões: Fico contente por saber que entendi mal a passagem.)

O principal objetivo das *fórmulas* que propus como definições para o grau de corroboração foi mostrar que, em muitos casos, a hipótese mais *improvável* (improvável no sentido do cálculo da probabilidade) é preferível, e mostrar claramente em quais casos isso se aplica e em quais não se aplica. Dessa forma, eu pude mostrar que a *preferibilidade não pode ser uma probabilidade no sentido do cálculo da probabilidade.* É claro, pode-se designar como teoria preferível a mais "provável": *as palavras não importam*, desde que não se deixe enganar por elas.

Resumindo: às vezes podemos dizer sobre duas teorias concorrentes, *A* e *B*, que à luz do estado da discussão crítica no momento *t* e das evidências empíricas (enunciados de teste) disponíveis à discussão, a teoria *A* é preferível a, ou melhor corroborada que, a teoria *B*.

Obviamente, o grau de corroboração no momento *t* (que é um enunciado sobre a preferibilidade no momento *t*) não diz nada sobre o futuro – por exemplo, sobre o grau de corroboração em um momento posterior a *t*. É apenas um relatório sobre o estado de discussão no momento *t*, a respeito da preferibilidade lógica e empírica das teorias concorrentes.

(3) Devo enfatizar isto, porque a seguinte passagem da minha *Logic of Scientific Discovery* foi interpretada – ou, antes, mal-interpretada – como se mostrasse que eu estivesse usando a corroboração como um índice do desempenho *futuro* de uma teoria: "Ao invés de discutir a 'probabilidade' de uma hipótese, devemos tentar avaliar a que testes, a que tentativas ela resistiu; isto é, devemos tentar avaliar até que ponto ela foi capaz de provar sua aptidão para sobreviver, resistindo aos testes. Em suma, devemos tentar avaliar até que ponto ela foi 'corroborada'"[25].

Algumas pessoas pensaram[26] que a expressão "provar sua aptidão para sobreviver" mostra que eu tinha, aqui, a intenção de falar de uma aptidão para sobreviver no *futuro*, para resistir a testes futuros. Lamento se induzi alguém ao erro, mas só posso

---

25. *L. Sc. D.*, p. 251.
26. Cf. *Mind*, New Series, 69, 1960, p. 100.

dizer que não fui eu que misturei a metáfora darwinista. Ninguém espera que uma espécie que sobreviveu no passado sobreviverá, portanto, no futuro: todas as espécies que já tenham fracassado em sobreviver em algum período de tempo t sobreviveram até esse momento t. Seria absurdo sugerir que a sobrevivência darwinista envolve, de alguma forma, uma expectativa de que todas as espécies que tenham sobrevivido até agora continuarão a sobreviver. (Quem afirmaria que a expectativa de que a nossa própria espécie sobreviva é muito elevada?)

(4) Talvez seja útil acrescentar aqui um ponto sobre o grau de corroboração de um enunciado s que pertença a uma teoria T, ou que decorra logicamente dela, mas que seja logicamente muito mais fraca que a teoria T.

Tal enunciado s terá menos conteúdo informativo que a teoria T. Isso significa que s, bem como o sistema dedutivo S de todos os enunciados que decorrem de s, será *menos testável* e *menos corroborável* que T. Mas se T foi bem testado, então podemos dizer que seu elevado grau de corroboração se aplica a todos os enunciados implicados por ele e, portanto, a s e S, ainda que s pudesse, por si só, *nunca* alcançar um grau de corroboração tão alto quanto pode como parte de T ou relativo a T.

Essa regra pode ser sustentada pela simples consideração de que o grau de corroboração é um meio de declarar *preferência a respeito da verdade*. Mas se preferirmos T a respeito de sua pretensão à verdade, então temos de preferir junto com ela todas as suas consequências, pois se T é verdade, então devem ser todas as suas consequências, mesmo que possam ser menos bem testadas separadamente.

Desse modo, eu afirmo que, com a corroboração da teoria de Newton e a descrição da Terra como um planeta em rotação, o grau de corroboração do enunciado s "O sol nasce em Roma uma vez a cada vinte e quatro horas" aumentou enormemente. Pois, por si só, s não é muito bem testável; mas a teoria de Newton e a teoria da rotação da Terra são bem testáveis. E, se isso for verdadeiro, s também será verdadeira.

Um enunciado s que seja derivável de uma teoria bem testada T, *na medida em que seja considerado parte de T*, terá o grau de corroboração de *T*; e se *s* for derivável não de *T* mas da conjunção de duas teorias, digamos T_1 e T_2, ele terá, *como* parte de duas teorias, o mesmo grau de corroboração que a menos bem testada dessas duas teorias. Porém *s*, tomado por si só, pode ter um grau muito baixo de corroboração.

(5) A diferença fundamental entre a minha abordagem e a abordagem à qual tempos atrás introduzi o rótulo de "indutivista" é que coloco ênfase em *argumentos negativos*, tais como instâncias negativas ou contraexemplos, refutações e tentativas de refutação – em suma, críticas – enquanto o indutivista coloca ênfase em *"instâncias positivas"*, das quais extrai *"inferências não demonstrativas"*[27] e as quais ele espera que garantam a *"confiabilidade"* das conclusões dessas inferências. A meu ver, tudo o que pode ser *"positivo"* em nosso conhecimento científico é positivo *apenas* na medida em que certas teorias são, em um determinado momento do tempo, preferidas a outras, à luz de nossa discussão *crítica* que consiste em tentativas de refutação, incluindo testes empíricos. Assim, mesmo o que pode ser chamado de "positivo" o é *apenas* em relação aos *métodos negativos*.

Essa abordagem negativa esclarece muitos pontos; por exemplo, as dificuldades encontradas em explicar satisfatoriamente o que é uma "instância positiva" ou uma "instância de apoio" de uma lei.

9 Preferência pragmática

Até agora, discuti porque a preferência do teórico – se é que ele tem alguma – será pela "melhor" teoria – isto é, a mais testável – e pela mais bem testada. Claro que o teórico pode não ter preferência *alguma*: ele pode ser desencorajado pela solução "cética" de Hume, e minha, para os problemas H_L e L_1: ele poderia dizer que, se ele não é capaz de se *certificar* de encontrar a teoria verdadeira entre as teorias concorrentes, ele não está interessado em nenhum método como o descrito – nem mesmo se o método torna razoavelmente

---

27. HEMPEL, C.G. "Recent Problems of Induction" [Problemas recentes de indução]. In: COLODNY, R.G. (org.). *Mind and Cosmos*. Pittsburgh Univ. Press, 1966, p. 112.

certo que, se uma teoria verdadeira deveria estar entre as teorias propostas, ela estará entre as sobreviventes, as preferidas, as corroboradas. Um teórico "puro" mais otimista ou mais curioso, porém, poderia muito bem ser encorajado, por nossa análise, a propor reiteradamente novas teorias concorrentes, na esperança de que uma delas possa ser verdadeira – mesmo que nunca sejamos capazes de nos certificar de qualquer uma que seja verdadeira.

Assim, o teórico puro tem mais de um modo de ação aberto para si; e ele escolherá um método tal como o método de tentativa e eliminação de erros somente se sua curiosidade exceder sua frustração com a incerteza inevitável e a incompletude de todos os nossos esforços.

É diferente com ele *enquanto* homem de ação prática. Pois um homem de ação prática tem sempre que *escolher* entre algumas alternativas mais ou menos definidas, já que *mesmo a inação é um tipo de ação.*

Mas toda ação pressupõe um conjunto de expectativas; isto é, de teorias sobre o mundo. Que teoria o homem de ação deve escolher? Existe algo como *escolha racional?*

Isso nos leva aos problemas pragmáticos da indução:

Pr_1 Em que teoria devemos confiar para a ação prática, de um ponto de vista racional?

Pr_2 Que teoria devemos preferir para a ação prática, de um ponto de vista racional?

Minha resposta a Pr_1 é: de um ponto de vista racional, não devemos "confiar" em nenhuma teoria, pois nenhuma teoria se mostrou verdadeira, nem pode se mostrar verdadeira.

Minha resposta a Pr_2 é: Mas devemos *preferir* como base para ação a teoria mais bem testada.

Em outras palavras, não há "confiança absoluta"; mas como *temos* que escolher, será "racional" escolher a teoria mais bem testada. Esta será "racional" no sentido mais óbvio que conheço da palavra: a teoria mais bem testada é aquela que, à luz de nossa *discussão crítica*, parece ser a melhor até então e não conheço nada mais "racional" que uma discussão crítica bem conduzida.

Claro que, ao escolher a teoria mais testada como base para a ação, nós "confiamos"* nela, em algum sentido da palavra. Ela pode, portanto, até ser descrita como a teoria *mais* "confiável" disponível, em algum sentido desse termo. Porém isso não significa que ela seja "confiável". Não é "confiável", pelo menos no sentido de que, mesmo na ação prática, sempre faremos bem em prever a possibilidade de que algo possa dar errado com nossas expectativas.

Mas não é meramente essa cautela trivial que devemos derivar de nossa resposta negativa a L_1 e Pr_1. Pelo contrário, é de extrema importância para o entendimento de todo o problema, especialmente do que chamei de problema tradicional, que, apesar da "racionalidade" de escolher a teoria mais bem testada como base de ação, tal escolha *não* é "racional" no sentido de que ela se baseie em *boas razões* para esperar que, na prática, será uma escolha bem-sucedida: *não pode haver boas razões* nesse sentido e esse é, precisamente, o resultado de Hume. (Nisso nossas respostas a H_1, L_1 e Pr_1 estão todas de acordo.) Pelo contrário, mesmo que nossas teorias físicas devam ser verdadeiras, é perfeitamente possível que o mundo como o conhecemos, com todas suas regularidades pragmaticamente relevantes, possa se desintegrar completamente no próximo segundo. Isso deveria ser óbvio para qualquer pessoa hoje; mas eu disse isso[28] antes de Hiroshima: há infinitamente muitas possibilidades de desastre local, parcial ou total.

De um ponto de vista pragmático, entretanto, não vale a pena se preocupar com a maioria dessas possibilidades, porque não podemos *fazer* nada a respeito delas: elas estão além do domínio da ação. (Eu não incluo, é claro, a guerra atômica entre esses desastres que estão além do domínio da ação humana, embora a maioria de nós pense dessa forma, só porque a maioria de nós não pode fazer nada mais sobre isso do que sobre um ato de Deus.)

Tudo isso se aplicaria mesmo que pudéssemos ter certeza de que nossas teorias físicas e biológicas fossem verdadeiras. Mas

---

* Entre os sentidos subentendidos do verbo *rely*, usado por Popper, estão "confiar" e "depender". Pode-se "confiar" em uma teoria, mas também se pode "depender" pragmaticamente dela para a ação, na falta de alguma teoria que seja de fato "confiável" [N.T.].

28. Cf. *L.d.F.*, seção 79 (*L. Sc. D.*, p. 253s.).

isso nós não sabemos. Pelo contrário, temos razões para suspeitar até das melhores delas; e isso acrescenta, é claro, mais infinidades às infinitas possibilidades de desastre.

É esse tipo de consideração que torna tão importante a resposta negativa de Hume e minha própria. Pois agora podemos ver muito claramente porque devemos ter cuidado para que a nossa teoria do conhecimento não prove demasiado. Mais precisamente, *nenhuma teoria do conhecimento deveria tentar explicar por que somos bem-sucedidos em nossas tentativas de explicar as coisas.*

Mesmo se assumirmos que tenhamos sido bem-sucedidos – que nossas teorias físicas sejam verdadeiras – podemos aprender, a partir de nossa cosmologia, o quanto esse sucesso é infinitamente improvável: nossas teorias nos dizem que o mundo é quase completamente vazio e que o espaço vazio está preenchido com radiação caótica. E quase todos os lugares que não são vazios estão ocupados ou por poeira caótica, ou por gases ou por estrelas muito quentes – todos eles em condições que parecem tornar a aplicação de qualquer método de adquirir conhecimento físico localmente impossível.

Resumindo, há muitos mundos, mundos possíveis e reais, nos quais uma procura por conhecimento e por regularidades falharia. E mesmo no mundo tal como o conhecemos realmente a partir das ciências, a ocorrência de condições sob as quais a vida, bem como a procura por conhecimento, poderia surgir – e ser bem-sucedida – parece ser quase infinitamente improvável. Além disso, parece que, se porventura tais condições viessem a surgir, elas estariam destinadas a desaparecer novamente, após um tempo que, cosmologicamente falando, é muito curto.

10 Contextualização de minha reformulação do problema psicológico da indução de Hume

Historicamente, encontrei a minha nova solução para o problema psicológico de indução de Hume antes de minha solução para o problema lógico: foi aqui que primeiro notei que a indução – a formação de uma crença por repetição – é um mito. Foi primeiro nos animais e nas crianças, mas depois também nos adultos, que observei a imensamente poderosa *necessidade por regularidade* – a necessidade que os faz buscarem regularidades; que os faz às vezes experimentarem regularidades mesmo onde não há nenhuma; que os faz agarrarem-se às suas expectativas dogmaticamente; e que os torna infelizes e pode levá-los ao desespero e à beira da loucura caso certas regularidades assumidas malogrem. Quando Kant disse que nosso intelecto impõe suas leis à natureza, ele estava certo – exceto por não notar o quão frequentemente nosso intelecto falha na tentativa: as regularidades que tentamos impor são *psicologicamente a priori*, mas não há a menor razão para supor que elas sejam *válidas a priori*, conforme pensava Kant. A necessidade de tentar impor tais regularidades ao nosso ambiente é, claramente, inata e baseada em pulsões ou instintos. Existe a necessidade geral de um mundo que esteja em conformidade com nossas expectativas; e há muito mais necessidades específicas; por exemplo, a necessidade de uma resposta social regular ou a necessidade de aprender uma linguagem* com regras para enunciados descritivos (e outros). Isso me levou, primeiro, à conclusão de que as expectativas podem surgir sem, ou antes de, qualquer repetição; e, mais tarde, a uma análise lógica que mostrou que elas não poderiam surgir de outra forma, pois a repetição pressupõe similaridade, e a similaridade pressupõe um ponto de vista – uma teoria ou uma expectativa.

Assim, concluí que a teoria indutiva de Hume sobre a formação de crenças não poderia ser verdadeira, *por razões lógicas*. Isso me levou a ver que considerações lógicas podem ser transferidas para considerações psicológicas; e me levou mais adiante à conjectura heurística de que, de um modo bem geral, o que se aplica à lógica também se aplica – desde que seja devidamente transferido – à psicologia. (Esse princípio heurístico é o que agora chamo de "princípio da transferência".) Suponho que foi esse resultado, em grande medida, que me fez desistir da psicologia e me dirigir à lógica da descoberta.

---

* É importante ter em mente que a palavra *language* em inglês [*Sprache*, em alemão] pode significar "língua" (no sentido de idioma) ou "linguagem" (que aqui se utiliza, por ser um termo mais geral que abarca tanto a "língua" quanto outros tipos de linguagem) [N.T.].

Para muito além disso, senti que a psicologia deveria ser considerada como uma disciplina biológica e, especialmente, que qualquer *teoria* psicológica *da aquisição do conhecimento* deveria ser assim também considerada.

Agora, se transferirmos para a psicologia humana e animal esse *método de preferência* que é o resultado de nossa solução para L_3, chegamos, claramente, ao conhecido método de tentativa e eliminação de erros: as várias tentativas correspondem à formação de hipóteses concorrentes; e a eliminação de erros corresponde à eliminação ou refutação de teorias por meio de testes.

Isso me levou à formulação: a principal diferença entre Einstein e uma ameba (conforme descrito por Jennings[29]) é que Einstein *busca conscientemente a eliminação de erros*. Ele tenta matar suas teorias: é *conscientemente crítico* de suas teorias que, por esta razão, ele tenta *formular* de modo nítido e não vagamente. Mas a ameba não pode ser crítica *em relação* às suas expectativas ou hipóteses; ela não pode ser crítica porque não pode *confrontar* suas hipóteses: estas são parte daquela. (Somente o conhecimento objetivo é criticável: o conhecimento subjetivo torna-se criticável somente quando se torna objetivo. E torna-se objetivo quando *dizemos* o que pensamos; e ainda mais quando o *escrevemos* ou o *imprimimos*.)

É claro que o método de tentativa e eliminação de erros é, em grande medida, baseado em instintos inatos. E é claro que alguns desses instintos estão ligados a esse vago fenômeno chamado por alguns filósofos de "crença".

Eu costumava ter orgulho do fato de que não sou um filósofo de crenças: estou interessado principalmente em ideias, em teorias, e acho comparativamente sem importância se alguém "acredita" nelas ou não. E suspeito que o interesse dos filósofos na crença resulta dessa filosofia equivocada que eu chamo de "indutivismo". Eles são teóricos do conhecimento e, partindo de experiências subjetivas, falham em distinguir entre conhecimento objetivo e

---

29. JENNINGS, H.S. *The Behaviour of the Lower Organisms* [O comportamento dos organismos inferiores]. Columbia University, 1906.

subjetivo. Isso os leva a acreditar na crença como o gênero do qual o conhecimento é uma espécie ("justificativa" ou talvez um "critério de verdade", como clareza e distinção, ou vivacidade[30], ou "razão suficiente", provendo a diferença específica).

É por isso que, como E.M. Forster, eu não creio em crença.

Mas existem outras razões, e mais importantes, para ser receoso com relação à crença. Estou bastante disposto a admitir que existem alguns estados psicológicos que podem ser chamados de "expectativas" e que existem graus de expectativa, desde a expectativa vivaz de um cão que está prestes a ser levado para passear, até a expectativa quase inexistente de um menino de escola que sabe, mas não acredita realmente, que se viver pelo menos o tempo suficiente, um dia será um homem velho. Mas é questionável que a palavra "crença" seja usada pelos filósofos para descrever estados psicológicos nesse sentido. Parece que eles a usam mais frequentemente para denotar não estados momentâneos, mas aquilo que pode ser chamado de "crenças estabelecidas", incluindo as incontáveis expectativas inconscientes que constituem nosso horizonte de expectativas". Há uma grande distância destas crenças até hipóteses formuladas e, portanto, também até enunciados da forma "Eu acredito que..."

Agora quase todos os enunciados *formulados* dessa maneira podem ser considerados criticamente; e os estados psicológicos que *resultam* de uma consideração crítica parecem-me muito diferentes, de fato, de uma expectativa inconsciente. Assim, mesmo uma crença "estabelecida" muda quando é formulada e, novamente, após ter sido formulada. Se o resultado de sua consideração crítica é a "aceitação", ela pode variar desde aquela aceitação fanática que tenta suprimir as dúvidas e escrúpulos do indivíduo até aquela aceitação provisória que está disposta a reconsideração e revisão a qualquer momento e que pode, até mesmo, estar vinculada a uma procura ativa por refutações.

Não creio que tais distinções entre diferentes "crenças" sejam de qualquer interesse para a minha própria teoria objetivista do

---

30. Cf. HUME. *Treatise*, p. 265.

conhecimento; mas elas devem ser interessantes para qualquer pessoa que leve a sério o problema psicológico da indução – o que eu não levo a sério.

11 Reformulação do problema psicológico da indução

Pelas razões recém-explicadas, eu não considero o problema psicológico da indução como parte de minha própria teoria (objetivista) do conhecimento. Mas creio que o princípio da transferência sugere os seguintes problemas e respostas.

Ps_1 Se olharmos para uma teoria criticamente, do ponto de vista da evidência suficiente em vez de qualquer ponto de vista pragmático, temos sempre a sensação de completa segurança ou certeza de sua verdade, mesmo em relação às teorias mais bem testadas, como a de que o sol nasce todos os dias?

Creio que a resposta aqui seja: não. Sugiro que o sentimento de certeza – a forte crença – que Hume tentou explicar foi uma crença *pragmática*; algo intimamente ligado à ação e à escolha entre alternativas ou, então, à nossa necessidade instintiva de regularidades e à expectativa por elas. Mas se assumirmos que estamos em posição de refletir sobre a evidência e o que ela nos permite afirmar, então teremos que admitir que o sol pode afinal não nascer amanhã sobre Londres – por exemplo, porque o sol pode explodir na próxima meia hora, de modo que não haverá amanhã. Claro que não devemos considerar essa possibilidade "a sério" – isto é, pragmaticamente – porque ela não sugere nenhuma ação possível: simplesmente não podemos fazer nada a respeito.

Assim, somos levados a considerar nossas crenças pragmáticas. E estas podem ser muito fortes, de fato. Podemos perguntar: Ps_2 Essas "fortes crenças pragmáticas" que todos nós temos, como a crença de que haverá um amanhã, são os resultados irracionais da repetição?

Minha resposta é: não. A teoria da repetição é insustentável de qualquer maneira. Essas crenças são parcialmente inatas, parcialmente modificações de crenças inatas resultantes do método de tentativa e eliminação de erros. Mas esse método é perfeitamente "racional", uma vez que corresponde precisamente ao método de preferência cuja racionalidade foi discutida. Mais especialmente, uma *crença pragmática nos resultados da ciência* não é irracional, porque não há nada mais "racional" que o método de discussão crítica, que é o método da ciência. E embora fosse irracional aceitar qualquer de seus resultados como certo, não há nada "melhor" quando se trata de ação prática: não há nenhum método alternativo que se possa dizer que seja mais racional.

12 O tradicional problema da indução e a invalidade de todos os princípios ou regras da indução

Retorno agora ao que eu chamo de tradicional problema filosófico da indução.

O que chamo por este nome é, sugiro, o resultado de observar a visão, de senso comum, da indução por repetição, contestada por Hume, sem levar o desafio tão a sério quanto se deveria. Mesmo Hume, afinal, permaneceu um indutivista; assim, não se pode esperar que todo indutivista desafiado por Hume perceba que o desafio de Hume é ao indutivismo.

O esquema fundamental do problema tradicional pode ser enunciado de várias maneiras, por exemplo:

Tr_1 Como se pode justificar a indução (apesar de Hume)?

Tr_2 Como se pode justificar um princípio de indução (ou seja, um princípio não lógico que justifique a indução)?

Tr_3 Como se pode justificar um princípio particular de indução, como "o futuro será como o passado", ou talvez o chamado "princípio da uniformidade da natureza"?

Como indiquei brevemente em minha *Logic of Scientific Discovery*, creio que o problema de Kant, "como os enunciados sintéticos podem ser válidos *a priori*?", foi uma tentativa de generalizar Tr_1 ou Tr_2.

É por isso que considero Russell um kantiano, pelo menos em algumas de suas fases, pois ele tentou encontrar uma solução para *Tr₂* através de alguma justificativa *a priori*. Em *Os problemas da filosofia*; por exemplo, a formulação de Tr_2 por Russell foi: "[...] que tipo de crenças gerais seriam suficientes, se verdadeiras, para justificar o julgamento de que o sol irá nascer amanhã [...]?"

Do meu ponto de vista, todos esses problemas estão malformulados. (E assim também estão as versões probabilísticas, tais como aquela implícita no princípio de indução de Thomas Reid, "O que está para ser provavelmente será como tem sido em circunstâncias similares".) Seus autores não levam suficientemente a sério a crítica lógica de Hume; e nunca consideram seriamente a possibilidade de que podemos e devemos prescindir da indução por repetição e que, na verdade, conseguimos sem ela.

Parece-me que todas as objeções que conheço à minha teoria a abordam com a questão de saber se a minha teoria resolveu o tradicional problema da indução – isto é, se eu justifiquei a inferência indutiva.

Claro que não justifiquei. A partir disso, meus críticos deduzem que eu falhei em resolver o problema da indução de Hume.

É principalmente pela razão enunciada na seção 9, entre outras, que as formulações tradicionais do princípio da indução têm que ser rejeitadas. Pois todas elas assumem não só que nossa busca por conhecimento tem sido bem-sucedida, mas também que devemos ser capazes de explicar por que ela é bem-sucedida.

No entanto, mesmo partindo do pressuposto (do qual compartilho) de que nossa busca pelo conhecimento tem sido muito bem-sucedida até o momento e que agora conhecemos algo de nosso universo, esse sucesso se torna milagrosamente improvável e, portanto, inexplicável; pois um apelo a uma série interminável de acidentes improváveis não é uma explicação. (O melhor que podemos fazer, suponho, é investigar a quase incrível história evolutiva desses acidentes, desde a formação dos elementos até a formação dos organismos.)

Uma vez que isso tenha sido observado, não só a tese de Hume, de que um apelo à probabilidade não pode mudar a resposta a H_L (e, portanto, a L_1 e Pr_1), torna-se perfeitamente óbvia, mas também a invalidade de qualquer "princípio de indução".

A ideia de um princípio de indução é a ideia de um enunciado – a ser considerado como um princípio metafísico, ou como válido *a priori*, ou como provável, ou talvez como mera conjectura – que, se verdadeira, daria *boas razões para nossa confiança em regularidades*. Se por "confiança" se entende meramente, no sentido de Pr_2, a confiança pragmática na racionalidade de nossas *preferências* teóricas, então, claramente, nenhum princípio de indução é necessário: não precisamos confiar em regularidades – isto é, na verdade das teorias – para justificar essa preferência. Se, por outro lado, for pretendida a "confiança" no sentido de Pr_1, então qualquer um desses princípios de indução seria simplesmente falso. De fato, no seguinte sentido, seria até paradoxal. Isso nos daria o direito de confiar na ciência; ao passo que a ciência de hoje nos diz que só em condições muito especiais e improváveis podem surgir situações em que as regularidades, ou instâncias de regularidades, podem ser observadas. De fato, a ciência nos diz que tais condições dificilmente ocorrem em qualquer lugar do universo e, se ocorrem em algum lugar (na Terra, digamos), estão sujeitas a ocorrer por períodos que serão curtos de um ponto de vista cosmológico.

Essa crítica se aplica claramente não apenas a qualquer princípio que justifique a inferência indutiva baseada na repetição, mas também a qualquer princípio que justificasse a "confiança", no sentido de Pr_1, no método de tentativa e eliminação de erros, ou em qualquer outro método concebível.

13 Além dos problemas de indução e demarcação

Minha solução do problema da indução me ocorreu um tempo considerável depois de eu ter resolvido, pelo menos para minha própria satisfação, o problema da demarcação (a demarcação entre ciência empírica e pseudociência, especialmente a metafísica).

Só depois da solução do problema da indução é que considerei o problema da demarcação como objetivamente importante, pois eu suspeitava que ele desse meramente uma definição de ciência. Isso me pareceu de significância duvidosa (talvez devido à minha atitude negativa em relação a definições), ainda que eu tenha achado muito útil para esclarecer minha atitude em relação à ciência e à pseudociência.

Eu percebi que o que se deve abandonar é a *busca por justificativas*, no sentido de justificar a alegação de que uma teoria é verdadeira. *Todas as teorias são "hipóteses"*, todas *podem* ser derrubadas.

Por outro lado, eu estava muito longe de sugerir que desistíssemos da procura pela verdade: nossas discussões críticas de teorias são dominadas pela ideia de encontrar uma teoria explicativa verdadeira (e poderosa); e *nós realmente justificamos nossas preferências por um apelo à ideia de verdade*: a verdade desempenha o papel de uma ideia reguladora. *Nós testamos pela verdade* ao eliminarmos a falsidade. O fato de não podermos dar uma justificativa – ou razões suficientes – para nossos palpites não significa que talvez não tenhamos adivinhado a verdade; algumas de nossas hipóteses podem bem ser verdadeiras[31].

A percepção de que todo conhecimento é hipotético leva à rejeição do "princípio da razão suficiente" na forma de "que uma razão pode ser dada para cada verdade" (Leibniz) ou na forma mais forte que encontramos em Berkeley e Hume, que sugerem ambos que é uma razão suficiente para a descrença se "não vemos razão [suficiente] para acreditar"[32].

Uma vez que resolvi o problema da indução e percebi sua estreita ligação com o problema da demarcação, novos problemas interessantes e novas soluções surgiram em rápida sucessão.

Antes de tudo, logo percebi que o problema da demarcação e minha solução, conforme enunciado acima, eram um pouco formais e irrealistas: *refutações empíricas sempre poderiam ser evitadas*. Era sempre possível *"imunizar"* qualquer teoria contra

---

31. Isso sequer precisa de ser dito. Porém a *Encyclopedia of Philosophy*, 1967, vol. 3, p. 37, atribui a mim a visão: "A própria verdade é apenas uma ilusão".

32. BERKELEY. *Three Dialogues Between Hylas and Philonous* [Três diálogos entre Hilas e Filono], segundo Diálogo: "Para mim é uma razão suficiente para não acreditar [...] se eu não vejo nenhuma razão para acreditar". Para Hume, cf. *C. & R.*, p. 21 (onde é citada a *Enquiry Concerning Human Understandings*, seção V, parte I).

a crítica. (Devemos a Hans Albert essa excelente expressão que, creio eu, deveria substituir meus termos "estratagema convencionalista" e "distorção convencionalista".)

Assim, fui levado à ideia de *regras metodológicas* e da importância fundamental de uma *abordagem crítica*; ou seja, de uma abordagem que evitasse a política de imunização de nossas teorias contra a refutação.

Ao mesmo tempo, também percebi o oposto: o valor de uma atitude *dogmática*: alguém tinha de defender uma teoria contra a crítica, ou ela sucumbiria facilmente demais e antes de ter sido capaz de dar suas contribuições para o crescimento da ciência.

O passo seguinte foi a aplicação da abordagem crítica aos enunciados de teste, a "base empírica": enfatizei o caráter conjectural e teórico de todas as observações e de todos os enunciados de observação.

Isso me levou à visão de que todas as linguagens são impregnadas de teoria; o que significou, é claro, uma revisão radical do empirismo. Também me fez ver a atitude crítica como característica da atitude racional; e me levou a ver a significância da função argumentativa (ou crítica) da linguagem; à ideia de lógica dedutiva como órganon da crítica e a enfatizar a retransmissão da falsidade a partir da conclusão até as premissas (um corolário da transmissão da verdade das premissas até a conclusão). E isso, mais ainda, levou-me a perceber que apenas uma teoria *formulada* (em contraposição a uma teoria acreditada) pode ser objetiva e à ideia de que é essa formulação ou objetividade que torna a crítica possível; e, então, à minha teoria de um "terceiro mundo" (ou, como Sir John Eccles prefere chamá-la, "mundo 3")[33].

Esses são apenas alguns dos muitos problemas aos quais a nova abordagem deu origem. Há outros problemas de caráter mais técnico, como os muitos problemas ligados à teoria da probabilidade, incluindo seu papel na teoria quântica, e a ligação entre minha teoria da preferência e a teoria da seleção natural de Darwin.

---

33. ECCLES, J.G. *Facing Reality* [Encarando a realidade]. Berlim/Nova York: Springer-Verlag/Heidelberg, 1970.

2

DUAS FACES DO SENSO COMUM: UM ARGUMENTO A FAVOR DO REALISMO DE SENSO COMUM E CONTRA A TEORIA DO CONHECIMENTO DO SENSO COMUM[*]

1 Uma desculpa pela filosofia

É muito necessário, nos dias de hoje, desculpar-se por estar envolvido com a filosofia sob qualquer forma que seja. Com exceção, talvez, de alguns marxistas, a maioria dos filósofos profissionais parece ter perdido o contato com a realidade. E quanto aos marxistas – "os marxistas têm apenas *interpretado* o marxismo de várias maneiras; a questão, porém, é *transformá-lo*"[1].

Em minha opinião, o maior escândalo da filosofia é que, enquanto ao nosso redor o mundo da natureza perece – e não só o mundo da natureza – os filósofos continuam a falar, às vezes de forma inteligente e às vezes não, sobre a questão de saber se

---

[*] Este longo ensaio, até agora inédito, é uma versão revista e ampliada de uma palestra que dei em meu antigo seminário no início de 1970. A intenção é que seja uma resposta razoavelmente completa aos críticos de minhas visões sobre a ciência. Sou grato a John Watkins, que leu uma versão anterior do ensaio e me apontou um erro grave que, felizmente, mostrou não ser relevante para o meu argumento principal. David Miller, muito generosamente, dedicou seu tempo a ler minuciosa e repetidamente o ensaio e me salvou não apenas de pelo menos três erros semelhantes, mas também de inúmeras pequenas confusões em termos de matéria e estilo. Sou profundamente grato a ele por isso.

1. Marx, claro, disse (na décima primeira de suas *Teses sobre Feuerbach*): "Os filósofos têm apenas *interpretado* o mundo de várias maneiras; a questão, porém, é *transformá-lo*". A brilhante e oportuna variação citada no texto parece ser atribuída a R. Hochhuth. (Mas não devo mencionar o brilhantismo de Hochhuth sem me dissociar, da maneira mais enfática, de sua atitude bastante equivocada em relação a Winston Churchill.)

este mundo existe. Eles se envolvem na escolástica[2], em enigmas linguísticos como, por exemplo, se existem ou não diferenças entre "ser" e "existir". (Assim como na arte contemporânea, não há padrões nesses mundos da filosofia.)

Não é necessário dizer que a atitude anti-intelectual generalizada, que foi tão forte entre os nacional-socialistas e que está de novo se tornando forte entre os jovens frustrados, especialmente os estudantes, é tão ruim quanto esse tipo de escolástica e, se é que é possível, um pouco pior ainda que a pretensiosa e espúria, embora às vezes até brilhante, verborragia de filósofos e outros intelectuais. Mas é apenas um pouco pior, pois a traição dos intelectuais evoca o anti-intelectualismo como uma reação quase inevitável. Se os alimentarmos com pedras em vez de pão, os jovens irão se revoltar, mesmo que, ao fazê-lo, confundam um padeiro com um atirador de pedras.

Nessas circunstâncias, há uma necessidade de pedir desculpas por ser um filósofo e, mais particularmente, por reafirmar (como pretendo fazer, ainda que só de passagem) o que deveria ser uma trivialidade, como o *realismo*, a tese da realidade do mundo. Qual é a minha justificativa?

Minha justificativa é esta. Todos nós temos as nossas filosofias, estejamos conscientes desse fato ou não, e nossas filosofias não valem muito. Mas o impacto de nossas filosofias sobre nossas ações e nossas vidas é frequentemente devastador. Isso torna necessário tentar melhorar nossas filosofias através da crítica. Essa é a única desculpa que sou capaz de oferecer para a existência contínua da filosofia.

2 O ponto de partida inseguro: senso comum e crítica

A ciência, a filosofia, o pensamento racional têm de partir todos do senso comum.

---

2. Estou usando o termo "escolástica" para indicar uma atitude de discutir sem um problema sério – uma atitude que de forma alguma era universal entre os escolásticos da Idade Média.

Talvez não porque o senso comum seja um ponto de partida seguro: o termo "senso comum" que estou usando aqui é um termo muito vago, simplesmente porque denota uma coisa vaga e mutável – os instintos ou opiniões, muitas vezes adequados ou verdadeiros e muitas vezes inadequados ou falsos, de muitas pessoas. Como uma coisa tão vaga e insegura como o senso comum pode fornecer-nos um ponto de partida? Minha resposta é: porque não visamos nem tentamos construir (como fizeram, p. ex., Descartes ou Spinoza ou Locke ou Berkeley ou Kant) um sistema seguro sobre esses fundamentos. Qualquer uma de nossas muitas suposições de senso comum – nosso conhecimento de fundo do senso comum [commonsense background knowledge], como pode ser chamado –, a partir da qual partimos, pode ser desafiada e criticada a qualquer momento; frequentemente, tal suposição é criticada e rejeitada com sucesso (p. ex., a teoria de que a terra é plana). Em um caso como esse, o senso comum é modificado pela correção ou é transcendido e substituído por uma teoria que pode parecer a algumas pessoas, por um período de tempo mais curto ou mais longo, como sendo mais ou menos "louca". Se tal teoria precisa de muita formação para ser entendida, ela pode até mesmo fracassar para sempre em ser absorvida pelo senso comum. Ainda assim, podemos exigir que tentemos chegar o mais perto possível do ideal: *toda a ciência e toda a filosofia são um senso comum esclarecido.*

Assim, começamos com um ponto de partida vago e construímos sobre fundamentos inseguros. Mas podemos fazer progressos: às vezes podemos, depois de algumas críticas, ver que estávamos errados: podemos aprender com nossos erros, com a percepção de que cometemos um erro.

(Aliás, vou tentar mostrar mais adiante que o senso comum tem sido particularmente enganoso na teoria do conhecimento. Pois parece haver uma teoria do conhecimento do senso comum: é a equivocada teoria de que adquirimos conhecimento sobre o mundo ao abrirmos os olhos e olharmos para ele ou, mais genericamente, pela observação.)

Minha primeira tese, desse modo, é que nosso ponto de partida é o senso comum e que nosso grande instrumento de progresso é a crítica.

Mas essa tese levanta de imediato uma dificuldade. Tem-se dito que se desejamos criticar uma teoria, digamos T_1, seja ela de caráter de senso comum ou não, então precisamos de alguma outra teoria, T_2, que nos forneça a base ou o ponto de partida ou o pano de fundo necessários para criticar T_1. Só no caso muito especial em que pudermos mostrar que T_1 é inconsistente (um caso chamado "crítica imanente", no qual usamos T_1 para mostrar que T_1 é falso) é que podemos proceder de modo diferente; isto é, mostrando que consequências absurdas decorrem de T_1.

Creio que essa crítica ao método da crítica é inválida. O que ela alega é que todas as críticas devem ser ou "imanentes" ou "transcendentes" e que no caso da crítica "transcendente" não procedemos criticamente, uma vez que temos de assumir dogmaticamente a verdade de T_2. Pois o que realmente acontece é isto. Se sentimos que devemos produzir alguma crítica a T_1, que presumimos ser uma teoria consistente, então mostramos que T_1 leva a consequências involuntárias e indesejáveis (não importa muito que não sejam logicamente inconsistentes) ou mostramos que existe uma teoria concorrente T_2 que entra em conflito com T_1 e que, conforme tentamos mostrar, tem certas vantagens sobre T_1. Isto é todo o necessário: assim que temos teorias concorrentes, há ampla margem para discussão crítica, ou racional: exploramos as consequências das teorias e tentamos, especialmente, descobrir seus pontos fracos – isto é, consequências que pensamos que possam estar equivocadas. Esse tipo de discussão crítica ou racional pode, às vezes, levar a uma clara derrota de uma das teorias; mais frequentemente, só ajuda a realçar as fraquezas de ambas e, assim, nos desafia a produzir alguma outra teoria.

O problema fundamental da teoria do conhecimento é o esclarecimento e a investigação desse processo pelo qual, afirma-se aqui, nossas teorias podem crescer ou progredir.

3 Contraste com outras abordagens

O que eu disse até agora pode parecer bastante trivial. Para esclarecer o propósito, vou comparar muito brevemente com outras abordagens.

Descartes foi, talvez, o primeiro a dizer que tudo depende da segurança do nosso ponto de partida. A fim de tornar esse ponto de partida realmente seguro, ele sugeriu o método da dúvida: aceitar apenas o que é absolutamente indubitável.

Ele, então, partiu de sua própria existência, o que lhe pareceu indubitável, já que até duvidar da nossa própria existência parece pressupor a existência de um incrédulo (um sujeito que duvida). Agora, não sou mais cético sobre a existência do meu próprio eu do que Descartes era do dele. Mas eu também creio (como Descartes) que morrerei em breve e que isso fará pouca diferença para o mundo, exceto para mim mesmo e dois ou três amigos. Obviamente, as questões da própria vida e morte do indivíduo têm alguma significância, mas eu presumo (e creio que Descartes concordaria) que minha própria existência chegará a um fim sem que o mundo chegue também a um fim.

Essa é uma visão de senso comum e é o princípio central do que se pode denominar de "realismo". (O realismo será discutido em breve de modo mais completo.)

Admito que a crença na própria existência é muito forte. Mas não admito que ela possa suportar o peso de nada que se assemelhe ao edifício cartesiano; como plataforma de partida, é restrita demais. Nem creio, aliás, que ela seja tão indubitável como Descartes (de modo perdoável) acreditava. No maravilhoso livro *Everest 1933*, de Hugh Routledge, lemos sobre Kipa, um dos xerpas, que foi mais alto do que era bom para ele: "A mente desnorteada do pobre velho Kipa ainda se agarrava obstinadamente à ideia de que ele estava morto"[3].

Eu não afirmo que a ideia do pobre velho Kipa era de senso comum, ou mesmo razoável, mas lança dúvidas sobre essa diretidade* e indubitabilidade que Descartes alegava. Em todo caso,

---

3. ROUTLEDGE, H. *Everest 1933*. Londres: Hodder & Stoughton, 1934, p. 143. (Embora talvez apenas por alguns segundos, tive uma experiência semelhante à de Kipa quando uma vez fui atingido por um relâmpago no *Sonnblick*, nos Alpes austríacos.)

* Utiliza-se "diretidade" como tradução de *"directness"* [*Direktheit*, em alemão], i. é, o caráter do que é direto, sem desvios ou intermediários, que ao longo do livro acompanha o conceito de "imediação"; i. é, o caráter do que é imediato, sem mediação [N.T.].

não proponho fazer nenhuma alegação similar pela certeza, embora admita de bom grado que acreditar na existência do próprio pensamento é senso comum bom e são. Não é a verdade do ponto de partida de Descartes que eu gostaria de questionar, mas sua suficiência para o que ele tenta fazer com ela e, incidentalmente, sua suposta indubitabilidade.

Locke, Berkeley e até mesmo o "cético" Hume e seus muitos sucessores, especialmente Russell e Moore[4], compartilhavam com Descartes a visão de que as experiências subjetivas eram particularmente seguras e, portanto, adequadas como um ponto de partida ou fundamento estável; mas eles se baseavam principalmente em experiências de caráter observacional. E Reid, com quem compartilho a adesão ao realismo e ao senso comum, pensava que tínhamos uma percepção muito direta, imediata e segura da realidade externa objetiva.

Em oposição a isso, sugiro que não há nada direto ou imediato em nossa experiência: temos que *aprender* que temos um eu, estendido no tempo e que continua a existir mesmo durante o sono e a inconsciência total, e temos que aprender sobre o nosso próprio corpo e os dos outros. É tudo decodificação ou interpretação. Aprendemos a decodificar tão bem que tudo se torna muito "direto" ou "imediato" para nós; mas assim é com o homem que aprendeu o Código Morse ou, para tomar um exemplo mais familiar, que aprendeu a ler um livro, o qual fala com ele "diretamente", "imediatamente". Contudo, sabemos que existe um processo complicado de decodificação acontecendo; a diretidade e a imediação aparentes são o resultado de um treinamento, assim como tocar um piano ou dirigir um carro.

Temos razões para presumir que haja uma base hereditária para nossas habilidades de decodificação. De qualquer forma, às vezes cometemos equívocos na decodificação, especialmente durante o período de aprendizagem, mas também mais tarde, espe-

---

4. G.E. Moore era um grande realista porque tinha um forte amor pela verdade e sentia claramente que o idealismo era falso. Infelizmente, ele acreditava na teoria subjetivista do conhecimento do senso comum e, assim, durante toda a sua vida, esperou, em vão, que uma prova de realismo baseada na percepção pudesse ser encontrada – uma coisa que não pode existir. Russell recaiu do realismo para o positivismo pela mesma razão.

cialmente se ocorrem situações incomuns. A imediação ou a diretidade do processo de decodificação bem aprendido não garante um funcionamento sem falhas; não há certeza absoluta, embora até agora as coisas pareçam ter funcionado bem o suficiente para a maioria dos propósitos práticos. A busca por certeza, por uma base segura de conhecimento, tem de ser abandonada.

Assim, vejo o problema do conhecimento de uma forma diferente da de meus predecessores. A segurança e a justificativa de alegações ao conhecimento não são meu problema. Em vez disso, meu problema é o crescimento do conhecimento: em que sentido podemos falar do crescimento ou do progresso do conhecimento, e como podemos alcançá-lo?

4 Realismo

O realismo é essencial para o senso comum. O senso comum, ou senso comum esclarecido, distingue entre a aparência e a realidade. (Isso pode ser ilustrado por exemplos como "Hoje o ar está tão claro que as montanhas parecem muito mais próximas do que realmente estão". Ou talvez, "Ele parece fazê-lo sem esforço, mas confessou-me que a tensão é quase insuportável".) Mas o senso comum também percebe que as aparências (digamos, um reflexo em um espelho) têm uma espécie de realidade; em outras palavras, que pode haver uma realidade superficial – isto é, uma aparência – e uma realidade profunda. Além disso, há muitos tipos de coisas reais. O tipo mais óbvio é o dos alimentos (presumo que eles produzem a base do sentimento de realidade), ou objetos mais resistentes (*objectum* = o que está no caminho da nossa ação) como pedras, árvores e humanos. Mas há muitos tipos de realidade que são bastante diferentes, como nossa decodificação subjetiva de nossas experiências com alimentos, pedras, árvores e corpos humanos. O gosto e o peso dos alimentos e das pedras envolvem outro tipo de realidade, assim como as propriedades de árvores e corpos humanos. Exemplos de outros tipos nesse universo tão diversificado são: uma dor de dente, uma palavra, uma linguagem, um código de trânsito, um romance, uma decisão governamental; uma prova válida ou inválida; talvez forças, campos de forças, propensões, estruturas;

e regularidades. (Minhas considerações aqui deixam totalmente em aberto se, e como, esses muitos tipos de objetos podem ser relacionados entre si.)

5 Argumentos a favor do realismo

Minha tese é que o realismo não é demonstrável nem refutável. O realismo, como qualquer outra coisa fora da lógica e da aritmética finita, não é demonstrável; mas enquanto as teorias científicas empíricas são refutáveis[5], o realismo nem sequer é refutável. (Ele compartilha essa irrefutabilidade com muitas teorias filosóficas ou "metafísicas", em particular também com o idealismo.) Mas ele é discutível e o peso dos argumentos é esmagadoramente a seu favor.

O senso comum está inquestionavelmente do lado do realismo; há, é claro, mesmo antes de Descartes – de fato, desde Heráclito – alguns indícios de dúvida sobre se *o nosso mundo comum talvez seja ou não apenas nosso sonho*. Mas até Descartes e Locke eram realistas. Uma teoria filosófica que concorresse seriamente com o realismo não começou antes de Berkeley, Hume e Kant[6]. Kant, aliás, até forneceu uma prova do realismo. Mas não foi uma prova válida; e acho importante que fique claro por que não pode existir uma prova válida do realismo.

---

5. Essa, é claro, é uma das minhas teorias mais antigas. Cf., p. ex., o cap. 1 de minhas *Conjectures and Refutations*, esp. p. 37s. Eu discordo daqueles críticos de minhas visões que afirmam, p. ex., que a teoria de Newton não é mais refutável que a de Freud. Uma refutação da teoria de Newton seria, p. ex., se todos os planetas exceto a Terra continuassem a se mover como no presente, enquanto a Terra se move em sua presente órbita, mas com aceleração constante, mesmo quando se afasta de seu periélio. (Claro que, contra essa refutação e todas as outras, qualquer teoria pode ser "imunizada" – para usar um termo que devemos a Hans Albert; isso foi enfatizado por mim já em 1934 e, enfaticamente, não é o ponto em questão aqui.) Eu deveria dizer que a refutabilidade das teorias de Newton ou de Einstein é um fato da física elementar e da metodologia elementar. Einstein, p. ex., disse que se o efeito do desvio para o vermelho (a desaceleração dos relógios atômicos em campos gravitacionais fortes) não fosse observado no caso das anãs brancas, sua teoria da relatividade geral seria refutada. Não pode ser dada descrição alguma de qualquer comportamento humano logicamente possível que se revele incompatível com as teorias psicanalíticas de Freud, ou de Adler, ou de Jung.

6. O positivismo, o fenomenalismo e também a fenomenologia estão, todos, obviamente infectados pelo subjetivismo do ponto de partida cartesiano.

Em sua forma mais simples, o idealismo diz: o mundo (que inclui meu público presente) é apenas o meu sonho. Agora está claro que essa teoria (embora você saiba que é falsa) não é refutável: o que quer que você, meu público, possa fazer para me convencer de sua realidade – falar comigo, ou escrever uma carta, ou talvez me chutar – não pode possivelmente assumir a força de uma refutação; pois eu continuaria a dizer que estou sonhando que você está falando comigo, ou que eu recebi uma carta ou senti um chute. (Pode-se dizer que todas estas respostas são, de várias maneiras, estratagemas imunizantes. É assim mesmo e é um forte argumento contra o idealismo. Mas, novamente, o fato de ser uma teoria autoimunizadora não a refuta.)

Assim, o idealismo é irrefutável; e isso significa, é claro, que o realismo é indemonstrável. Mas estou disposto a conceder que o realismo não só é indemonstrável, mas também, como o idealismo, irrefutável; que nenhum evento descritível e nenhuma experiência concebível podem ser tomados como uma refutação eficaz do realismo[7]. Assim, não haverá nessa questão, como em tantas outras, nenhum argumento conclusivo. *Mas há argumentos a favor do realismo*; ou, melhor, *contra o idealismo*.

---

7. A irrefutabilidade do realismo (que estou disposto a conceder) pode ser questionada. A grande autora austríaca Marie Ebner von Eschenbach (1830-1916) conta, em algumas memórias de sua infância, que suspectava que o realismo estivesse equivocado. Talvez as coisas realmente desapareçam quando desviamos o olhar. Então ela tentou flagrar o mundo em seu truque de desaparecer, virando-se de repente, meio que esperando que ela visse como as coisas, do nada, tentavam se recompor rapidamente; e ela ficava tanto frustrada quanto aliviada sempre que fracassava. Vários comentários podem ser feitos sobre essa história. Primeiro, é concebível que esse relato de experimentação infantil não seja atípico, mas normal e típico, e que desempenhe uma parte no desenvolvimento da distinção, de senso comum, entre aparência e realidade. Segundo (e estou ligeiramente inclinado a preferir esta visão), é concebível que o relato seja atípico; que a maioria das crianças são realistas ingênuos ou se tornam antes de uma idade dentro de sua memória; e Marie von Ebner certamente era uma criança atípica. Terceiro, eu experienciei – e não só na infância, mas também como adulto – algo não muito distante disso; p. ex., ao encontrar algo do qual eu tinha me esquecido completamente, às vezes sentia que se a natureza tivesse deixado essa coisa desaparecer, ninguém ficaria sabendo. (Não havia necessidade de a realidade mostrar que ela "realmente" existia; ninguém teria notado se ela não tivesse mostrado isso.) Surge a questão, caso Marie tivesse tido sucesso, se isso teria refutado o realismo ou se não teria meramente refutado uma forma muito especial dele. Não me sinto obrigado a entrar nessa questão, mas sim a *conceder* aos meus oponentes que o realismo é irrefutável. Se essa concessão estiver errada, então o realismo está ainda mais próximo de ser uma teoria científica testável do que eu pretendia inicialmente alegar.

(1) Talvez o argumento mais forte consista em uma combinação de dois: (a) que o realismo faz parte do senso comum e (b) que todos os supostos *argumentos* contra ele não são apenas filosóficos, no sentido mais depreciativo desse termo, mas que ao mesmo tempo se baseiam em uma parte do senso comum aceita acriticamente; ou seja, sobre aquela parte equivocada da teoria do conhecimento do senso comum que chamei de "teoria da mente como balde" (cf. adiante, seções 12 e 13).

(2) Ainda que a ciência esteja hoje um pouco fora de moda entre algumas pessoas, por razões que, lamentavelmente, estão longe de ser insignificantes, não devemos ignorar sua relevância para o realismo, apesar do fato de haver cientistas que não são realistas, como Ernst Mach ou, em nosso tempo, Eugene P. Wigner[8]; seus argumentos se enquadram muito claramente na classe que acaba de ser caracterizada em (1) (b). Esqueçamos aqui o argumento de Wigner na física atômica. Podemos, então, afirmar que quase todas, se não todas, as teorias físicas, químicas ou biológicas implicam o realismo, no sentido de que se elas forem verdadeiras, o realismo também deve ser verdadeiro. Essa é uma das razões pelas quais algumas pessoas falam de "realismo científico". É uma razão até boa. Por causa de sua (aparente) falta de testabilidade, eu mesmo prefiro chamar o realismo de "metafísico" ao invés de "científico"[9].

De qualquer modo que se possa olhar para isso, há excelentes razões para dizer que *o que tentamos na ciência é descrever e*

---

8. Para Wigner, cf. esp. sua contribuição para GOOD, I.J. (org.). *The Scientist Speculates* [O cientista especula]. Londres: Heinemann, 1962, p. 284-302. Para uma crítica, cf. esp. NELSON, E. *Dynamical Theories of Brownian Motion* [Teorias dinâmicas do movimento browniano]. Princeton University Press, 1967, § 14-16. Cf. tb. minhas contribuições em BUNGE, M. (org.). *Quantum Theory and Reality* [Teoria quântica e realidade]. Berlim: Springer, 1967. • YOURGRAU, W. & VAN DER MERWE, A. (orgs.). *Perspectives in Quantum Theory*: Essays in Honor of Alfred Landé [Perspectivas na teoria quântica: ensaios em homenagem a Alfred Landé]. M.I.T. Press, 1971.

9. Cf. minha *Logik der Forschung* [A lógica da pesquisa científica], 1934 (*L.d.F.*) onde, na seção 79 (p. 252 da tradução em inglês: *The Logic of Scientific Discovery*, 1959 – *L. Sc. D.*) eu me descrevo como um realista metafísico. Naqueles dias, identifiquei erroneamente os limites da ciência com os da discutibilidade. Posteriormente mudei de ideia e argumentei que teorias metafísicas não testáveis (i. é, irrefutáveis) podem ser racionalmente discutíveis. (Cf., p. ex., meu artigo "On the Status of Science and of Metaphysics" (Sobre os *status* da ciência e da metafísica), publicado pela primeira vez em 1958 e agora em minhas *Conjectures and Refutations*, 1963. 4. ed., 1972.)

(na medida do possível) explicar a realidade. Fazemos isso com a ajuda de teorias conjecturais; isto é, teorias que esperamos serem verdadeiras (ou próximas da verdade), mas que não podemos estabelecer como certas ou mesmo como prováveis (no sentido do cálculo da probabilidade), mesmo que sejam as melhores teorias que somos capazes de produzir e que, portanto, possam ser chamadas de "prováveis", desde que esse termo seja mantido livre de qualquer associação com o cálculo de probabilidade.

Há um sentido intimamente relacionado e excelente no qual podemos falar de "realismo científico": o procedimento que adotamos (desde que não malogre, p. ex., por causa de atitudes antirracionais) pode levar ao sucesso, no sentido de que nossas teorias conjecturais tendem progressivamente a se aproximarem da verdade; ou seja, a descrições verdadeiras de certos fatos ou aspectos da realidade.

(3) Mas, mesmo que deixemos de lado todos os argumentos extraídos da ciência, permanecem os argumentos da linguagem. Qualquer discussão sobre realismo e, especialmente, todos os argumentos contra ele, têm que ser formulados em alguma linguagem. Mas a linguagem humana é essencialmente descritiva (e argumentativa)[10] e uma descrição não ambígua é sempre realista: é *de* algo – de algum estado de coisas que pode ser real ou imaginário. Assim, se o estado de coisas é imaginário, então a descrição é simplesmente falsa e sua negação é uma descrição verdadeira da realidade, no sentido de Tarski. Isso não refuta logicamente o idealismo ou o solipsismo; mas o torna pelo menos irrelevante. Racionalidade, linguagem, descrição, argumento, são todos sobre alguma realidade e se dirigem a um público. Tudo isso pressupõe realismo. Claro, esse argumento a favor do realismo não é logicamente mais conclusivo do que qualquer outro, porque posso meramente sonhar que estou usando linguagem e argumentos descritivos; mas esse argumento a favor do realismo é, contudo, forte e *racional.* É forte como a própria razão.

---

10. Bühler (parcialmente antecipado por W. von Humboldt) apontou claramente a função descritiva da linguagem. Eu me referi a isso em vários lugares e defendi a necessidade de introduzir a função argumentativa da linguagem. Cf., p. ex., meu artigo "Epistemology Without a Knowing Subject" [Epistemologia sem um sujeito conhecedor] (lido em Amsterdã em 1967 e reimpresso como cap. 3 deste volume).

(4) Para mim, o idealismo parece absurdo, pois também implica algo assim: que é a minha mente que cria este belo mundo. Mas eu sei que não sou seu Criador. Afinal, a famosa observação "A beleza está nos olhos de quem vê", embora talvez não seja uma observação totalmente estúpida, não significa nada além de que há um problema de *apreciação* da beleza. Eu sei que a beleza dos autorretratos de Rembrandt não está em meus olhos, nem a das Paixões de Bach em meu ouvido. Pelo contrário, posso estabelecer, para minha satisfação, abrindo e fechando meus olhos e ouvidos, que meus olhos e ouvidos não são suficientemente bons para absorver toda a beleza que existe. Além disso, há pessoas que são julgadores melhores – mais capazes do que eu de apreciar a beleza das imagens e da música. Negar o realismo equivale a megalomania (a doença ocupacional mais disseminada do filósofo profissional).

(5) Dentre muitos outros argumentos de peso, embora inconclusivos, gostaria de mencionar apenas um. É este. Se o realismo é verdadeiro – mais especialmente, algo que se aproxima do realismo científico – então a razão para a impossibilidade de provar isso é óbvia. A razão é que nosso conhecimento subjetivo, mesmo o conhecimento perceptivo, consiste em disposições para agir e é, assim, um tipo de adaptação provisória à realidade; e que somos buscadores, na melhor das hipóteses, e, de qualquer forma, falíveis. Não há garantia contra erros. Ao mesmo tempo, toda a questão da verdade e da falsidade de nossas opiniões e teorias torna-se claramente sem sentido se não houver realidade, apenas sonhos ou ilusões.

Resumindo, proponho aceitar o realismo como a única hipótese sensata – uma conjectura para a qual nenhuma alternativa sensata foi jamais oferecida. Não quero ser dogmático sobre essa questão, nem sobre qualquer outra. Mas creio que conheço todos os argumentos epistemológicos – eles são principalmente subjetivistas – que foram oferecidos em favor de alternativas ao realismo, tais como o positivismo, o idealismo, o fenomenalismo, a fenomenologia e assim por diante, e, ainda que eu não seja inimigo da discussão de *ismos* na filosofia, considero todos os *argumentos* filosóficos que (até onde sei) foram oferecidos em favor de minha lista de *ismos* como claramente equivocados. A maioria deles é o resultado da busca equivocada pela certeza, ou por fundamentos seguros sobre os quais construir. E todos eles são equívocos típicos de filósofos no pior sentido desse termo: todos são derivados de uma teoria do conhecimento equivocada, embora de senso comum, que não resiste a nenhuma crítica séria. (O senso comum tipicamente cai por terra quando aplicado a si mesmo; cf. a seção 12 adiante.)

Vou concluir esta seção com a opinião dos dois homens que eu considero como os maiores de nosso tempo: Albert Einstein e Winston Churchill.

"Não vejo", escreve Einstein, "qualquer 'perigo metafísico' em nossa aceitação das coisas – isto é, dos objetos da física [...] juntamente com as estruturas espaçotemporais que lhes concernem"[11].

Essa foi a opinião de Einstein após uma análise cuidadosa e compreensiva de uma brilhante tentativa de refutar o realismo ingênuo, por parte de Bertrand Russell.

As visões de Winston Churchill são muito características e, creio eu, um comentário muito justo sobre uma filosofia que pode desde então ter mudado de cor, atravessando o chão da casa, do idealismo para o realismo, mas que permanece tão sem sentido como sempre foi: "alguns dos meus primos que tinham a grande vantagem da educação universitária", escreve Churchill, "costumavam provocar-me com argumentos para provar que nenhuma coisa tem qualquer existência, a não ser o que pensamos dela [...]". Ele continua: sempre me apoiei no seguinte argumento que inventei para mim há muitos anos [...]. [Aqui] está este grande sol, sustentando-se aparentemente sobre nenhum fundamento do que os nossos sentidos físicos. Mas felizmente existe um método, completamente separado de nossos sentidos físicos, de testar a realidade do sol [...] astrônomos [...] preveem por [matemática e] pura

---

11. Cf. EINSTEIN, A. "Remarks on Bertrand Russell's Theory of Knowledge" [Considerações sobre a teoria do conhecimento de Bertrand Russell]. In: SCHILPP, P.A. (org.). *The Philosophy of Bertrand Russell* [A filosofia de Bertrand Russell] – The Library of Living Philosophers [A biblioteca de filósofos vivos], vol. V, 1944, p. 290s. A tradução de Schilpp na p. 291 está muito mais próxima do que a minha, mas eu senti que a importância da ideia de Einstein justificava minha tentativa de uma tradução *muito* livre, que, espero, ainda seja fiel ao que Einstein queria dizer.

razão que uma mancha negra passará através do sol em um certo dia. Você [...] olha e seu sentido de visão conta-lhe imediatamente que seus cálculos são justificados [...] *Pegamos o que é chamado na cartografia militar uma "marcação cruzada".* Temos *testemunhos independentes* da realidade do sol. *Quando meus amigos metafísicos me dizem que os dados sobre os quais os astrônomos fizeram seus cálculos foram necessariamente obtidos originalmente através da evidência de seus sentidos, eu digo "Não". Podem, em teoria, ser obtidos por máquinas de cálculo automático, colocadas em movimento pela luz que cai sobre elas sem a mistura dos sentidos humanos em qualquer estágio* [...]. Eu [...] reafirmo com ênfase [...] que o sol é real e também que é quente – de fato, tão quente quanto o inferno – e que se os metafísicos duvidam disso eles devem ir lá e ver[12].

Talvez eu possa acrescentar que considero o argumento de Churchill, especialmente as passagens importantes que coloquei em itálico, não só como uma crítica válida aos argumentos idealistas e subjetivistas, mas como o argumento filosoficamente mais sólido e mais engenhoso contra a epistemologia subjetivista que conheço. Não tenho conhecimento de nenhum filósofo que não tenha ignorado esse argumento (com exceção de alguns de meus alunos, cuja atenção chamei para isso). O argumento é altamente original; publicado pela primeira vez em 1930, é um dos primeiros argumentos filosóficos a fazer uso da possibilidade de observatórios automáticos e máquinas de cálculo (programados pela teoria newtoniana). E quarenta anos após a sua publicação, porém, Winston Churchill ainda é bastante desconhecido como epistemólogo: seu nome não aparece em nenhuma das muitas antologias sobre epistemologia e também está ausente até mesmo na *Enciclopédia de Filosofia*.

É claro que o argumento de Churchill é meramente uma excelente refutação dos argumentos especiosos dos subjetivistas: *ele não prova o realismo*. Pois o idealista pode sempre argumentar que ele, ou nós, estamos sonhando com o debate, com máquinas de

---

12. Cf. CHURCHILL, W.S. *My Early Life* – A Roving Commission [*Minha mocidade*, na tradução de Carlos Lacerda], publicado pela primeira vez em out. de 1930; citado com permissão do Grupo Editorial Hamlyn da Editora Odhams Press, Londres, 1947, cap. IX, p. 115s. (Os itálicos não estão no original.) Cf. tb. a edição de Macmillan, Londres, 1944, p. 131s.

calcular e tudo mais. Porém considero este argumento como uma tolice, devido à sua aplicabilidade universal. De qualquer forma, a menos que algum filósofo produza algum argumento inteiramente novo, sugiro que o subjetivismo possa, no futuro, ser ignorado.

6 Considerações sobre a verdade

Nosso principal interesse na filosofia e na ciência deve ser a busca pela verdade. A justificativa não é uma finalidade; e, como tal, o brilhantismo e a astúcia são enfadonhos. Devemos procurar ver ou descobrir os problemas mais urgentes e devemos tentar resolvê-los propondo teorias verdadeiras (ou enunciados verdadeiros, ou proposições verdadeiras; não há necessidade aqui de fazer distinção entre eles); ou, de qualquer forma, propondo teorias que chegam um pouco mais perto da verdade do que as de nossos predecessores.

Mas a procura pela verdade só é possível se falarmos de modo claro e simples e evitarmos tecnicidades e complicações desnecessárias. A meu ver, visar a simplicidade e a lucidez é um dever moral de todos os intelectuais: a falta de clareza é um pecado, e a pretensão é um crime. (A brevidade também é importante, tendo em vista a explosão da publicação, mas é de menor urgência e, às vezes, é incompatível com a clareza.) Somos frequentemente incapazes de estar à altura dessas exigências, e falhamos em dizer as coisas de modo claro e compreensível, mas isso mostra meramente que não somos todos suficientemente bons como filósofos.

Aceito a teoria do senso comum (defendida e refinada por Alfred Tarski[13]) de que a verdade é a correspondência com os fatos (ou com a realidade); ou, mais precisamente, de que uma teoria é verdadeira se e somente se corresponder aos fatos.

Para entrar só um pouco nas tecnicidades que, graças a Tarski, neste momento quase se tornaram trivialidades: verdade e falsida-

---

13. Cf. TARSKI, A. *Logic, Semantics, Metamathematics* [Lógica, semântica, metamatemática]. Oxford: Clarendon Press, 1956, p. 152-278 (um artigo publicado pela primeira vez em 1933 em polonês e em 1936 em alemão). • TARSKI, A. *Philosophy and Phenomenological Research*, 4, 1944, p. 341-376. Cf. cap. 9, adiante.

de são essencialmente consideradas como propriedades, ou classes, de enunciados, ou seja, de teorias ou proposições (ou "sentenças significativas")[14] (formuladas sem ambiguidades) de alguma linguagem L_1 (p. ex., a língua alemã) sobre a qual podemos falar bastante livremente em outra linguagem L_m, também chamada de *metalinguagem*. Frases de L_m que se referem, de alguma forma, a L_1 podem ser chamadas de "metalinguísticas".

Assim, chamemos de "P" um dos nomes em português (L_m) da frase em alemão (L_1): "*Der Mond ist aus grünem Käse gemacht*" [A lua é feita de queijo verde]. (Note que, com a adição de aspas em português, essa frase em alemão tornou-se um nome metalinguístico em português – o chamado nome por citação [*quotation name*] – da frase alemã.) Então, o enunciado de identidade "P = '*Der Mond ist aus grünem Käse gemacht*'" é evidentemente um enunciado metalinguístico em português; e podemos dizer: "O enunciado em alemão '*Der Mond ist aus grünem Käse gemacht*' corresponde aos fatos ou ao estado real de coisas se e somente se a lua for feita de queijo verde".

Agora, introduza a regra geral de que se P é um enunciado, então "p" é uma abreviatura da descrição em português do estado de coisas descrito pelo enunciado P. Então podemos dizer, de forma mais geral: "A frase P da linguagem-objeto é um enunciado correspondente aos fatos se e somente se p".

Em português, devemos dizer que "P é verdade em L_1" ou "P é verdade em alemão". Contudo, a verdade não é uma noção relativa a uma linguagem; pois se P_1 é um enunciado de uma linguagem qualquer L_1, e P_2 é um enunciado de uma linguagem qualquer P_2, então é válido o seguinte (em L_m, digamos): se P_2 é uma tradução de P_1, de L_1 para L_2, então P_1 e P_2 devem ser ambas verdadeiras ou então ambas falsas: elas devem ter o mesmo valor de verdade.

---

14. A expressão "sentença significativa" [*meaningful sentence*] (ou seja, uma sentença *mais* o seu "significado"; i. é, um enunciado ou uma proposição) é de Tarski (na tradução de Woodger). Tarski foi injustamente criticado por defender a visão de que a verdade é uma propriedade de (meras) sentenças; i. é, de sequências gramaticalmente corretas (embora sem sentido) de palavras de uma linguagem ou de um formalismo. A verdade, porém, é que, ao longo de seu trabalho, Tarski discute apenas a verdade das linguagens *interpretadas*. Não vou distinguir aqui entre enunciados, proposições, asserções e teorias.

Além disso, se uma linguagem é suficientemente rica para possuir uma operação de negação[15], então podemos dizer que ela contém, para cada enunciado falso, um enunciado verdadeiro. (Assim, sabemos que há, *grosso modo*, "tantos" enunciados verdadeiros quanto há enunciados falsos em todas as linguagens que possuem uma operação de negação.)

A teoria de Tarski, mais particularmente, torna claro a *que fato, somente*, um enunciado *P* corresponderá, se ele corresponder a *algum* fato: ou seja, o fato de que *p*. E resolve também o problema dos enunciados falsos; pois um enunciado falso *P* é falso *não* porque corresponde a alguma entidade estranha como um *não* fato, mas simplesmente porque *não* corresponde a *nenhum* fato: ele não se encontra na peculiar relação entre *correspondência a um* fato e nada real, embora se encontre em uma relação do tipo "descreve" com o estado espúrio de coisas que *p*. (Não há virtude em evitar frases como "um estado espúrio de coisas", ou mesmo "um fato espúrio", desde que tenhamos em mente que um fato espúrio simplesmente não é real.)

Ainda que tenha sido necessário o gênio de Tarski para deixar isso claro, agora já ficou perfeitamente claro que, se quisermos falar sobre a correspondência de um enunciado com um fato, precisamos de uma metalinguagem na qual possamos *enunciar* o fato (ou o suposto fato) sobre o qual o enunciado em questão fala, e, além disso, que possamos também falar sobre o enunciado em questão (usando algum *nome* convencional ou descritivo desse enunciado). E vice-versa: está claro que, uma vez que possuímos uma tal metalinguagem, na qual podemos falar sobre (a) os fatos descritos pelos enunciados de alguma linguagem (objeto), pelo simples método de enunciar esses fatos, e também sobre (b) os enunciados dessa linguagem (objeto) (usando *nomes* desses enunciados), então também podemos falar nessa metalinguagem sobre a *correspondência* de enunciados com fatos.

---

15. Até onde é conhecido, todas as linguagens naturais possuem uma operação de negação, embora tenham sido construídas linguagens artificiais que não possuem esta operação. (Psicólogos de animais até alegam que algo assim pode ser encontrado em ratos que aprendem a pressionar alavancas com sinais característicos e a entender símbolos que dão a esses sinais o valor logicamente oposto ao valor original. Cf. as referências a R.W. Brown e K.L. Lashley em HÖRMANN, H. *Psychologie der Sprache* [Psicologia da linguagem]. Berlim: Springer, 1967, p. 51.)

Uma vez que podemos enunciar dessa forma as condições sob as quais cada enunciado da linguagem L_1 corresponde aos fatos, podemos definir, puramente verbalmente, porém em conformidade com o senso comum[16]: *um enunciado é verdadeiro se e somente se corresponder aos fatos.*

Isso, conforme aponta Tarski, é uma noção objetivista ou absolutista da verdade. Mas não é absolutista no sentido de nos permitir falar com "certeza ou segurança absoluta". Pois não nos fornece um critério de verdade. Pelo contrário, Tarski poderia provar que, se L_1 for suficientemente rica (p. ex., se contém aritmética), então *não pode existir um critério geral de verdade*. Somente para linguagens artificiais extremamente pobres pode existir um critério de verdade. (Isso Tarski deve a Gödel.)

Assim, a ideia de verdade é absolutista, mas nenhuma alegação pode ser feita para certeza absoluta: *somos buscadores da verdade, mas não somos seus possuidores*[17].

7 Conteúdo, conteúdo de verdade e conteúdo de falsidade

A fim de esclarecer o que estamos fazendo quando estamos buscando a verdade, devemos pelo menos em alguns casos ser capazes *de dar razões* para a alegação intuitiva de que chegamos *mais perto da verdade*, ou que alguma teoria T_1 é suplantada por alguma nova teoria, digamos T_2, porque T_2 é mais parecido com a verdade que T_1.

---

16. Tarski mostra que, a fim de evitar o paradoxo do Mentiroso, é necessária uma precaução que vai além do senso comum: temos de ter cuidado para não usarmos o termo metalinguístico "verdadeiro (em L_1)" na linguagem L_1. Cf. tb. cap. 9, adiante.

17. Prof. D.W. Hamlyn fez-me a grande honra de dar uma descrição de minhas visões sobre *"The nature of science"* [A natureza da ciência] (EDWARDS, P. (org.). *The Encyclopedia of Philosophy*, vol. 3, p. 37). A maior parte de seu contorno é bastante correta, mas ele me entendeu completamente mal quando resume minhas visões, dizendo: "A própria verdade é apenas uma ilusão". Será que aqueles que negam que possam chegar à certeza absoluta sobre a autoria das comédias de Shakespeare ou sobre a estrutura do mundo estão, por esse motivo, comprometidos com a doutrina de que o próprio autor (ou autora) das comédias de Shakespeare ou o próprio mundo é "apenas uma ilusão"? (Uma imagem mais clara da grande significância que atribuo ao conceito de verdade será encontrada em vários lugares em meus escritos, particularmente no cap. 9 do presente volume.)

A ideia de que uma teoria T_1 pode estar mais longe da verdade que uma teoria T_2, de modo que T_2 é uma melhor aproximação à verdade (ou simplesmente uma teoria melhor) que T_1, foi usada, intuitivamente, por muitos filósofos, incluindo eu mesmo. E assim como a noção de verdade foi considerada suspeita por muitos filósofos (não inteiramente sem algum fundo de verdade ou razão, como ficou claro na análise dos paradoxos semânticos por Tarski), também o foi a noção de uma melhor abordagem ou aproximação à verdade, ou de uma proximidade à verdade ou (como eu a chamei) de uma maior *"verossimilhança"*.

A fim de atenuar estas suspeitas, introduzi uma noção lógica de *verossimilhança* combinando duas noções, ambas originalmente introduzidas por Tarski: (a) a noção de *verdade* e (b) a noção do *conteúdo* (lógico) de um enunciado; isto é, a classe de todos os enunciados logicamente implicados por ele (sua "classe de consequência", como Tarski costuma chamá-la)[18].

Toda declaração tem um conteúdo ou classe de consequência, a classe de todos os enunciados que dela decorrem. (Podemos descrever a classe de consequência de enunciados tautológicos, seguindo Tarski, como a classe zero, para que os enunciados tautológicos tenham conteúdo zero.) E todo conteúdo contém um subconteúdo que consiste na classe de todas e apenas todas as suas consequências *verdadeiras*.

---

18. A diferença entre o conteúdo ou classe de consequência de um único enunciado ou conjunto finito de enunciados (tal conjunto finito pode sempre ser substituído por um único enunciado), por um lado, e uma classe de consequência ou conteúdo não axiomatizável (ou que não finitamente axiomatizável), por outro, é importante, mas não será discutida aqui. As classes de consequências de ambos os tipos são chamadas por Tarski de "sistemas dedutivos"; cf. TARSKI. Op. cit., cap. XII. Tarski introduziu a noção de uma classe de consequência anos antes de eu o ter feito. Cheguei a ela mais tarde, independentemente, em minha *Logic of Scientific Discovery*, onde também introduzi o conceito, intimamente relacionado, do conteúdo empírico de um enunciado S como a classe dos enunciados empíricos incompatíveis com S (ou "proibidos" por S). Esse conceito foi mais tarde retomado por Carnap; cf. esp. seu agradecimento à minha *Logic of Scientific Discovery*, na p. 406 de seu trabalho *Logical Foundations of Probability* [Fundamentos lógicos da probabilidade], 1950. A noção de verossimilhança foi introduzida por mim em 1959 ou 1960; cf. a nota de rodapé na p. 215 de *Conjectures and Refutations*, 3. ed., 1969. Eu poderia anotar aqui que enquanto em *Conjectures and Refutations* eu falava de "conteúdo-de-verdade" e "conteúdo-de-falsidade" eu agora prefiro omitir os hífenes quando os termos são usados como substantivos (ou seja, exceto em expressões – que eu espero que sejam raras – como "medida de conteúdo-de-verdade"). Nisso, estou seguindo o conselho de Winston Churchill, conforme relatado na p. 255 da 2. ed. do *Modern English Usage* de Fowler, 1965.

A classe de todos os enunciados *verdadeiros* que decorrem de um determinado enunciado (ou que pertencem a um determinado sistema dedutivo) e que não são tautológicos pode ser chamada de seu *conteúdo verdadeiro*.

O conteúdo de verdade de tautologias (de enunciados logicamente verdadeiros) é zero: consiste apenas em tautologias. Todos os outros enunciados, *incluindo todos os enunciados falsos*, têm um conteúdo de verdade não zero.

A classe de enunciados falsos implicados por um enunciado – a subclasse de seu conteúdo que consiste em exatamente todos aqueles enunciados que são falsos – pode ser chamada (por cortesia, por assim dizer) de seu "conteúdo de falsidade"; porém ela não tem as propriedades características de um "conteúdo" ou uma classe de consequência tarskiana. Não é um sistema dedutivo tarskiano, uma vez que a partir de qualquer enunciado falso é possível, logicamente, deduzir enunciados verdadeiros. (A disjunção de um enunciado falso e qualquer enunciado verdadeiro é um dos enunciados que é verdadeiro e que decorre do enunciado falso.)

Na parte restante desta seção pretendo explicar as ideias intuitivas de conteúdo de verdade e conteúdo de falsidade com um pouco mais de detalhe, a fim de preparar para uma discussão mais restrita da ideia de verossimilhança; pois a *verossimilhança* de um enunciado será explicada como *aumentando conforme seu conteúdo de verdade* e *diminuindo conforme seu conteúdo de falsidade*. Nisso, vou utilizar em grande medida as ideias de Alfred Tarski, especialmente sua *teoria da verdade* e sua *teoria de classes de consequência e sistemas dedutivos* (ambas referidas aqui na nota 18; cf. tb. o cap. 9 deste volume para um tratamento mais detalhado).

É possível explicar o conteúdo de falsidade de um enunciado *a* (por oposição à classe de enunciados falsos que decorrem de a) de tal forma que (a) é um conteúdo (ou uma classe de consequência tarskiana), (b) contém todos os enunciados falsos que decorrem de *a* e (c) não contém nenhum enunciado verdadeiro. Para fazer isso, precisamos apenas relativizar o conceito de conteúdo, o que pode ser feito de uma forma muito natural.

Chamemos o conteúdo ou classe de consequência de um enunciado a pelo nome *"A"* (de modo que, geralmente, X seja o conteúdo do enunciado *x*). Chamemos, com Tarski, o conteúdo de um enunciado logicamente verdadeiro pelo nome *"L"*. *L* é a classe de todos os enunciados logicamente verdadeiros e o conteúdo comum de todos os conteúdos e de todos os enunciados. Podemos dizer que *L* é o *conteúdo zero*.

Agora relativizamos a ideia de conteúdo para falarmos do conteúdo relativo do enunciado *a*, *dado* o conteúdo *Y* e denotamos isso através do símbolo *"a,Y"*. Essa é a classe de todos os enunciados dedutíveis de a na presença de *Y*, mas não de *Y* sozinho.

Vemos imediatamente que se *A* é o conteúdo do enunciado a, então temos, no modo relativizado de escrita, $A = a,L$; isto é, o conteúdo absoluto *A* de um enunciado *a* é igual ao conteúdo relativo de *a*, dada a "lógica" (= conteúdo zero).

Um caso mais interessante do conteúdo relativo de uma conjectura a é o caso *a,B*t onde *B*t é o nosso *conhecimento de fundo* [*background knowledge*] no momento *t*; isto é, o conhecimento que no momento *t* é assumido sem discussão. Podemos dizer que o que é interessante em uma nova conjectura a é, em primeira instância, o conteúdo relativo *a,B*; ou seja, a parte do conteúdo de *a,B* que vai além de *B*. Assim como o conteúdo de um enunciado logicamente verdadeiro é zero, também o conteúdo relativo de uma conjectura *a*, dado *B*, é zero se a contém apenas conhecimento de fundo e nada além disso: podemos dizer, geralmente, que se a pertence a B, ou, o que dá no mesmo, se $A \subset B$, então $a,B = 0$. Assim, o conteúdo relativo de um enunciado *x,Y* é a informação pela qual *x* na presença de *Y* transcende *Y*.

Podemos agora definir o conteúdo de falsidade de *a*, que denotamos por A_F, como o conteúdo de *a*, dado o *conteúdo de verdade* de *a* (i. é, a intersecção A_T entre *A* e *T*, onde *T* é o sistema tarskiano de enunciados verdadeiros). Ou seja, podemos definir:

$$A_F = a,A_T$$

O assim definido A_F atende a nossos desideratos ou condições de adequação: (a) A_F é um conteúdo, mesmo que seja um conteúdo relativo; afinal de contas, conteúdos "absolutos" também são conteúdos relativos, dada a verdade lógica (ou assumindo que L é logicamente verdadeiro); (b) A_F "contém" todos os enunciados *falsos* que decorrem de a, uma vez que é o sistema dedutivo de enunciados que decorrem de a, tomando os enunciados *verdadeiros* como nosso zero (relativo); (c) A_F não "*contém*" nenhum enunciado verdadeiro no sentido de que seus enunciados verdadeiros não são tomados como conteúdo, mas como seu conteúdo zero (relativo).

Conteúdos são às vezes logicamente comparáveis e às vezes não: eles formam um sistema parcialmente ordenado, ordenado pela relação de inclusão, exatamente como os enunciados formam um sistema que é parcialmente ordenado pela relação de implicação. Os conteúdos *absolutos* A e B são comparáveis, desde que $A \subset B$ ou $B \subset A$. Com conteúdos relativos, as condições de comparabilidade são mais complicadas.

Se X é um conteúdo ou sistema dedutivo finitamente axiomatizável, então existe um enunciado x tal que X é o conteúdo de x.

Assim, se Y for finitamente axiomatizável, seremos capazes de escrever

$$x, Y = x, y.$$

Agora nesse caso pode-se ver que x, Y é igual ao conteúdo absoluto da conjunção $x.y$ *menos* o conteúdo absoluto de y.

Considerações como essas mostram que a, B e c, D serão comparáveis se

$$(A{+}B) - B \text{ é comparável com } (C{+}D) - D,$$

onde "+" é a adição de *sistemas dedutivos* de Tarski: se ambos são axiomatizáveis, $A{+}B$ é o conteúdo da conjunção $a . b$.

Assim, a comparabilidade será rara nesse sistema parcialmente ordenado. Mas há um método que mostra que esse sistema parcialmente ordenado pode ser "em princípio" – isto é, sem contradição – ordenado linearmente. O método é a aplicação da teoria formal da probabilidade. (Afirmo sua aplicabilidade aqui apenas para sistemas axiomatizáveis, mas talvez possa ser estendida a sistemas não axiomatizáveis; cf. tb. o cap. 9 adiante.)

Podemos escrever "*p(x,Y)*" ou então

$$P(X,Y)$$

para ler "a probabilidade de *x* dado *Y*" e aplicar o sistema axioma formal para probabilidade relativa que eu dei em outra situação (p. ex., em minha *Logic of Scientific Discovery* (novos apêndices IV e V)[19]. O resultado é que $p(x,Y)$ será um número entre 0 e 1 – geralmente não temos ideia de que número – e que podemos afirmar, de forma bastante geral, que

$$p(a,B) \text{ e } p(c,D) \text{ são comparáveis em princípio.}$$

Mesmo que normalmente não tenhamos informações suficientes à nossa disposição para decidir se

$$p(a,B) \leq p(c,D) \text{ ou } p(a,B) \geq p(c,D),$$

podemos afirmar que pelo menos uma dessas relações deve ser válida.

O resultado de tudo isso é que podemos dizer que conteúdos de verdade e conteúdos de falsidade podem ser tornados comparáveis, em princípio, com a ajuda do cálculo de probabilidade.

Como tenho mostrado em vários lugares, o conteúdo A de a será tanto maior quanto menor a probabilidade lógica $p(a)$ ou $p(A)$. Pois quanto mais informação um enunciado carregar, menor será a probabilidade lógica de que seja verdade (acidentalmente, por assim dizer). Podemos, portanto, introduzir uma "*medida*" do conteúdo (pode ser usado principalmente topologicamente, ou seja, como um indicador de ordem linear),

$$ct(a),$$

isto é, o conteúdo (absoluto) de a e, também, medidas relativas

$$ct(a,b) \text{ e } ct(a,B),$$

isto é, o conteúdo relativo de *um* dado *b* ou *B*, respectivamente. (Se *B* é axiomatizável, então temos, claro, $ct(a,b) = ct(a,B)$.) Essas

---

19. Usei uma *medida* de conteúdo pela primeira vez em 1954 (cf. *L.Sc.D.*, p. 400) e medidas de conteúdo de verdade e de falsidade etc., em *C. & R.* (p. 385). (Acrescentado em 1978.) Também podemos ter que usar a "estrutura fina" de conteúdo. Cp. *L.Sc.D.*, apêndice vii.

"medidas" *ct* podem ser definidas com a ajuda do cálculo de probabilidade, ou seja, com a ajuda da definição

$$ct(a,B) = 1 - p(a,B).$$

Temos agora os meios à nossa disposição para definir (medidas de) conteúdo de verdade, $ct_T(a)$, e conteúdo de falsidade, $ct_F(a)$:

$$ct_T(a) = ct(A_T),$$

onde AT é, novamente, a intersecção de A e o sistema tarskiano de todos os enunciados verdadeiros; e

$$ct_F(a) = ct(a,A_T),$$

isto é, a (medida do) conteúdo de falsidade é a (medida do) conteúdo relativo de a, dado o conteúdo de verdade de A_T de a; ou, em outras palavras ainda, o grau em que a vai *além* dos enunciados que (a) decorrem de a e que (b) são verdadeiros.

8 Considerações sobre a verossimilhança

Com a ajuda dessas ideias, podemos agora explicar mais claramente o que intuitivamente queremos dizer com aparência de verdade [*truthlikeness*] ou *verossimilhança* [*verisimilitude*]. Intuitivamente falando, uma teoria T_1 tem menos verossimilhança que uma teoria T_2 se e somente se (a) seus conteúdos de verdade e conteúdos de falsidade (ou suas medidas) forem comparáveis e (b) o conteúdo de verdade, mas não o conteúdo de falsidade, de T_1 for menor que o de T_2 ou então (c) o conteúdo de verdade de T_1 não for maior que o de T_2, mas seu conteúdo de falsidade for maior. Em suma, dizemos que T_2 está mais próximo da verdade ou mais similar à verdade do que T_1 se e somente se dele decorrem mais enunciados verdadeiros, mas não mais enunciados falsos, ou pelo menos igualmente muitos enunciados verdadeiros, mas menos enunciados falsos.

Em geral, podemos dizer que apenas teorias *concorrentes* – como as teorias newtonianas e einsteinianas da gravitação – são intuitivamente comparáveis a respeito de seus conteúdos (não medidos); mas há também teorias concorrentes que não são comparáveis.

A comparabilidade intuitiva dos conteúdos da teoria de Newton (N) e da de Einstein (E) pode ser estabelecida da seguinte forma[20]: (a) para cada questão à qual a teoria de Newton tem uma resposta, a teoria de Einstein tem uma resposta que é pelo menos tão precisa; isso torna, em um sentido ligeiramente mais amplo que o de Tarski[21], o conteúdo (ou a medida do conteúdo) de N menor ou igual ao de E; (b) há questões às quais a teoria E de Einstein pode dar uma resposta (não tautológica), enquanto a teoria N de Newton não o faz; isso torna o conteúdo de N definitivamente menor que o de E.

Assim, podemos comparar intuitivamente os conteúdos dessas duas teorias e a de Einstein tem o maior conteúdo. (Pode-se mostrar que essa intuição é corroborada pelas medidas de conteúdo $ct(N)$ e $ct(E)$.) Isso torna a teoria de Einstein *potencialmente* ou *virtualmente* a melhor teoria; pois mesmo antes de qualquer testagem podemos dizer: se for verdade, ela tem o maior poder explicativo. Ademais, ela nos desafia a empreender uma maior variedade de testes. Assim, ela nos oferece novas oportunidades de aprender mais sobre os fatos: sem o desafio da teoria de Einstein, nós nunca conseguiríamos ter medido (com o grande grau de precisão necessário) a distância aparente entre as estrelas ao redor do sol durante um eclipse, ou o desvio para o vermelho da luz emitida pelas anãs brancas.

---

20. Esse exemplo foi brevemente discutido por mim na nota de rodapé 7 de uma nota publicada pela primeira vez no *B.J.P.S.* 5, 1954, p. 143ss., e republicada em minha *Logic of Scientific Discovery*, 2. ed., 1968, novo apêndice IX; cf. p. 401. Eu tenho elaborado esse ponto desde então; cf., p. ex., meu texto em homenagem a Herbert Feigl, em FEYERABEND, P. & MAXWELL, G. (orgs.). *Mind, Matter and Method*, 1966, p. 343-353. Mostrei nesse texto que se os conteúdos (não medidos) de duas teorias dedutivas, x e y, são comparáveis, então seus conteúdos de verdade são comparáveis também e são maiores ou menores de acordo com o conteúdo. Conforme David Miller mostrou, a prova desse teorema pode ser consideravelmente simplificada. É importante que nunca esqueçamos o seguinte: ainda que as *funções de medida* de conteúdo, conteúdo de verdade e conteúdo de falsidade sejam, em princípio, comparáveis (porque as probabilidades são, *em princípio*, comparáveis) não temos, em geral, meios para compará-las a não ser comparando os conteúdos não medidos de teorias concorrentes, possivelmente apenas de forma intuitiva. (Acrescentado em 1974: Agora ficou demonstrado que o conteúdo da falsidade também aumenta com o conteúdo; cf. as quatro notas de discussão de Pavel Tichý, John H. Harris e David Miller em *B.J.P.S.* 25, 1974, p. 155-188.)

21. Em primeira instância, a noção de Tarski de uma classe ou conteúdo de consequência (não medida) nos permite comparar os conteúdos de teorias somente se uma delas leva à outra. A generalização aqui dada nos permite comparar conteúdos (ou a medida de conteúdos) se um deles puder responder todas as perguntas que possam ser respondidas pelo outro, e com pelo menos igual precisão.

Essas são algumas das vantagens de uma teoria (logicamente) mais forte, existentes *antes mesmo de ela ter sido testada*; isto é, de uma teoria com maior conteúdo. Elas a tornam uma teoria potencialmente melhor, uma teoria mais desafiante.

Mas a teoria mais forte, a teoria com maior conteúdo, será também aquela com a maior verossimilhança, *a não ser que o seu conteúdo de falsidade seja também maior*.

Essa asserção forma a base lógica do método da ciência – o método das conjecturas ousadas e das tentativas de refutação. Uma teoria é tanto mais ousada quanto maior for o seu conteúdo. É também mais arriscada: é mais provável começar pela que será falsa. Tentamos encontrar seus pontos fracos para refutá-la. Se falharmos em refutá-la, ou se as refutações que encontramos forem, ao mesmo tempo, também refutações da teoria mais fraca que foi sua predecessora[22], então temos razões para suspeitar, ou para conjecturar, que a teoria mais forte tenha conteúdo de falsidade não maior que sua predecessora mais fraca e, portanto, que tenha o maior grau de verossimilhança.

9 Verossimilhança e a procura pela verdade

Tome um quadrado representando a classe de todos os enunciados e divida-o em duas subáreas iguais, os enunciados verdadeiros (*T*) e os falsos (*F*):

Fig. 1

---

22. Essa, de qualquer modo, é a situação atual com o efeito de eclipse: os testes dão valores superiores aos previstos por *E*, enquanto que *N*, mesmo na interpretação favorável de Einstein, prevê metade do resultado de *E*.

Agora mude um pouco esses arranjos, recolhendo a classe de enunciados verdadeiros em torno do centro do quadrado.

Fig. 2

A tarefa da ciência é, metaforicamente falando, cobrir de acertos o máximo possível do alvo (*T*) dos enunciados verdadeiros, pelo método de propor teorias ou conjecturas que nos pareçam promissoras e o mínimo possível da área falsa (*F*).

É muito importante que tentemos conjecturar teorias verdadeiras; mas a verdade não é a única propriedade importante de nossas teorias conjecturais; pois não estamos particularmente interessados em propor trivialidades ou tautologias. "Todas as tabelas são tabelas" é certamente verdade – é mais certamente verdade do que as teorias de Newton e Einstein sobre a gravitação – mas é intelectualmente desinteressante: não é atrás disso que estamos na ciência. Wilhelm Busch produziu uma vez aquilo a que chamei de cantiga de roda epistemológica[23]:

> Duas vezes dois igual a quatro é verdade,
> Que pena que ela é leve e vazia.
> Pois eu preferiria clareza
> Sobre o que é cheio e pesado.

Em outras palavras, não estamos simplesmente procurando verdades, estamos atrás de verdades interessantes e elucidativas, atrás de teorias que oferecem soluções para *problemas* interessantes. Se de todo possível, estamos atrás de teorias profundas.

---

23. De Wilhelm Busch, *Schein und Sein* [Parecer e ser], 1909. O texto em alemão é: Zweimal zwei gleich vier ist Wahrheit, / Schade, dass sie leicht und leer ist. / Denn ich wollte lieber Klarheit / Über das, was voll und schwer ist. Cf. *Conjectures and Refutations*, p. 230, nota 16. • NAGEL, E.; SUPPES, P. & TARSKI, A. (orgs.). *Logic, Methodology and Philosophy of Science*. Stanford U.P., 1962, p. 290.

Não estamos simplesmente tentando acertar um ponto dentro de nosso alvo *T*, mas uma área de nosso alvo tão ampla e tão interessante quanto possível: duas vezes dois igual a quatro, embora verdadeiro, não é, no sentido aqui pretendido, "uma boa aproximação à verdade", simplesmente porque transmite uma verdade pequena demais para cobrir a finalidade da ciência ou mesmo uma parte importante dela. A teoria de Newton é uma "aproximação à verdade" muito melhor, mesmo que seja falsa (como é provável), por causa do tremendo número de consequências verdadeiras interessantes e informativas que contém: seu *conteúdo de verdade* é muito grande.

Há uma infinidade de enunciados verdadeiros e eles têm valor muito diferente. Uma forma de avaliá-los é lógica: estimamos o tamanho ou medida de seu *conteúdo* (que, no caso de enunciados verdadeiros, mas não de enunciados falsos, coincide com o seu conteúdo de verdade). Um enunciado que transmite mais informação tem um maior conteúdo informativo ou lógico; é o melhor enunciado. Quanto maior o conteúdo de um enunciado verdadeiro, melhor ele é como abordagem ao nosso alvo *T*; ou seja, à "verdade" (mais precisamente, à classe de todos os enunciados verdadeiros). Pois não desejamos aprender apenas que todas as mesas são mesas. Se falamos de abordagem ou aproximação à verdade, queremos dizer a "toda a verdade"; isto é, toda a classe de enunciados verdadeiros, a classe *T*.

Agora, se um enunciado é falso, a situação é similar. Todo enunciado inequívoco é verdadeiro ou falso (ainda que possamos não saber se é um ou o outro); a lógica que considero aqui[24] tem apenas esses dois valores de verdade, e não há uma terceira possibilidade. Entretanto, um enunciado falso pode parecer estar mais próximo da verdade que um outro enunciado falso: "Agora são 21h45" parece mais perto da verdade que "Agora são 21h40" se de fato são 21h48 quando a observação é proferida.

Desta forma, no entanto, a impressão intuitiva é equivocada: os dois enunciados são incompatíveis e, portanto, não compará-

---

24. Existem "sistemas multivalorados" de lógica com mais de dois valores de verdade, mas são mais fracos do que sistemas de dois valores, especialmente do ponto de vista aqui adotado (cf. *Conjectures and Refutations*, p. 64), segundo o qual a lógica formal é o órganon da crítica.

veis (a menos que introduzamos uma *medida* como *ct*). Porém há algum fundo de verdade na intuição equivocada: Se substituirmos os dois enunciados por *enunciados de intervalo* (cf. o próximo parágrafo), então o primeiro está de fato mais próximo da verdade que o segundo.

Podemos proceder da seguinte forma: o primeiro enunciado é substituído por "Agora são *entre* 21h45 e 21h48" e o segundo por "Agora são *entre* as 21h40 e as 21h48". Desta forma, substituímos cada enunciado por um que admita um *intervalo* consecutivo *de valores*, um *intervalo de erro*. Agora os dois enunciados substituídos tornam-se comparáveis (uma vez que o primeiro implica o segundo), e o primeiro está de fato mais próximo da verdade que o segundo; e isso tem de transferir-se para qualquer função de medida consistente de conteúdo como ct e ct_T. Mas, uma vez que em um sistema com uma função de medida como ct_T nossos enunciados originais eram comparáveis (em tal sistema todos os enunciados são comparáveis em princípio), podemos concluir que a medida do conteúdo de verdade ct_T pode ser definida de modo que o ct_T do primeiro enunciado é de fato pelo menos tão grande quanto – ou maior que – o do segundo enunciado; o que justifica até certo ponto nossa intuição original.

Perceba que a palavra *"entre"* nos enunciados substituídos pode ser interpretada de modo a incluir ou excluir qualquer um dos limites. Se a interpretarmos incluindo o limite superior, então ambos os enunciados são verdadeiros e, assim, $ct = ct_T$ aplica-se a ambos. São verdadeiros, mas o primeiro enunciado tem maior verossimilhança porque tem um conteúdo de verdade maior que o segundo. Se, por outro lado, interpretarmos "entre" de modo a excluir o limite superior, então ambos os enunciados se tornam falsos (embora possam ser chamados de "quase verdadeiros"); mas permanecem comparáveis (no sentido de não medida) e ainda podemos – ou assim creio[24a] – afirmar que o primeiro tem uma maior aparência de verdade que o segundo.

Desse modo, sem violar a ideia de lógica de dois valores ("cada enunciado inequívoco é verdadeiro ou falso e não há uma terceira

---

24a. (Adicionado em 1978.) Mas David Miller não pensa assim.

possibilidade"), podemos por vezes falar de enunciados falsos que são mais ou menos falsos, ou mais distantes da verdade ou mais próximos a ela.

E essa ideia de maior ou menor verossimilhança é aplicável tanto a enunciados falsos como a enunciados verdadeiros: o ponto essencial é seu *conteúdo de verdade*, que é um conceito inteiramente situado dentro do campo da lógica de dois valores.

Em outras palavras, é como se pudéssemos identificar a ideia intuitiva de *aproximação à verdade* com a de *alto conteúdo de verdade* e baixo "conteúdo de falsidade".

Isso é importante por duas razões: alivia os receios que alguns lógicos têm tido de operar com a ideia intuitiva de aproximação à verdade; e permite-nos dizer que a finalidade da ciência é a verdade no sentido de uma melhor aproximação à verdade, ou uma maior verossimilhança.

10 Verdade e verossimilhança como finalidades

Dizer que a finalidade da ciência é a verossimilhança tem uma vantagem considerável sobre a formulação talvez mais simples de que a finalidade da ciência é a verdade. Esta última pode sugerir que a finalidade é completamente alcançada enunciando-se a verdade indubitável de que todas as tabelas são tabelas ou que 1 + 1 = 2. Obviamente, ambas essas afirmações são verdadeiras; e tão obviamente quanto, nenhuma delas pode ser classificada como qualquer tipo de realização científica.

Além disso, os cientistas visam teorias como a teoria da gravidade de Newton ou a de Einstein; e ainda que estejamos altamente interessados na questão da verdade dessas teorias, as teorias mantêm seu interesse mesmo que tenhamos razões para acreditar que são falsas. Newton nunca acreditou que sua teoria fosse realmente a última palavra e Einstein nunca acreditou que sua teoria fosse mais que uma boa aproximação à teoria verdadeira – a teoria do campo unificado que ele procurou desde 1916 até à sua morte em 1955. Tudo isso indica que a ideia de uma "procura pela verdade" é satisfatória somente se (a) entendermos por "verdade" o conjunto de todas as proposições verdadeiras – isto é, nosso conjunto-alvo inalcançável é *T* (a classe de proposições verdadeiras de Tarski) – e se (b) pretendermos admitir em nossa procura afirmações falsas como aproximações se não forem "falsas demais" ("não tiverem um conteúdo de falsidade grande demais") e contiverem um grande conteúdo de verdade.

Dessa forma, a procura por verossimilhança é uma finalidade mais clara e mais realista que a procura pela verdade. Mas pretendo mostrar um pouco mais. Pretendo mostrar que embora *nunca possamos* ter argumentos suficientemente bons nas ciências empíricas para alegar que tenhamos realmente alcançado a verdade, *podemos* ter argumentos fortes e razoavelmente bons para alegar que podemos ter feito progresso em direção à verdade; isto é, que a teoria *T2* é preferível à sua predecessora *T1*, pelo menos à luz de todos os argumentos racionais conhecidos.

Além disso, podemos explicar o método da ciência, e muito da história da ciência, como o procedimento racional para chegarmos mais perto da verdade. (Um esclarecimento adicional importante pode ser obtido com ajuda da ideia de verossimilhança em relação ao problema da indução; cf. especialmente a seção 32 a seguir.)

11 Comentários sobre as noções de verdade e verossimilhança

Minha defesa da legitimidade da ideia de verossimilhança tem sido, às vezes, grosseiramente mal-entendida. A fim de evitar estes mal-entendidos, é aconselhável ter em mente a minha visão de que são conjecturais não só todas as teorias, mas também todas as apreciações de teorias, inclusive as comparações de teorias do ponto de vista da sua verossimilhança.

É estranho que esse ponto, que é importantíssimo para minha teoria da ciência, tenha sido mal-entendido. Como tenho enfatizado frequentemente, acredito que todas as apreciações de teorias são *apreciações do estado da sua discussão crítica*. Por conseguinte, acredito que a clareza é um valor intelectual, uma vez que, sem ela, a discussão crítica é impossível. Mas não acredito que exatidão ou precisão sejam valores intelectuais em si mesmos; pelo contrário, nunca devemos tentar ser mais exatos ou precisos do que o problema diante de nós exige (o que é sempre um problema de discriminar entre teorias concorrentes). Por essa razão enfatizei que não estou interessado em definições; uma vez que todas as definições devem usar termos indefinidos, não importa, via de regra, se usamos um termo como um termo primitivo ou como um termo definido.

Por que, então, tentei mostrar que a verossimilhança pode ser definida ou reduzida a outros termos (conteúdo de verdade, conteúdo de falsidade e, em última instância, probabilidade lógica)?

Algumas pessoas assumiram que minha finalidade era algo como a exatidão ou precisão; ou mesmo aplicabilidade: que eu esperava encontrar uma função numérica que pudesse ser aplicada às teorias e que nos dissesse, em termos numéricos, qual era a sua verossimilhança (ou pelo menos seu conteúdo de verdade; ou talvez seu grau de corroboração).

Na verdade, nada poderia estar mais longe de minhas finalidades. Não creio que graus de verossimilhança, ou uma medida de conteúdo de verdade ou conteúdo de falsidade (ou, digamos, graus de corroboração, ou mesmo de probabilidade lógica) possam jamais ser determinados numericamente, exceto em certos casos limitantes (tais como 0 e 1). E ainda que a introdução de uma função de medida torne todos os conteúdos comparáveis em princípio, ou em teoria, creio que na aplicação real dependemos inteiramente dos raros casos que são comparáveis em fundamentos não métricos e, por assim dizer, qualitativos ou lógicos gerais, tais como casos de teorias *concorrentes* logicamente mais fortes e mais fracas; ou seja, teorias destinadas a resolver os mesmos problemas. Para uma comparação real, dependemos inteiramente desses casos (paradoxalmente, pode-se dizer, uma vez que funções de medida como as probabilidades tornam seus argumentos, em princípio, *geralmente* comparáveis).

Então, pode-se perguntar, qual é o sentido de minhas tentativas de mostrar que a verossimilhança é definível em termos de probabilidade lógica? Minha finalidade é alcançar (com um nível inferior de precisão) para a verossimilhança algo similar ao que

Tarski alcançou para a verdade: a reabilitação de uma noção de senso comum que se tornou suspeita, mas que na minha opinião é muito necessária para qualquer realismo de senso comum crítico e para qualquer teoria crítica da ciência. Gostaria de ser capaz de dizer que a ciência visa a verdade no sentido da correspondência aos fatos ou à realidade; e também gostaria de dizer (com Einstein e outros cientistas) que a teoria da relatividade é – ou assim conjecturamos – uma aproximação melhor à verdade que a teoria de Newton, assim como esta é uma aproximação melhor à verdade que a teoria de Kepler. E gostaria de ser capaz de dizer essas coisas sem temer que o conceito de proximidade à verdade ou verossimilhança seja logicamente malconcebido ou "sem sentido". Em outras palavras, minha finalidade é a reabilitação de uma ideia de senso comum de que necessito para descrever as finalidades da ciência e que, afirmo, subjaz como princípio regulador (mesmo que de forma meramente inconsciente e intuitiva) à racionalidade de todas as discussões científicas críticas.

A meu ver, a principal realização da invenção de Tarski, de um método de definição da verdade (a respeito de linguagens formalizadas de ordem finita), é a reabilitação da noção de verdade ou de correspondência à realidade, uma noção que se tornara suspeita. Ao defini-la em termos de noções lógicas não suspeitas (não semânticas), ele estabeleceu a sua legitimidade. Tendo feito isso, ele mostrou também que é possível introduzir, através de axiomas, uma noção de verdade materialmente equivalente a respeito de linguagens formalizadas de ordem infinita, embora uma definição explícita não possa ser dada neste caso. Na minha opinião, através disso ele reabilitou o uso crítico da noção indefinida de verdade em linguagens ordinárias não formalizadas ou de senso comum (que são de ordem infinita), se apenas as tornássemos ligeiramente artificiais, tendo o cuidado de evitar as antinomias. Devo descrever tal linguagem como uma linguagem de senso comum crítico: recordo como Tarski enfatizou com grande força, em 1935, que ao se construir uma linguagem formalizada, o uso de uma linguagem natural é inevitável, mesmo que seu uso acrítico conduza a antinomias. Assim, temos, por assim dizer, de reformar a linguagem comum enquanto a utilizamos, conforme descrito por Neurath em sua metáfora do navio que temos de reconstruir enquanto tentamos nos manter flutuando nele[25]. Essa é, de fato, a situação de senso comum crítico, a meu ver.

12 A equivocada teoria do conhecimento do senso comum

O senso comum, conforme eu disse, é sempre o nosso ponto de partida, mas deve ser criticado. E, como seria de esperar, nunca é bom o suficiente quando se trata de refletir sobre si próprio. De fato, a teoria de senso comum do conhecimento de senso comum é uma ingênua confusão. Porém ela forneceu o fundamento sobre o qual até as mais recentes teorias filosóficas do conhecimento são erguidas.

A teoria de senso comum é simples. Se você ou eu desejamos saber algo ainda não conhecido sobre o mundo, temos de abrir nossos olhos e olhar ao redor. E temos de levantar os nossos ouvidos e ouvir os barulhos, especialmente aqueles feitos por outras pessoas. Deste modo, nossos vários sentidos são nossas *fontes de conhecimento* – as fontes ou as entradas às nossas mentes.

Tenho chamado frequentemente a esta teoria de teoria da mente como balde.

A teoria da mente como balde é melhor representada por um diagrama:

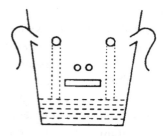

Fig. 3. O balde

---

25. Cf. NEURATH, O. *Erkenntnis*, 3, 1932, p. 206. Temos sido repetidamente recordados da observação de Neurath por W.V. Quine (p. ex., em sua *Word and Object* [Palavra e objeto], M.I.T. Press, 1960, p. 3), ou em *Ontological Relativity and other Essays* [Relatividade ontológica e outros ensaios] (Columbia U.P., 1969, p. 16, 84 e 127).

Nossa mente é um balde que está originalmente vazio, ou mais ou menos, e nesse balde entra material através de nossos sentidos (ou possivelmente através de um funil para enchê-lo de cima), que se acumula e se torna digerido.

No mundo filosófico essa teoria é mais conhecida pelo nome mais digno de teoria da mente como *tabula rasa*: nossa mente é *uma lousa vazia* sobre a qual os sentidos gravam suas mensagens. Mas o ponto principal da teoria da *tabula rasa* vai além da teoria do balde do senso comum: refiro-me à sua ênfase no perfeito vazio da mente no nascimento. Para nossa discussão, esse é meramente um ponto menor de discrepância entre as duas teorias, pois não importa se nascemos ou não com algumas "ideias inatas" em nosso balde – talvez mais no caso de crianças inteligentes, menos no caso de retardadas [*morons*]. A tese importante da teoria do balde é que aprendemos a maior parte do que aprendemos, se não tudo, através da entrada da experiência em nossas aberturas dos sentidos; de modo que todo o *conhecimento consiste em informação recebida através dos nossos sentidos*; ou seja, *por experiência*.

Nessa forma, essa teoria completamente equivocada está ainda muito viva. Ela ainda desempenha um papel nas teorias do ensino, ou na "teoria da informação", por exemplo (embora às vezes se admita agora que o balde possa não estar completamente vazio no nascimento, mas dotado de um programa de computador).

Minha tese é que a teoria do balde é totalmente ingênua e completamente equivocada em todas as suas versões e que suposições inconscientes dela, de uma forma ou de outra, ainda exercem uma influência devastadora especialmente sobre os chamados comportamentalistas [*behaviourists*], sugerindo a ainda poderosa teoria do reflexo condicionado, e outras teorias que gozam das mais altas reputações.

Entre as muitas coisas que estão erradas com a teoria da mente como balde, estão as seguintes:

(1) O conhecimento é concebido como sendo constituído por coisas, ou entidades parecidas com coisas, no nosso balde (tais como ideias, impressões, sensações, dados sensoriais, elementos, experiências atômicas, ou – talvez ligeiramente melhor – experiências moleculares ou *"Gestalten"*).

(2) O conhecimento está, antes de tudo, *em* nós: consiste em informação que chegou até nós e que conseguimos absorver.

(3) Há conhecimento *imediato* ou *direto*; isto é, os elementos de informação puros e não adulterados que entraram em nós e ainda não foram digeridos. Nenhum conhecimento poderia ser mais elementar e certo do que este.

O ponto (3) pode ser elaborado da seguinte forma:

(3a) Todo erro, todo conhecimento equivocado, de acordo com a teoria do senso comum, provém de uma má digestão intelectual que adultera esses elementos de informação "dados" ou últimos, ao interpretá-los mal ou ao ligá-los erroneamente a outros elementos; as fontes de erro são nossas misturas subjetivas aos elementos de informação puros ou dados, que, por sua vez, não só estão livres de erro, como ainda são os padrões de toda verdade, de modo que seria completamente descabido até mesmo questionar se eles porventura seriam errôneos.

(3b) Assim, o conhecimento, na medida em que está livre de erro, é essencialmente um conhecimento recebido passivamente; enquanto o erro é sempre produzido ativamente (embora não necessariamente intencionalmente) por nós, seja interferindo com "o dado" ou talvez por algum outro malgerenciamento: o cérebro perfeito nunca erraria.

(3c) O conhecimento que vai além da pura recepção dos elementos dados é, portanto, sempre menos certo do que o conhecimento dado ou elementar, o que constitui de fato o padrão de certeza. Se duvido de alguma coisa, tenho apenas de abrir meus olhos novamente e observar com um olho cândido, excluindo todos os preconceitos: Tenho que purificar minha mente de fontes de erro.

(4) Contudo, temos uma necessidade prática de conhecimento de um nível um pouco mais elevado: de conhecimento que vai além dos meros dados ou dos meros elementos. Pois o que precisamos, especialmente, é de conhecimento que estabeleça expectativas, ligando os dados existentes com elementos iminentes. Esse conhecimento mais elevado se estabelece principalmente, como costumam dizer, por meio da *associação de ideias ou elementos*.

(5) Ideias ou elementos são associados se ocorrem juntos; e, o mais importante, a *associação é reforçada pela repetição.*

(6) Desse modo, estabelecemos *expectativas* (se a ideia *a* estiver fortemente associada à ideia *b* então a ocorrência de *a* suscita uma grande expectativa de *b*).

(7) Da mesma forma, *crenças* emergem. Crença verdadeira é a crença em uma associação infalível. Crença errônea é uma crença em uma associação entre ideias que, embora tenham ocorrido juntas, talvez em algum momento no passado, não se repetem infalivelmente juntas.

Resumindo: o que eu chamo de teoria do conhecimento do senso comum é algo muito próximo do empirismo de Locke, Berkeley e Hume e não muito distante daquele de muitos positivistas e empiristas modernos.

13 Crítica da teoria do conhecimento do senso comum

Quase tudo está errado na teoria do conhecimento do senso comum. Mas talvez o equívoco central seja a suposição de que estamos empenhados naquilo que Dewey chamou de *busca pela certeza.*

É isso que leva à seleção de dados ou elementos, ou dados sensoriais ou impressões sensoriais ou experiências imediatas, como uma base segura de todo o conhecimento. Mas, longe de ser isto, esses dados ou elementos não existem de modo algum. Eles são as invenções de filósofos esperançosos, que conseguiram legá-los aos psicólogos.

Quais são os fatos? Quando crianças, aprendemos a decodificar as mensagens caóticas que vêm ao nosso encontro a partir de nosso ambiente. Aprendemos a peneirar, a ignorar a maioria delas, e a selecionar as que são de importância biológica para nós, seja de imediato, seja em um futuro para o qual estamos sendo preparados por um processo de amadurecimento.

Aprender a decodificar as mensagens que chegam a nós é extremamente complicado. Baseia-se em disposições inatas. Estamos, conjecturo eu, inatamente dispostos a encaminhar as mensagens a um sistema coerente e parcialmente regular ou ordenado: à "realidade". Em outras palavras, nosso conhecimento subjetivo da realidade consiste em disposições inatas amadurecendo. (Esta é, aliás, na minha opinião, uma construção sofisticada demais para ser utilizada como um forte argumento independente a favor do realismo.) Seja lá como isso for, aprendemos a decodificação por *tentativa e eliminação de erros* e, ainda que nos tornemos extremamente bons e ágeis em experienciar a mensagem decodificada como se fosse "imediata" ou "dada", há sempre alguns equívocos, geralmente corrigidos por mecanismos especiais de grande complexidade e considerável eficiência.

Assim, toda a história do que é "dado" [*given*], dos dados [*data*] verdadeiros, com uma atribuída certeza, é uma teoria equivocada, embora parte do senso comum.

Admito que experienciamos muito como se fosse imediatamente dado a nós e como se fosse perfeitamente certo. Isso é graças ao nosso elaborado aparato de decodificação, com seus muitos dispositivos de verificação embutidos, tomando o que Winston Churchill teria chamado de "marcação cruzada"; sistemas que conseguem eliminar uma grande parte dos equívocos que cometemos na decodificação, de modo que, de fato nesses casos em que experienciamos imediação, erramos apenas raramente. Mas nego que essas experiências bem-adaptadas devam ser identificadas de forma alguma com padrões "dados" de confiabilidade ou verdade. Esses casos tampouco estabelecem um padrão de "diretidade" ou de "certeza"; ou mostram que podemos nunca errar em nossas percepções imediatas: o sucesso deve-se simplesmente à nossa incrível eficiência como sistemas biológicos. (Um fotógrafo bem treinado raramente fará exposições ruins. Isso é devido ao seu treinamento e não ao fato de que suas fotografias devam ser consideradas como "dados" ou "padrões de verdade" ou talvez como "padrões de exposição correta".)

Quase todos nós somos bons observadores e bons perceptores. Mas esse é um problema a ser explicado pelas teorias biológicas e não a ser considerado como a base de qualquer *dogmatismo* de conhecimento direto ou imediato ou intuitivo. E, afinal de contas, todos falhamos mesmo, às vezes; devemos nunca esquecer nossa falibilidade.

14 Crítica da teoria subjetivista do conhecimento

Tudo isso não refuta, é claro, o idealismo ou a teoria subjetivista do conhecimento. Pois tudo o que eu disse sobre a psicologia (ou fisiologia) da percepção, pode ser meramente um sonho. Porém, há um argumento muito bom contra as teorias subjetivistas e idealistas que eu ainda não usei. Funciona desta forma.

A maioria dos subjetivistas afirma, com Berkeley, que suas teorias concordam em todos os aspectos práticos com o realismo e, especialmente, com as ciências; só que, dizem eles, as ciências não nos revelam padrões de verdade, mas não passam de instrumentos perfeitos de previsão. Não pode haver padrões mais elevados de certeza (salvo a revelação dada por Deus)[26].

Mas, então, a fisiologia chega e prevê que nossos "dados" são falíveis e não padrões de verdade ou de certeza. Assim, se essa forma de instrumentalismo subjetivo for verdadeira, então ela leva à sua própria refutação. Portanto, não pode ser verdadeira.

Isso, é claro, não refuta um idealista que responderia que estamos apenas sonhando que tenhamos refutado o idealismo.

Posso talvez mencionar de passagem que um argumento formalmente similar de Russell contra o "realismo ingênuo", um argumento que impressionou enormemente Einstein, é inaceitável. Foi este: "O observador, quando parece a si mesmo estar observando uma pedra, *está, na realidade, se acreditarmos na física* [fisiologia], *observando os efeitos da pedra sobre si mesmo.* Desse modo, a ciência parece estar em guerra consigo mesma [...]. O realismo ingênuo leva à física e a física, se verdadeira, mostra o realismo ingênuo como sendo falso. Portanto, o realismo ingênuo, se verdadeiro, é falso; portanto, é falso"[27].

O argumento de Russell é inaceitável, porque o trecho que marquei em itálico está equivocado. *Quando o observador observa*

---

26. Cf. minhas *Conjectures e Refutations*, cap. 3 e 6.

27. Cf. RUSSELL, B. *An Inquiry into Meaning and Truth* [*Significado e verdade*, na tradução brasileira de Alberto Oliva]. Londres: Allen & Unwin, 1940 (tb. Nova York), p. 14s. (Itálicos não estão no original.) Cf. tb. o ensaio de Einstein em SCHILPP, P.A. (org.). *The Philosophy of Bertrand Russell*, 1944, p. 282s.

uma pedra, não observa o efeito da pedra sobre si mesmo (embora ele possa fazê-lo, digamos, ao contemplar um dedo do pé ferido), mesmo que decodifique alguns dos sinais que chegam até ele a partir da pedra. O argumento de Russell está no mesmo nível que o seguinte: "Quando o leitor parece estar lendo Russell, ele está, na verdade, observando os efeitos de Russell sobre si mesmo e, portanto, não lendo Russell". A verdade é que ler (i. é, decodificar) Russell é parcialmente baseado em observações do texto de Russell; mas não há aqui nenhum problema digno de análise; todos sabemos que ler é um processo complexo em que fazemos diversos tipos de coisas ao mesmo tempo.

Não creio que valha a pena prosseguir com esses exercícios de inteligência; e repito que, até que alguns novos argumentos sejam oferecidos, aceitarei ingenuamente o realismo.

15 O caráter pré-darwinista da teoria do conhecimento do senso comum

A teoria do conhecimento do senso comum é radicalmente equivocada em todos os pontos. Seus equívocos fundamentais talvez possam ser esclarecidos da seguinte forma.

(1) *Há conhecimento no sentido subjetivo, que consiste em disposições e expectativas.*

(2) *Mas há também conhecimento no sentido objetivo, o conhecimento humano, que consiste em expectativas formuladas linguisticamente e submetidas à discussão crítica.*

(3) A teoria do senso comum falha em ver que *a diferença entre* (1) *e* (2) *é da mais vasta significância.* O conhecimento subjetivo não está sujeito a críticas. Claro que se pode mudá-lo por vários meios – por exemplo, pela eliminação (morte) do portador do conhecimento subjetivo ou da disposição em questão. O conhecimento no sentido subjetivo pode crescer ou alcançar melhores ajustes através do método darwinista de mutação e eliminação do organismo. Em oposição a isto, o conhecimento objetivo pode mudar e crescer através da eliminação (morte) da conjectura formulada linguisticamente: o "portador" do conhecimento pode

sobreviver – ele pode, se for uma pessoa autocrítica, até eliminar sua própria conjectura.

A diferença é que as teorias formuladas linguisticamente podem ser *discutidas criticamente*.

(4) Para além desse importantíssimo equívoco, a teoria do senso comum está equivocada em diferentes pontos. Ela é, essencialmente, uma teoria da gênese do conhecimento: a teoria do balde é uma teoria da nossa aquisição do conhecimento – nossa aquisição, em grande medida passiva, de conhecimento – e, desse modo, é também uma teoria do que eu chamo de *crescimento do conhecimento. Mas, como uma teoria do crescimento do conhecimento, é totalmente falsa.*

(5) A teoria da *tabula rasa* é pré-darwinista: para qualquer homem que tenha algum sentimento pela biologia, deve estar claro que a maioria das nossas disposições são inatas, tanto no sentido em que nascemos com elas (p. ex., as disposições para respirar, para engolir, e assim por diante) quanto no sentido em que, no processo de maturação, o desenvolvimento da disposição é provocado pelo ambiente (p. ex., a disposição para aprender uma linguagem).

(6) Mas mesmo se esquecermos tudo sobre as teorias da *tabula rasa*[28] e assumirmos que o balde está meio cheio no nascimento, ou que muda a sua estrutura com o processo de maturação, a teoria ainda é majoritariamente enganosa.

Isso não é só porque todo conhecimento subjetivo é disposicional, mas principalmente porque não é uma disposição do tipo associativo (ou do tipo de reflexo condicionado). Para colocar a minha posição clara e radicalmente: *não existe tal coisa como associação ou reflexo condicionado.* Todos os reflexos são não condicionados; os reflexos supostamente "condicionados" são os resultados de modificações que eliminam parcial ou totalmente as falsas partidas, ou seja, os erros no processo de tentativa e erro.

---

28. Alguns comentários sobre a história da teoria da *tabula rasa* podem ser encontrados no novo adendo sobre Parmênides, na terceira edição de minhas *Conjectures and Refutations*, 1969 e 1972.

16 Esboço de uma epistemologia evolutiva

Até onde sei, devemos ao meu amigo Donald T. Campbell o termo "epistemologia evolutiva". A ideia é pós-darwinista e remonta ao final do século IX – a pensadores como J.M. Baldwin, C. Lloyd Morgan e H.S. Jennings.

Minha própria abordagem tem sido algo independente da maioria destas influências, embora eu tenha lido com grande interesse não só Darwin, claro, mas também Lloyd Morgan e Jennings durante os anos antes de escrever meu primeiro livro. No entanto, como muitos outros filósofos, coloquei grande ênfase na distinção entre dois problemas do conhecimento: sua gênese ou história, por um lado, e os problemas de sua verdade, validade e "justificativa", por outro. (Assim, enfatizei, p. ex., no Congresso em Praga, em 1934: "Teorias científicas nunca podem ser "justificadas", ou verificadas. Mas, apesar disso, uma hipótese A pode, sob certas circunstâncias, alcançar mais que uma hipótese B [...]"[29].) Até mesmo enfatizei muito cedo que questões de verdade ou validade, não excluindo *a justificativa lógica da preferência por uma teoria sobre outra* (o único tipo de "justificativa" que acredito ser possível), devem ser *nitidamente distinguidas de todas as questões genéticas, históricas e psicológicas*.

Entretanto, já ao escrever a minha *Logik der Forschung*, cheguei à conclusão de que nós epistemólogos podemos alegar precedência sobre os geneticistas: as investigações lógicas de questões de validade e aproximação à verdade podem ser da maior importância para as investigações genéticas e históricas e mesmo psicológicas.

Elas são, em todo caso, logicamente anteriores a este último tipo de questões, mesmo que as investigações na história do conhecimento possam colocar muitos problemas importantes ao lógico da descoberta científica[30].

---

29. Cf. *Erkenntnis*, 5, 1935, p. 170ss. Cf. tb. minha *Logic of Scientific Discovery*, p. 315.

30. Às vezes falo do "princípio de transferência" quando me refiro ao fato de que o que é válido em lógica deve ser válido em genética ou em psicologia, para que os resultados possam ter aplicações psicológicas ou, mais geralmente, biológicas. Cf. a seção 4 de meu artigo "Conjectural Knowledge" [Conhecimento conjectural], cap. 1, p. 21.

Assim, falo aqui de epistemologia evolutiva, mesmo que eu sustente que as principais ideias de epistemologia são lógicas e não factuais; a despeito disso, todos os seus exemplos, e muitos de seus problemas, podem ser sugeridos por estudos sobre a gênese do conhecimento.

Essa atitude é de fato o exato oposto da teoria do senso comum e da epistemologia clássica de, digamos, Descartes, Locke, Berkeley, Hume e Reid: para Descartes e Berkeley, a verdade é garantida pela origem das ideias, que, no final das contas, é supervisionada por Deus. Vestígios da opinião de que ignorância é pecado podem ser encontrados não só em Locke e Berkeley, mas até mesmo em Hume e Reid. Pois, ali, é a diretidade ou imediação de nossas ideias, ou impressões, ou percepções, que constitui seu selo divino de verdade e que oferece a melhor segurança para o crente, enquanto que, a meu ver, às vezes consideramos as teorias como verdadeiras, ou mesmo "imediatamente" verdadeiras, porque são verdadeiras *e o nosso equipamento mental está bem-adaptado* ao seu nível de dificuldade. Mas nunca temos um "bom motivo" ou o "direito" de alegar a verdade de uma teoria, ou de uma crença, em virtude da suposta imediação ou diretidade da crença. Isso, a meu ver, é colocar o carro na frente dos bois: a imediação ou diretidade pode ser o resultado do fato biológico de que uma teoria é verdadeira e também (em parte por esta razão) muito útil para nós. Mas argumentar que a imediação ou diretidade estabelece a verdade, ou que é um critério de verdade, é o *equívoco fundamental do idealismo*[31].

Partindo do realismo científico, é razoavelmente claro que se nossas ações e reações fossem mal-ajustadas ao nosso ambiente,

---

31. O idealista epistemológico está certo, a meu ver, ao insistir em que todo o conhecimento e o crescimento do conhecimento – a gênese da mutação de nossas ideias – provém de nós mesmos e que sem essas ideias autogeradas não haveria conhecimento algum. Ele está errado ao falhar em ver que sem a eliminação dessas mutações através do nosso confronto com o ambiente não haveria não só nenhum incitamento a novas ideias, mas também nenhum conhecimento de nada. (Cf. *Conjectures and Refutations*, esp. p. 117.) Desse modo, Kant estava certo em que é o nosso intelecto que impõe suas leis – suas ideias, suas regras – sobre a massa inarticulada de nossas "sensações" e, por conseguinte, põe ordem nelas. Ele estava errado era em não ter visto que raramente conseguimos ter sucesso com a nossa imposição, que tentamos e erramos vez após vez, e que o resultado – nosso conhecimento do mundo – deve tanto à realidade que resiste quanto às nossas ideias autoproduzidas.

não deveríamos sobreviver. Uma vez que a "crença" está intimamente ligada à expectativa e à prontidão para agir, podemos dizer que muitas das nossas crenças mais práticas são provavelmente verdadeiras, desde que sobrevivamos. Elas tornam-se a parte mais dogmática do senso comum que, embora não seja de modo algum confiável, verdadeira, ou certa, é sempre um bom ponto de partida.

No entanto, também sabemos que alguns dos animais mais bem-sucedidos desapareceram e que o sucesso passado está longe de assegurar o sucesso futuro. Isso é um fato; e, claramente, ainda que possamos fazer algo a respeito, não podemos fazer muito. Menciono esse ponto a fim de deixar bem claro que o sucesso biológico passado nunca garante o sucesso biológico futuro. Desse modo, para o biólogo, o fato de as teorias terem sido bem-sucedidas no passado não traz qualquer garantia de sucesso no futuro.

Qual é a situação? Uma teoria refutada no passado pode ser mantida como útil apesar de sua refutação. Assim, podemos utilizar as leis de Kepler para muitos propósitos. Mas uma teoria refutada no passado *não será verdadeira*. E não procuramos apenas o sucesso biológico ou instrumental. Na ciência, *procuramos pela verdade*.

Um problema central da teoria evolutiva é o seguinte: segundo essa teoria, os animais que não estão bem-adaptados ao seu ambiente mutável perecem; consequentemente, aqueles que sobrevivem (até um certo momento) devem estar bem-adaptados. Essa fórmula é pouco tautológica, porque "bem-adaptado para o momento" significa bem o mesmo que "tem as qualidades que o fizeram sobreviver até agora". Em outras palavras, uma parte considerável do darwinismo não é da natureza de uma teoria empírica, mas é um *truísmo lógico*.

Deixemos claro o que é empírico no darwinismo e o que não é. A existência de um ambiente com uma certa estrutura é empírica. Que esse ambiente muda, mas não tão depressa por longos períodos de tempo e não tão radicalmente, é empírico; se for tão radical, o sol poderá amanhã explodir em uma *nova* e toda vida na Terra e toda adaptação chegarão a um fim. Em suma, não há nada na lógica que explique a existência de condições no mundo sob as quais a vida e a adaptação lenta (seja lá o que "lenta" possa significar aqui) ao ambiente sejam possíveis.

Mas, dados os organismos vivos, sensíveis a mudanças ambientais e a condições mutáveis, e assumindo que não há harmonia preestabelecida entre as propriedades dos organismos e as do ambiente mutável[32], podemos dizer algo como o seguinte. Os organismos podem sobreviver somente se produzem mutações, algumas das quais são ajustes a mudanças iminentes e, portanto, envolvem mutabilidade; e desse modo devemos descobrir, desde que encontremos organismos vivos em um mundo mutável, que aqueles que vieram a estar vivos estão razoavelmente bem-ajustados ao seu ambiente. Se o processo de ajuste tiver prosseguido por tempo suficiente, então a velocidade, o refinamento e a complexidade do ajuste podem dar-nos a impressão de milagrosos. E pode-se dizer, porém, que o método de tentativa e de eliminação de erros, que conduz a tudo isso, não é um método empírico, mas que pertence à *lógica da situação*. Isso, creio eu, explica (talvez um pouco sucintamente demais) os componentes lógicos ou *a priori* no darwinismo.

O tremendo avanço biológico da invenção de uma *linguagem descritiva e argumentativa*[33] pode agora ser visto de modo mais preciso que antes: a formulação linguística de teorias permite-nos criticá-las e eliminá-las sem eliminar a raça que as carrega. Essa é a primeira realização. A segunda realização é o desenvolvimento de uma atitude consciente e sistemática de crítica em relação às nossas teorias. Com isso começa o método da ciência. A diferença entre a ameba e Einstein é que, ainda que ambos façam uso do método de tentativa e eliminação de erros, a ameba não gosta de errar enquanto Einstein fica intrigado com isso: ele procura conscientemente por seus erros na esperança de aprender através de sua descoberta e eliminação. O método da ciência é o método crítico.

---

32. A seguinte observação talvez seja aqui de interesse. K. Lorenz escreve em *Evolution and Modification of Behaviour* [Evolução e modificação de comportamento]. Londres: Methuen, 1966, p. 103s.: "Qualquer modificabilidade que regularmente se revele adaptativa, como a aprendizagem indubitavelmente faz, pressupõe uma programação baseada em informação filogenética adquirida. Negar isso exige assumir uma harmonia preestabilizada [ou preestabelecida] entre organismo e ambiente". Cf. tb. também nota de rodapé 34 abaixo.

33. Para as várias funções da linguagem humana, cf., p. ex., minhas *Conjectures and Refutations*, p. 134s., e cap. 3, 4 e 6, abaixo.

Assim, a epistemologia evolutiva permite-nos entender melhor tanto a evolução como a epistemologia, na medida em que coincidem com o método científico. Ela permite-nos entender melhor essas coisas por fundamentos lógicos.

17 Conhecimento de fundo e problemas

A finalidade da ciência é o aumento da verossimilhança. Como argumentei, a teoria da *tabula rasa* é absurda: em cada estágio da evolução da vida e do desenvolvimento de um organismo, temos de assumir a existência de algum conhecimento sob a forma de disposições e expectativas.

Consequentemente, *o crescimento de todo o conhecimento consiste na modificação do conhecimento prévio* * – seja sua alteração ou sua rejeição em larga escala. O conhecimento nunca começa do nada, mas sempre a partir de algum *conhecimento de fundo* – conhecimento que no momento é tido como certo – juntamente com algumas dificuldades, alguns problemas. Estes, via de regra, surgem do conflito entre as expectativas inerentes ao nosso conhecimento de fundo, por um lado, e algumas novas descobertas, por outro, tais como nossas observações ou algumas hipóteses sugeridas por elas.

18 Todo conhecimento é impregnado de teoria, inclusive nossas observações

O conhecimento em suas várias formas subjetivas é disposicional e expectacional. Ele consiste em disposições de organismos e essas disposições são o aspecto mais importante da organização de um organismo. Um tipo de organismo pode viver apenas na água hoje, outro apenas na terra; uma vez que sobreviveram até agora, sua própria ecologia determina parte de seu "conhecimento". Se

---

* Utiliza-se a tradução "conhecimento prévio" para *"previous knowledge"* [*Vorwissen*, em alemão] e "conhecimento de fundo" para *"background knowledge"* [*Hintergrundwissen*], que é o conhecimento dado pelo contexto em que o indivíduo está inserido e que precede a atualização do conhecimento [N.T.].

não fosse absurdo fazer qualquer estimativa, eu diria que 999 a cada 1.000 unidades do conhecimento de um organismo são herdadas ou inatas e que apenas uma unidade consiste nas modificações desse conhecimento inato; e eu sugiro, além disso, que *a plasticidade necessária* para essas modificações é também inata.

A partir disso, segue-se o teorema fundamental:

> Todo conhecimento adquirido, toda aprendizagem, consiste na modificação (possivelmente na rejeição) de alguma forma de conhecimento, ou disposição, que havia previamente; e, em última instância, em disposições inatas[34].

A este pode ser acrescentado, de imediato, um segundo teorema:

> Todo crescimento de conhecimento consiste no aperfeiçoamento de um conhecimento existente que é mudado na esperança de se aproximar mais da verdade.

Como todas as nossas disposições são, em certo sentido, ajustes a condições ambientais invariantes ou lentamente mutáveis, elas podem ser descritas como *impregnadas de teoria*, assumindo um sentido suficientemente amplo do termo "teoria". O que tenho em mente é que não há nenhuma observação que não esteja relacionada a um conjunto de situações típicas – regularidades – entre as quais ela tenta chegar a uma decisão. E creio que podemos afirmar ainda mais: *não há órgão sensorial em que teorias antecipatórias não estejam geneticamente incorporadas*. O olho de um gato reage de formas distintas a uma série de situações típicas para as quais existem mecanismos preparados e embutidos em sua estrutura: estes correspondem às situações biologicamente mais importantes entre as quais ele tem de distinguir. Assim, a disposição para distinguir entre essas situações está embutida no órgão sensorial e, com ela, a *teoria de que essas, e somente essas, são as situações relevantes para cuja distinção o olho deve ser utilizado*[35].

---

34. Para uma defesa bem-sucedida dos conhecimentos "inatos" contra behavioristas e outros antiteoristas, cf. LORENZ, K. *Evolution and Modification of Behaviour* [Evolução e modificação do comportamento], citado na nota de rodapé 32, acima.

35. Cf., p. ex., os experimentos em WIESEL, T.N. & HUBEI, D.H. "Singlecell Responses in Striate Cortex of Kittens Deprived of Vision in One Eye" [Respostas de células simples no córtex estriado de gatos privados da visão em um olho]. *Journal of Neurophysiology*, 26, 1963, p. 1.003-1.017.

O fato de que todos os nossos sentidos estão, dessa forma, impregnados de teoria mostra mais claramente a falha radical da teoria do balde e, com ela, de todas as outras teorias que tentam traçar o nosso conhecimento até às nossas observações, ou até à entrada [input] do organismo. Pelo contrário, *aquilo que se pode absorver (e a que reagir) como entrada relevante e o que é ignorado como irrelevante* depende completamente da estrutura inata (o "programa") do organismo.

19 Retrospectiva da epistemologia subjetivista

Do ponto de vista a que se chegou aqui, devemos rejeitar como completamente infundada qualquer epistemologia subjetivista que se proponha a escolher como ponto de partida o que lhe pareça razoavelmente não problemático; isto é, nossas *experiências observacionais "diretas" ou "imediatas".* Deve-se admitir que essas experiências são, em geral, perfeitamente "boas" e bem-sucedidas (caso contrário, não teríamos sobrevivido); mas não são "diretas" nem "imediatas" e não são absolutamente confiáveis.

Parece não haver razão pela qual não deveríamos fazer das experiências observacionais o nosso "ponto de partida" provisório – um ponto de partida que, como o senso comum, não envolve compromisso com a verdade ou a certeza. Desde que estejamos criticamente inclinados, não importa muito por onde ou como começamos. Mas partindo daqui (que talvez seja aquilo a que Russell chama "realismo ingênuo") chegamos, através da física e da biologia, ao resultado de que *nossas observações são altamente complexas e nem sempre confiáveis, apesar de decodificações espantosamente excelentes* dos sinais que nos chegam do ambiente. Elas não devem, portanto, ser elevadas a um ponto de partida no sentido de um padrão de verdade.

Assim, o que apareceu como uma epistemologia subjetivista aparentemente livre de pressupostos ou como teoria da *tabula rasa* desintegra-se completamente. Em seu lugar, temos de erguer uma teoria do conhecimento na qual o sujeito conhecedor, o observador, desempenha um papel importante, mas apenas muito restrito.

20 Conhecimento no senso objetivo

A teoria do conhecimento do senso comum e, com ela, todos – ou quase todos – os filósofos até pelo menos Bolzano e Frege tomaram como certo que havia apenas um tipo de conhecimento – o conhecimento possuído por algum sujeito conhecedor.

Vou chamar esse tipo de conhecimento de *"conhecimento subjetivo"*, apesar do fato de que, como veremos, o *conhecimento consciente genuíno ou não adulterado ou puramente subjetivo simplesmente não existe.*

A teoria do conhecimento subjetivo é muito antiga; mas torna-se explícita com Descartes: "conhecer" é uma atividade e pressupõe a existência de um sujeito conhecedor. *É o eu subjetivo que conhece.*

Agora quero distinguir entre dois tipos de "conhecimento": o conhecimento subjetivo (que seria melhor chamar-se conhecimento organísmico, já que consiste nas disposições de organismos); e o conhecimento objetivo, ou conhecimento no senso objetivo, que consiste no conteúdo lógico de nossas teorias, conjecturas, palpites (e, se quisermos, no conteúdo lógico de nosso código genético).

Exemplos de conhecimento objetivo são teorias publicadas em revistas científicas e livros e armazenadas em bibliotecas; discussões sobre tais teorias; dificuldades ou problemas apontados em relação a tais teorias[36]; e assim por diante.

Podemos chamar o mundo físico de "mundo 1", o mundo de nossas experiências conscientes de "mundo 2", e o mundo dos *conteúdos* lógico de livros, bibliotecas, memórias de computador e afins de "mundo 3".

---

36. Tratei disso com algum detalhe em meus artigos "Epistemology without a Knowing Subject" [Epistemologia sem um sujeito conhecedor] (lido em Amsterdã em 1967) e "On the Theory of the Objective Mind" [Sobre a teoria da mente objetiva] (lido em Viena em 1968), agora reimpressos como cap. 3 e 4 no presente volume. Cf. tb. a importante discussão de Sir John Eccles em seu brilhante livro *Facing Reality*. Berlim: Springer, 1970, esp. nos cap. X e XI. David Miller chamou minha atenção para a estreita semelhança entre o meu mundo 3 e o "terceiro domínio" de F.R. Leavis. Cf. sua palestra *Two Cultures?* [Duas culturas?], 1962, esp. p. 28.

Sobre este mundo 3, tenho diversas teses:

(1) Podemos descobrir novos problemas no mundo 3 que já existiam antes de serem descobertos e antes de se tornarem conscientes; isto é, antes de qualquer coisa correspondente a eles ter aparecido no mundo 2. *Exemplo*: descobrimos números primos e o problema de Euclides, de saber se a sequência de números primos é infinita, surge como consequência.

(2) Assim, há um sentido no qual o mundo 3 é *autônomo*: nesse mundo podemos fazer descobertas teóricas de modo similar àquele em que podemos fazer descobertas geográficas no mundo 1.

(3) Tese principal: nosso conhecimento subjetivo consciente (conhecimento do mundo 2) depende do mundo 3, ou seja, de teorias (pelo menos virtualmente) *formuladas linguisticamente*. *Exemplo*: nossa "autoconsciência imediata" ou nosso "conhecimento de si", que é muito importante, depende, em grande medida, das teorias do mundo 3: de nossas teorias sobre nosso corpo e sua existência contínua quando adormecemos ou ficamos inconscientes; de nossas teorias do tempo (sua linearidade); de nossa teoria de que podemos captar nossa memória de experiências passadas em vários graus de clareza, e assim por diante. A essas teorias estão ligadas as nossas expectativas de acordar depois de adormecer. Proponho a tese de que a *plena consciência de si* depende de todas essas teorias (do mundo 3) e que os animais, embora capazes de sentimentos, sensações, memória e, portanto, de consciência, não possuem a plena consciência de si, que é um dos resultados da linguagem humana e do desenvolvimento do mundo 3, especificamente humano.

21 A busca pela certeza e a principal fraqueza da teoria do conhecimento do senso comum

A teoria do conhecimento do senso comum não é ciente do mundo 3, e por isso ignora a existência do conhecimento no senso objetivo. Essa é uma grande fraqueza da teoria, mas não é sua maior fraqueza.

A fim de explicar o que considero como a maior fraqueza da teoria do conhecimento do senso comum formularei primeiro dois enunciados, (a) e (b), que são característicos dessa teoria do conhecimento.

(a) O conhecimento é um tipo especial de crença ou de opinião; é um estado especial do espírito.

(b) Para que um tipo de crença, ou um estado de espírito, equivalha a mais do que "mera" crença, e seja capaz de sustentar a alegação de que equivale a um item de conhecimento, exigimos que o crente esteja em posse de *razões suficientes* para estabelecer que o item de conhecimento é *verdadeiro com certeza*.

Dessas duas formulações, (a) pode facilmente ser de tal modo reformulada que se torna parte – uma pequena parte – de uma teoria biológica aceitável do conhecimento; pois podemos dizer:

(a') O conhecimento subjetivo é um tipo de disposição da qual o organismo pode às vezes tornar-se consciente na forma de uma crença, uma opinião ou um estado de espírito.

Essa é uma afirmação perfeitamente aceitável, e pode-se alegar que ela apenas diz mais exatamente o que (a) pretendia dizer. Além disso, (a') é perfeitamente compatível com uma teoria do conhecimento que dá todo peso ao conhecimento objetivo; isto é, ao conhecimento como parte do mundo 3.

A posição de (b) é totalmente diferente. Assim que tivermos em conta o conhecimento objetivo, devemos dizer que, na melhor das hipóteses, apenas uma pequena parte dele pode ser dada como razão suficiente para uma verdade certa: é essa pequena parte (se houver) que pode ser descrita como *conhecimento demonstrável* e que abrange (se é que abrange algo) as proposições da lógica formal e da aritmética (finita).

Todo o resto – de longe a parte mais importante do conhecimento objetivo e a parte que abrange as ciências naturais, como a física e a fisiologia – é essencialmente de caráter conjectural ou hipotético; simplesmente não há razões suficientes para defender que essas hipóteses sejam verdadeiras, quanto mais certamente verdadeiras.

Assim, (b) indica que se tentássemos generalizar a teoria do conhecimento do senso comum de modo a cobrir o conhecimento objetivo, então apenas o conhecimento demonstrável (se tal houver) poderia ser admitido como conhecimento objetivo. Todo o vasto e importante campo de teorias que podemos descrever como "conhecimento científico", devido ao seu caráter conjectural, não se qualificaria de modo algum como conhecimento. Pois, de acordo com a teoria do conhecimento do senso comum, o conhecimento é uma crença *justificada* – crença tão justificada que é certamente verdadeira. E é precisamente esse tipo de justificativa que falta no vasto e importante campo do conhecimento conjectural.

De fato, pode-se alegar que o termo "conhecimento conjectural" é uma contradição em termos, se o assunto for assim abordado do lado da teoria de senso comum. Pois a teoria de senso comum não é muito perscrutada em seu subjetivismo; pelo contrário, a ideia de "razão suficiente" era originalmente, sem dúvida, uma ideia objetivista: o que se exigia originalmente eram razões suficientes para provar ou demonstrar o item de conhecimento em questão, de modo que (b) de fato acaba sendo uma extensão da ideia objetivista de conhecimento demonstrável ao mundo 2, subjetivista, o mundo da disposição ou "crença". Como consequência, toda generalização adequada ou tradução objetivista (b'), em linhas análogas a (a'), teria que limitar o conhecimento objetivo ao conhecimento demonstrável e, assim, teria que abandonar o conhecimento conjectural. Mas, com ele, teria que abandonar o conhecimento científico, o tipo mais importante e o problema central de qualquer teoria do conhecimento.

Isso, creio eu, indica a maior fraqueza da teoria do conhecimento do senso comum. Ela não só desconhece a distinção entre conhecimento objetivo e subjetivo, como também aceita, consciente ou inconscientemente, o conhecimento objetivo demonstrável como paradigma de todo o conhecimento, uma vez que é realmente só aqui que temos "razões suficientes" para distinguir "conhecimento verdadeiro e certo" de "mera opinião" ou "mera crença"[37].

---

37. Assim, temos aqui uma instância de um movimento característico da teoria do conhecimento do senso comum: uma porção insuficiente é retirada da lógica objetiva e (talvez inconscientemente) transferida para a psicologia; assim como no caso da teoria da associação na qual as duas "ideias" associadas eram originalmente os "termos" de uma proposição categórica, enquanto a associação era a cópula. (Pense na "união ou separação de ideias" de Locke.)

No entanto, a teoria do conhecimento do senso comum permanece essencialmente subjetivista. Dessa forma, ela entra na dificuldade de admitir algo como razões subjetivas suficientes; isto é, tipos de experiência pessoal ou crença ou opinião que, embora subjetivos, são certa e infalivelmente verdadeiros e podem, portanto, passar como conhecimento.

A dificuldade é grande, pois como podemos distinguir dentro do domínio das crenças? Quais são os critérios pelos quais podemos reconhecer a verdade, ou uma razão suficiente? Tanto pela força da crença (Hume), que dificilmente é defensável racionalmente, quanto por sua nitidez e distinção, que é defendida (por Descartes) como uma indicação de sua origem divina; ou, indo mais direto ao ponto, por sua origem ou sua gênese, ou seja, pelas "fontes" do conhecimento. Dessa forma, a teoria de senso comum é conduzida à aceitação de algum critério do conhecimento "dado" (revelado?); à informação [*datum*] do sentido ou dada pelo sentido; ou a um sentimento de imediação, ou diretidade ou intuitividade. É a pureza da origem que garante a ausência de erros e, portanto, a pureza do conteúdo[38].

Mas todos esses critérios são claramente espúrios. O biólogo admitirá que nossos órgãos sensoriais são bem-sucedidos na maioria das vezes, e ele poderá até explicar sua eficiência por argumentos darwinistas. Mas negará que são sempre ou necessariamente bem-sucedidos e que se pode confiar neles como critérios de verdade. O caráter "direto" ou "imediato" desses órgãos é apenas aparente: esse é somente outro aspecto da milagrosa suavidade e eficiência com que eles trabalham; porém, na realidade, trabalham de forma altamente indireta, utilizando muitos mecanismos intrincados de controle embutidos no sistema.

Assim, não há nada como certeza absoluta em todo o campo de nosso conhecimento. Mas a doutrina (b) identifica a busca por conhecimento com a busca por certeza. Essa é outra razão

---

38. Para um relato um tanto diferente da doutrina das fontes de nosso conhecimento e do problema do erro, cf. minha palestra "On the Sources of Knowledge and of Ignorance" [Sobre as fontes do conhecimento e da ignorância]. *Proceedings of the British Academy*, 46, 1960; tb. em *Conjectures and Refutations*, 3. ed., 1969, p. 3-30.

pela qual ela é a parte mais fraca da teoria do conhecimento do senso comum.

O que temos a fazer é partir do fato de que o conhecimento científico objetivo é conjectural e, então, procurar o seu análogo no campo do conhecimento subjetivo. Esse análogo pode ser facilmente identificado. É tese minha que o conhecimento subjetivo faz parte de um aparato de ajuste altamente complexo e intrincado mas espantosamente preciso (num organismo saudável) e que funciona, no essencial, como um conhecimento conjectural objetivo: pelo método de tentativa e eliminação de erro ou por conjectura, refutação e correção própria ("autocorreção").

O senso comum é, ao que parece, parte desse aparato e seu estatuto *não é totalmente diferente* daquele de outros conhecimentos aparentemente "diretos" ou "imediatos". (Aqui, Thomas Reid estava certo, embora tenha superestimado enormemente a força da argumentação a partir da diretidade ou imediação.)

22 Considerações analíticas sobre a certeza

Não estou minimamente interessado em definições ou na análise linguística de palavras ou conceitos. Mas em relação à palavra "certeza", tanto foi dito de tão pouco valor que algo deve ser dito aqui, a título de clareza.

Há, no senso comum, uma noção de certeza que significa, sucintamente, "certo o suficiente para fins práticos". Quando olho para o meu relógio, que é muito confiável, e ele me mostra que são oito horas e posso ouvi-lo pulsar (uma indicação de que o relógio não parou), então estou "razoavelmente certo" ou "certo para todos os fins práticos" de que está bastante perto das oito horas. Quando compro um livro e recebo 20 centavos de troco do livreiro, então estou "bastante certo" de que as duas moedas não são falsas. (Minhas "razões" para isso são muito complexas: têm a ver com a inflação que fez com que não valesse a pena para os cunhadores falsificarem moedas de dez centavos; mesmo que as moedas em questão pudessem ser peças antigas dos bons tempos em que a falsificação de moedas era rentável).

Se alguém me perguntasse: "Tem certeza de que a moeda na sua mão é uma moeda de dez centavos?" *Talvez desse uma olhada nela de novo* e dissesse "Sim". Mas se muita coisa dependesse da verdade do meu julgamento, creio que deveria dar-me ao trabalho de ir ao banco mais próximo e pedir ao caixa que examinasse atentamente a peça; e se a vida de um homem dependesse disso, eu tentaria até mesmo chegar ao caixa principal do Banco Central e pedir-lhe que certificasse a genuinidade da moeda.

O que quero dizer com isso? Que a "certeza" de uma crença não é tanto uma questão de sua intensidade, mas da *situação*: de nossa expectativa sobre suas possíveis consequências. Tudo depende da importância atribuída à verdade ou à falsidade da crença.

A "crença" está ligada à nossa vida prática quotidiana. *Agimos de acordo com nossas crenças.* (Um comportamentalista poderia dizer: uma "crença" é algo com base no qual agimos.) Por essa razão, algum grau de certeza relativamente baixo é suficiente na maioria dos casos. Mas se muito depende de nossa crença, então não só a intensidade da crença muda, mas toda a sua função biológica.

Existe uma teoria subjetivista da probabilidade que assume que podemos medir o grau de nossa crença em uma proposição através das chances que devemos estar preparados para aceitar ao apostar[39].

Essa teoria é incrivelmente ingênua. Se eu gostar de apostar e se as apostas não forem altas, posso aceitar quaisquer chances. Se as apostas forem muito altas, posso não aceitar aposta alguma. Se eu não puder escapar à aposta, digamos porque a vida de meu melhor amigo está em jogo, posso sentir a necessidade de me tranquilizar quanto à proposta mais trivial.

Com minhas mãos nos bolsos, estou bastante "certo" de que tenho cinco dedos em cada uma das minhas mãos; mas se a vida de meu melhor amigo dependesse da verdade dessa proposição, eu poderia (e creio que deveria) tirar as minhas mãos dos bolsos

---

39. A teoria é frequentemente atribuída a F.P. Ramsey, mas pode ser encontrada em Kant.

para ter "duplamente" a certeza de que não perdi um ou outro dos meus dedos por milagre.

Qual é o desfecho de tudo isso? É que a "certeza absoluta" é uma ideia limitante, e que a "certeza" experienciada ou subjetiva depende não meramente de graus de crença e de provas, mas também da situação – da importância do que está em jogo. Além disso, as evidências a favor até mesmo de uma proposição que, eu sei, é trivialmente verdadeira podem ser radicalmente revistas, se o que está em jogo for suficientemente importante. Isso mostra que não é impossível aumentar até mesmo a mais certa das certezas. A "certeza" não é uma medida de crença – em um sentido trivial. É antes uma medida de crença em relação a uma situação instável; pois a urgência geral da situação na qual estou atuando tem muitos aspectos e eu posso alternar de um a outro. Desse modo, a certeza absoluta não tem o caráter de um máximo ou de um limite. Pode haver sempre uma certeza que é ainda mais segura.

Com exceção de provas *válidas e simples* no mundo 3, a certeza objetiva simplesmente não existe. E a certeza no mundo 2 é sempre apenas uma sombra de uma experiência, uma sombra da força de uma crença, dependendo não meramente de "evidências", mas de muitas outras coisas, tais como a seriedade da situação de problema em que estamos agindo (ou talvez meramente de "audácia").

É importante perceber, nesse contexto, que há muitas situações em que a recusa de agir equivale em si mesma a uma ação: na vida comum temos que agir o tempo todo e temos que isso fazer sempre com base em uma certeza imperfeita (pois dificilmente existe algo como certeza perfeita). Via de regra, a evidência sobre a qual estamos agindo é aceita após o exame mais superficial; e *a discussão crítica de teorias concorrentes, que é característica da boa ciência, vai (via de regra) muito além do tipo de coisa com a qual estamos perfeitamente satisfeitos na vida prática.*

(A ciência – que é essencialmente crítica – é também mais conjectural e menos certa de si mesma que a vida comum, porque elevamos conscientemente ao nível de um problema algo que normalmente pode ter sido parte do nosso conhecimento de fundo.)

Mas isso não significa que costumamos alcançar um estágio em que um pensador científico engenhoso não possa detectar lacunas em nossos argumentos: possibilidades que ninguém havia pensado até agora e que, portanto, ninguém havia tentado excluir ou incluir.

Do ponto de vista do conhecimento objetivo, todas as teorias, portanto, permanecem conjecturais. Do ponto de vista da vida prática, elas podem ser muito melhor discutidas, criticadas e testadas do que tudo aquilo em que estamos acostumados a atuar e a considerar como certo.

Não há conflito entre a tese de que todo conhecimento objetivo é objetivamente conjectural e o fato de que aceitamos muito disso, não apenas como "praticamente certo", mas como certo em um sentido extraordinariamente altamente qualificado; isto é, como muito mais bem testado que muitas teorias nas quais constantemente confiamos as nossas vidas (tais como que o chão não irá desmoronar ou que não seremos mordidos por uma cobra venenosa).

As teorias são verdadeiras ou falsas e não *meramente* instrumentos. Mas são também, é claro, instrumentos; para a ciência prática ou aplicada, bem como para você e para mim pessoalmente, quando desejamos nos decidir sobre uma teoria, à luz da discussão crítica reportada sobre ela, incluindo os testes reportados. Se recebermos relatórios sobre os resultados desses testes e talvez repetirmos nós mesmos um ou outro dos testes, então poderemos utilizar esses relatórios e resultados para formar as nossas convicções subjetivas pessoais e para determinar o grau de certeza com que defendemos nossas crenças pessoais. (Essa é uma forma pela qual o funcionamento do princípio da transferência[40] poderia ser explicado: usamos o conhecimento objetivo na formação das nossas crenças subjetivas pessoais; e ainda que as crenças subjetivas pessoais possam sempre ser descritas como "irracionais" em algum sentido, esse uso do conhecimento objetivo mostra que não é necessário haver aqui qualquer conflito humeano com a racionalidade.)

---

40. Cf. seção 16, nota de rodapé 30.

23 O método da ciência

Descrevi tantas vezes o que considero como o método auto-corretor pelo qual a ciência procede, que posso ser muito breve aqui: *o método da ciência é o método das conjecturas ousadas e das tentativas engenhosas e rigorosas de refutá-las.*

Uma conjectura ousada é uma teoria com um grande conteúdo – maior, de qualquer forma, do que a teoria que, esperamos, será superada por ela.

O fato de que nossas conjecturas devem ser ousadas decorre imediatamente do que eu disse sobre a finalidade da ciência e a abordagem da verdade: ousadia, ou grande conteúdo, está ligado a um grande conteúdo de verdade; por essa razão, o conteúdo de falsidade pode, a princípio, ser ignorado.

Mas um aumento em conteúdo de verdade, em si, não é suficiente para *garantir* um aumento em verossimilhança; uma vez que o aumento em conteúdo é um caso puramente lógico e, uma vez que o conteúdo de verdade aumenta com o aumento em conteúdo, o único campo que resta para o debate científico – e especialmente para testes empíricos – é se o conteúdo de falsidade também aumentou ou não. Assim, nossa busca competitiva por verossimilhança transforma-se, especialmente do ponto de vista empírico, em uma comparação competitiva de conteúdos de falsidade (um fato que algumas pessoas consideram um paradoxo). Parece que se aplica também na ciência que (conforme Winston Churchill colocou certa vez) guerras nunca são vencidas, mas sempre perdidas. (Adicionado em 1974; comparar agora com o n. 20 acima.)

Nunca podemos ter a certeza absoluta de que nossa teoria não está perdida. Tudo o que podemos fazer é procurar pelo conteúdo de falsidade de nossa melhor teoria. Fazemos isso tentando refutar nossa teoria; ou seja, tentando testá-la rigorosamente à luz de todo o nosso conhecimento objetivo e de toda a nossa engenhosidade. Claro que é sempre possível que a teoria seja falsa, mesmo que passe todos esses testes; isso é permitido através de nossa busca por verossimilhança. *Mas se passar to-*

dos esses testes, podemos ter boas razões para conjecturar que a nossa teoria, que (sabemos) tem um conteúdo de verdade maior que sua predecessora, pode não ter um conteúdo de falsidade maior. E se falharmos em refutar a nova teoria, especialmente nos campos em que sua antecessora foi refutada, então podemos alegá-lo como uma das razões objetivas para *a conjectura de que a nova teoria é uma melhor aproximação à verdade do que a teoria antiga.*

24 Discussão crítica, preferência racional e o problema da analiticidade de nossas escolhas e previsões

Visto desta forma, a testagem de teorias científicas faz parte de sua discussão crítica; ou, como podemos dizer, faz parte da sua discussão racional, pois nesse contexto não conheço melhor sinônimo de "racional" do que "crítico". A discussão crítica nunca pode estabelecer razões suficientes para alegar que uma teoria é verdadeira; nunca pode "justificar" nossa alegação de conhecimento. Mas a discussão crítica pode, se tivermos sorte, estabelecer razões suficientes para a seguinte alegação:

"Esta teoria, neste momento, à luz de uma discussão crítica minuciosa e de testagem rigorosa e engenhosa, parece ser, de longe, a *melhor* (a mais forte, a mais bem testada); e por isso parece a mais próxima da verdade entre as teorias concorrentes".

Colocando em síntese: nunca podemos justificar racionalmente uma teoria – isto é, alegar conhecer sua verdade – mas podemos, se tivermos sorte, justificar racionalmente uma preferência por uma teoria a partir de um conjunto de teorias concorrentes, neste momento; isto é, a respeito do estado atual da discussão. E nossa justificativa, embora não seja uma alegação de que a teoria é verdadeira, pode ser a alegação de que tudo indica, nesta fase da discussão, que a teoria é *uma melhor aproximação à verdade* que qualquer teoria concorrente proposta até agora.

Consideremos agora duas hipóteses concorrentes h_1 e h_2. Abreviemos por *dt* alguma descrição do estado da discussão dessas hipóteses no momento *t*, incluindo, é claro, a discussão de quaisquer resultados experimentais e outros resultados observacionais que forem relevantes. Denotemos por

$$(1)\ c(h_1, d_t) < c(h_2, d_t)$$

o enunciado de que o *grau de corroboração* de h_1 à luz da discussão d_t é inferior ao de h_2. E perguntemos que tipo de asserção (1) é.

Na realidade (1) será uma asserção um tanto incerta, por nenhuma outra razão além de que $c(h_1, d_t)$ muda com o tempo t e *pode* mudar tão depressa quanto o pensamento. Em muitos casos, a verdade ou falsidade de (1) será apenas uma questão de opinião.

Mas vamos assumir circunstâncias "ideais". Vamos assumir uma discussão prolongada que levou a resultados estáveis e, especialmente, a um acordo sobre todos os componentes evidenciais e que não há nenhuma mudança de opinião ao longo de t por algum período considerável.

Sob tais circunstâncias, podemos ver que, enquanto os elementos evidenciais de d_t forem obviamente empíricos, o enunciado (1), contanto que d_t seja suficientemente explícito, pode ser *lógico* ou *"analítico"* (a menos que você não goste do termo).

Isso é particularmente claro se $c(h_1, d_t)$ for negativo, porque o acordo da discussão no momento t é de que as evidências refutam h_1 enquanto $c(h_2, d_t)$ for positivo, porque as evidências sustentam h_2. Exemplo: considere h_1 como sendo a teoria de Kepler e h_2 como sendo a teoria de Einstein. Pode-se concordar que a teoria de Kepler seja refutada no momento t (devido às perturbações newtonianas) e pode-se concordar que a teoria de Einstein seja sustentada pelas evidências. Se dt for suficientemente explícito para implicar tudo isso, então

$$(1)\ c(h_1, d_t) < c(h_2, d_t)$$

equivale ao enunciado de que algum número negativo não especificado é menor que algum número positivo não especificado e esse é o tipo de enunciado que pode ser descrito como "lógico" ou "analítico".

Claro que haverá outros casos; por exemplo, se "dt" for meramente um nome como "o estado da discussão em 12 de maio de 1910". Mas assim como se poderia dizer que o resultado da comparação de duas magnitudes conhecidas foi analítico, também podemos dizer que o resultado da comparação de dois graus de corroboração, se suficientemente bem conhecidos, será analítico.

Mas somente se o resultado da comparação for suficientemente bem conhecido é que se pode considerá-lo como base de uma preferência racional; ou seja, somente se (1) é válido podemos dizer que $h2$ é racionalmente preferível a h_1.

Vejamos adiante o que acontecerá se h_2, no sentido explicado, for *racionalmente preferível* a h_1: deveremos basear as nossas previsões teóricas, bem como as decisões práticas que delas fazem uso, em h_2, em detrimento de h_1.

Tudo isto me parece simples e bastante trivial. Mas tem sido criticado pelas seguintes razões.

Se (1) for analítico, então a decisão de preferir h_2 a h_1 é também analítica e, portanto, *nenhuma nova previsão sintética* pode resultar da preferência por h_2 sobre h_1.

Não estou bem certo, mas a seguinte ideia parece-me resumir a crítica que foi adiantada primeiramente pelo Prof. Salmon contra a minha teoria de corroboração: ou todos os passos descritos são analíticos – então não pode haver previsões científicas sintéticas; ou há previsões científicas sintéticas – então alguns passos não podem ser analíticos, mas precisam ser genuinamente sintéticos ou ampliativos e, portanto, indutivos.

Tentarei mostrar que o argumento é inválido como crítica às minhas visões: h_2 é, conforme geralmente se admite, sintético e todas as *previsões* (não tautológicas) são derivadas de h_2 e não da desigualdade (1). Isso é suficiente para responder às críticas. A questão de por que preferimos h_2 em detrimento de h_1 deve ser respondida por referência a d_1, que, se suficientemente específica, é também não analítica.

Os motivos que levaram à nossa escolha por h_2 não podem alterar o caráter sintético de h_2. Os motivos – ao contrário de motivos psicológicos comuns – são *preferências racionalmente justificáveis*. É por isso que a lógica e propostas analíticas desempenham um papel neles. Caso queira, você pode chamar os motivos de "analíticos". Mas esses *motivos* analíticos *para escolher* h_2 nunca tornam h_2 verdadeiro, para não dizer nada de "analítico"; são, na melhor das hipóteses, razões logicamente inconclusivas para *conjecturar* que seja a mais aparentemente verdadeira entre as hipóteses concorrentes no momento t.

25 Ciência: o crescimento do conhecimento através da crítica e da inovação

Vejo na ciência uma das maiores criações da mente humana. É um passo comparável à emergência de uma linguagem descritiva e argumentativa ou à invenção da escrita. É um passo em que os nossos mitos explicativos se abrem à crítica consciente e consistente e em que somos desafiados a inventar novos mitos. (É comparável ao passo conjectural nos primeiros tempos da gênese da vida, quando os tipos de mutabilidade se tornaram um objeto de evolução através da eliminação.)

Muito antes da crítica, houve um crescimento do conhecimento – do conhecimento incorporado no código genético. A linguagem permite a criação e a mutação de mitos explicativos, e isso é posteriormente auxiliado pela linguagem escrita. Mas é só a ciência que, na luta violenta pela vida, substitui morte (mundo 1) e a intimidação (mundo 2) pelos argumentos impessoais do mundo 3.

Uma reflexão posterior sobre a indução

26 Os problemas da causalidade e da indução de Hume

Até agora[41] fui capaz de dar um contorno da epistemologia e dos métodos utilizados na ciência para promover o crescimento do

---

41. Talvez eu possa mencionar que o cap. 2, incluindo esta "reflexão posterior", foi escrito antes do relatório que agora forma o cap. 1 deste volume. Há alguma sobreposição, como se pode ver pelo fato de que minha epígrafe ao cap. 1 (de *A History of Western Philosophy*, de Bertrand Russell, Londres, 1946, p. 699) poderia muito bem servir também aqui, esp. para a seção 29. Porém os cap. 1 e 2, especialmente esta "reflexão posterior", também se complementam em diversos aspectos. • Popper chama a essa "reflexão posterior" de "*afterthought*", que se refere a algum pensamento ou ideia não planejada inicialmente [N.T.].

conhecimento sem sequer mencionar a *indução* – nem a palavra nem o suposto fenômeno. Creio que isso seja significativo. A indução é uma confusão e porque o problema da indução pode ser resolvido, de maneira negativa mas não menos simples, a indução acaba não desempenhando nenhuma parte integral na epistemologia ou no método da ciência e do crescimento do conhecimento.

Em minha *Logik der Forschung* (1934) escrevi: "Se, seguindo Kant, chamarmos o problema da indução de problema de Hume, podemos chamar o problema da demarcação de 'problema de Kant'"[42]. Essa passagem foi, até onde sei, a primeira em que o problema de indução foi chamado "problema de Hume": o próprio Kant não o chamou assim, ao contrário do que eu pareço dizer na passagem que acabei de citar.

O que aconteceu foi o seguinte. Kant introduziu originalmente a denominação "o problema de Hume" (*"Das Hume'sche Problem"*)[43] para a questão do estatuto epistemológico da *causalidade*; e depois generalizou a denominação para cobrir toda a questão de saber se as proposições sintéticas podiam ser válidas *a priori*, uma vez que considerava o princípio da causalidade como o mais importante dos princípios sintéticos que eram válidos *a priori*.

Eu procedi diferentemente. Considerei o próprio modo de Hume de encarar o problema da causalidade como pouco útil. Baseava-se, em grande medida, em sua insustentável psicologia empírica – sua versão da teoria da mente como balde, cujo conteúdo subjetivista e psicológico oferecia pouco que eu achasse importante como contribuição para uma teoria do conhecimento objetivo.

Mas, espremido no meio dessas poucas contribuições subjetivistas, encontrei uma que considerei como uma joia de valor inestimável para a teoria do conhecimento objetivo: uma refutação simples, direta e lógica de qualquer alegação de que a indução poderia ser um argumento válido ou uma forma justificável de raciocínio.

---

42. Cf. meu artigo "Ein Kriterium des empirischen Charakters theoretischer Systeme". *Erkenntnis*, 3, 1933, p. 426s., e minha *Logic of Scientific Discovery*, seção 4 (terceiro parágrafo). 2. ed. inglesa, 1968, p. 34; 3. ed. alemã, 1969, p. 9.

43. KANT, I. *Prolegomena* [*Prolegômenos*], p. 14s.

Esse argumento humeano da invalidade da indução era, ao mesmo tempo, o cerne de sua refutação da existência de um vínculo causal. Mas, como tal, não o achei muito relevante nem válido.

Desse modo, para mim, o que Kant havia chamado "problema de Hume", o problema da causalidade, dividiu-se em dois: o *problema causal* (em relação ao qual discordei tanto de Kant como de Hume) e o *problema da indução*, em relação ao qual concordei completamente com Hume, no que diz respeito à sua lógica. (Havia também um aspecto psicológico do problema da indução, sobre o qual, claro, discordei de Hume.)

Meu próximo passo foi examinar mais de perto a situação do problema de Kant; e aqui descobri que não era o princípio da causalidade (como ele pensava), entre os seus princípios sintéticos *a priori*, que era decisivo, mas o modo como ele o utilizou; pois ele utilizou-o como um *princípio da indução*.

Hume tinha mostrado que a indução era inválida porque conduzia a uma regressão infinita. Agora, à luz da análise de Kant (e da minha rejeição de princípios sintéticos válidos *a priori*) fui conduzido à formulação: *a indução é inválida porque conduz ou a uma regressão infinita ou a um apriorismo*.

Essa foi a fórmula com a qual comecei o argumento de minha *L.d.F.* E isso conduziu-me a batizar o centro lógico de toda a questão – o problema da indução – de "problema de Hume", atribuindo este nome a Kant, que tinha chamado o problema da causalidade (*e* a sua generalização) de "problema de Hume".

Mas sinto que deveria, pelo menos brevemente, entrar em mais detalhes.

Hume, sugiro eu, é um homem de senso comum. Conforme aponta em seu *Tratado*, ele é um realista convicto de senso comum. Essa é apenas a sua metade pior, a sua teoria do conhecimento do senso comum, a sua forma da teoria da mente como balde, que o torna "cético" em relação à realidade e o conduz a essa forma radical de idealismo – "monismo neutro" (como foi chamado por Mach e Russell). Hume, talvez até mais do que Locke e Berkeley, é o paradigma do filósofo que começa com um forte senso comum realista, mas que é pervertido, por sua teoria do conhecimento do senso comum, em direção a uma filosofia idealista, que ele considera racionalmente inescapável, mesmo que divida sua mente ao meio; é a esquizofrenia entre o realismo de senso comum e a teoria do conhecimento do senso comum que conduz o empirismo sensualista a um idealismo absurdo, que só um filósofo poderia aceitar; mas dificilmente um tão razoável como Hume.

Essa esquizofrenia é expressa por Hume do modo mais claro na famosa passagem:

"Como a dúvida cética nasce naturalmente [= no senso comum] de uma reflexão profunda e intensa sobre esses assuntos, ela cresce quanto mais longe levamos nossas reflexões, sejam estas conformes ou opostas a ela. Apenas o descuido e a desatenção podem nos trazer algum remédio. Por essa razão, confio inteiramente neles; e estou seguro de que, qualquer que seja a opinião do leitor neste momento presente, *daqui a uma hora estará convencido de que existe tanto um mundo externo como um mundo interno* [...]"[44].

Mas Hume estava completamente convencido de ter estabelecido que a sua teoria do conhecimento era filosoficamente a mais profunda e mais verdadeira. Para mostrar que ele pensava assim, cito, de uma imensidão de passagens, a seguinte do *Tratado* em que ele argumenta contra o "erro"[45] de nossa crença em um mundo exterior:

De tudo isso, poder-se-ia inferir que não é preciso nenhuma outra faculdade além dos sentidos para nos convencer da existência externa dos corpos. Mas, para evitar tal inferência, bastanos atentar para as três considerações seguintes. *Primeiro* que, propriamente dito, não é nosso corpo que percebemos quando olhamos para nossos membros e partes corporais, mas certas impressões que entram pelos sentidos; de modo que a atribuição de uma existência real e corpórea a essas impressões, ou a seus

---

44. HUME. *Treatise*, livro I, parte IV, seção II; Selby-Bigge, p. 218. [*Tratado da natureza humana*. 2. ed. São Paulo: Unesp, 2009, p. 251] (Os itálicos são meus.)

45. Cf. *Treatise*, livro I, parte IV, seção II; Selby-Bigge, p. 190s., penúltimo parágrafo [*Tratado*. São Paulo: Unesp, 2009, p. 223-224].

objetos, é um ato mental tão difícil de explicar quanto o que estamos agora examinando. *Segundo*, sons, sabores e aromas, embora costumem ser vistos pela mente como qualidades contínuas e independentes, não parecem ter nenhuma existência na extensão, e consequentemente não podem aparecer aos sentidos como situados fora do corpo. A razão de lhes atribuirmos um lugar será considerada posteriormente. *Terceiro*, mesmo nossa visão não nos informa da distância ou exterioridade (por assim dizer) de maneira imediata e sem um certo raciocínio e experiência, como reconhecem os filósofos mais razoáveis.

Isso é a teoria do balde em estado puro: nosso conhecimento consiste nas nossas percepções ou "impressões" que *"entram pelos sentidos"*. E, uma vez que constituem conhecimento, elas devem estar em nós e não pode haver qualquer distância ou exterioridade.

(É claro que esta profundidade filosófica é um erro completo. Uma vez que partimos da primeira parte do senso comum, do realismo, descobrimos que somos animais dotados de órgãos sensoriais que nos ajudam a decodificar os sinais do mundo externo. Fazemos isso espantosamente bem, com praticamente todo o nosso corpo "externo" cooperando. Mas esse não é o nosso problema aqui.)

Esbocei brevemente a esquizofrenia de Hume e o papel imenso desempenhado em sua visão pela teoria do balde da mente. Venho agora explicar, contra esse pano de fundo, sua teoria da causalidade.

Essa teoria é complexa e está longe de ser consistente; e enfatizarei apenas um de seus aspectos.

Hume considera a causalidade como (a) *uma relação entre eventos*, (b) uma "CONEXÃO NECESSÁRIA" (as maiúsculas são de Hume)[46].

Mas (diz ele) quando aqui "novamente, examino o objeto de todos os lados, a fim de descobrir a natureza dessa conexão necessária" não encontro relações senão de "contiguidade e su-

---

46. Ibid. Livro I, parte III, seção II; Selby-Biggc, p. 77 [*Tratado*. São Paulo: Unesp, 2009, p. 105-106].

cessão"[47]; não há nenhuma base sensacional* para a ideia de necessidade: a ideia é infundada.

O mais próximo a isso que se pode observar é a *sucessão regular*. Mas se a sucessão regular de dois eventos fosse "necessária", então *ela teria de acontecer com certeza, não somente entre as instâncias observadas, mas também entre as não observadas*. Essa é, essencialmente, a forma em que *o problema lógico da indução* entra na discussão subjetivista de Hume sobre a causalidade, sua busca balde-teórica pela origem ou pela base da ideia de necessidade.

Considero esse tipo de investigação completamente malconcebida; mas considero a formulação e tratamento do *problema lógico da indução* por Hume (ele nunca usa o termo) como uma joia quase impecável. Cito uma das passagens características:

"Se algum dia os homens se convencerem plenamente destes dois princípios: *que não há nada em nenhum objeto, considerado em si mesmo, capaz de nos fornecer uma razão para extrair uma conclusão que o ultrapasse; e que, mesmo após a observação da conjunção frequente ou constante entre objetos, não temos nenhuma razão para fazer uma inferência a respeito de outro objeto além daqueles de que tivemos experiência [...]"[48] Esses "dois princípios", dos quais Hume tenta convencer-nos, contêm sua *solução negativa para o problema da indução*. Eles (e muitas passagens similares) já não falam de causa ou efeito, ou de conexão necessária. São, no meu julgamento, as joias lógicas enterradas na lama psicológica do balde. E, a fim de honrar Hume por essa descoberta fundamental, mudei ligeiramente o significado do termo "problema de Hume", de Kant, atribuindo-o ao problema da indução em vez de ao problema da causalidade.

Nesse sentido, o problema lógico da indução de Hume é o problema de saber se temos o direito de inferir casos não observados a partir de casos observados, sejam quantos forem; ou enun-

---

47. Loc. cit.

* Popper usa o termo técnico *"sensational"* como referente às sensações [N.T.].

48. HUME. *Treatise*, livro I, parte III, seção XII; Selby-Bigge, p. 139 [*Tratado*. São Paulo: Unesp, 2009, p. 172].

ciados "desconhecidos" (não aceitos) a partir de enunciados "conhecidos" (aceitos), sejam quantos forem. A resposta de Hume a esse problema é claramente negativa; e, conforme ele aponta, permanece negativa mesmo se nossa inferência for meramente à *probabilidade* de uma conexão que não tenha sido observada e não à sua necessidade. Essa extensão à probabilidade é formulada no *Tratado*: "De acordo com esse relato das coisas, que é, creio eu, inquestionável em todos os pontos, a probabilidade está fundada na pressuposição de uma semelhança entre aqueles objetos, dos quais tivemos experiência, e aqueles, dos quais não tivemos nenhuma; e portanto é impossível que essa pressuposição possa surgir da probabilidade"[49].

O argumento contra a indução probabilística é, como será visto, puramente formal; e isso está ainda mais claro em uma passagem do *Abstract* [Resumo] de Hume que citei em minha *L. Sc. D.*, 1959[50]. Quer dizer, Hume mostra que seu raciocínio contra a validade da inferência indutiva permanece o mesmo se tentamos inferir a "necessidade" n das conclusões ou meramente sua "probabilidade" p. (As letras "n" e "p" seriam variáveis que podem ser substituídas uma pela outra no argumento de Hume)[51].

Além desse problema lógico de indução que, afirmo, Hume resolveu completamente (embora a sua solução seja negativa), há outro problema lógico de indução que algumas pessoas chamam de "o problema da indução de Hume". Este é o problema: como se pode mostrar que as inferências indutivas (pelo menos as probabilísticas) são válidas ou podem ser válidas?

Esse problema é uma confusão típica, uma vez que pressupõe acriticamente a existência de uma solução positiva para o que eu chamei de "problema de Hume"; mas Hume provou que não existe uma solução positiva.

---

49. Ibid. Livro I, parte III, seção VI; Selby-Bigge, p. 90.

50. Cf. *L. Sc. D.*, 1959, p. 369: essa passagem é sobre indução apenas, enquanto a passagem previamente citada, do *Tratado*, p. 91, começa com uma discussão sobre causa e efeito.

51. Há um artigo de D. Stove ("Hume, Probability, and Induction" [Hume, probabilidade e indução], em *The Philosophical Review*, abr./1965, reimpresso em *Philosophy Today*, 3, p. 212-232) no qual minha alegação é contestada. Mas uma vez que o argumento de Hume é formal (no sentido em que ele argumenta que não faz diferença se substituirmos n por p), Stove não pode estar certo.

Por último, temos o problema *psicológico* da indução de Hume. Pode dizer-se assim: por que a maioria das pessoas, e pessoas perfeitamente racionais também, acreditam na validade da indução? A resposta de Hume é a que Russell alude na epígrafe do nosso primeiro capítulo: o mecanismo psicológico de associação força-as a acreditar, por costume ou hábito, que o que aconteceu no passado irá acontecer no futuro. Esse é um mecanismo biologicamente útil – talvez não pudéssemos viver sem ele – mas não tem qualquer base racional. Assim, não somente é o homem um animal irracional, mas aquela parte de nós que pensávamos ser racional – o *conhecimento humano*, incluindo conhecimento prático – é totalmente irracional.

Assim, o conflito entre a solução negativa de Hume para o problema lógico da indução e sua solução positiva para o problema psicológico destruiu tanto o empirismo quanto o racionalismo.

27 Por que o problema lógico da indução de Hume é mais profundo do que seu problema da causalidade

Poderia facilmente haver uma pequena disputa sobre qual é o problema mais profundo: o problema da causalidade de Hume ou aquilo a que chamei de seu problema de indução.

Seria possível argumentar que se o problema da causalidade fosse resolvido positivamente – se pudéssemos mostrar a existência de um vínculo necessário entre causa e efeito – o problema da indução também seria resolvido, e positivamente. Assim, seria possível dizer, o problema da causalidade é o problema mais profundo.

Eu argumento ao contrário: o problema da indução é resolvido negativamente: nunca podemos justificar a verdade de uma crença em uma regularidade. Mas usamos constantemente regularidades, como conjecturas, como hipóteses; e temos boas razões, às vezes, para preferir certas conjecturas a algumas de suas concorrentes.

De qualquer modo, à luz de uma conjectura não só podemos explicar a causa e efeito muito melhor do que Hume jamais fez, como podemos até dizer em que consiste o "vínculo causal necessário".

Dada alguma regularidade conjecturada e algumas condições iniciais que nos permitem deduzir previsões a partir da nossa conjectura, podemos chamar as condições de causa (conjecturada) e o evento previsto de efeito (conjecturado). E a conjectura que os vincula por necessidade lógica é o tão procurado vínculo (conjectural) necessário entre causa e efeito. (O todo pode ser chamado de "explicação causal", como denominei em *L.d.F.*, seção 12).

Isso indica que avançamos muito mais por meio da solução negativa de Hume para o problema da indução do que por meio de sua solução negativa para o problema da causalidade; de modo que podemos descrever aquele problema como o "mais profundo", o que está "por trás" deste.

28 Intervenção de Kant: conhecimento objetivo

Kant percebeu que a solução negativa de Hume para o problema da indução destruiu a racionalidade dos fundamentos da dinâmica newtoniana. Kant, como todos os seus contemporâneos instruídos, não duvidou da verdade da teoria de Newton. A análise de Hume reduziu-a a "costume" ou "hábito" – uma posição bastante inaceitável.

Hume tinha mostrado que a indução estava ameaçada por uma regressão infinita. Kant salientou que, com o seu dogmatismo empírico, Hume não tinha considerado a possibilidade de haver um princípio de causalidade (ou melhor: um princípio de indução) que fosse válido *a priori*. Essa foi a posição que Kant tomou (como expliquei na seção 1 de *L.d.F.*) e que Bertrand Russell tomou depois dele: ambos tentaram salvar a racionalidade humana do irracionalismo de Hume.

Kant dividiu todas as sentenças, de acordo com sua forma lógica, em analíticas e sintéticas, sendo as analíticas as que podem ser decididas como verdadeiras ou falsas apenas com a ajuda da lógica. Ele ainda as dividiu de acordo com sua validade *a priori* ou *a posteriori*: de acordo com sua alegação à verdade ou à falsidade não necessitar de respaldo empírico (*a priori*) ou de necessitá-lo (*a posteriori*).

Uma vez que, por definição, todos os enunciados analíticos eram *a priori*, chegamos assim à seguinte tabela.

Divisão de enunciados

		de acordo com a forma lógica:	
		analíticos	sintéticos
De acordo com bases de alegação	*a priori*	+	?
à verdade ou à falsidade	*a posteriori*	–	+

(As setas significam "se [...] então"; p. ex.: se analítico então *a priori*.)

A tabela indica que a analiticidade implica um caráter *a priori* e, portanto, uma sinteticidade de caráter *a posteriori*. Mas isso deixa a questão em aberto: há ou não enunciados sintéticos que poderiam ser válidos *a priori*? Kant disse que sim e reivindicou a aritmética, a geometria, o princípio da causalidade (e alguma parte importante da física de Newton) como sintéticas e válidas *a priori*.

Isso resolveu para ele o problema de Hume. Mas era uma teoria sustentável?? Como poderia a verdade do princípio da causalidade (p. ex.) ser estabelecida *a priori*?

Aqui Kant trouxe sua "revolução copernicana": *foi o intelecto humano que inventou e impôs as suas leis sobre o atoleiro sensível*, criando assim a ordem da natureza.*

Essa foi uma teoria ousada. Mas ela caiu por terra uma vez constatado que a dinâmica newtoniana não era *a priori* válida, mas sim uma hipótese maravilhosa – uma conjectura.

Do ponto de vista do realismo de senso comum, um bocado da ideia de Kant poderia ser mantido. As leis da natureza são invenção

---

* Por "atoleiro sensível" ou "sensual" [*sensual morass*], Popper se refere ao domínio do conhecimento baseado na interpretação dos fenômenos através dos sentidos humanos, em vez do analítico, baseado na razão e no intelecto [N.T.].

nossa, são feitas pelo animal e pelo homem, geneticamente *a priori* embora não válidas *a priori*. Tentamos impô-las à natureza. Muito frequentemente falhamos e perecemos com nossas conjecturas equivocadas. Mas às vezes chegamos perto o suficiente da verdade para sobreviver com nossas conjecturas. E no nível humano, quando a linguagem descritiva e argumentativa está à nossa disposição, podemos criticar sistematicamente as nossas conjecturas. Esse é o método da ciência.

É importante perceber a grande contribuição dada por Kant em direção a essa solução, embora Kant não tenha superado totalmente o subjetivismo na teoria do conhecimento. Talvez o maior passo foi sua constante discussão de teorias científicas, enunciados, proposições, princípios e os argumentos a favor e contra eles, enquanto seus precursores falavam ainda principalmente de sensações ou impressões ou crenças.

29 A solução do paradoxo de Hume: restauração da racionalidade[52]

Desde os dias em que escrevi a passagem na qual chamei o problema da indução de "problema de Hume", essa terminologia tem sido universalmente adotada. Procurei em vão a literatura em uma tentativa de descobrir se alguém antes de mim chamava o problema da indução de "problema de Hume". Todos os exemplos que pude encontrar podem ser rastreados até se chegar a escritores que tenham lido, mais ou menos cuidadosamente, o meu livro (tais como Russell ou von Wright). Claro que posso ter ignorado algum escritor anterior, e nada poderia ser menos importante do que reivindicar prioridade por introduzir um nome de um problema. Menciono o assunto apenas porque também se tornou moda chamar de "problema do Hume" a um problema inteiramente diferente e alguns escritores posteriores tentaram me dizer que "o problema de indução de Hume" é na verdade diferente daquele que eu assim chamei.

---

52. Esta seção (como algumas outras) sobrepõe parcialmente o cap. 1 do presente volume. Mantive-a, entretanto, porque me parece complementar o cap. 1 em diversos pontos. Cf. tb. nota 41, acima.

Obviamente há vários problemas diferentes que podem ser chamados por esse nome e vou me referir a dois grupos[53]:

Grupo A. Como podemos justificar a indução?

Grupo B. A indução é de alguma forma justificável? E há alguma razão pela qual devemos pensar que é justificável?

Será visto de imediato que o Grupo B é a questão mais fundamental: se for resolvida dando uma resposta negativa clara, então a questão do Grupo A não pode emergir.

Alego ter resolvido a questão do Grupo B nesse sentido. Em outras palavras, alego ter resolvido o problema de indução de Hume em sua forma mais profunda. Digo isso explicitamente porque diversos filósofos chamaram apenas ao Grupo A "problema da indução de Hume" e atribuíram-me equivocadamente[54] a alegação de que o problema da indução de Hume é *insolúvel*, enquanto a minha alegação era que eu o tinha resolvido, embora negativamente.

O problema de indução de Hume consiste em dois elementos:

(a) A questão da justificativa da validade da alegação de ter estabelecido com certeza, ou pelo menos com probabilidade, a verdade de uma regra ou uma generalização, ou pelo menos sua verdade provável, a partir de evidência singular.

(b) A tese de que a indução está ligada à *repetição* (e que a repetição está ligada ao reforço das associações).

É claro que se pode chamar de "indução" o que se quiser. Pode-se chamar minha teoria da crítica e do crescimento do conhecimento de minha teoria da indução. No entanto, creio que isso contribuiria pouco para a clareza e muito para a confusão. Pois

---

53. John Watkins mencionou-me um "Grupo C": A indução (i. é, algo baseado na repetição) é *indispensável*, seja justificável ou não? Que ela é indispensável (diz Watkins) "foi o que Hume assumiu". É exatamente o que eu nego, resolvendo por conseguinte o problema de Hume. Tudo o que precisamos assumir, no mundo 3, é o realismo. No mundo 2 somos obrigados a agir e, assim, via de regra, acreditamos em mais do que pode ser justificado, mas ainda escolhemos a melhor das hipóteses concorrentes: isso é uma consequência do realismo. Watkins pensa que o Grupo C é o grupo mais fundamental dos três, mas não consigo ver por que deveria ser dessa forma. Pois embora a *escolha* seja, em um certo sentido, indispensável, a indução não é. (Espero não ter entendido Watkins errado.)

54. Cf. a resenha de G.J. Warnock sobre *L. Sc. D.*, *Mind*, nova série, 69, 1960, p. 100.

dos dois elementos: a questão (a) se a indução é uma inferência válida – ou seja, produz alegações válidas em apoio à verdade da proposição induzida – parece-me característica do problema de Hume e de sua resposta negativa (lógica); e (b) o elemento de repetição e associação parece-me ser característico do problema de Hume e torna possível a parte positiva (psicológica) de sua resposta.

Pois Hume respondeu às questões levantadas através de (a) e (b) de duas maneiras essencialmente diferentes.

(a') Ele disse que a indução é completamente inválida como uma inferência. Não há sequer sombra de argumento lógico que sustente a inferência para uma generalização a partir de enunciados sobre o passado (tais como repetições passadas de alguma "evidência").

(b') Ele disse que apesar da sua falta de validade lógica, a indução desempenha um papel indispensável na vida prática. Vivemos confiando na repetição. A associação reforçada pela repetição é o principal mecanismo do nosso intelecto, pelo qual vivemos e agimos.

Assim, eis um paradoxo. *Nem mesmo nosso intelecto funciona racionalmente. O hábito, que é racionalmente indefensável, é a principal força que guia nossos pensamentos e nossas ações.*

Isso levou Hume, um dos mais razoáveis pensadores de todos os tempos, a desistir do racionalismo e a olhar para o homem não como dotado de razão, mas como um produto de hábito cego.

De acordo com Russell, esse paradoxo de Hume é responsável pela esquizofrenia do homem moderno. Esteja Russell certo ou não em relação a isso, eu alego que o resolvi.

A solução do paradoxo é que não só podemos *raciocinar* racionalmente e, portanto, contrariamente ao princípio da indução, estabelecido como inválido por Hume, mas também podemos *agir* racionalmente: de acordo com a razão e não com a indução. Agimos não por repetição ou "hábito", mas pelas melhores teorias testadas que, conforme vimos, são aquelas para as quais temos boas razões racionais; não boas razões para acreditar que sejam verdadeiras, mas para acreditar que são as *melhores disponíveis* do ponto de vista da procura pela verdade ou verossimilhança – as melhores entre as teorias concorrentes, as melhores aproximações à verdade. A questão central para Hume era: agimos de acordo com a razão ou não? E minha resposta é: podemos; e fazemos se formos razoáveis.

Com isto, o paradoxo de Hume fica resolvido. Ele estava certo em sua crítica lógica à possibilidade de uma indução válida. Ele estava errado era em sua psicologia de associação, em sua crença de que estávamos agindo com base no hábito e que esse hábito era o resultado de mera repetição.

Essa solução do paradoxo de Hume não diz, é claro, que somos criaturas completamente racionais. Diz apenas que não há conflito entre a racionalidade e a ação prática em nossa constituição humana.

Deve-se acrescentar, é claro, que o padrão racional de nossas ações práticas fica frequentemente muito aquém do padrão aplicado nas fronteiras do conhecimento: muitas vezes agimos com base em teorias que há muito foram superadas, em parte porque a maioria de nós não entende o que acontece nas fronteiras do conhecimento. Não creio, entretanto, que valha a pena prosseguir nessas considerações.

30 Confusões ligadas ao problema da indução

O próprio Hume confundiu o problema da indução com o problema da conexão necessária entre causa e efeito; e Kant viu no problema da validade *a priori* da lei causal um dos problemas mais fundamentais da metafísica. Mas Hume deve receber os créditos da formulação do problema lógico puro da indução e de suas soluções (e orgulho-me de, até onde sei, ter sido o primeiro a dar-lhe crédito por isso). Ele escreve, por exemplo, que não temos *razões* para acreditar *"que aquelas instâncias, das quais não tivemos experiência, [provavelmente] se assemelham àquelas das quais tivemos experiência"*[55].

---

55. HUME, D. *Treatise of Human Nature*, 1739-1740, livro I, parte III, seção vi. • SELBY-BIGGE, p. 89 (os itálicos são de Hume). Cf. tb. minha *Logic of Scientific Discovery*, esp. p. 369, conforme referida previamente na nota de rodapé 50.

A formulação não poderia ser mais claramente separada do problema da necessidade causal que tão frequentemente atormenta a clareza do pensamento de Hume. A formulação está também perfeitamente livre do elemento confuso da inferência do passado ao futuro. Tudo o que se assume é que temos evidências empíricas da verdade de certas instâncias, e afirma-se que isso não nos autoriza a concluir ou a extrapolar para experiências análogas em outras instâncias (seja no passado ou no futuro).

Isso, então, em toda a sua pureza, é o que batizei de "problema [lógico] da indução de Hume".

A resposta de Hume é tão clara quanto pode ser: não há nenhum argumento ou razão que permita uma inferência de um caso para outro, por mais similares que sejam as condições; e concordo completamente com ele a esse respeito.

Creio, no entanto, que Hume está errado quando pensa que na prática fazemos tais inferências, com base na repetição ou no hábito. Afirmo que sua psicologia é primitiva[56]. O que fazemos na prática é saltar para uma conclusão (muitas vezes na forma de uma "estampagem"* lorenziana); ou seja, para hipóteses bastante inconclusivas a que muitas vezes nos agarramos e com as quais podemos perecer, a menos que sejamos capazes de corrigi-las, o que é possível especialmente se, no nível humano, forem formuladas exossomaticamente na forma escrita e submetidas a críticas.

A asserção de que temos uma inclinação irracional a ficarmos estampados pelo hábito e pela repetição é algo bem diferente da asserção de que temos uma pulsão de experimentar hipóteses ousadas que podemos ter que corrigir se não quisermos perecer.

A primeira descreve um procedimento de instrução tipicamente lamarckiano; a segunda, um procedimento darwinista de seleção. A primeira, como Hume observou, é irracional, enquanto a segunda parece não ter nada de irracional em si.

---

56. Pode haver outras psicologias que são tão ruins como a de Hume, mas que não entram em conflito com a lógica. Além disso, afirmo que há uma psicologia que é de fato dominada pela lógica: a psicologia racional de tentativa e eliminação de erros.

* Popper usa o termo *"impressed"* em relação à teoria de *"imprinting"* (estampagem ou cunhagem) de Lorenz, segundo a qual alguns animais são "estampados" pela imitação dos hábitos indivíduos mais velhos [N.T.].

31 O que permanece do equivocado problema de justificar a indução?

O equivocado problema do Grupo A – *o problema de justificar a indução* – é levantado por pessoas que estão estampadas pela "Uniformidade da natureza": pelo fato de que o sol nasce todos os dias (uma vez a cada vinte e quatro horas ou uma vez a cada 90.000 pulsações aproximadamente); que todos os homens e todos os animais estão fadados a morrer[57]; e pelo famoso exemplo, de Hume, de que pão alimenta. Mas todos os três exemplos são refutados na forma em que foram originalmente concebidos[58].

Com "O sol nasce todos os dias" pretendia-se dizer "Aonde quer que você vá, o sol nasce todos os dias". Demonstra-se que esse era seu significado original pelo fato de que Píteas de Marselha, o primeiro viajante conhecido a atravessar o círculo polar e a descrever "o mar congelado e o sol da meia-noite", tornou-se durante séculos o paradigma de um mentiroso e que o termo "histórias de viajantes" foi derivado dele. Aristóteles derivou o inevitável destino de todos os homens a morrer do fato de que tudo o que foi gerado e, especialmente, todas as criaturas vivas têm de decair – uma tese que já não é mais, de modo algum, aceita geralmente pelos biólogos (que hoje em dia conseguem manter o coração de uma galinha, *in vitro*, batendo há mais de meio século). E o exemplo de Hume de que o pão alimenta foi tragicamente refutado quando o pão cozido do modo habitual praticamente aniquilou uma aldeia francesa, devido a um surto de ergotismo.

Mas isso é tudo? É. É simplesmente um fato (seja lá o que os filósofos digam) que temos a certeza, em termos de senso comum, de que o sol nascerá sobre Londres amanhã. Não o sabemos, porém, com certeza. Há milhões de possibilidades que podem impe-

---

57. A palavra grega *thnētos*, frequentemente traduzida como "mortal", na verdade significa "fadado a morrer". "Todos os homens são mortais", portanto, é melhor traduzido por "Todos os homens são fadados a morrer"; e, neste sentido, não se pode dizer que seja válido, porque é derivado de "Todas as criaturas geradas são (essencialmente) fadadas a morrer", o que é refutado pelas bactérias.

58. Tenho usado esses exemplos frequentemente em minhas palestras e usei-os novamente no cap. 1 (p. 26s. e nota de rodapé 17). Mas decidi manter essas sobreposições para tornar os dois capítulos independentemente legíveis.

dir isso. Qualquer pessoa que tente dar-nos razões positivas para acreditar nisso não compreendeu o problema. Deve-se admitir que todos nós, humeanos ou não, esperamos que o sol continue a nascer. Deve-se admitir que essa esperança é uma esperança necessária – para a ação, para a vida. Mas mesmo uma esperança necessária não é um conhecimento objetivo, embora possa dispor-nos à crença.

Em outras palavras, aquelas regras que ainda são utilizadas pelos filósofos como exemplos-padrão de regras indutivas (e de confiabilidade) são todas falsas, mesmo quando são muito boas aproximações à verdade.

Mas isso é apenas para mostrar a falta de confiabilidade da *assim chamada* indução. A indução genuína por repetição não existe. O que parece indução é um raciocínio hipotético, bem testado e bem corroborado e em concordância com a razão e o senso comum. Pois há um método de corroboração – a tentativa séria de refutar uma teoria em que uma refutação parece provável. Se essa tentativa falhar, a teoria pode ser conjecturada, sobre fundamentos racionais, como uma boa aproximação à verdade – de qualquer forma, melhor que a sua predecessora.

Mas podemos não obter algo como a segurança? Podemos não obter segurança na indução, em incontáveis casos de repetição?

A resposta é não. (Isto foi o que Hume disse.) A segurança de senso comum podemos obter facilmente – não tanto pela repetição quanto por testagem rigorosa. Sinto-me tão confiante, como qualquer pessoa, de que o sol nascerá amanhã sobre Londres, ou de que morrerei brevemente, embora, neste momento, o pão continuará a alimentar-me. Mas sei, como teórico, que outras coisas podem acontecer. Eu até sei que o sol não nasce diariamente em todo lugar da Europa, que as bactérias nem sempre morrem mas se dividem, e que o pão, a água, o ar e o nosso entorno mais comum e confiável podem conter (e é de se temer que em breve conterá) venenos mortais.

Também se pode perguntar: por que é que somos bem-sucedidos em nossa construção de teorias? Resposta: temos sido bem-sucedidos até agora e podemos falhar amanhã. Todo argumento que demonstre que só podemos ser bem-sucedidos provaria algo demasiado. Tudo o que podemos fazer é conjecturar que vivemos em uma parte do cosmo onde as condições de vida e de ter êxito em nosso empreendimento de conhecimento parecem ser favoráveis neste momento. Mas se sabemos alguma coisa então sabemos também que quase em qualquer outro lugar neste cosmo as condições para a vida e para o conhecimento são altamente desfavoráveis, porque nossa cosmologia nos diz que o universo é vazio em quase todo lugar e que onde não é vazio é, em quase todo lugar, quente demais.

E o fato de que veículos puxados por cavalos pudessem ser vistos todo dia em Londres por muitos séculos não impediu seu desaparecimento e sua substituição pelo carro a motor. A aparente "uniformidade da natureza" é bem pouco confiável; e, embora possamos dizer que as leis da natureza não mudam, isso está perigosamente próximo de dizer que há em nosso mundo algumas conexões abstratas que não mudam (o que é bastante trivial se admitirmos que não sabemos mas, na melhor das hipóteses, conjecturamos quais são essas conexões) e que as chamamos de "leis da natureza".

32 Ceticismo dinâmico: confronto com Hume

A posição aqui defendida é radicalmente diferente do que se tem chamado, nos tempos modernos, de "ceticismo", pelo menos desde a Reforma. Pois nos tempos modernos o ceticismo é descrito como a teoria que é pessimista a respeito da possibilidade do conhecimento. Mas espera-se que a visão aqui proposta possa aderir à possibilidade *do crescimento de conhecimento, e, portanto, do conhecimento*. Ela meramente remove a qualidade de certeza, que o senso comum assumiu como essencial ao conhecimento, e mostra que tanto a certeza como o conhecimento são diferentes do que a teoria de senso comum assumiu. Dificilmente se descreverá como cético um homem que acredita na possibilidade de um crescimento ilimitado do conhecimento.

Por outro lado, alguns céticos clássicos como Cícero e Sexto Empírico não estavam muito distantes da posição aqui defendida. *"Scepsis"* poderia bem ser traduzido (embora raramente o seja) como "investigação crítica" e "ceticismo dinâmico" poderia ser identificado com "investigação crítica contundente", ou mesmo "investigação crítica esperançosa", tão pouco quanto a própria esperança tenha uma base inteiramente racional. Certamente tem muito pouco a ver com o desejo de conhecer onde nada pode ser conhecido.

Nesse sentido, parece-me de alguma importância voltar ao nosso ponto de partida – senso comum *mais* argumento crítico – e lembrar-nos do resultado de que o senso comum envolve *realismo* – talvez algo não muito distante do "realismo científico" – e que todos os argumentos conhecidos contra o realismo[59] acabam sendo criticamente insustentáveis – ou, mais precisamente, insustentáveis enganos da parte mais fraca do senso comum: da teoria do conhecimento do senso comum. Assim, não temos razão alguma para abandonar o realismo.

Mas isso significa uma mudança radical na situação do meu "ceticismo esperançoso", especialmente quando comparado ao de David Hume.

Hume argumenta:

(1) A indução (ou seja, a indução por repetição) é, racionalmente, totalmente inválida.

(2) De fato, confiamos nas nossas ações (e, desse modo, em nossa crença) na existência de alguma realidade que não é completamente caótica.

(3) Essa confiança nossa é, tendo em vista (1), irreparavelmente irracional.

(4) Assim, a natureza humana é essencialmente irracional.

Aceito plenamente as teses (1) e (2) de Hume. Mas eu rejeito sua tese (3), a tese da irracionalidade. Posso fazê-lo porque não

---

59. Não incluo, entre esses argumentos, aquele argumento válido para uma espécie de idealismo que de modo algum entra em conflito com o realismo: que o conhecimento humano é produto do homem e que todas as nossas teorias são de nossa própria invenção. Cf. nota 31 acima e *Conjectures and Refutations*, p. 117.

tento basear (2) em (1), mas afirmo o realismo como uma parte do senso comum até agora criticamente intocada, que não temos razões para nos rendermos. Hume acreditava – devido à sua equivocada teoria do conhecimento do senso comum – que pode ser razoável aceitar (2) somente quando a "sabemos" – isto é, temos razões suficientes para acreditar nela; e ele pensou que tal crença se baseia, *de facto*, na indução (que ele rejeitou corretamente por ser irracional). Mas não existe apenas o conhecimento humeano de razão suficiente; existe também conhecimento conjectural objetivo (e seu análogo subjetivo, discutido previamente na seção 21). O estatuto da nossa visão de realidade do senso comum não é essencialmente diferente[60] daquele das percepções ou impressões imediatas que Hume aceitava como seguras: é conhecimento conjectural; e torna-se parte do nosso aparato orgânico através do método de tentativa e eliminação de erros. Assim, não há razão alguma para basear (2) em (1), ou para vê-la como necessitando de um apoio positivo a não ser a ausência de argumentos críticos sustentáveis contra ela.

Resumindo, não precisamos argumentar, como fez Hume, desde a indução até ao realismo; não há nada de irracional na conjectura do realismo; e os argumentos gerais contra ele, em cuja validade Hume acreditava, fazem parte da sua equivocada epistemologia de senso comum.

Assim, estamos perfeitamente livres para rejeitar as teses (3) e (4) de Hume.

Um outro ponto pode ser levantado acerca de (3) e (4). *Esperamos* acreditar no realismo, e esta esperança não é racional, pois há pelo menos alguns argumentos no "realismo científico" que nos fazem prever a destruição última de toda a vida.

Mas nem mesmo isso sustenta as teses (3) e (4) de Hume. Pois não é irracional ter esperança enquanto vivermos – e a ação e as decisões são constantemente impostas a nós.

---

60. Aqui Thomas Reid estava certo. Cf. acima, fim da seção 21.

33 Análise de um argumento a partir da improbabilidade de acidentes

Como indiquei brevemente (na seção 22), a probabilidade subjetiva como medida de *"crença racional"* parece-me um equívoco que nada tem de bom a oferecer à teoria do conhecimento. Mas como nada depende das palavras, é claro que não faço objeção a chamar de "provável" (ou a mais provável das conjecturas conhecidas) aquilo que chamei aqui de "boa" (ou "a melhor") conjectura, desde que a palavra "probabilidade" não seja interpretada no sentido do cálculo da probabilidade. Pois a probabilidade no sentido do cálculo da probabilidade, na minha opinião, não tem nada a ver com a bondade de uma hipótese. (Apenas a sua *im*probabilidade, como já explicado, pode ser usada como medida de seu conteúdo e, portanto, de um aspecto de sua bondade).

No entanto, há um velho argumento com um núcleo levemente plausível que pode estar conectado com o cálculo da probabilidade, como se segue.

Vamos assumir que temos uma hipótese H e que essa hipótese é logicamente muito improvável; ou seja, ela tem um conteúdo muito grande e faz asserções em uma quantidade de campos até agora completamente desconectados. (Exemplo: A teoria gravitacional de Einstein previu não somente os movimentos planetários de Newton, mas também um pequeno desvio na órbita de Mercúrio, um efeito na trajetória de raios de luz incidindo sobre um corpo pesado e um desvio para o vermelho de linhas espectrais emitidas em campos gravitacionais fortes.) Se todas essas previsões forem testadas com sucesso, então o seguinte argumento parece ser intuitivamente sólido e razoável.

(1) *Dificilmente pode ser um acidente* que a teoria preveja estas previsões totalmente improváveis, a menos que seja verdade. A partir disso argumenta-se que há uma probabilidade tão grande de sua verdade quanto uma improbabilidade de que esses êxitos sejam devidos a uma acumulação de acidentes.

Não creio que esse argumento (1) possa ser tomado como perfeitamente válido nessa forma, mas acredito que há, contudo, algo nele. Vamos examiná-lo mais de perto.

Vamos assumir que o argumento (1) é válido. Então poderíamos calcular *a probabilidade de a teoria ser verdadeira* como 1 menos a probabilidade de que seja apenas verificada acidentalmente; e se os efeitos previstos forem logicamente muito improváveis – por exemplo, porque seu montante numérico é previsto de modo muito preciso e correto – então os produtos desses números muito pequenos seriam o número a ser deduzido da unidade. Em outras palavras, deveríamos obter, por esse método de cálculo, para uma boa conjectura, uma probabilidade muito próxima da unidade[61].

O argumento a princípio soa convincente, mas é obviamente inválido. Considere a teoria de Newton (*N*). Ela faz tantas previsões precisas que, de acordo com o argumento em questão, deveria obter uma probabilidade muito próxima da unidade. A teoria de Einstein (*E*) deveria obter uma probabilidade ainda maior. Mas, pelo cálculo de probabilidade, temos (escrevendo "v" para "ou"):

$$p(N \text{ v } E) = p(N) + p(E) - p(NE);$$

e uma vez que as teorias são incompatíveis, de modo que $p(NE)$ = 0, obtemos

$$p(N \text{ v } E) = p(N) + p(E) \approx 2$$

(ou seja, muito próximo de 2), o que é um absurdo.

A solução do problema é que o argumento (1) é um raciocínio especioso. Pois é possível o seguinte.

(2) A boa concordância com o improvável resultado observado não é um acidente e nem é devido à verdade da teoria, mas simplesmente devido à sua *aparência de verdade.*

Este argumento (2) explicaria por que razão muitas teorias incompatíveis podem concordar em muitos pontos afins em que seria, intuitivamente, altamente improvável[62] que concordassem por mero acidente.

---

61. O argumento é, de uma forma ligeiramente diferente, um argumento antigo. Vestígios podem ser encontrados na *Ética a Nicômaco*, de Aristóteles, e em *Liber de Astronomia*, de Téon de Esmirna, T.H. Martin (org.). Paris, 1949, p. 293.

62. Não estou certo de já ter publicado este argumento antes, mas lembro-me que foi um argumento que considerei pela primeira vez por volta de 1930.

Assim, o argumento (1) pode ser colocado um pouco mais corretamente da seguinte forma.

(1') Há algo como a verossimilhança; e uma concordância acidentalmente muito improvável entre uma teoria e um fato pode ser interpretada como um indicador de que a teoria tem uma verossimilhança (comparativamente) alta. De modo geral, uma melhor concordância em pontos improváveis pode ser interpretada como uma indicação de maior verossimilhança.

Não creio que se possa dizer muito contra esse argumento, mesmo que devesse não gostar que se desdobre em mais uma teoria de indução. Mas quero deixar bem claro que o grau de corroboração de uma teoria (que é algo como uma medida da severidade dos testes em que ela passou) não pode ser interpretado simplesmente como uma medida de sua verossimilhança. Na melhor das hipóteses, é apenas um *indicador* de verossimilhança (como expliquei em 1960 e 1963, quando introduzi a ideia de verossimilhança; cf., p. ex., *Conjectures and Refutations*, p. 234s.), tal como aparece no momento t. Para o grau em que uma teoria tenha sido rigorosamente testada, introduzi o termo "corroboração". Ele deve ser utilizado principalmente para fins de comparação: por exemplo, E é mais rigorosamente testado que N. O grau de corroboração de uma teoria tem sempre um índice temporal: é o grau em que a teoria parece bem testada no momento t. Embora não seja uma medida da sua verossimilhança, isso pode ser tomado como uma indicação de como sua verossimilhança *aparece* no momento t, comparada com outra teoria. Assim, o grau de corroboração é um guia para a preferência entre duas teorias em um determinado estágio da discussão, a respeito de sua então aparente aproximação à verdade. Mas ele apenas nos conta que uma das teorias oferecidas *parece* – *à luz da discussão* – aquela mais próxima à verdade.

34 Resumo: uma filosofia crítica do senso comum

Uma vez que vimos a necessidade de uma filosofia crítica, surge o problema de um ponto de partida. Por onde devemos começar? A questão parece importante, pois parece haver um perigo de que um equívoco inicial possa ter as consequências mais severas.

Em relação a esse ponto de partida, as visões sustentadas pela maioria dos filósofos clássicos e contemporâneos e as visões que propus aqui como uma filosofia pouco entusiasmada do senso comum diferem radicalmente umas das outras. Vou tentar aqui resumir as principais diferenças em forma de tabela.

Filósofos anteriores	*Minha visão crítica*
(1) A escolha do nosso ponto de partida é decisivamente importante: devemos ter cuidado para não cair no erro logo no início.	(1') A escolha de nosso ponto de partida não é decisivamente importante porque pode ser criticada e corrigida como todo o restante.
(2) Nosso ponto de partida deve, se possível, ser verdadeiro e certo.	(2') Não há uma maneira de encontrar um ponto de partida seguro assim.
(3) Ele pode ser encontrado na experiência pessoal do eu (subjetivismo) ou na pura descrição do comportamento (objetivismo).[63]	(3') Uma vez que ele não pode ser encontrado nem no subjetivismo nem no objetivismo, pode ser melhor partir de ambos e criticar ambos.
(4) Ao aceitarem esse tipo de subjetivismo ou esse tipo de objetivismo, os filósofos aceitaram acriticamente *uma forma da teoria do conhecimento do senso comum* – uma teoria da qual se pode dizer que forma o ponto mais fraco do senso comum.	(4') É aconselhável partir do senso comum, por mais vagas que sejam as opiniões que ele abrange, mas ser crítico em relação a tudo o que possa ser alegado em nome do senso comum.
(5) A teoria que os subjetivistas aceitaram é que o conhecimento mais certo que podemos ter é sobre nós mesmos e sobre as nossas experiências observacionais ou perceptuais. (Subjetivistas e objetivistas coincidem na ênfase sobre a certeza das experiências perceptuais.)	(5') Um pouco de reflexão crítica nos convence de que todo o nosso conhecimento é impregnado de teoria e também (quase) todo de caráter conjectural.

continua

---

63. Essa forma de objetivismo é o que se costuma chamar de "comportamentalismo" [*behaviourism*] ou "operacionalismo". Ela não é discutida em detalhes no presente capítulo.

continuação

Filósofos anteriores	*Minha visão crítica*
(6) Há alguns fatos concretos sobre os quais o conhecimento pode ser construído, tais como nossas sensações claras e distintas ou dados sensoriais: as experiências diretas ou imediatas não podem ser falsas.	(6') Uma vez que todo o conhecimento é impregnado de teoria, ele é todo construído sobre areia; mas seus fundamentos podem ser melhorados cavando criticamente mais fundo; e não tomando como certo qualquer "dado" suposto.
(7) Esse é um claro resultado da teoria do conhecimento do senso comum.	(7') É aqui que a teoria do conhecimento do senso comum falha: ela ignora o caráter indireto e conjectural do conhecimento. Mesmo os nossos órgãos sensoriais (para não falar da interpretação de suas libertações) são impregnados de teoria e abertos a erros, ainda que só ocasionalmente em organismos saudáveis.
(8) Mas a teoria do conhecimento do senso comum, que começa sempre como uma forma de realismo, acaba sempre no atoleiro do idealismo epistemológico ou do operacionismo.	(8') Reconhecemos que mesmo o realismo e sua teoria (biológica) do conhecimento são duas conjecturas; e argumentamos que a primeira é uma conjectura muito melhor do que o idealismo.
(9) O senso comum, tendo partido do realismo e terminado no subjetivismo, refuta a si mesmo. (Pode-se dizer que isso faz parte da visão de Kant).	(9') A teoria do conhecimento do senso comum é refutada como autocontraditória; mas isso não afeta a teoria do mundo do senso comum; isto é, o realismo.

Uma tentativa de manter a teoria de senso comum como um todo integral – realismo mais epistemologia de senso comum – está fadada ao colapso. Assim, pelo método de ser cético sobre seu ponto de partida, a teoria do senso comum é quebrada em pelo menos duas partes – realismo e epistemologia – e a última pode ser rejeitada e substituída por uma teoria objetiva que utiliza a primeira.

3
EPISTEMOLOGIA SEM UM
SUJEITO CONHECEDOR*

Permitam-me começar com uma confissão. Embora eu seja um filósofo muito feliz, após uma vida inteira como palestrante, não tenho ilusões sobre o que posso transmitir em uma palestra. Por essa razão, não farei qualquer tentativa nesta palestra de convencê-los. Em vez disso, farei uma tentativa de desafiá-los, e, se possível, de provocá-los.

1 Três teses sobre a epistemologia e o terceiro mundo

Talvez eu tenha instigado aqueles que ouviram falar da minha atitude adversa em relação a Platão e Hegel ao chamar minha palestra de "Uma teoria do Mundo Platônico" ou "Uma teoria do Espírito Objetivo".

O tópico principal desta palestra será o que frequentemente chamo, por falta de um nome melhor, de *o terceiro mundo*. Para explicar essa expressão, vou salientar que, sem levar as palavras "mundo" ou "universo" a sério demais, podemos distinguir os três mundos ou universos seguintes: primeiro, o mundo dos objetos físicos ou dos estados físicos; segundo, o mundo dos estados de consciência, ou dos estados mentais, ou talvez das disposições comportamentais para agir; e terceiro, o mundo dos *conteúdos objetivos do pensamento*, especialmente dos pensamentos científicos e poéticos e das obras de arte.

---

* Discurso proferido em 25 de agosto de 1967, no Terceiro Congresso Internacional de Lógica, Metodologia e Filosofia da Ciência, 25 de agosto a 2 de setembro de 1967; publicado pela primeira vez nos anais desse congresso, B. van Rootselaar e J.F. Staal (orgs.). Amsterdã, 1968, p. 333-373.

Assim, aquilo que chamo de "o terceiro mundo", tem – deve-se admitir – muito em comum com a teoria de Platão das Formas ou Ideias e, portanto, também com o Espírito Objetivo de Hegel, embora a minha teoria difira radicalmente, em alguns aspectos decisivos, das de Platão e de Hegel. Tem ainda mais em comum com a teoria de Bolzano de um universo de proposições em si mesmas e de verdades em si mesmas, embora também difira da de Bolzano. Meu terceiro mundo assemelha-se mais ao universo de conteúdos objetivos do pensamento de Frege.

Não faz parte de minha visão ou de meu argumento que não possamos enumerar nossos mundos de maneiras diferentes, ou nem mesmo enumerá-los. Poderíamos, especialmente, distinguir mais de três mundos. Meu termo "o terceiro mundo" é meramente uma questão de conveniência.

Ao defender um terceiro mundo objetivo espero provocar aqueles a quem chamo de *"filósofos da crença"*: aqueles que, como Descartes, Locke, Berkeley, Hume, Kant ou Russell, estão interessados em nossas crenças subjetivas e em sua base ou origem. Contra esses filósofos da crença insisto que nosso problema é encontrar teorias melhores e mais ousadas; e que a *preferência crítica* conta, mas *não a crença*.

Gostaria de confessar, no entanto, logo no início, que sou realista: sugiro, um pouco como um realista ingênuo, que existem mundos físicos e um mundo de estados de consciência e que estes dois interagem. E acredito que haja um terceiro mundo, em um sentido que explicarei de modo mais completo.

Entre os internos [*inmates*] do meu "terceiro mundo" estão, mais especialmente, os *sistemas teóricos*; mas internos igualmente importantes são os *problemas* e as *situações de problema*. E argumentarei que os internos mais importantes desse mundo são os *argumentos críticos* e o que pode ser chamado – por analogia a um estado físico ou a um estado de consciência – *o estado de uma discussão* ou *o estado de um argumento crítico*; e, claro, o conteúdo de revistas, livros e bibliotecas.

A maioria dos oponentes à tese de um terceiro mundo objetivo admitirá, é claro, que há problemas, conjecturas, teorias, argumentos, periódicos e livros. Mas eles costumam dizer que todas essas entidades são, essencialmente, *expressões* simbólicas ou linguísticas de estados mentais subjetivos, ou talvez de disposições comportamentais para agir; além disso, que essas entidades são meios de *comunicação* – ou seja, meios simbólicos ou linguísticos para evocar em outras pessoas estados mentais ou disposições comportamentais similares para agir.

Contra isso, tenho frequentemente argumentado que não se pode relegar todas estas entidades e seu conteúdo para o segundo mundo.

Deixe-me repetir um de meus argumentos-padrão[1] para a *existência* (mais ou menos) *independente* do terceiro mundo.

Considero dois experimentos de pensamento:

Experimento (1). Todas as nossas máquinas e ferramentas são destruídas e todo o nosso aprendizado subjetivo, incluindo o nosso conhecimento subjetivo de máquinas e ferramentas e como utilizá-las.

Mas as *bibliotecas e nossa capacidade de aprender com elas* sobrevivem. Claramente, depois de muito sofrimento, o nosso mundo pode começar de novo.

Experimento (2). Como antes, as máquinas e ferramentas são destruídas e todo o nosso aprendizado subjetivo, incluindo o nosso conhecimento subjetivo de máquinas e ferramentas e como utilizá-las. Mas, desta vez, *todas as bibliotecas são destruídas também,* de modo que nossa capacidade de aprender a partir dos livros se torne inútil.

Se vocês pensarem sobre esses dois experimentos, a realidade, a significância e o grau de autonomia do terceiro mundo (bem como seus efeitos no segundo e primeiro mundos), podem talvez ficar um pouco mais claros para vocês. Pois no segundo caso não haverá reemergência de nossa civilização durante muitos milênios.

Gostaria de defender nesta palestra três teses principais, todas elas relacionadas à epistemologia. Por epistemologia considero a teoria do *conhecimento científico* (cf. POPPER, 1959, p. 18-19).

---

1. O argumento é adaptado de Popper, 1962, vol. II, p. 108. (Os detalhes bibliográficos das referências neste capítulo são apresentados na Bibliografia selecionada nas p. 189-193.)

A minha primeira tese é esta. A epistemologia tradicional estudou o conhecimento ou o pensamento em um sentido subjetivo – no sentido do uso comum das palavras "eu conheço" ou "eu estou pensando". Isso, afirmo, levou os estudiosos de epistemologia a irrelevâncias: enquanto pretendiam estudar o conhecimento científico, estudaram de fato algo que não é relevante para o conhecimento científico. Pois o *conhecimento científico* simplesmente não é conhecimento no sentido do uso comum das palavras "eu conheço". Enquanto o conhecimento no sentido de "eu conheço" pertence ao que eu chamo o "segundo mundo", o mundo dos *sujeitos*, o conhecimento científico pertence ao terceiro mundo, ao mundo das teorias objetivas, dos problemas objetivos e dos argumentos objetivos.

Assim, minha primeira tese é que a epistemologia tradicional, a de Locke, Berkeley, Hume e mesmo de Russell, é irrelevante, em um sentido razoavelmente estrito da palavra. É um corolário desta tese que uma grande parte da epistemologia contemporânea é também irrelevante. Isso inclui a lógica epistêmica moderna, se assumimos que ela visa uma teoria do *conhecimento científico*. Entretanto, qualquer lógico epistêmico pode facilmente tornar-se completamente imune à minha crítica, simplesmente deixando claro que não visa contribuir para a *teoria do conhecimento científico*.

Minha primeira tese envolve a existência de dois sentidos diferentes de conhecimento ou de pensamento: (1) *conhecimento ou pensamento no sentido subjetivo*, consistindo em um estado de espírito ou de consciência ou em uma disposição para se comportar ou reagir, e (2) *conhecimento ou pensamento em um sentido objetivo*, consistindo em problemas, teorias e argumentos como tais. O conhecimento, neste sentido objetivo, é totalmente independente da alegação, por qualquer pessoa, de conhecer; é também independente da crença ou disposição, por qualquer pessoa, de assentir; ou de afirmar, ou de agir. O conhecimento no sentido objetivo *é conhecimento sem um conhecedor: é conhecimento sem um sujeito conhecedor*.

Sobre o pensamento no sentido objetivo Frege escreveu: "Entendo por um *pensamento* não o ato subjetivo de pensar, mas seu *conteúdo objetivo* [...]"[2].

---

2. Cf. Frege, 1892, p. 32; os itálicos são meus.

Os dois sentidos de pensamento e suas interessantes inter-relações podem ser ilustrados pela seguinte citação, altamente convincente, de Heyting (1962, p. 195), que fala sobre o ato, de Brouwer, de inventar sua teoria do *continuum*:

> Se funções recursivas tivessem sido inventadas antes, ele [Brouwer] talvez não tivesse formado a noção de uma sequência de escolha, algo que, creio eu, teria sido malogrado.

Essa citação refere-se, por um lado, a alguns *processos subjetivos de pensamento*, de Brouwer, e diz que eles poderiam não ter ocorrido (o que teria sido infeliz) se a *situação objetiva do problema* tivesse sido diferente. Assim, Heyting menciona certas *influências* possíveis sobre os processos subjetivos de pensamento, de Brouwer, e expressa também sua opinião a respeito do valor desses processos subjetivos de pensamento. Agora é interessante que as influências, *qua** influências, devem ser subjetivas: só a familiaridade subjetiva de Brouwer com funções recursivas poderia ter tido aquele efeito infeliz de impedi-lo de inventar sequências de livre-escolha.

Por outro lado, a citação de Heyting aponta para uma certa relação objetiva entre os *conteúdos objetivos* de dois pensamentos ou teorias: Heyting não se refere às condições subjetivas ou à eletroquímica dos processos cerebrais de Brouwer, mas a uma *situação de problema objetiva em matemática* e suas possíveis influências sobre os atos subjetivos de pensamento de Brouwer que estavam inclinados a resolver esses problemas objetivos. Eu descreveria isso dizendo que a consideração de Heyting é acerca da *lógica situacional* objetiva, ou do terceiro mundo, da invenção de Brouwer e que a consideração de Heyting implica que a situação do terceiro mundo pode afetar o segundo mundo. De modo similar, a sugestão de Heyting, de que teria sido infeliz se Brouwer não tivesse inventado as sequências de escolha, é uma forma de dizer que o *conteúdo objetivo* do pensamento de Brouwer era valioso e interessante; valioso e interessante, isto é, na forma como isso mudou a situação de problema objetiva no terceiro mundo.

---

* *qua*, do latim "como", "na função de" [N.T.].

Para simplificar a questão, se eu disser "o pensamento de Brouwer foi influenciado por Kant" ou mesmo "Brouwer rejeitou a teoria do espaço de Kant" então falo pelo menos em parte de atos de pensamento no sentido subjetivo: a palavra "influência" indica um contexto de processos de pensamento ou atos de pensamento. Se eu disser, no entanto, "o pensamento de Brouwer difere vastamente do de Kant", então está razoavelmente claro que falo principalmente de conteúdos. E, por último, se eu disser "os pensamentos de Brouwer são incompatíveis com os de Russell", então, ao usar um *termo lógico* como *"incompatível"*, deixo inequivocamente claro que estou usando a palavra "pensamento" apenas no sentido objetivo de Frege e que estou falando somente sobre o conteúdo objetivo, ou o conteúdo lógico, de teorias.

Assim como a linguagem comum infelizmente não tem termos separados para "pensamento" no sentido do segundo mundo e no sentido do terceiro mundo, ela também não tem termos separados para os dois sentidos correspondentes de "eu conheço" e de "conhecimento"*.

A fim de mostrar que ambos os sentidos existem, mencionarei primeiro três exemplos subjetivos ou do segundo mundo:

(1) *"Sei* que você está tentando me provocar, mas eu não serei provocado".

(2) *"Sei* que o último teorema de Fermat não foi provado, mas acredito que será provado um dia".

(3) Do verbete "Conhecimento" em *The Oxford English Dictionary*: o *conhecimento* é um "estado de estar ciente ou informado".

A seguir mencionarei três exemplos objetivos ou do terceiro mundo:

(1) Do verbete "conhecimento" em *The Oxford English Dictionary*: *conhecimento* é um "ramo do aprendizado; uma ciência; uma arte".

(2) "Tendo em conta o estado presente dos conhecimentos matemáticos, parece possível que o último teorema de Fermat possa ser indecidível".

---

* É preciso ter em mente que os verbos "conhecer" e "saber" são traduções do mesmo verbo em inglês *"to know"* (de onde se deriva *"knowledge"*, conhecimento).

(3) "Certifico que esta tese é uma *contribuição* original e significativa *para o conhecimento*".

Esses exemplos muito triviais têm apenas a função de ajudar a esclarecer o que quero dizer quando falo de "conhecimento no sentido objetivo". Minha citação de *The Oxford English Dictionary* não deve ser interpretada nem como uma concessão à análise linguística nem como uma tentativa de apaziguar os seus adeptos. Não está citado em uma tentativa de provar que o "uso comum" cobre o "conhecimento" no sentido objetivo do meu terceiro mundo. De fato, fiquei surpreendido ao encontrar em *The Oxford English Dictionary* exemplos de usos objetivos de "conhecimento". (Fiquei ainda mais surpreso ao encontrar alguns usos, pelo menos *parcialmente* objetivos, de "conhecer": "distinguir [...], estar familiarizado com (uma coisa, um lugar, uma pessoa); [...] entender". O fato de essas utilizações poderem ser parcialmente objetivas surgirá da sequência)[3]. De qualquer forma, não pretendo usar os meus exemplos como argumentos. Eles servem apenas como ilustrações.

Minha *primeira tese*, até agora não argumentada mas apenas ilustrada, era que a epistemologia tradicional, com sua concentração no segundo mundo ou no conhecimento no sentido subjetivo, é irrelevante para o estudo do conhecimento científico.

Minha *segunda tese* é que o relevante para a epistemologia é o estudo de problemas científicos e situações de problema, de conjecturas científicas (que tomo meramente como outra palavra para hipóteses ou teorias científicas), de discussões científicas, de argumentos críticos, e do papel desempenhado pela evidência nos argumentos; e, portanto, de revistas e livros científicos, e de experimentos e sua avaliação em argumentos científicos; ou, em suma, que o estudo de um terceiro mundo de conhecimento objetivo, *em grande medida autônomo*, é de importância decisiva para a epistemologia.

Um estudo epistemológico, tal como descrito na minha segunda tese, mostra que os cientistas muito frequentemente não alegam que suas conjecturas sejam verdadeiras, ou que eles as

---

3. Cf. seção 7.1, adiante.

"conheçam" no sentido subjetivo de "conhecer", ou que acreditem nelas. Ainda que, em geral, não aleguem conhecer, ao desenvolverem seus programas de investigação eles agem com base em palpites sobre o que é e o que não é frutífero e que linha de pesquisa promete mais resultados no terceiro mundo do conhecimento objetivo. Em outras palavras, cientistas agem com base em um palpite ou, se preferirem, em uma crença subjetiva (pois podemos assim chamar a base subjetiva de uma ação) em relação ao que é promissor de *crescimento* iminente *no terceiro mundo do conhecimento objetivo*.

Isso, sugiro, fornece um argumento a favor tanto de minha *primeira tese* (da irrelevância de uma epistemologia subjetivista) quanto da minha *segunda tese* (da relevância de uma epistemologia objetivista).

Mas tenho uma *terceira tese*. É esta. Uma epistemologia objetivista que estude o terceiro mundo pode ajudar a lançar uma imensa quantidade de luz sobre o segundo mundo da consciência subjetiva, especialmente sobre os processos subjetivos de pensamento dos cientistas; mas o *inverso não é verdade*.

Essas são as minhas três teses principais.

Além de minhas três teses principais, ofereço três teses de apoio.

A primeira delas é que o terceiro mundo é um produto natural do animal humano, comparável a uma teia de aranha.

A segunda tese de apoio (e uma tese quase crucial, creio eu) é que o terceiro mundo é, em grande medida, *autônomo*, mesmo que atuemos constantemente sobre ele e ele atue sobre nós: é autônomo apesar do fato de que é um produto nosso e que tem um forte efeito de retroalimentação sobre nós; quer dizer, sobre nós *qua* internos do segundo e mesmo do primeiro mundo.

A terceira tese de apoio é que é através dessa interação entre nós mesmos e o terceiro mundo que o conhecimento objetivo cresce, e que há uma estreita analogia entre o crescimento do conhecimento e o crescimento biológico; isto é, a evolução das plantas e dos animais.

2 Uma abordagem biológica ao terceiro mundo

Na presente seção da minha conferência tentarei defender a existência de um terceiro mundo autônomo através de um tipo de argumento biológico ou evolutivo.

Um biólogo pode estar interessado no comportamento dos animais; mas também pode estar interessado em algumas das *estruturas não vivas* que os animais produzem, tais como teias de aranha ou ninhos, vespeiros e formigueiros, tocas de texugos, barragens construídas por castores, ou caminhos feitos por animais em florestas.

Farei a distinção entre duas categorias principais de problemas que surgem do estudo dessas estruturas. A primeira categoria consiste em problemas relacionados com *os métodos usados* pelos animais, ou os *modos como os animais se comportam* ao construírem essas estruturas. Esta primeira categoria consiste, assim, *em problemas relacionados com os atos de produção*; com as disposições comportamentais do animal; e com as relações entre o animal e o produto. A segunda categoria de problemas preocupa-se com as *próprias estruturas*. Preocupa-se com a química dos materiais utilizados na estrutura; com suas propriedades geométricas e físicas; com suas mudanças evolutivas, dependendo de condições ambientais especiais; e com sua dependência dessas condições ambientais ou seus ajustes a elas. *Muito* importante também é a *relação de retroalimentação* [*feedback*], desde as propriedades da estrutura até ao comportamento dos animais. Ao lidar com esta segunda categoria de problemas – isto é, com as próprias estruturas – teremos também de olhar as estruturas do ponto de vista de suas *funções* biológicas. Assim, deve-se admitir que alguns problemas da primeira categoria surgirão quando discutirmos problemas da segunda categoria; por exemplo "Como este ninho foi construído?" e "Que aspectos de sua estrutura são típicos (e, assim, presumivelmente tradicionais ou herdados) e que aspectos são variantes ajustadas a condições especiais"?

Como meu último exemplo de um problema mostra, problemas da primeira categoria – isto é, problemas relacionados com a produção da estrutura – serão às vezes sugeridos por problemas da segunda categoria. Deve ser assim, uma vez que ambas as categorias de problemas são dependentes *do fato de que tais estruturas objetivas existem*, um fato que em si mesmo pertence à segunda categoria. Assim, pode dizer-se que a existência das *próprias estruturas* cria ambas as categorias de problemas. Podemos dizer que a segunda categoria de problemas – problemas relacionados com as próprias estruturas – é mais fundamental: tudo o que ela pressupõe da primeira categoria é o simples fato de que as estruturas são de alguma forma *produzidas por* alguns animais.

Agora essas simples considerações podem, é claro, ser também aplicadas a produtos da atividade humana, tais como casas ou ferramentas e, também, a obras de arte. Especialmente importantes para nós, elas aplicam-se ao que chamamos "linguagem", e ao que chamamos "ciência"[4].

A conexão entre essas considerações biológicas e o tema da minha presente palestra pode ser esclarecida reformulando as minhas três teses principais. Minha primeira tese pode ser colocada dizendo que na presente situação de problema na filosofia poucas coisas são tão importantes como a consciência da distinção entre as duas categorias de problemas – problemas de produção, por um lado, e problemas ligados às próprias estruturas produzidas, por outro. Minha segunda tese é que devemos perceber que a segunda categoria de problemas, aqueles que se preocupam com os produtos em si, é, em quase todos os aspectos, mais importante que a primeira categoria, os problemas de produção. Minha terceira tese é que os problemas da segunda categoria são básicos para entender os problemas de produção: ao contrário das primeiras impressões, podemos aprender mais sobre o comportamento de produção ao estudar os próprios produtos do que sobre os produtos ao estudar o comportamento de produção. Esta terceira tese pode ser descrita como uma tese anticomportamentalista e antipsicologista.

Em sua aplicação ao que se pode chamar "conhecimento", minhas três teses podem ser formuladas da seguinte forma.

(1) Devemos estar constantemente cientes da distinção entre problemas ligados a nossas contribuições pessoais para a produção

---

4. Sobre esses "artefatos", cf. Hayek, 1967, p. 111.

de conhecimento científico, por um lado, e problemas ligados à estrutura dos vários produtos, tais como teorias científicas ou argumentos científicos, por outro.

(2) Devemos perceber que o estudo dos produtos é vastamente mais importante que o estudo da produção, mesmo para um entendimento da produção e seus métodos.

(3) Estudando teorias e os argumentos oferecidos a favor ou contra elas, podemos aprender mais sobre a heurística e a metodologia e mesmo sobre a psicologia da pesquisa do que através de qualquer abordagem direta, seja comportamental ou psicológica ou sociológica. Em geral, podemos aprender muito sobre comportamento e psicologia com o estudo dos produtos.

No que se segue, chamarei a abordagem do lado dos produtos – as teorias e os argumentos – de abordagem "objetiva" ou abordagem "do terceiro mundo". E chamarei a abordagem comportamentalista, psicológica e sociológica ao conhecimento científico de abordagem "subjetiva" ou abordagem do "segundo mundo".

O apelo da abordagem subjetiva deve-se em grande medida ao fato de que é *causal*. Pois admito que as estruturas objetivas para as quais eu reivindico prioridade são causadas pelo comportamento humano. Sendo causal, a abordagem subjetiva pode parecer ser mais científica do que a abordagem objetiva que, por assim dizer, parte dos efeitos e não das causas.

Embora eu admita que as estruturas objetivas sejam produtos de comportamento, defendo que o argumento esteja equivocado. Em todas as ciências, a abordagem comum é desde os efeitos até às causas. O efeito levanta o problema – o problema a ser explicado, o *explicandum* – e o cientista tenta resolvê-lo construindo uma hipótese explicativa.

Minhas três teses principais com sua ênfase no produto objetivo não são, portanto, nem teleológicas nem não científicas.

3 A objetividade e a autonomia do terceiro mundo

Uma das principais razões para a equivocada abordagem subjetiva do conhecimento é o sentimento de que um livro não é nada sem um leitor: somente se for entendido é que se torna realmente um livro; caso contrário, é apenas papel com pontos negros.

Essa visão está equivocada em vários aspectos. Um vespeiro é um vespeiro mesmo depois de ter sido abandonado; mesmo que nunca mais seja usado novamente por vespas como um ninho. Um ninho de pássaros é um ninho de pássaros mesmo que nunca tenha sido habitado. Do mesmo modo, um livro permanece um livro – um certo tipo de produto – mesmo que nunca seja lido (o que pode facilmente acontecer hoje em dia).

Além disso, um livro, ou mesmo uma biblioteca, não precisa sequer ter sido escrito por ninguém: uma série de livros de logaritmos, por exemplo, pode ser produzida e impressa por um computador. Pode ser a melhor série de livros de logaritmos – pode conter logaritmos até, digamos, cinquenta casas decimais. Pode ser enviado para bibliotecas, mas pode ser considerado pesado demais para ser usado; de qualquer forma, podem passar anos antes que alguém o use; e muitas figuras nele (que representam teoremas matemáticos) podem nunca ser observadas enquanto os homens viverem na Terra. Cada uma destas figuras, porém, contém aquilo que chamo de "conhecimento objetivo"; e a questão de eu estar ou não habilitado a chamá-lo por este nome não tem nenhum interesse.

O exemplo desses livros de logaritmos pode parecer forçado. Mas não é. Devo dizer que quase todo livro é assim: contém conhecimentos objetivos, verdadeiros ou falsos, úteis ou inúteis; e é quase acidental que alguém porventura o leia e realmente compreenda seu conteúdo. Um homem que lê um livro com entendimento é uma criatura rara. Mas mesmo que fosse mais comum, haveria sempre uma abundância de mal-entendidos e más interpretações; e não é o impedimento de fato e um tanto acidental de tais mal-entendidos que transforma os pontos negros no papel branco em um livro ou uma instância de conhecimento no sentido objetivo. É antes algo mais abstrato. É sua possibilidade ou potencialidade de ser entendido, seu caráter disposicional de ser entendido ou interpretado, ou mal-entendido ou mal-interpretado, que faz de uma coisa um livro. E essa potencialidade ou disposição pode existir sem nunca ser efetivada ou realizada.

Para ver isso mais claramente, podemos imaginar que, depois de a raça humana ter perecido, alguns livros ou bibliotecas podem ser encontrados por alguns sucessores nossos civilizados (não importa se estes são animais terrestres que se tornaram civilizados, ou quaisquer visitantes do espaço sideral). Esses livros podem ser decifrados. Podem ser aquelas tabelas de logaritmos nunca antes lidas, a título de argumento. Isso deixa bem claro que nem a sua composição por animais pensantes nem o fato de não ter sido realmente lido ou entendido é essencial para fazer de uma coisa um livro, e que é suficiente que ele possa ser decifrado.

Assim, admito que, para pertencer ao terceiro mundo do conhecimento objetivo, um livro deve – em princípio, ou virtualmente – ser capaz de ser compreendido (ou decifrado, ou entendido, ou "conhecido") por alguém. Mas não admito mais nada.

Podemos, assim, dizer que há uma espécie de terceiro mundo platônico (ou bolzanesco) de livros em si mesmos, teorias em si mesmas, problemas em si mesmos, situações de problema em si mesmas, argumentos em si mesmos e assim por diante. E afirmo que embora esse terceiro mundo seja um produto humano, há muitas teorias em si mesmas e argumentos em si mesmos e situações de problema em si mesmas que nunca foram produzidos ou entendidos e que podem nunca vir a ser produzidos ou entendidos pelos homens.

A tese da existência de um tal terceiro mundo de situações de problema dará a muitos a impressão de extremamente metafísica e dúbia. Mas ela pode ser defendida apontando o seu análogo biológico. Por exemplo, ela tem o seu análogo completo no domínio dos ninhos de aves. Alguns anos atrás recebi um presente para o meu jardim – uma caixa-ninho para pássaros. Era um produto humano, claro, não um produto de uma ave – tal como a nossa tabela de logaritmos era um produto de computador e não um produto humano. Mas, no contexto do mundo dos pássaros, fazia parte de uma situação de problema objetiva e de uma oportunidade objetiva. Por alguns anos, os pássaros nem sequer pareciam notar a caixa-ninho. Mas após alguns anos, ela foi cuidadosamente inspecionada por alguns chapins-azuis que até começaram a construir nela, mas desistiram muito rápido.

Obviamente, aqui estava uma oportunidade a agarrar, embora não particularmente valiosa, ao que parece. De qualquer forma, aqui estava uma situação de problema. E o problema pode ser resolvido em outro ano por outros pássaros. Se não for, outra caixa pode mostrar-se mais adequada. Por outro lado, uma caixa mais adequada pode ser removida antes de sequer ser utilizada. A questão da adequação da caixa é claramente uma questão objetiva; e se a caixa é sequer utilizada é, em parte, acidental. Assim é com todos os nichos ecológicos. São potencialidades e podem ser estudadas, como tal, de modo objetivo, até certo ponto independentemente da questão de essas potencialidades porventura virem a ser concretizadas por qualquer organismo vivo. Um bacteriologista sabe como preparar um nicho ecológico desse tipo para a cultura de certas bactérias ou fungos. Pode ser perfeitamente adequado para seu propósito. Se será porventura utilizado e habitado é outra questão.

Uma grande parte do terceiro mundo objetivo de teorias e livros e argumentos, reais e potenciais, surge como um subproduto não intencional dos livros e argumentos realmente produzidos. Podemos também dizer que é um subproduto da linguagem humana. A própria linguagem, assim como um ninho de pássaros, é um subproduto não intencional de ações que eram direcionadas a outras finalidades.

Como surge uma trilha de animais na selva? Algum animal pode quebrar o matagal a fim de chegar a um local para beber. Outros animais acham mais fácil usar a mesma trilha. Assim, ela pode ser alargada e melhorada pelo uso. Não é planejada – é uma consequência não intencional da necessidade de movimento fácil ou veloz. É assim que uma trilha é feita originalmente – talvez mesmo por homens – e que a linguagem e quaisquer outras instituições que sejam úteis podem surgir e como podem dever a sua existência e desenvolvimento à sua utilidade. Elas não estão planejadas nem previstas, e talvez não houvesse necessidade delas antes de virem a existir. Mas elas podem criar uma nova necessidade ou um novo conjunto de finalidades: a estrutura-finalidade dos animais ou dos homens não é "dada", mas desenvolve-se, com a ajuda de algum tipo de mecanismo de retroalimentação, a partir de finalidades anteriores e a partir de resultados que eram ou não visados[5].

Desse modo, pode surgir todo um novo universo de possibilidades ou potencialidades: um mundo que é, em grande parte, *autônomo*.

Um exemplo muito óbvio é um jardim. Mesmo que tenha sido planejado com grande cuidado, via de regra irá sair parcialmente de um jeito inesperado. Mas mesmo que saia como planejado, algumas inter-relações inesperadas entre os objetos planejados podem dar origem a todo um universo de possibilidades, de possíveis novas finalidades e de novos *problemas*.

O mundo da linguagem, das conjecturas, teorias e argumentos – em suma, o universo do conhecimento objetivo – é um dos mais importantes desses universos criados pelo homem, porém, ao mesmo tempo, autônomos em grande medida.

A ideia de *autonomia* é central para a minha teoria do terceiro mundo: ainda que o terceiro mundo seja um produto humano, uma criação humana, ele cria, por sua vez, assim como outros produtos de animais, seu próprio *domínio de autonomia*.

Há incontáveis exemplos. Talvez os mais marcantes e, de qualquer forma, os que devemos ter em mente como nossos exemplos padrão, possam ser encontrados na teoria dos números naturais.

*Pace** Kronecker, concordo com Brouwer que a sequência de números naturais é uma construção humana. Mas embora tenhamos criado essa sequência, ela cria, por sua vez, seus próprios problemas autônomos. A distinção entre números ímpares e pares não é criada por nós: é uma consequência não intencional e inevitável da nossa criação. Os números primos, é claro, são fatos igualmente autônomos e objetivos, não intencionais; e no seu caso é óbvio que há aqui muitos fatos para descobrirmos: há conjecturas como as de Goldbach. E essas conjecturas, embora se refiram indiretamente

---

5. Cf. Hayek, 1967, cap. 6, esp. p. 96 e 100, n. 12. • Descartes, 1637; cf. 1931, p. 89; Popper, 1960, p. 65; 1966, seção XXIV (i. e. p. 308-311 adiante).

* *Pace*, do latim "paz". Termo utilizado para fazer críticas a alguém, sem a intenção de ofender [N.T.].

a objetos de nossa criação, referem-se diretamente a problemas e fatos que de alguma forma emergiram de nossa criação e que não podemos controlar ou influenciar: são fatos concretos e a verdade a respeito deles é, muitas vezes, difícil de *descobrir*. Isso exemplifica o que quero dizer quando digo que o terceiro mundo é em grande medida autônomo, embora criado por nós.

Mas a autonomia é apenas parcial: os novos problemas levam a novas criações ou construções – tais como funções recursivas ou as sequências de livre-escolha de Brouwer – e podem, assim, acrescentar novos objetos ao terceiro mundo. E cada passo desse tipo criará *novos fatos não intencionais*; *novos problemas inesperados*; e frequentemente também *novas refutações*[6].

Há também um efeito mais importante de retroalimentação de nossas criações sobre nós próprios; do terceiro mundo sobre o segundo mundo. Pois os novos problemas emergentes estimulam-nos a novas criações.

O processo pode ser descrito através do seguinte esquema um tanto simplista (cf. tb. cap. 6, p. 297, adiante):

$$P_1 \rightarrow TT \rightarrow EE \rightarrow P_2$$

Isto é, partimos de algum problema *P1*, procedemos a uma solução provisória [*tentative*] ou teoria provisória *TT*, que pode estar (parcial ou inteiramente) equivocada; em todo caso será submetida à eliminação de erros, *EE*, que pode consistir em discussão crítica ou testes experimentais; de qualquer forma, novos problemas *P2* surgem da nossa própria atividade criativa; e esses novos problemas em geral não são criados intencionalmente por nós, eles emergem autonomamente do campo das novas relações, que não podemos evitar de trazer à existência a cada ação, por menor que seja nossa intenção de fazê-lo.

A autonomia do terceiro mundo e a retroalimentação do terceiro mundo sobre o segundo, e mesmo o primeiro, estão entre os fatos mais importantes do crescimento do conhecimento.

---

6. Um exemplo desta última é a "refutação do alargamento de conceito" de Lakatos; cf. Lakatos, 1963-1964.

Dando seguimento a nossas considerações biológicas, é fácil ver que elas são de importância geral para a teoria darwinista da evolução: elas explicam como podemos nos virar com nossos próprios meios*. Ou, em terminologia mais sofisticada, elas ajudam a explicar a "emergência".

4 Linguagem, crítica e o terceiro mundo

A mais importante das criações humanas, com os mais importantes efeitos de retroalimentação sobre nós mesmos e especialmente sobre nossos cérebros, são as funções superiores da linguagem humana; mais especialmente, a *função descritiva* e a *função argumentativa*.

As linguagens humanas têm em comum com as linguagens animais as duas funções inferiores da linguagem: (1) autoexpressão e (2) sinalização. A função autoexpressiva ou função sintomática da linguagem é óbvia: toda linguagem animal é sintomática do estado de algum organismo. A função de sinalização ou liberação** é igualmente óbvia: não chamamos qualquer sintoma de linguístico, a menos que assumamos que ele possa liberar uma resposta em outro organismo.

Todas as linguagens animais e todos os fenômenos linguísticos têm em comum essas duas funções inferiores. Mas a linguagem humana tem muitas outras funções[7]. Por estranho que pareça, a mais importante das funções superiores tem sido ignorada por quase todos os filósofos. A explicação desse estranho fato é que as duas funções inferiores estão sempre presentes quando as superiores

---

* Popper joga com a expressão "*to lift oneself by one's bootstraps*" [erguer-se puxando as alças das próprias botas, em tradução literal], que significa virar-se sozinho, sem ajuda de outros [N.T.].

** A teoria da linguagem de Bühler apresenta três funções da comunicação: a expressiva [*Ausdrucksfunktion*], a representativa [*Darstellungsfunktion*] e a apelativa [*Appellfunktion*]. Para a função apelativa, Popper segue a tradução em inglês das obras de Bühler, que adotam o termo "*release*" [liberação], proveniente da teoria do padrão de ação fixo de espécies em geral. Nesse sentido, o emissor *libera* (desencadeia) uma reação no receptor, através de sinais [N.T.].

7. P. ex., consultiva, hortativa, ficcional etc.

estão presentes, de modo que é sempre possível "explicar" todos os fenômenos linguísticos em termos das funções inferiores, como uma *"expressão"* ou uma *"comunicação"*.

As duas funções superiores mais importantes das linguagens humanas são (3) a função *descritiva* e (4) a função *argumentativa*[8].

Com a função descritiva da linguagem humana emerge a ideia reguladora da *verdade*, ou seja, de uma descrição que se adequa aos fatos[9].

Outras ideias reguladoras ou avaliativas são o conteúdo, o conteúdo de verdade e a verossimilhança[10].

A função argumentativa da linguagem humana pressupõe a função descritiva: os argumentos são, fundamentalmente, sobre descrições: criticam descrições do ponto de vista das ideias reguladoras da verdade; do conteúdo; e da verossimilhança.

Agora, dois pontos são sobretudo importantes aqui:

(1) Sem o desenvolvimento de uma linguagem descritiva exossomática – uma linguagem que, como uma ferramenta, se desenvolve fora do corpo – não pode haver *nenhum objeto* para a nossa discussão crítica. Mas com o desenvolvimento de uma linguagem descritiva (e mais ainda, de uma linguagem escrita), pode emergir um terceiro mundo linguístico; e só dessa forma e só nesse terceiro mundo é que os problemas e padrões da crítica racional podem desenvolver-se.

(2) É a esse desenvolvimento das funções superiores da linguagem que devemos a nossa humanidade, a nossa razão. Pois

---

8. Cf. Popper, 1963, esp. cap. 4 e 12, e as referências, nas p. 134, 293 e 295. • Bühler, 1934. Bühler foi o primeiro a discutir a diferença decisiva entre as funções inferiores e a função descritiva. Mais tarde, como consequência de minha teoria da crítica, encontrei a distinção decisiva entre as funções descritiva e argumentativa. Cf. tb. Popper, 1966, seção XIV e nota 47 (ou seja, p. 288, adiante).

9. Uma das grandes descobertas da lógica moderna foi o restabelecimento, por Alfred Tarski, da teoria de correspondência (objetiva) da verdade (verdade = correspondência aos fatos). O presente ensaio deve tudo a essa teoria; mas é claro que não pretendo implicar Tarski em nenhum dos crimes aqui cometidos.

10. Cf. a nota anterior e Popper, 1962a, esp. p. 292. • Popper, 1963, cap. 10 e adendos. Cf. tb. p. 65-83 acima e cap. 9, adiante.

nossos poderes de raciocínio não são nada mais que poderes de argumento crítico.

Este segundo ponto mostra a futilidade de todas as teorias da linguagem humana que focam na *expressão e comunicação*. Como veremos, o organismo humano que se destina a expressar-se, como frequentemente se diz, depende em grande medida, em sua estrutura, da emergência das duas funções superiores da linguagem.

Com a evolução da função argumentativa da linguagem, a crítica torna-se o principal instrumento de ampliação do crescimento. (A lógica pode ser considerada como o *órganon da crítica*; cf. POPPER, 1963, p. 64.) O mundo autônomo das funções superiores da linguagem torna-se o mundo da ciência. E o esquema, originalmente válido para o mundo animal, bem como para o homem primitivo,

$$P_1 \to TT \to EE \to P_2$$

torna-se o esquema do crescimento do conhecimento através da eliminação de erros por meio de uma *crítica racional* sistemática. Torna-se o esquema da busca pela verdade e pelo conteúdo por meio de uma discussão racional. Descreve o meio pelo qual nos virar por nossos próprios meios. Dá uma descrição racional da emergência evolutiva e de nossa *autotranscendência por meio de seleção e crítica racional*.

Para resumir, ainda que o significado de "conhecimento", assim como o de todas as palavras, não seja importante, é importante distinguir entre os diferentes sentidos da palavra.

(1) Conhecimento subjetivo, que consiste em certas disposições inatas para agir e em suas modificações adquiridas.

(2) Conhecimento objetivo; por exemplo, o conhecimento científico que consiste em teorias conjecturais, problemas abertos, situações de problema e argumentos.

Todo trabalho na ciência é trabalho direcionado para o crescimento do conhecimento objetivo. Somos trabalhadores que contribuem para o crescimento do conhecimento objetivo assim como pedreiros que trabalham em uma catedral.

Nosso trabalho é falível, como todo trabalho humano. Cometemos erros constantemente e existem padrões objetivos dos quais podemos ficar aquém – padrões de verdade, de conteúdo, de validade e outros.

A linguagem, a formulação de problemas, a emergência de novas situações de problema, as teorias concorrentes, a crítica mútua através de argumentos: todos esses são meios indispensáveis para o crescimento científico. As funções ou dimensões mais importantes da linguagem humana (que as linguagens animais não possuem) são as funções descritivas e as argumentativas. O crescimento dessas funções é, claro, de nossa responsabilidade, embora sejam consequências não intencionais de nossas ações. É apenas dentro de uma linguagem assim enriquecida que o argumento crítico e conhecimento, no sentido objetivo, se tornam possíveis.

As repercussões ou efeitos de retroalimentação da evolução do terceiro mundo sobre nós mesmos – nossos cérebros, nossas tradições (se qualquer pessoa partisse de onde Adão partiu, não iria nada além do que Adão foi), nossas disposições para agir (i. é, nossas crenças)[11], e nossas ações – dificilmente podem ser superestimadas.

Em oposição a tudo isso, a *epistemologia tradicional* está interessada no segundo mundo: no conhecimento como um certo tipo de crença – crença justificável, tal como a crença baseada na percepção. Como consequência, esse tipo de filosofia da crença não consegue explicar (e nem sequer tenta explicar) o fenômeno decisivo em que os cientistas criticam suas teorias e assim as matam. *Cientistas tentam eliminar suas teorias falsas, tentam deixá-las morrer em seu lugar. O crente – seja animal ou homem – perece com suas crenças falsas.*

5 Considerações históricas

5.1 Platão e o neoplatonismo

Por tudo o que sabemos, Platão foi o descobridor do terceiro mundo. Como Whitehead comentou, toda a filosofia ocidental consiste em notas de rodapé a Platão.

---

11. A teoria de que nossas crenças podem ser aferidas por nossa prontidão em apostar nelas foi considerada, como bem se sabe, em 1781. Cf. Kant, 1787, p. 852.

Farei apenas três breves comentários sobre Platão, dois dos quais críticos.

(1) Platão descobriu não só o terceiro mundo, mas parte da influência ou retroalimentação do terceiro mundo sobre nós mesmos: ele percebeu que tentamos compreender as ideias de seu terceiro mundo; também que as utilizamos como explicações.

(2) O terceiro mundo de Platão era divino; era imutável e, claro, verdadeiro. Assim, existe uma grande lacuna entre o terceiro mundo dele e o meu: o meu terceiro mundo é feito pelo homem e mutável. Ele contém não só teorias verdadeiras, mas também falsas e, especialmente, problemas abertos, conjecturas e refutações.

E enquanto Platão, o grande mestre do argumento dialético, viu nisso meramente um caminho que leva ao terceiro mundo, considero os argumentos como um dos mais importantes internos do terceiro mundo; para não falar dos problemas abertos.

(3) Platão acreditava que o terceiro mundo de Formas ou Ideias nos forneceria explicações últimas (ou seja, explicação por essências; cf. Popper, 1963, cap. 3). Assim ele escreve, por exemplo: "Creio que se qualquer outra coisa para além da ideia de beleza absoluta é bela, então é bela *pela única razão* de que tem alguma participação na ideia de beleza absoluta. *E este tipo de explicação aplica-se a tudo*" (PLATÃO. *Phaedo* [Fédon], 100 c).

Essa é uma teoria de *explicação última*; ou seja, de uma explicação cujo *explicans* não é capaz nem precisa de mais explicações. E é uma teoria de *explicação por essências*; ou seja, por palavras hipostasiadas.

Como resultado, Platão concebeu os objetos do terceiro mundo como algo similar a coisas não materiais ou, talvez, como estrelas ou constelações – para serem contemplados e intuídos, embora não suscetíveis de serem tocados por nossas mentes. É por isso que os internos do terceiro mundo – as Formas ou Ideias – tornaram-se conceitos de coisas, ou essências ou naturezas de coisas, em vez de teorias ou argumentos ou problemas.

Isso teve as consequências mais vastas para a história da filosofia. Desde Platão até hoje, a maioria dos filósofos tem sido nominalistas[12] ou então o que eu tenho chamado de essencialistas. Estão mais interessados no significado (essencial) das palavras do que na verdade e falsidade das teorias.

Apresento frequentemente o problema na forma de uma tabela (cf. a página seguinte).

Minha tese é que *o lado esquerdo desta tabela não é importante*, em comparação com o lado direito: o que nos deve interessar são teorias; verdade; argumento. Se tantos filósofos e cientistas ainda pensam que conceitos e sistemas conceituais (e problemas do seu significado ou do significado das palavras) são comparáveis em importância a teorias e sistemas teóricos (e problemas de sua verdade ou da verdade de enunciados), então ainda estão padecendo do erro principal de Platão[13].

Pois os conceitos são em parte meios de formular teorias, em parte meios de sintetizar teorias. Em todo caso, sua significância é principalmente instrumental; e eles podem sempre ser substituídos por outros conceitos.

Conteúdos e objetos de pensamento parecem ter desempenhado um papel importante no estoicismo e no neoplatonismo: Plotino preservou a separação de Platão entre o mundo empírico e o mundo de Formas ou Ideias. Como Aristóteles[14], porém, Plotino destruiu a transcendência do mundo de Platão ao colocá-lo na consciência de Deus.

---

12. Cf. Watkins, 1965, cap. VIII, esp. p. 145s. • Popper, 1959, p. 420-422; 1963, p. 18ss., 262, 297s.

13. O erro, que é tradicional, é conhecido como "problema dos universais". Isso deveria ser substituído por "problema das teorias" ou "problema do conteúdo teórico de toda a linguagem humana". Cf. Popper, 1959, seções 4 (com a nova nota de rodapé 1) e 25. Aliás, é claro que das famosas três posições – *universale ante rem, in re* e *post rem* – a última, em seu significado habitual, é antiterceiro mundo e tenta explicar a linguagem como expressão, enquanto a primeira (platônica) é pró-terceiro mundo. Curiosamente, pode-se dizer que a posição média (aristotélica), *in re*, é antiterceiro mundo ou ignora o problema do terceiro mundo. Isso testemunha, assim, a influência confusa do conceptualismo.

14. Cf. ARISTÓTELES. *Metaphysics* [Metafísica], XII (JI), 7: 1,072b21s.; e 9: 1074b15 a 1075a4. Essa passagem (que Ross resume: "o pensamento divino deve preocupar-se com o objeto mais divino, que é ele próprio") contém uma crítica implícita de Platão. Sua afinidade com ideias platônicas é especialmente clara nas linhas 25s.: "ele pensa no que é mais divino e precioso e não muda; pois a mudança seria uma mudança para pior [...]". (Cf. tb. ARISTÓTELES. *De Anima*, 429b27ss., esp. 430a4.)

```
                    IDEIAS
                    isto é
DESIGNAÇÃO ou TERMOS          ENUNCIADOS ou PROPOSIÇÕES
    ou CONCEITOS                    ou TEORIAS
        podem ser formulados em
     PALAVRAS                      ASSERÇÕES
            que podem ser
   SIGNIFICANTES                   VERDADEIRAS
                    e
   seu SIGNIFICADO                 sua VERDADE
        pode ser reduzido(a), por meio de
     DEFINIÇÕES                    DERIVAÇÕES
                    até
CONCEITOS INDEFINIDOS         PROPOSIÇÕES PRIMITIVAS
A tentativa de estabelecer (em vez de reduzir) por esses meios
   seu SIGNIFICADO                 sua VERDADE
            leva a uma regressão infinita
```

Plotino criticou Aristóteles por falhar em distinguir entre a Primeira Hipóstase (Unidade) e a Segunda Hipóstase (o intelecto divino). Porém ele seguiu Aristóteles na identificação dos atos de pensamento de Deus com seus próprios conteúdos ou objetos; e elaborou essa visão tomando as Formas ou Ideias do mundo inteligível de Platão como sendo os estados imanentes de consciência do intelecto divino[15].

5.2 Hegel

Hegel era um pouco platonista (ou melhor, neoplatonista) assim como Platão era um pouco heracliteano. Ele era um platonista cujo mundo de Ideias estava mudando, evoluindo. As "Formas" ou "Ideias" de Platão eram objetivas e não tinham nada a ver com ideias conscientes em uma mente subjetiva; elas habitavam um mundo divino, imutável, celestial (supralunar, no sentido aristotélico). Em contrapartida, as ideias de Hegel, assim como as

---

15. Cf. PLOTINO. *Enneades* [Enéadas], II. 4. 4 (1883, p. 153, 3); III. 8. 11 (1883, p. 346, 6); V. 3. 2-5; V. 9. 5-8; VI. 5. 2; VI. 6. 6-7.

de Plotino, eram fenômenos conscientes: pensamentos que pensavam em si mesmos e habitavam algum tipo de consciência, algum tipo de mente ou "Espírito"; e juntamente com esse "Espírito" estavam mudando ou evoluindo. O fato de o "Espírito Objetivo" e o "Espírito Absoluto" de Hegel estarem sujeitos a mudanças é o único ponto em que seus Espíritos são mais similares ao meu "terceiro mundo" do que o mundo de Ideias de Platão (ou o mundo de "enunciados em si" de Bolzano).

As diferenças mais importantes entre o "Espírito Objetivo" e o "Espírito Absoluto" de Hegel e o meu "terceiro mundo" são estas:

(1) De acordo com Hegel, embora o Espírito Objetivo (que abrange a criação artística) e o Espírito Absoluto (que abrange a filosofia) consistam ambos em produções humanas, o homem não é criativo. É o Espírito Objetivo hipostasiado, é a autoconsciência divina do Universo que move o homem: "os indivíduos [...] são instrumentos", instrumentos do Espírito da Época, e o trabalho deles, seu "negócio substancial", é "preparado e apontado independentemente deles". (Cf. Hegel, 1830, parágrafo 551.) Assim, o que chamei de autonomia do terceiro mundo e seu efeito de retroalimentação torna-se, com Hegel, onipotente: é apenas um dos aspectos de seu sistema no qual seu pano de fundo teológico se manifesta.

Contra isto, afirmo que o elemento criativo individual, a relação de dar-e-receber entre um homem e sua obra, é da maior importância. Em Hegel isto se degenera na doutrina de que o grande homem é algo como um médium no qual o Espírito da Época se expressa.

(2) Apesar de uma certa similaridade superficial entre a dialética de Hegel e o meu esquema evolutivo

$$P_1 \to TT \to EE \to P_2$$

há uma diferença fundamental. Meu esquema funciona através da eliminação de erros e no nível científico através da crítica consciente sob a ideia reguladora da procura pela verdade.

A crítica, é claro, consiste na procura por contradições e sua eliminação: a dificuldade criada pela exigência de sua eliminação constitui o novo problema (*P2*). Assim, a eliminação de erros leva ao crescimento objetivo do nosso conhecimento – do conhecimento no sentido objetivo. Conduz ao crescimento da verossimilhança objetiva: torna possível a aproximação à verdade (absoluta). Hegel, por outro lado, é um relativista[16]. Ele não vê a nossa tarefa como a procura por contradições, com a finalidade de eliminá-las, pois pensa que as contradições são tão boas quanto (ou melhores que) sistemas teóricos não contraditórios: eles fornecem o mecanismo pelo qual o Espírito se propulsiona. Assim, a crítica racional não desempenha nenhuma parte no automatismo hegeliano, não mais que a criatividade humana[17].

(3) Enquanto Platão deixa suas Ideias hipostasiadas habitarem algum céu divino, Hegel personaliza seu Espírito em alguma consciência divina: as Ideias habitam-na como as ideias humanas habitam alguma consciência humana. Sua doutrina é, do começo ao fim, que o Espírito não é apenas consciente, mas um eu. Contra isso, meu terceiro mundo não tem qualquer similaridade com a consciência humana; e embora seus primeiros internos sejam produtos da consciência humana, eles são totalmente diferentes de ideias conscientes ou de pensamentos no sentido subjetivo.

5.3 Bolzano e Frege

Os enunciados de Bolzano em si mesmos e as verdades em si mesmas são, claramente, habitantes do meu terceiro mundo. Mas ele estava longe de ser claro sobre a relação deles com o resto do mundo[18].

De certa forma, é a dificuldade central de Bolzano que tentei resolver comparando o estatuto e a autonomia do terceiro mundo

---

16. Cf. Popper, 1963, cap. 15; Popper, 1962, adendo ao vol. II: "Facts, Standards and Truth: A Further Criticism of Relativism" (Fatos, padrões e verdade: mais uma crítica ao relativismo).

17. Cf. Lakatos, 1963-1964, p. 234, nota 1, p. 59.

18. Bolzano (1837, vol. I, § 19, p. 78) diz que enunciados (e verdades) em si mesmos não têm ser [*being*] (*Dasein*), existência ou realidade. Ele também diz, porém, que um enunciado em si mesmo *não é meramente* "algo enunciado, pressupondo assim uma pessoa que o enunciou".

com as dos produtos de animais e apontando como se originam nas funções superiores da linguagem humana.

Quanto a Frege, não pode haver dúvidas quanto à sua clara distinção entre os atos subjetivos de pensamento, ou pensamento no sentido subjetivo, e o pensamento objetivo, ou conteúdo de pensamento[19].

Deve-se admitir que seu interesse em cláusulas subordinadas de uma sentença e em discurso indireto fez dele o pai da lógica epistêmica moderna[20]. Mas creio que ele não é de forma alguma afetado pelas críticas à lógica epistêmica que vou oferecer (cf. seção 7 abaixo): até onde posso ver, ele não estava pensando nesses contextos da epistemologia no sentido de uma teoria do conhecimento científico.

5.4 Empirismo

O empirismo – digamos, de Locke, Berkeley e Hume – tem de ser entendido em sua configuração histórica: seu principal problema era, simplesmente, religião *versus* irreligião; ou, mais precisamente, a justificativa racional, ou justificabilidade, do cristianismo, em comparação com o conhecimento científico.

Isso explica por que o conhecimento é, do começo ao fim, considerado como uma espécie de crença – crença justificada pela evidência, especialmente pela evidência perceptiva, pela evidência de nossos sentidos.

Embora suas posições a respeito da relação entre ciência e religião sejam bem diferentes, Locke, Berkeley[21], e Hume concordam essencialmente na exigência (que Hume por vezes sente que seja um ideal inalcançável) de que devemos rejeitar todas as proposições – e especialmente as proposições com importância existencial – para as quais evidência é insuficiente e aceitar apenas as

---

19. Cf. a citação na seção 1, acima, de Frege (1892, p. 32) e Frege (1894).
20. O caminho leva de Frege a Russell (1922, p. 19) e Wittgenstein (1922, 5. 542).
21. Para a posição de Berkeley, compare Popper, 1963, seção 1 do cap. 3 e do cap. 6.

proposições para as quais temos evidência suficiente: que podem ser provadas, ou verificadas, pela evidência de nossos sentidos. Essa posição pode ser analisada de várias maneiras.

Uma análise um tanto abrangente seria a seguinte série de equações ou equivalências, a maioria das quais pode ser sustentada por passagens dos empiristas britânicos e mesmo de Bertrand Russell[22].

p é verificado ou demonstrado pela experiência sensorial = há razão ou justificativa suficiente para acreditarmos p = acreditamos ou julgamos ou afirmamos ou assentimos ou sabemos que p é verdadeiro = p é verdadeiro = p.

Uma coisa notável sobre essa posição que *engloba a evidência, ou prova, e a asserção a ser provada* é que qualquer pessoa que a defenda deve *rejeitar a lei do meio excluído*. Pois é óbvio que a situação pode surgir (de fato, seria praticamente a situação normal) que nem p nem não p pode ser completamente sustentada, ou demonstrada, pelas evidências disponíveis. Parece, porém, que isso não foi notado por ninguém antes de Brouwer.

Essa falha em rejeitar a lei do meio excluído é particularmente marcante em Berkeley; pois se

esse = percipi
[ser = ser percebido]

então a verdade de qualquer enunciado sobre a realidade só pode ser estabelecida por enunciados de percepção. Berkeley, porém, bem como Descartes, sugere em seus *Diálogos*[23] que devemos re-

---

22. Cf. Russell, 1906-1907, p. 45: "A verdade é uma qualidade de crenças". • Russell, 1910: "Usarei as palavras 'crença' e 'julgamento' como sinônimos" (p. 172, nota de rodapé); ou: "[...] o julgamento é [...] uma relação múltipla da mente com os vários outros termos com os quais o julgamento se preocupa" (p. 180). Ele também defende que "a percepção é sempre verdadeira (mesmo em sonhos e alucinações)" (p. 181). Ou Russell, 1959, p. 183: "[...] mas do ponto de vista da teoria do conhecimento e da definição de verdade, são as sentenças expressando crença que são importantes". Cf. tb. Russell, 1922, p. 19s., e as *atitudes epistêmicas* de Ducasse (1940, p. 701-711). É claro que tanto Russell como Ducasse pertencem aos epistemólogos tradicionais que estudam o conhecimento em seu sentido subjetivo ou do segundo mundo. A tradição transcende de longe o empirismo.

23. Cf. o segundo diálogo entre Hilas e Filono (BERKELEY, 1949, p. 218, linhas 15s.): "Para mim é razão suficiente para não acreditar na existência de qualquer coisa, se não vejo razão para acreditar". • Descartes, 1637, parte IV (primeiro parágrafo): "Qualquer opinião deve ser rejeitada como manifestamente falsa ['*aperte falsa*' na versão latina] se nela se puder encontrar a menor razão para dúvida".

jeitar p se não houver "nenhuma razão para acreditar nele". A ausência de tais razões pode ser compatível, no entanto, com a ausência de razões para acreditar em não p.

6 Apreciação e crítica da epistemologia de Brouwer

Na presente seção gostaria de prestar uma homenagem a L.E.J. Brouwer[24].

Seria presunçoso da minha parte tentar elogiar e ainda mais presunçoso tentar criticar Brouwer como matemático. Mas talvez me seja permitido tentar criticar sua epistemologia e sua filosofia da matemática intuicionista. Se me atrevo a fazê-lo, é na esperança de dar uma contribuição, por menor que seja, para o esclarecimento e a continuação do desenvolvimento das ideias de Brouwer.

Em sua Palestra Inaugural (1912) Brouwer parte de Kant. Ele diz que a filosofia intuicionista da geometria de Kant – sua doutrina da pura intuição do espaço – tem de ser abandonada à luz da geometria não euclideana. Mas, diz Brouwer, não precisamos dela, uma vez que podemos aritmetizar a geometria: podemos tomar a nossa posição diretamente na teoria da aritmética de Kant e em sua doutrina de que a aritmética se baseia na intuição pura do tempo.

Sinto que essa posição de Brouwer já não pode mais ser sustentada; pois se dizemos que a teoria do espaço de Kant é destruída pela geometria não euclideana, então somos obrigados a dizer que sua teoria do tempo é destruída pela relatividade especial. Pois Kant diz explicitamente que há apenas *um* tempo e que a ideia intuitiva da simultaneidade (absoluta) é decisiva para ele[25].

---

24. Esta seção sobre Brouwer foi introduzida a fim de prestar homenagem a esse grande matemático e filósofo que morreu pouco antes da realização do congresso no qual este texto foi lido.

25. Em *Transcendental Aesthetic* [Estética transcendental] (KANT, 1787, p. 46s.; tradução de Kemp-Smith, p. 74s.), Kant enfatiza no ponto 1 o caráter *a priori* da simultaneidade; nos pontos 3 e 4, que só pode haver *um* único tempo; e no ponto 4, que o tempo *não é um conceito discursivo*, mas "uma forma pura da intuição [...]" (ou, mais precisamente, *a* forma pura da intuição sensível). No último parágrafo antes da conclusão na p. 72 (KEMP-SMITH, p. 90) ele diz explicitamente que a intuição do espaço e do tempo não é uma intuição intelectual.

Poderia ser argumentado – em linhas de certo modo paralelas a um comentário de Heyting[26] – que Brouwer poderia não ter desenvolvido suas ideias epistemológicas e filosóficas sobre a matemática intuicionista se tivesse conhecimento, àquela altura, da analogia entre a relativização do tempo de Einstein e a geometria não euclideana. Parafraseando Heyting, isso teria sido uma infelicidade.

No entanto, é improvável que Brouwer teria ficado tão impressionado assim com a relatividade especial. Ele poderia ter abdicado de citar Kant como um precursor do seu intuicionismo. Mas ele poderia ter mantido sua própria teoria de um tempo *pessoal* – de um tempo da nossa própria experiência íntima e imediata (cf. BROUWER, 1949).

Para aqueles que não estejam familiarizados com a filosofia intuicionista da matemática de Brouwer (e de Kant), pode ser mais fácil omitir esta seção e continuar com a seção 7, a seguir. Isso não é de modo algum afetado pela relatividade, ainda que a teoria de Kant seja afetada.

Desse modo, não precisamos de tratar Brouwer como um kantiano. Porém não podemos separá-lo de Kant tão facilmente. Pois a ideia de intuição de Brouwer e seu uso do termo "intuição" não podem ser completamente entendidos sem analisar sua origem kantiana.

Para Kant, a *intuição é uma fonte de conhecimento*; e a intuição "pura" ("a intuição pura do espaço e do tempo") é uma fonte infalível de conhecimento: dela emana uma *certeza absoluta*. Isso é muito importante para o entendimento de Brouwer, que claramente adota essa doutrina epistemológica de Kant.

É uma doutrina com uma história. Kant tomou-a de Plotino, Santo Tomás, Descartes e outros. Originalmente, intuição significava, é claro, percepção: é o que vemos, ou percebemos, se observarmos ou se dirigirmos o nosso olhar para algum objeto. Mas pelo menos a partir de Plotino desenvolveu-se um contraste entre *intuição*, de um lado, e pensamento *discursivo*, de outro. Intuição é a forma de Deus saber tudo de relance, em um lampejo, atempo-

---

26. Cf. a citação de Heyting na seção 1 acima.

ralmente. Pensamento discursivo é o modo humano: como em um discurso, argumentamos passo a passo, o que leva tempo.

Agora Kant sustentou a doutrina (contra Descartes) de que não possuímos uma faculdade de intuição intelectual e que, por esse motivo, nosso intelecto, nossos conceitos, permanecem vazios ou analíticos, a menos que sejam de fato aplicados ao material que nos é dado pelos nossos sentidos (intuição de sentido), ou a menos que sejam *conceitos construídos em nossa intuição pura de espaço e tempo*[27]. Somente dessa forma podemos obter conhecimento sintético *a priori*: nosso intelecto é essencialmente discursivo; está fadado a proceder pela lógica, que é vazia – "analítica".

De acordo com Kant, a intuição de sentido pressupõe intuição pura: nossos sentidos não podem fazer seu trabalho sem ordenar suas percepções na estrutura de espaço e tempo. Assim, espaço e tempo são anteriores a toda a intuição dos sentidos; e as teorias de espaço e tempo – geometria e aritmética – são válidas *a priori*. A fonte de sua validade *a priori* é a faculdade humana da *intuição pura*, que está estritamente limitada a este campo e que é estritamente distinta do modo de pensar intelectual ou discursivo.

Kant manteve a doutrina de que os *axiomas da matemática* eram baseados em intuição pura (KANT, 1787, p. 760s.): eles podiam ser "vistos" ou "percebidos" como verdadeiros, de uma forma não sensível de "ver" ou "perceber". Além disso, a intuição pura estava envolvida em *todo passo de toda a prova na geometria* (e na matemática em geral)[28]: para seguir uma prova precisamos de olhar para uma figura (desenhada). Esse "olhar" não é

---

27. Cf. Kant, 1787, p. 741: "Construir um conceito significa exibir essa intuição *a priori* [a 'intuição pura'] que corresponde ao conceito". Cf. tb. p. 747: "Temos nos esforçado em tornar claro como é grande a diferença entre o uso discursivo da razão através de conceitos e o uso intuitivo através da construção de conceitos". Na p. 751, a "construção de conceitos" é explicada mais além: "podemos determinar os nossos conceitos em nossa intuição de espaço e tempo *a priori*, na medida em que criamos os *próprios objetos* por meio de uma síntese uniforme". (Os itálicos são parcialmente meus.)

28. Cf. Kant, 1787, p. 741-764. Cf., p. ex., o final da p. 762, onde ele fala de provas em matemática ("mesmo em álgebra"): "'todas as inferências tornam-se seguras [...] colocando-as claramente diante dos nossos olhos". Cf. tb., p. ex., o topo da p. 745, onde Kant fala de uma "série de inferências" e "sempre guiadas pela intuição". (Na mesma passagem (p. 748) "construir" é explicado como "representar na intuição".)

intuição de sentido, mas pura intuição, como demonstrado pelo fato de que a figura pode muitas vezes ser convincente, mesmo que desenhada de maneira muito grosseira, e pelo fato de que o desenho de um triângulo pode representar para nós, em *um* desenho, uma infinidade de possíveis variantes – triângulos de todas as formas e tamanhos.

Considerações análogas aplicam-se à aritmética, que, segundo Kant, se baseia na contagem; um processo que, por sua vez, essencialmente se baseia na intuição pura do tempo.

Agora essa teoria das fontes do conhecimento matemático sofre em sua forma kantiana de uma dificuldade severa. Mesmo que admitamos tudo o que Kant diz, ficamos intrigados. Pois a geometria de Euclides, quer use ou não a intuição pura, certamente faz uso de argumentos intelectuais, de dedução lógica. *É impossível negar que a matemática use o pensamento discursivo.* O discurso de Euclides move-se através de proposições e livros inteiros, passo a passo: não foi concebido em um único lampejo intuitivo. Mesmo que admitamos, em prol do argumento, a necessidade da intuição pura *em cada passo, sem exceção* (e esta admissão, para nós modernos, é difícil de fazer), o procedimento gradativo, discursivo e lógico das derivações de Euclides é tão inconfundível e era, de modo geral, tão conhecido e imitado (Spinoza, Newton) que é difícil acreditar que Kant possa tê-lo ignorado. De fato, Kant sabia tudo isso provavelmente tão bem quanto qualquer pessoa. Mas sua posição foi-lhe imposta, (1) pela estrutura da *Crítica* na qual a "Estética Transcendental" precede a "Lógica Transcendental" e (2) pela sua nítida distinção (eu sugeriria uma nítida distinção insustentável) entre pensamento intuitivo e discursivo. Tal como está, quase se tende a dizer que não há meramente uma lacuna aqui na exclusão, por Kant, dos argumentos discursivos da geometria e da aritmética, mas sim uma contradição.

Brouwer demonstrou que não é assim, preenchendo a lacuna. Estou aludindo à teoria de Brouwer da *relação entre matemática, por um lado, e linguagem e lógica, por outro.*

Brouwer resolveu o problema fazendo uma nítida distinção entre a *matemática como tal e sua expressão e comunicação lin-*

guística. Ele viu a matemática, em si, como uma atividade extralinguística, essencialmente uma atividade de construção mental com base em nossa intuição pura do tempo. Por meio dessa construção, criamos na nossa intuição, na nossa mente, os objetos da matemática que depois – após serem criados – podemos tentar descrever e transmitir aos outros. Desse modo, a descrição linguística e o argumento discursivo, com sua lógica, vêm depois da atividade essencialmente matemática: eles vêm sempre depois que um objeto de matemática – tal como uma prova – tenha sido construído.

Isto resolve o problema que descobrimos na *Crítica* de Kant. O que à primeira vista parece ser uma contradição em Kant é removido, da forma mais engenhosa, pela doutrina de que devemos distinguir nitidamente entre dois níveis: um nível intuitivo e mental e essencial para o pensamento matemático e outro discursivo e linguístico e essencial para a comunicação apenas.

Como toda a grande teoria, essa teoria de Brouwer mostra seu valor por sua fertilidade. Ela resolveu três grandes conjuntos de problemas na filosofia da matemática com uma só tacada:

(1) *Problemas epistemológicos* envolvendo a fonte de certeza matemática; a natureza da evidência matemática; e a natureza da prova matemática. Esses problemas foram resolvidos, respectivamente, pela doutrina da intuição como fonte de conhecimento; pela doutrina de que podemos intuitivamente ver os objetos matemáticos que construímos; e pela doutrina de que uma prova matemática é uma construção sequencial, ou uma construção de construções.

(2) *Problemas ontológicos* envolvendo a natureza dos objetos matemáticos e a natureza do seu modo de existência. Estes problemas foram resolvidos por uma doutrina que tinha dois lados: de um lado havia o *construtivismo* e do outro havia um *mentalismo* que localizava todos os objetos matemáticos no que eu chamo de "segundo mundo". Objetos matemáticos eram construções da mente humana e existiam somente como construções na mente humana. A objetividade deles – seu caráter como objetos e a objetividade de sua existência – repousava inteiramente na possibilidade de repetir a construção deles à vontade.

Desse modo, Brouwer, em sua palestra inaugural, poderia implicar que para o intuicionista os objetos matemáticos existiam na mente humana; enquanto que para o formalista eles existiam "no papel"[29].

(3) *Problemas metodológicos* envolvendo as provas matemáticas.

Podemos distinguir, de modo bastante ingênuo, dois modos principais de se estar interessado na matemática. Um matemático pode estar interessado principalmente em teoremas – na verdade ou falsidade de proposições matemáticas. Outro matemático pode estar interessado principalmente em provas: em questões da existência de provas de um teorema ou outro e no caráter das provas. Se o primeiro interesse é preponderante (o que parece ser o caso, p. ex., de Polya), então está normalmente vinculado a um interesse na descoberta de "fatos" matemáticos e, dessa maneira, a uma heurística matemática platonizante. Se o segundo tipo de interesse é preponderante, então as provas não são meramente meios de se ter certeza dos teoremas sobre objetos matemáticos, mas são objetos matemáticos eles próprios. Este, parece-me, foi o caso de Brouwer: as construções que eram provas não estavam apenas criando e estabelecendo objetos matemáticos, elas próprias eram ao mesmo tempo objetos matemáticos – talvez até os mais importantes. Assim, afirmar um teorema era afirmar a existência de uma prova para ele e negá-lo era afirmar a existência de uma refutação; isto é, uma prova de sua absurdez. Isso leva imediatamente à rejeição, por Brouwer, da lei do meio excluído, à sua rejeição de provas indiretas e à exigência de que a existência pudesse ser provada somente pela construção real – o ato de tornar visível como era – do objeto matemático em questão.

Também leva à rejeição do "Platonismo" por Brouwer, através da qual podemos entender a doutrina de que os objetos matemáti-

---

29. Cf. o final do terceiro parágrafo de Brouwer, 1912. Brouwer fala ali sobre a existência não da matemática, mas sim da "exatidão matemática" e, tal como está, a passagem aplica-se, portanto, aos problemas (1) e (3) ainda mais intimamente do que ao problema ontológico (2). Mas não pode haver dúvidas de que se pretendia aplicá-la também a (2). A passagem diz, na tradução de Dresden: "A questão de onde existe a exatidão matemática é respondida de modo diferente [...]. O intuicionista diz: no intelecto humano. O formalista diz: no papel".

cos têm o que chamo de um modo de existência "autônomo": que eles podem existir sem terem sido construídos por nós e, assim, sem terem sua existência provada.

Até agora tentei entender a epistemologia de Brouwer principalmente através da conjectura de que ela emana de uma tentativa de resolver uma dificuldade na filosofia da matemática de Kant. Passo agora ao que anunciei no título desta seção – a uma apreciação e crítica da epistemologia de Brouwer.

Do ponto de vista do presente capítulo, uma das grandes realizações de Brouwer foi ele ter visto que a matemática – e talvez, eu poderia acrescentar, o terceiro mundo – é criada pelo homem.

Esta ideia é tão radicalmente antiplatônica que é compreensível que Brouwer não tenha visto que ela pode ser combinada com um tipo de platonismo. Refiro-me à doutrina da *autonomia* (parcial) da matemática, e do terceiro mundo, tal como esboçada previamente na seção 3.

Outra grande realização de Brouwer, de um ponto de vista filosófico, foi seu antiformalismo: seu reconhecimento de que objetos matemáticos devem existir antes de podermos falar sobre eles.

Mas deixe-me dirigir-me a uma crítica à solução de Brouwer para os três principais conjuntos de problemas da filosofia da matemática discutidos anteriormente na presente seção.

(1') *Problemas epistemológicos*: Intuição em geral e a teoria do tempo em particular.

Não proponho mudar o nome "intuicionismo". Uma vez que o nome sem dúvida será mantido, é mais importante abandonar a equivocada filosofia da intuição como uma fonte infalível de conhecimento.

Não existem fontes fidedignas de conhecimento, e nenhuma "fonte" é particularmente confiável[30]. Tudo é bem-vindo como fonte de inspiração, incluindo a "intuição"; especialmente se ela

---

30. Tratei deste problema longamente em minha palestra "On the Sources of Knowledge and of Ignorance" (Sobre as fontes do conhecimento e da ignorância) que agora forma a *Introdução a Popper*, 1963.

nos sugere novos problemas. Mas nada é seguro e todos nós somos falíveis.

Além disso, a nítida distinção de Kant entre intuição e pensamento discursivo não pode ser sustentada. A "intuição", seja ela o que for, é em grande medida o produto de nosso desenvolvimento cultural e de nossos esforços em pensar discursivamente. A ideia de Kant de um tipo padrão de intuição pura partilhada por todos nós (talvez não por animais, apesar de um equipamento perceptual similar) dificilmente pode ser aceita. Pois após termos treinado o pensamento discursivo, nossa compreensão intuitiva torna-se totalmente diferente do que era antes.

Tudo isso se aplica à nossa intuição do tempo. Pessoalmente, acho convincente o relato de Benjamin Lee Whorf sobre os indígenas americanos Hopi[31] e sua intuição de tempo totalmente diferente. Mas mesmo que esse relato esteja incorreto (o que acho improvável), ele mostra possibilidades que nem Kant nem Brouwer jamais consideraram. Se Whorf estiver certo, então nossa compreensão intuitiva do tempo – o modo como vemos as relações temporais – dependeria parcialmente de nossa linguagem e das teorias e mitos nela incorporados: *a nossa própria intuição europeia do tempo deve muito às origens gregas de nossa civilização, com sua ênfase no pensamento discursivo.*

De qualquer forma, a nossa intuição de tempo pode mudar com as nossas teorias mutáveis. As intuições de Newton, Kant e Laplace diferem das de Einstein; e o papel do tempo na física das partículas difere daquele na física dos meios contínuos, especialmente na ótica. Enquanto a física das partículas sugere um instante com aspecto de lâmina, não estendido, um "*punctum temporis*" [ponto do tempo] que divide o passado do futuro e, assim, uma coordenada de tempo consistindo de (um contínuo de) instantes não estendidos e um mundo cujo "estado" pode ser dado para qualquer instante não estendido, a situação na ótica é muito diferente. Assim como existem grades espacialmente estendidas na ótica cujas partes cooperam em uma distância considerá-

---

31. Cf "An American Indian Model of the Universe" [Um modelo indígena americano do universo]. In: Whorf, 1956.

vel de espaço, também existem eventos temporalmente estendidos (ondas que possuem frequências) cujas partes cooperam em uma distância considerável de tempo. Assim, devido à ótica, não pode haver na física um estado do mundo em um instante de tempo. Esse argumento deveria fazer, e faz, uma grande diferença para nossa intuição: aquilo a que se denominou o presente especioso [*specious present*] da psicologia não é especioso nem limitado à psicologia, mas sim genuíno e ocorre já na física[32].

Assim, não só a doutrina geral da intuição como fonte infalível de conhecimento é um mito, como também a nossa intuição de tempo, mais especialmente, é tão sujeita a crítica e correção quanto a nossa intuição de espaço, de acordo com a própria admissão de Brouwer.

O ponto principal aqui eu devo à filosofia da matemática de Lakatos. É que a matemática (e não somente as ciências naturais) cresce através da crítica de palpites e de provas informais ousadas. Isso pressupõe a formulação linguística desses palpites e provas e, assim, o seu estatuto no terceiro mundo. A linguagem, no início meramente um meio de comunicar descrições de objetos pré--linguísticos, torna-se, por conseguinte, uma *parte essencial* do empreendimento científico, mesmo na matemática, que por sua vez se torna parte do terceiro mundo. E há camadas, ou níveis, na linguagem (quer sejam ou não formalizadas em uma hierarquia de metalinguagens).

Se a epistemologia intuicionista estivesse correta, a competência matemática não seria um problema. (Se a teoria de Kant estivesse correta, não seria compreensível por que nós – ou mais precisamente Platão e sua escola – tivemos que esperar tanto tempo até Euclides[33].) Mas ainda é um problema, uma vez que mesmo matemáticos intuicionistas altamente competentes podem discordar

---

32. Cf. Gombrich, 1964, esp. p. 297: "Se quisermos acompanhar este pensamento até à sua conclusão lógica, o *punctum temporis* não poderia sequer aparecer como um ponto insignificante, pois a luz tem uma frequência". (O argumento pode ser sustentado considerando as condições de contorno [*boundary conditions*].)

33. Cf. a respectiva consideração acerca da visão apriorística de Kant sobre a física de Newton em Popper, 1963, cap. 2, no parágrafo ao qual a nota de rodapé 63 está atribuída.

em alguns pontos difíceis[34]. Não é necessário indagarmos qual lado da discordância está com a razão. É suficiente salientar que, uma vez que uma construção intuicionista pode ser criticada, o problema levantado somente pode ser *resolvido usando uma linguagem argumentativa de um modo essencial.* Claro que o uso crítico essencial da linguagem não nos compromete com o uso de argumentos banidos pela matemática intuicionista (embora haja aqui um problema, como será mostrado). O meu ponto neste momento é meramente este: uma vez que a admissibilidade de uma construção matemática intuicionista proposta possa ser questionada – e claro que pode ser questionada – a linguagem torna-se mais do que um mero meio de comunicação [*means of communication*] que poderia, em princípio, ser dispensado: torna-se, mais que isso, o meio [*medium*] indispensável de discussão crítica. Consequentemente, não é mais somente a construção intuicionista "que é objetiva no sentido em que seja irrelevante qual sujeito faz a construção"[35]; em vez disso, a objetividade, mesmo a da matemática intuicionista, repousa sobre a criticabilidade de seus argumentos, assim como a objetividade de toda a ciência. Mas isso significa que a linguagem se torna indispensável como meio [*medium*] de argumentação, de discussão crítica[36].

É por esse motivo que considero equivocadas a epistemologia subjetivista de Brouwer e a justificativa filosófica de sua matemática intuicionista. Há um dar e receber entre construção, crítica, "intuição" e até mesmo tradição, que ele falha em considerar.

Entretanto, estou preparado para admitir que, mesmo em sua visão errônea do estatuto da linguagem, Brouwer estava parcialmente certo. Ainda que a objetividade de toda a ciência, incluindo a matemática, esteja inseparavelmente vinculada à sua criticabilidade e, portanto, à sua formulação linguística, Brouwer estava certo em reagir fortemente contra a tese de que a matemática não seria *nada além* de um jogo linguístico formal

---

34. Cf. comentários de S.C. Kleene em Kleene e Vesley, 1965, p. 176-183. Sobre Brouwer, 1951, p. 357-358, que Kleene critica à luz da nota de Brower na p. 1.248 de Brouwer, 1949.

35. Heyting em Lakatos, 1967, p. 173.

36. Cf. Lakatos, 1963-1964, esp. p. 229-235.

ou, em outras palavras, que não existam quaisquer objetos matemáticos extralinguísticos; ou seja, pensamentos (ou, na minha visão, mais precisamente, conteúdos de pensamento). Conforme ele insistiu, a conversa matemática é *sobre* esses objetos; e, nesse sentido, a linguagem matemática é secundária em relação a esses objetos. Mas isso não significa que possamos construir a matemática sem linguagem: não pode haver construção sem controle crítico constante e tampouco crítica sem colocar nossos construtos em uma forma linguística e tratá-los como objetos do terceiro mundo. Ainda que o terceiro mundo não seja idêntico ao mundo das formas linguísticas, ele surge juntamente com a linguagem argumentativa: é um subproduto da linguagem. Isso explica por que motivo, uma vez que nossas construções se tornam problemáticas, sistematizadas e axiomatizadas, a linguagem pode também tornar-se problematizada e por que motivo a formalização pode tornar-se um ramo da construção matemática. Isso, creio eu, é o que o Prof. Myhill tem em mente quando diz que *"nossas formalizações corrigem as nossas intuições enquanto nossas intuições moldam as nossas formalizações"*[37]. O que torna esta consideração particularmente digna de citação é que, tendo sido feita em relação à prova intuicionista brouweriana, parece de fato fornecer uma correção da epistemologia brouweriana.

(2') *Problemas ontológicos*: Foi observado, pelo próprio Brower algumas vezes, que os objetos da matemática devem sua existência parcialmente à linguagem. Assim escreveu ele em 1924: A matemática baseia-se em [*"Der Mathematik liegt zugrunde"*] uma sequência ilimitada de sinais ou símbolos [*"Zeichen"*] ou de sequências finitas de símbolos [...]"[38]. Isso não precisa de ser lido como uma admissão da prioridade da linguagem: sem dúvida o termo crucial é "sequência" e a ideia de uma sequência baseia-se na intuição de tempo e na construção baseada nessa intuição. Isso mostra, porém, que Brouwer estava ciente de que eram necessários sinais ou símbolos para pôr em prática a construção. A minha própria visão é que o pensamento discursivo (i. é, sequências de

---

37. Myhill, 1967, p. 175 (itálicos meus). Cf. tb. Lakatos, 1963-1964.
38. Brouwer, 1924, p. 244.

argumentos linguísticos) tem a mais forte influência sobre nossa consciência de tempo e sobre o desenvolvimento de nossa intuição de ordem sequencial. Isso de modo algum entra em conflito com o construtivismo de Brouwer; mas entra sim em conflito com seu subjetivismo e mentalismo. Pois os objetos da matemática podem agora tornar-se cidadãos de um terceiro mundo objetivo: embora originalmente construídos por nós – o terceiro mundo tem origem como produto nosso – os conteúdos de pensamento trazem consigo suas próprias consequências não intencionais. A série de números naturais que construímos cria números primos – que *descobrimos* – e estes, por sua vez, criam problemas que nunca havíamos imaginado. *É assim que a descoberta matemática se torna possível.* Além disso, os objetos matemáticos mais importantes que descobrimos – os cidadãos mais férteis do terceiro mundo – são *problemas* e novos tipos de *argumentos críticos.* Desse modo, emerge um novo tipo de existência matemática: a existência de problemas; e um novo tipo de intuição: a intuição que nos faz ver os problemas e que nos faz entender os problemas antes de resolvê-los. (Pense no próprio problema central do *continuum* de Brouwer.)

O modo como a linguagem e o pensamento discursivo interagem com construções intuitivas mais imediatas (uma interação que, aliás, destrói aquele ideal de certeza evidencial absoluta que a construção intuitiva deveria realizar) foi descrito de uma forma muito elucidativa por Heyting. Posso talvez citar o início de uma passagem sua, da qual derivei não somente estímulo, mas também encorajamento: "Isso provou não ser intuitivamente claro o que é intuitivamente claro em matemática. É possível até construir uma escala decrescente de graus de evidência. O grau mais alto é o de asserções tais como $2 + 2 = 4$. $1002 + 2 = 1004$ pertence a um grau mais baixo; nós demonstramos isso não por contagem real, mas pelo raciocínio que demonstra que em geral $(n + 2) + 2 = n + 4$. [...] [Enunciados como este] já têm o caráter de uma implicação: 'Se um número natural n for construído, então podemos efetuar a construção, expressa por $(n + 2) + 2 = n + 4$'"[39]. No

---

39. Cf. Heyting, 1962, p. 195.

nosso presente contexto, os "graus de evidência" de Heyting são de interesse secundário. O que é primariamente importante é sua análise belamente simples e clara da interação inevitável entre a construção intuitiva e a formulação linguística, interação essa que necessariamente nos envolve em raciocínio discursivo – e, portanto, lógico. O ponto é enfatizado por Heyting quando ele continua: "Este nível é formalizado no cálculo de variáveis livres".

Uma última palavra pode ser dita sobre Brouwer e o platonismo matemático. A autonomia do terceiro mundo é inegável e, com isso, a equação de Brouwer *"esse = construi"* [ser = construção, em latim] deve ser renunciada; *pelo menos* para problemas. Isso pode nos levar a olhar novamente para o problema da lógica do intuicionismo: *sem renunciar os padrões intuicionistas de prova*, pode ser importante para a discussão crítica racional distinguir nitidamente entre uma tese e a evidência para ela. Mas essa distinção é destruída pela lógica intuicionista que resulta da *confluência de evidência, ou prova, e da asserção a ser provada*[40].

(3') *Problemas metodológicos*: O motivo original da matemática intuicionista de Brouwer era a segurança: a procura por métodos de prova mais seguros; de fato, por métodos infalíveis. Agora, se você quiser provas mais seguras, deve ser mais rigoroso em relação à admissibilidade de argumentos demonstrativos: deve utilizar meios mais fracos, suposições mais fracas. Brouwer limitou-se ao uso de meios lógicos que eram mais fracos que os da lógica clássica[41]. Provar um teorema por meios mais fracos é (e sempre foi) uma tarefa intensamente interessante e uma das grandes fontes de problemas matemáticos. Por isso o interesse de uma metodologia intuicionista.

Mas sugiro que isso se aplique a provas somente. Para a crítica, para a refutação, não queremos uma lógica pobre. Enquanto um órganon de demonstração deve ser mantido fraco, um órganon de crítica deve ser forte.

---

40. Cf. seção 5.4 acima.

41. Essas considerações se aplicam somente à *lógica* do intuicionismo, que é parte da lógica clássica, enquanto que a matemática intuicionista não é parte da matemática clássica. Cf. esp. as considerações de Kleene sobre o "princípio de Brouwer" em Kleene e Vesley, 1965, p. 70.

Na crítica não desejamos estar limitados a demonstrar impossibilidades: não alegamos infalibilidade para a nossa crítica e muitas vezes ficamos contentes se conseguimos demonstrar que alguma teoria tem consequências contraintuitivas. Em um órganon de crítica, a fraqueza e a parcimônia não são virtudes, uma vez que, em uma teoria, é uma virtude que ela possa resistir a fortes críticas. (Parece, portanto, plausível que no debate crítico – o meta-debate – da validade de uma construção intuicionista, o uso da lógica clássica completa possa ser admissível.)

7 Subjetivismo na lógica, na teoria das probabilidades e na ciência física

Em vista do que foi dito na seção 5, especialmente sobre o empirismo, não é surpreendente que a negligência do terceiro mundo – e, consequentemente, uma epistemologia subjetivista – ainda seja amplamente disseminada no pensamento contemporâneo. Mesmo onde não há nenhuma conexão com a matemática brouweriana, há frequentemente tendências subjetivistas a serem encontradas dentro das várias especialidades. Vou referir-me aqui a algumas dessas tendências na lógica, na teoria da probabilidade e na ciência física.

7.1 Lógica epistêmica

A lógica epistêmica trata de fórmulas tais como "*a* conhece *p*" ou "*a* sabe que *p*" e "*a* acredita em *p*" ou "*a* acredita que *p*". Geralmente simbolizam-se essas fórmulas por

$$\text{"}Kap\text{" ou "}Bap\text{"}$$

onde "*K*" e "*B*" correspondem respectivamente às relações de saber/conhecer [*knowing*] e de acreditar [*believing*], *a* é o sujeito que sabe/conhece ou acredita e *p* é a proposição ou estado de coisas que se conhece ou em que se acredita.

Minha primeira tese na seção 1 implica que isto nada tem a ver com conhecimento científico. Pois o cientista, a quem chamarei de

"S" [*scientist*], não sabe nem acredita. O que ele faz? Darei uma lista muito breve:

"*S* tenta entender *p*".

"*S* tenta pensar em alternativas a *p*".

"*S* tenta pensar em críticas a *p*".

"*S* propõe um teste experimental para *p*".

"*S* tenta axiomatizar *p*".

"*S* tenta derivar *p* de *q*".

"*S* tenta demonstrar que *p* não é derivável de *q*".

"*S* propõe um novo problema *x* que surge de *p*".

"*S* propõe uma nova solução do problema *x* que surge de *p*".

"*S* critica sua última solução do problema *x*".

A lista poderia ser estendida até um tamanho razoável. Seu caráter está bem distante de "*S* sabe *p*" ou "*S* acredita em *p*" ou mesmo de "*S* acredita equivocadamente em *p*" ou "*S* duvida de *p*". De fato, é um ponto bastante importante que podemos duvidar sem criticar, e criticar sem duvidar. (Podemos fazer isso, conforme visto por Poincaré em *Science and Hypothesis* [Ciência e hipótese], o que neste ponto pode ser contrastado com *Our Knowledge of the External World* [Nosso conhecimento do mundo externo], de Russell.)

7.2 Teoria da probabilidade

Em nenhum lugar a epistemologia subjetivista tem um domínio mais forte do que no campo do cálculo de probabilidade. Esse cálculo é uma generalização da álgebra booleana (e, assim, da lógica das proposições). Ele ainda é amplamente interpretado em um sentido subjetivo, como um *cálculo de ignorância, ou de conhecimento subjetivo incerto*; mas isto equivale a interpretar a álgebra booleana, incluindo o cálculo de proposições, como um *cálculo de conhecimento certo* – de conhecimento certo *no sentido subjetivo*. Esta é uma consequência que poucos bayesianos (conforme se autodenominam agora os adeptos da interpretação subjetiva do cálculo de probabilidade) irão apreciar.

Essa interpretação subjetiva do cálculo de probabilidade que tenho combatido durante trinta e três anos. Fundamentalmente, ela emana da mesma filosofia epistêmica que atribui ao enunciado "Eu sei que a neve é branca" uma dignidade epistêmica maior que ao enunciado "a neve é branca".

Não vejo qualquer razão para não atribuirmos ainda maior dignidade epistêmica ao enunciado "À luz de toda a evidência disponível a mim, acredito que é racional acreditar que a neve é branca". O mesmo poderia ser feito, é claro, com enunciados de probabilidade.

7.3 Ciência física

A abordagem subjetiva tem feito muitos avanços na ciência desde por volta de 1926. Primeiro ela dominou a mecânica quântica. Aqui tornou-se tão poderosa que seus oponentes eram considerados como tolos que deveriam ser legitimamente silenciados. Depois ela dominou a mecânica estatística. Aqui Szilard propôs em 1929 a visão agora quase universalmente aceita de que temos de pagar pela informação subjetiva através do aumento da entropia física; o que foi interpretado como uma prova de que a entropia física é falta de conhecimento e, assim, um conceito subjetivo, e que o conhecimento ou a informação é equivalente à negentropia física. Esse desenvolvimento foi habilmente acompanhado por um desenvolvimento paralelo na teoria da informação que começou como uma teoria perfeitamente objetiva dos canais de comunicação, porém mais tarde foi vinculada ao conceito de informação subjetivista de Szilard.

Assim, a teoria subjetiva do conhecimento entrou na ciência em uma frente alargada. O ponto de entrada original foi a teoria subjetiva da probabilidade. Mas o mal espalhou-se pela mecânica estatística, pela teoria da entropia, pela mecânica quântica e pela teoria da informação.

É claro que não é possível refutar nesta palestra todas essas teorias subjetivistas. Não posso fazer mais do que mencionar que as tenho combatido durante anos (mais recentemente em 1967). Mas não alimento quaisquer ilusões. Pode levar muitos mais anos até à inversão da maré (prevista por Bunge, 1967) – se é que algum dia irá inverter.

Há apenas dois pontos finais que gostaria de mencionar.

Primeiro, tentarei indicar como se parece a epistemologia ou a lógica da descoberta, de um ponto de vista objetivista, e como ela pode ser capaz de lançar alguma luz sobre a biologia da descoberta.

Depois, tentarei indicar, na última seção desta palestra, como se parece a psicologia da descoberta, do mesmo ponto de vista objetivista.

8 A lógica e a biologia da descoberta

A epistemologia torna-se, de um ponto de vista objetivista, a teoria do crescimento do conhecimento. Torna-se a teoria da resolução de problemas, ou em outras palavras, da construção, discussão crítica, avaliação, e testagem crítica, de teorias conjecturais concorrentes.

Creio agora que a respeito de teorias concorrentes talvez seja melhor falar de sua "avaliação" ou "apreciação", ou da "preferência" por uma delas, em vez de sua "aceitação". Não que palavras importem. O uso de "aceitação" não causa qualquer dano, desde que se tenha em mente que toda aceitação é provisória e, como a crença, de significância passageira e pessoal, em vez de objetiva e impessoal[42].

A avaliação ou apreciação de teorias concorrentes é, em parte, anterior à testagem (*a priori*, se preferir, embora não no sentido kantiano do termo, que significa "válido *a priori*") e, em parte,

---

42. P. ex., não tenho qualquer objeção ao uso, por Lakatos, dos termos "aceitação1" e "aceitação2" em suas "Changes in the Problem of Inductive Logic" (Mudanças no problema da lógica indutiva", § 3 (LAKATOS, 1968).

posterior à testagem (*a posteriori*, de novo em um sentido que não implica validade). Também anterior à testagem é o conteúdo (empírico) de uma teoria, que está intimamente relacionado com o seu poder explicativo (virtual); ou seja, seu poder de resolver problemas preexistentes – os problemas que dão origem à teoria e a respeito dos quais as teorias são *teorias concorrentes*.

Somente a respeito de algum conjunto preexistente de problemas é que teorias podem ser avaliadas (*a priori*), e seus valores comparados. Sua assim chamada simplicidade, também, pode ser comparada apenas a respeito dos problemas em cuja solução concorrem.

Conteúdo e poder explicativo virtual são as ideias reguladoras mais importantes para a apreciação *a priori* de teorias. Eles estão intimamente relacionados com o seu grau de testabilidade.

A ideia mais importante para sua apreciação *a posteriori* é a verdade ou, uma vez que precisamos de um conceito comparativo mais acessível, aquilo que chamei de "proximidade à verdade" ou "verossimilhança"[43]. É importante que, embora uma teoria sem conteúdo possa ser verdadeira (tal como uma tautologia), a verossimilhança se baseie na ideia reguladora do conteúdo da verdade; ou seja, na ideia da quantidade de consequências verdadeiras interessantes e importantes de uma teoria. Assim, uma tautologia, embora verdadeira, tem *conteúdo de verdade* zero[43a] e verossimilhança zero. Ela tem, claro, a probabilidade *um*. De modo geral, conteúdo e testabilidade e verossimilhança[44] podem ser medidos pela *im*probabilidade.

A avaliação *a posteriori* de uma teoria depende inteiramente do modo como ela tenha resistido a testes rigorosos e engenhosos. Mas testes rigorosos, por sua vez, pressupõem um elevado grau de testabilidade ou conteúdo *a priori*. Assim, a avaliação *a posteriori* de uma teoria depende, em grande medida, de seu

---

43. Cf. Popper, 1963, esp. cap. 10, seção 3, e adendo 6. • Popper, 1962a, esp. p. 292. Cf. tb. p. 74-83, acima.

43a. (Adicionado em 1978.) Mais precisamente, medida zero; cf. cap. 9, seção VII, p. 399 abaixo.

44. Cf. Popper, 1966a.

valor *a priori*: teorias que são *a priori* desinteressantes – de pouco conteúdo – não precisam de ser testadas porque seu baixo grau de testabilidade exclui *a priori* a possibilidade de poderem ser sujeitas a testes realmente significativos e interessantes.

Por outro lado, teorias altamente testáveis são interessantes e importantes mesmo que não passem em seus testes; podemos aprender imensamente com suas falhas. Suas falhas podem ser frutíferas, pois podem na verdade sugerir como construir uma teoria melhor.

Contudo, toda essa ênfase sobre a importância fundamental da avaliação *a priori* poderia talvez ser interpretada, em última instância, como devida ao nosso interesse em valores *a posteriori* elevados – em obter teorias que tenham um conteúdo de verdade e verossimilhança elevados, embora permaneçam, é claro, sempre conjecturais ou hipotéticas ou provisórias. O que visamos são teorias que não somente sejam intelectualmente interessantes e altamente testáveis, mas que na realidade tenham passado em testes rigorosos com melhor desempenho que suas concorrentes; que, assim, resolvam melhor os seus problemas; e que, caso o seu caráter conjectural se torne manifesto pela sua refutação, deem origem a problemas novos, inesperados e frutíferos.

Assim, podemos dizer que a ciência começa com problemas e procede, a partir daí, para teorias concorrentes, que ela avalia *criticamente*. Especialmente significativa é a avaliação da verossimilhança delas. Isso exige testes críticos rigorosos e, portanto, pressupõe elevados graus de testabilidade, que dependem do conteúdo da teoria e, portanto, podem ser avaliados *a priori*.

Na maioria dos casos e nos casos mais interessantes, a teoria irá por fim fracassar e, assim, levantar novos problemas. E o avanço alcançado pode ser aferido pela lacuna intelectual entre o problema original e o novo problema que resulta do fracasso da teoria.

Esse ciclo pode novamente ser descrito pelo nosso diagrama repetidamente utilizado:

$$P_1 \rightarrow TT \rightarrow EE \rightarrow P_2$$

isto é: problema P_1 – teoria provisória – eliminação de erros avaliativa – problema P_2.

A avaliação é sempre *crítica* e sua finalidade é a descoberta e *eliminação de erros*. O crescimento do conhecimento – ou o processo de aprendizagem – não é um processo repetitivo ou cumulativo, mas sim de eliminação de erros. É a seleção darwinista e não a instrução lamarckiana.

Esta é uma breve descrição da epistemologia de um ponto de vista objetivo: o método, ou lógica, de visar ao crescimento do conhecimento objetivo. Mas ainda que descreva o crescimento do terceiro mundo, ela pode ser interpretada como uma descrição da evolução biológica. Animais, e mesmo plantas, são solucionadores de problemas. E resolvem seus problemas pelo método de soluções provisórias concorrentes e a eliminação de erros.

As soluções provisórias que animais e plantas incorporam à sua anatomia e ao seu comportamento são análogos biológicos de teorias; e vice-versa: as teorias correspondem (assim como muitos produtos exossomáticos, tais como favos de mel, e especialmente ferramentas exossomáticas, tais como teias de aranha) aos órgãos endossomáticos e às suas formas de funcionamento. Assim como as teorias, os órgãos e suas funções são adaptações provisórias ao mundo em que vivemos. E, assim como as teorias ou como as ferramentas, os novos órgãos e as suas funções, e também os novos tipos de comportamento, exercem sua influência sobre o primeiro mundo, que eles podem ajudar a mudar. (Uma nova solução provisória – uma teoria, um órgão, um novo tipo de comportamento – pode desvendar um novo nicho ecológico virtual e assim transformar um nicho virtual em um real.) Novo comportamento ou novos órgãos podem também levar à emergência de novos problemas. E, desse modo, podem influenciar o curso seguinte da evolução, incluindo a emergência de novos valores biológicos.

Tudo isso também se aplica aos órgãos sensoriais. Incorporam, mais especialmente, expectativas similares a teorias. Os órgãos sensoriais, como o olho, estão preparados para reagir a certos eventos ambientais selecionados – aos eventos que eles "esperam" e *somente* a esses eventos. Tal como as teorias (e preconceitos), eles serão em geral cegos para outros eventos: para os que eles não entendem, que eles não conseguem interpretar (porque não correspondem a nenhum problema específico que o organismo está tentando resolver)[45].

A epistemologia clássica, que toma nossas percepções sensoriais como "dadas" [*given*], como "dados" [*data*] a partir dos quais as nossas teorias têm de ser construídas por algum processo de indução, só pode ser descrita como pré-darwinista. Ela falha em levar em conta o fato de que os supostos dados são de fato reações adaptativas e, portanto, interpretações que incorporam teorias e preconceitos e que, assim como as teorias, são impregnadas de expectativas conjecturais; que não pode haver percepção pura, não pode haver dados puros; exatamente como não pode haver linguagem de observação pura, uma vez que todas as linguagens são impregnadas de teorias e mitos. Assim como nossos olhos são cegos para o imprevisto ou inesperado, também nossas linguagens são incapazes de descrevê-lo (embora as nossas linguagens possam crescer – como também podem nossos órgãos sensoriais, tanto de modo endossomático quanto exossomático).

Esta consideração do fato de que teorias ou expectativas estão embutidas nos nossos próprios órgãos sensoriais mostra que a epistemologia da indução fracassa antes mesmo de dar o seu primeiro passo. Ela não pode partir de dados sensoriais ou percepções e construir sobre eles nossas teorias, uma vez que não existem dados sensoriais ou percepções que não sejam construídas sobre teorias (ou expectativas – ou seja, os predecessores biológicos de teorias linguisticamente formuladas). Assim, os "dados" não são nenhuma base das teorias, nenhuma garantia para as teorias: eles não são mais seguros do que qualquer uma de nossas teorias ou "preconceitos", mas algo menos do que isso (assumindo, a título de argumento, que dados sensoriais existem e não são invenções de filósofos). Os órgãos sensoriais incorporaram o equivalente às teorias primitivas e acríticas, que são menos amplamente testadas do que as teorias científicas. Além disso,

---

45. Cf. minhas considerações em Lakatos e Musgrave (1968, p. 163) e tb. em J.Y. Lettvin et al., 1959.

não existe nenhuma linguagem livre de teoria para descrever os dados, porque os mitos (i. é, as teorias primitivas) surgem juntamente com a linguagem. Não há seres vivos, animais ou plantas, sem problemas e suas soluções provisórias, que são equivalentes a teorias; embora possa muito bem haver, ou assim parece, vida sem dados sensoriais (pelo menos nas plantas).

Assim a vida prossegue, como a descoberta científica, desde problemas antigos até a descoberta de novos e inimagináveis problemas. E esse processo – o da invenção e da seleção – contém em si uma teoria racional da emergência. As etapas de emergência que levam a um novo nível são, em primeira instância, os novos problemas (*P2*) que são criados pela eliminação de erros (*EE*) de uma solução teórica provisória (*TT*) para um problema antigo (*P1*).

9 Descoberta, humanismo e autotranscendência

Para um humanista, a nossa abordagem pode ser importante porque sugere um novo modo de olhar para a relação entre nós mesmos – os sujeitos – e o objeto dos nossos esforços: o crescente conhecimento objetivo, o crescente terceiro mundo.

A velha abordagem subjetiva de interpretar o conhecimento como uma relação entre a mente subjetiva e o objeto conhecido – uma relação chamada por Russell de "crença" ou "julgamento" – tomou as coisas que eu considero como conhecimento objetivo meramente como *pronunciamentos ou expressões* de estados mentais (ou como o comportamento correspondente). Essa abordagem pode ser descrita como um *expressionismo epistemológico* porque é intimamente paralela à teoria expressionista da arte. A obra de um homem é considerada como a expressão do seu estado interior: a ênfase está inteiramente na relação causal e no fato admitido, mas superestimado, de que o mundo do conhecimento objetivo, como o mundo da pintura ou da música, é criado pelos homens.

Essa visão deve ser substituída por uma muito diferente. Deve-se admitir que o terceiro mundo, o mundo do conhecimento objetivo (ou, de modo mais geral, do espírito objetivo) é feito pelo homem. Mas deve-se enfatizar que este mundo existe em grande medida de modo autônomo; que ele gera seus próprios problemas, especialmente aqueles ligados aos métodos de crescimento; e que o seu impacto sobre qualquer um de nós, mesmo sobre o mais original dos pensadores criativos, excede vastamente o impacto que qualquer um de nós pode produzir sobre ele.

Mas seria um equívoco encerrar o assunto aí. O que considero como o ponto mais importante não são a mera autonomia e o mero anonimato do terceiro mundo, ou o ponto reconhecidamente muito importante de que sempre devemos quase tudo aos nossos predecessores e à tradição que eles criaram: que, dessa forma, devemos ao terceiro mundo especialmente a nossa racionalidade – ou seja, a nossa mente subjetiva, a prática de modos de pensar críticos e autocríticos e as disposições correspondentes. Mais importante do que tudo isto, sugiro eu, é a relação entre nós mesmos e a nossa obra, e o que podemos ganhar com essa relação.

O expressionista acredita que tudo o que ele pode fazer é deixar que o seu talento, os seus dons, se exprimam em sua obra. O resultado é bom ou ruim, de acordo com o estado mental ou fisiológico do operário.

Contra isso, sugiro que tudo depende do dar e receber entre nós e nosso trabalho; do produto com que contribuímos para o terceiro mundo e daquela retroalimentação constante que pode ser amplificada por uma autocrítica consciente. O que é incrível na vida, na evolução e no crescimento mental, é apenas este método de dar e receber, esta interação entre nossas ações e seus resultados através dos quais constantemente transcendemos a nós mesmos, nossos talentos, nossos dons.

Esta autotranscendência é o fato mais marcante e importante de toda a vida e de toda a evolução, e especialmente da evolução humana.

Em seus estágios pré-humanos, ela é menos óbvia e, por isso, pode de fato ser tomada por algo como a autoexpressão. Mas, no plano humano, a autotranscendência pode ser ignorada somente por um esforço real. Assim como acontece com nossos filhos, também acontece com nossas teorias: eles tendem a tornar-se amplamente independentes de seus pais. E assim como pode acontecer com nossos filhos, também com nossas teorias: podemos ganhar deles uma quantidade de conhecimento maior do que o que lhes transmitimos originalmente.

O processo de aprendizagem, do crescimento do conhecimento subjetivo, é sempre fundamentalmente o mesmo. É uma *crítica imaginativa*. É assim que transcendemos nosso ambiente local e temporal, tentando pensar em circunstâncias para *além* da nossa experiência: criticando a universalidade ou a necessidade estrutural daquilo que pode, para nós, aparecer (ou aquilo que os filósofos podem descrever) como "dado" [*given*] ou como "hábito"; tentando encontrar, construir, inventar novas situações – ou seja, *testar* situações, situações *críticas*; e tentando localizar, detectar e desafiar os nossos preconceitos e suposições habituais.

É assim que nos viramos com nossos próprios meios para sair do atoleiro de nossa ignorância; que jogamos uma corda para o ar e então subimos nela – caso ela encontre algum arrimo, por mais precário que seja, em algum pequeno galho.

O que torna os nossos esforços diferentes dos de um animal ou de uma ameba é somente o fato de que a nossa corda pode enlaçar-se em um terceiro mundo de discussão crítica: um mundo de linguagem, de conhecimento objetivo. Isto nos possibilita descartar algumas das nossas teorias concorrentes. Assim, se tivermos sorte, poderemos conseguir sobreviver a algumas das nossas teorias equivocadas (e a maioria delas são equivocadas), enquanto a ameba perecerá com sua teoria, sua crença e seus hábitos.

Vista desta forma, a vida se trata de resolução de problemas e descoberta – a descoberta de novos fatos, de novas possibilidades, por meio de experimentar as possibilidades concebidas em nossa imaginação. No nível humano, essa experimentação é feita quase inteiramente no terceiro mundo, por tentativas de representar, nas teorias deste terceiro mundo, o nosso primeiro mundo, e talvez o nosso segundo mundo, com cada vez mais sucesso; tentando chegar mais perto da verdade – de uma verdade mais plena, mais completa, mais interessante, logicamente mais forte e mais relevante – da verdade relevante para os nossos problemas.

O que pode ser chamado o segundo mundo – o mundo da mente – torna-se, no nível humano, cada vez mais o elo entre o primeiro e o terceiro mundo: todas as nossas ações no primeiro mundo são influenciadas pela nossa compreensão no segundo mundo sobre o terceiro mundo. É por isso que é impossível entender a mente humana e o eu humano sem entender o terceiro mundo (a "mente objetiva" ou "espírito objetivo"); e por isso que é impossível interpretar tanto o terceiro mundo como mera expressão do segundo quanto o segundo como mero reflexo do terceiro.

Há três sentidos do verbo "aprender" que não foram suficientemente distinguidos pelos teóricos da aprendizagem: "descobrir"; "imitar"; "tornar habitual". Os três podem ser considerados como formas de descoberta e todos os três operam com métodos de tentativa e erro que contêm um elemento de acaso (não tão importante e geralmente muito superestimado). "Tornar habitual" contém um mínimo de descoberta – mas abre espaço para novas descobertas; e o seu caráter aparentemente repetitivo é enganoso.

Em todos estes diferentes modos de aprender ou de adquirir ou produzir conhecimento, o método é darwinista e não lamarckiano: é de seleção e não de instrução por repetição. (Mas não devemos ignorar o fato de que o lamarckismo é um tipo de aproximação ao darwinismo e que os produtos da seleção, portanto, muitas vezes parecem como se fossem produtos da adaptação lamarckiana, de instrução através da repetição: o darwinismo, podemos dizer, simula o lamarckismo.) Mas a seleção é uma faca de dois gumes: não é apenas o ambiente que nos seleciona e muda – somos também nós que selecionamos e mudamos o ambiente, principalmente pela descoberta de um novo nicho ecológico. No nível humano, fazemos isto através da cooperação com todo um novo mundo objetivo – o terceiro mundo, o mundo do conhecimento provisório objetivo que inclui novas finalidades e valores provisórios objetivos. Não moldamos ou "instruímos" este mundo expressando nele o estado da nossa mente; nem ele nos instrui. Tanto nós próprios como o terceiro mundo crescemos através de luta e seleção mútuas. Isso, ao que parece, é válido no nível da enzima e do gene: pode-se conjecturar que o código genético opere por seleção ou rejeição e não por instrução ou comando. E parece ser bem válido em todos os níveis, até à linguagem articulada e crítica de nossas teorias.

Para explicar isto de modo mais completo, os sistemas orgânicos podem ser encarados como produtos ou resultados objetivos de um comportamento provisório que era "livre" – isto é, não determinado – dentro de um certo domínio ou intervalo circunscrito ou limitado por sua situação interna (especialmente a sua composição genética) e sua situação externa (o ambiente). O insucesso, mais que o sucesso, leva então, por seleção natural, à fixação comparativa do modo bem-sucedido de reagir. Pode-se conjecturar que o código genético orienta a síntese de proteínas pelo mesmo método: pela prevenção ou eliminação de certas sínteses químicas potenciais e não por estímulo ou orientação direta. Isso tornaria entendível a invenção do código genético através de seleção. Transformaria suas aparentes instruções em proibições, o resultado da eliminação de erros; e, como uma teoria, o código genético não seria somente o resultado de seleção, mas também operaria por seleção ou proibição ou prevenção. Isto é, claro, uma conjectura, mas sugiro uma conjectura atraente.

Bibliografia selecionada

ARISTÓTELES. *Metaphysics* [*Metafísica*].

_____. *De anima* [*Da alma*].

BERKELEY. Three Dialogues Between Hylas and Philonous [Três diálogos entre Hilas e Filono]. In: LUCE, A.A. & JESSOP, T.E. (orgs.). *Works* [Obras]. Vol. II, 1949.

BOLZANO, B. *Wissenschaftslehre* [Doutrina da ciência], 1837.

BROUWER, L.E.J. "On Order in the Continuum, and the Relation of Truth to Non-Contradictority" [Sobre a ordem no Continuum e a relação da verdade com o não contraditório]. KONINKLIJKE NEDERLANDSCHE AKADEMIE VAN WETENSCHAPPEN [Academia Real Holandesa de Artes e Ciências]. *Procedings of the Section of Sciences*, vol. 54, 1951.

_____. "Consciousness, Philosophy, and Mathematics" [Consciência, filosofia e matemática]. In: *Proceedings of the 10th International Congress of Philosophy*, 1949, vol. I, fasc. II.

_____. "Mathematik, Wissenschaft und Sprache" [Matemática, ciência e linguagem] [Palestra apresentada em Viena em 10 de março de 1928]. In: *Monatshefte für Mathematik und Physik*, vol. 36, 1929, p. 353-364.

_____. *Mathematische Annalen*, 93, 1924.

_____. "Inaugural lecture" [Palestra inaugural], 14 de outubro de 1912 [Trad. para o inglês de A. Dresden]. *Bulletin of American Mathematical Society*, vol. 20, 1914, p. 81-96.

BÜHLER, K. *Sprachtheorie* [Teoria da linguagem], 1934.

BUNGE, M. *Quantum Theory and Reality* [Teoria mecânica e realidade], 1967.

DESCARTES, R. *Discours de la méthode* [Discurso sobre o método], 1637 [Trad. para o inglês de E.S. Haldane e G.R.T. Ross]. Vol. I, 1931.

DUCASSE, C.J. *The Journal of Philosophy*, vol. 37, 1940.

FEYERABEND, P.K. & MAXWELL, G. (orgs.). *Mind, Matter and Method, Essays in Philosophy and Science in Honor of Herbert Feigl* [Mente, matéria e método: ensaios em homenagem a Herbert Feigl], 1966.

FREGE, G. "Der Gedanke" [O pensamento]. *Beiträge zur Philosophie des deutschen Idealismus*, 1, 1918.

_____. "Review of Husserl" [Resenha de Husserl], 1891. *Zeitschrift für Philosophie und philosophische Kritik*, 103, 1894, p. 313-332.

_____. "Über Sinn und Bedeutung" [Sobre o sentido e a referência]. *Zeitschrift für Philosophie und philosophische Kritik*, 100, 1892, p. 25-50.

GOMBRICH, E.H. "Moment and Movement in Art" [Momento e movimento na arte]. *Journal of the Warburg and Courtauld Institutes*, vol. 27, 1964.

GOMPERZ, H. *Über Sinn und Sinngebilde, Verstehen und Erkennen* [Sobre o sentido e as formações de sentido, o entender e o conhecer], 1929.

_____. *Weltanschauungslehre* [Doutrina da visão de mundo]. Vol. II/I, 1908.

HAYEK, F.A. *Studies in Philosophy, Politics and Economics* [Estudos em filosofia, política e economia], 1967.

_____. *The Constitution of Liberty* [A constituição da liberdade], 1960.

HEGEL, G.W.F. *Enzyklopädie der philosophischen Wissenschaften* [Enciclopédia das ciências filosóficas]. 3. ed., 1830.

HEINEMANN, F. *Plotin* [Plotino], 1921.

HENRY, P. *"Plotinus' Place in the History of Thought"* [O lugar de Plotino na história do pensamento]. In: *Plotinus, the Enneads* [Plotino, As Enéadas] [Trad. para o inglês por S. MacKenna]. 2. ed., 1956.

HEYTING, A. "Informal rigour and intuitionism" [Rigor informal e intuicionismo]. In: LAKATOS, 1967.

_____. *Intuitionism* [Intuicionismo], 1966.

_____. "After thirty years" [Depois de trinta anos]. In: NAGEL, E.; SUPPES, P. & TARSKI, A. (orgs.). *Logic, Methodology and Philosophy of Science* [Lógica, metodologia e filosofia da ciência], 1962, p. 194ss.

HUSSERL, E. *Logische Untersuchungen* [Investigações lógicas]. Vol. I. 2. ed., 1913.

_____. *Philosophie der Arithmetik* [Filosofia da aritmética], 1891.

KANT, I. *Kritik der reinen Vernunft* [Crítica da razão pura], 1781 [2. ed., 1787].

KLEENE, S.C. & VESLEY, R. *The Foundations of Intuitionistic Mathematics* [Os fundamentos da matemática intuicionista]. Amsterdã: North-Holland, 1965.

LAKATOS, I. "Proofs and Refutations" [Provas e refutações]. *The British Journal for the Philosophy of Science*, 14, 1963-1964.

LAKATOS, I. (org.) *The Problem of Inductive Logic* [O problema da lógica indutiva]. Amsterdã: North-Holland, 1968.

_____. *Problems in the Philosophy of Mathematics* [Problemas na filosofia da matemática]. Amsterdã: North-Holland, 1967.

LAKATOS, I. & MUSGRAVE, A. (org.). *Problems in the Philosophy of Science* [Problemas na filosofia da ciência]. Amsterdã: North-Holland, 1968.

LETTVIN, J.Y. et al. "What the frog's eye tells the frog's brain" [O que o olho do sapo diz ao cérebro do sapo]. *Proceedings of the Institute of Radio Engineers*, vol. 47, 1959, p. 1940ss.

MYHILL, J. "Remarks on Continuity and the Thinking Subject" [Considerações sobre a continuidade e o sujeito pensador]. In: LAKATOS, 1967.

PLATÃO. *Phaedo* [Fédon].

PLOTINO. *Enneades* [As Enéadas]. In: VOLKMANN, R. (org.), 1883, 1884.

POPPER, K.R. "Eine objektive Theorie des historischen Verstehens" [Uma teoria objetiva do entendimento histórico]. *Schweizer Monatshefte*, vol. 50, 1970, p. 207ss. [Agora incorporado no cap. 4 neste volume].

_____. "A Pluralist Approach to the Philosophy of History" [Uma abordagem pluralista à filosofia da história]. In: *Roads to Freedom, Essays in Honour of Friedrich A. von Hayek* [Caminhos para a liberdade: Ensaios em honra de Friedrich A. von Hayek], 1969, p. 181ss.

_____. "On the Theory of the Objective Mind" [Sobre a teoria da mente objetiva]. In: *Akten des XIV Internationalen Kongresses für Philosophie in Wien*, vol. I, 1968 [Agora cap. 4 neste volume].

_____. "Quantum Mechanics Without 'The Observer'" [Mecânica quântica sem "o observador"]. In: BUNGE, M. (org.). *Quantum Theory and Reality*, 1967.

_____. *A theorem on truth-content* [Um teorema sobre o conteúdo-de-verdade]. In: FEYERABEND & MAXWELL, 1966.

_____. *Of Clouds and Clocks* [De nuvens e relógios], 1966 [Agora neste volume, cap. 6, mais adiante].

_____. *Conjectures and Refutations* [Conjecturas e refutações], 1963 e edições posteriores.

_____. "Some Comments on Truth and the Growth of Knowledge" [Alguns comentários sobre a verdade e o crescimento do conhecimento]. In: NAGEL, E.; SUPPES, P. & TARSKI, A. (orgs.). *Logic, Methodology and Philosophy of Science*, 1962a.

_____. *The Open Society and its Enemies* [A sociedade aberta e seus inimigos]. 4. ed., 1962b e edições posteriores.

_____. *The Poverty of Historicism* [A pobreza do historicismo]. 2. ed., 1960.

_____. "Logik der Forschung", 1934. *The Logic of Scientific Discovery* [A lógica da pesquisa científica], 1959 e edições posteriores.

RUSSELL, B. *My Philosophical Development* [Meu desenvolvimento filosófico], 1959.

_____. "Introduction to Wittgenstein's Tractatus" [Introdução ao *Tratado* de Wittgenstein], 1922.

_____. *Philosophical Essays* [Ensaios filosóficos], 1910.

_____. "On the Nature of Truth" [Sobre a natureza da verdade]. In: *Aristotelian Society Proceedings*, vol. 7, 1906-1907, p. 28-49.

WATKINS, J.W.N. *Hobbes's System of Ideas* [O sistema de ideias de Hobbes], 1965.

WHORF, B.L. *Language, Thought and Reality* [Linguagem, pensamento e realidade], 1956.

WITTGENSTEIN, L. *Tractatus Logico-Philosophicus* [Tratado lógico-filosófico] 1922.

Nota bibliográfica (1978)

Eu gostaria de acrescentar algo breve às considerações que fiz neste e no próximo capítulo, sobre a história da distinção entre pensamento no sentido subjetivo e pensamento no sentido objetivo, a fim de enfatizar a contribuição de Heinrich Gomperz (cujo trabalho discuti brevemente no n. 89 de minha autobiografia intelectual; cf. SCHILPP, P.A. (org.). *The Philosophy of Karl Popper* [A filosofia de Karl Popper], 1974; e *Unended Quest* [Busca inacabada], Fontana/Collins, 1976).

Heinrich Gomperz nasceu em 1873 e era cerca de vinte e cinco anos mais novo do que Frege, que nasceu em 1848. Gomperz (em 1908) distinguiu claramente entre o pensamento no sentido objetivo e o pensamento no sentido subjetivo. Gomperz foi influenciado nisso pelas *Logische Untersuchungen* [Investigações lógicas] 1900-1901 de Husserl; e Husserl, por sua vez, havia sido fortemente influenciado por Bolzano e Frege (especialmente pela revisão, de Frege (1894), do psicologismo de Husserl (1891); cf. nota 12 do cap. 4, na p. 205 mais adiante): assim, Heinrich Gomperz (1908) foi, sem dúvida, indiretamente influenciado por Frege. Mas Gomperz não sabia disso, porque Husserl não reconheceu a influência de Frege sobre si mesmo.

Tampouco sabia eu quando escrevi a nota 12 na p. 205. Mas o que falhei em apreciar – embora isto se revele nesta bibliografia – foi que a obra de Gomperz (1908) foi publicada dez anos antes de *"Der Gedanke"* [O pensamento] de Frege (1918). Isso significa que o papel desempenhado por Gomperz na pré-história da ideia que Frege chamou (em 1918) de *"Das dritte Reich"* [o terceiro reino] e que agora chamo de "mundo 3" é muito mais importante do que eu imaginei quando escrevi este capítulo (apesar do fato de Gomperz, no final, ter caído em uma teoria psicológica; cf. minha obra *Unended Quest* [Busca inacabada], nota 89 e texto). Toda a história mereceria um reexame cuidadoso: não é improvável que Frege soubesse do livro de Gomperz, que foi publicado em Jena, onde Frege estava trabalhando. É de algum interesse que a obra de Gomperz (1908) tenha sido discutida por G.K. Ogden e I.A. Richards em *The Meaning of Meaning* [O significado do significado], Routledge & Kegan Paul, 1923, 1972; cf. p. 274-277.

4
SOBRE A TEORIA DA MENTE OBJETIVA*

Nossa principal tarefa como filósofos é, creio eu, enriquecer nossa imagem do mundo ajudando a produzir teorias imaginativas e, ao mesmo tempo, argumentativas e críticas, preferencialmente de interesse metodológico. A filosofia ocidental consiste, em grande medida, em imagens do mundo que são variações sobre o tema do dualismo corpo-mente e de problemas de método ligados a elas. As principais partidas deste tema dualista ocidental foram tentativas de substituí-lo por algum tipo de monismo. Parece-me que essas tentativas foram malsucedidas e que por trás do véu de protestos monistas ainda espreita o dualismo do corpo e da mente.

1 Pluralismo e o princípio dos três mundos**

No entanto, não houve apenas desvios monistas, mas também alguns *pluralistas*. Isso é quase óbvio se pensarmos no politeísmo, e até mesmo em suas variantes monoteístas. Para o filósofo, porém, pode parecer duvidoso que as várias interpretações religiosas do mundo ofereçam alguma alternativa genuína ao dualismo entre corpo e mente. Os deuses, sejam muitos ou poucos, ou são mentes dotadas de corpos imortais, ou então mentes puras, ao contrário de nós mesmos.

---

* Palestra proferida (em uma versão reduzida em alemão) em 3 de setembro de 1968 em Viena. Reproduzida dos *Akten des XIV* – Internationalen Kongresses für Philosophie. Vol. I. Viena, 1968, p. 25-53. Algum material adicional que agora está sendo incluído foi publicado pela primeira vez (em alemão) em *Schweizer Monatshefte*, ano 50, cad. 3, 1970, p. 207-215.

** O índice da edição original em inglês aponta como título desta seção "Pluralismo e o princípio dos três mundos", diferente do que aparece no corpo do texto [N.T.].

Entretanto, alguns filósofos deram um sério passo inicial em direção a um pluralismo filosófico, ao apontarem a existência de um *terceiro mundo*. Estou pensando em Platão, os estoicos e alguns modernos como Leibniz, Bolzano e Frege (mas não em Hegel, que incorporava fortes tendências monistas).

O mundo de Formas ou Ideias de Platão era, em muitos aspectos, um mundo religioso, um mundo de realidades superiores. Porém não era um mundo de deuses pessoais nem um mundo de consciência, nem consistia no conteúdo de alguma consciência. Era um terceiro mundo objetivo e autônomo que existia além do mundo físico e do mundo da mente.

Sigo aqueles intérpretes de Platão que defendem que as Formas ou Ideias de Platão são diferentes não apenas dos corpos e das mentes, mas também das "Ideias na mente", ou seja, das experiências conscientes ou inconscientes: as Formas ou Ideias de Platão constituem um *sui generis* do terceiro mundo. Deve-se admitir que eles são objetos de pensamento virtuais ou possíveis – *intelligibilia*. Para Platão, porém, estas *intelligibilia* são tão objetivas quanto as *visibilia*, que são corpos físicos: objetos de visão virtuais ou possíveis[1].

Assim, o platonismo vai além da dualidade de corpo e mente. Ele introduz um mundo tripartite ou, como prefiro dizer, um terceiro mundo.

Entretanto, não vou discutir aqui sobre Platão, mas sim sobre o pluralismo. E, mesmo que eu e outros estejamos equivocados ao atribuir esse pluralismo a Platão, ainda assim eu poderia apelar para uma *interpretação* bem conhecida da teoria das Formas ou Ideias de Platão como exemplo de uma filosofia que transcende genuinamente o esquema dualista.

Gostaria de fazer desta filosofia pluralista o ponto de partida de minha discussão, mesmo que eu não seja platonista nem hegeliano[2].

---

1. Para a distinção de Platão entre o visível (*horaton*) e o inteligível (*noeton*) cf., p. ex., *Republic* [A república] de Platão, 509 E. Cf. *Theaetetus* [Teeteto], 185 Dss. A fisiologia do olho demonstrou que os processos de perceber visualmente a *visibilia* assemelham-se bastante a uma interpretação elaborada da *intelligibilia*. (Seria possível alegar que Kant antecipou muito disso.)

2. Hegel, seguindo Aristóteles, rejeitou o terceiro mundo platônico: ele misturou processos de pensamento e objetos de pensamento. Assim, ele desastrosamente atribuiu consciência à mente objetiva e a deificou. (Cf. esp. o final da *Enciclopédia* de Hegel com a citação muito apropriada da *Metaphysics*, 1072b 18-30, de Aristóteles.)

Nesta filosofia pluralista, o mundo consiste em pelo menos três submundos ontologicamente distintos; ou, como direi, há três mundos: o primeiro é o mundo físico ou o mundo dos estados físicos; o segundo é o mundo mental ou o mundo dos estados mentais; e o terceiro é o mundo das inteligências ou das *ideias no sentido objetivo*; é o mundo dos objetos de pensamento possíveis: o mundo das teorias em si e de suas relações lógicas; dos argumentos em si; e das situações de problema em si.

Um dos problemas fundamentais desta filosofia pluralista envolve a relação entre estes três "mundos". Os três mundos são tão relacionados que os dois primeiros podem interagir e que os dois últimos podem interagir[3]. Assim, o segundo mundo, o mundo das experiências subjetivas ou pessoais, interage com cada um dos outros dois mundos. O primeiro mundo e o terceiro mundo não podem interagir, salvo através da intervenção do segundo mundo, o mundo das experiências subjetivas ou pessoais.

2 As relações causais entre os três mundos

Parece-me mais importante descrever e explicar a relação dos três mundos desta forma – isto é, com o segundo mundo como mediador entre o primeiro e o terceiro. Embora raramente enunciada, esta visão me parece claramente envolvida na teoria dos três mundos. De acordo com esta teoria, a mente humana pode ver um corpo físico no sentido literal de "ver", no qual os olhos participam do processo. Ele também pode "ver" ou "compreender" um objeto aritmético ou geométrico; um número, ou uma figura geométrica. Mas, embora nesse sentido "ver" ou "compreender" seja usado de um modo metafórico, ele denota uma relação real entre a mente e seu objeto inteligível, o objeto aritmético ou geométrico; e a relação é intimamente análoga a "ver" no sentido literal. Assim, a mente pode estar vinculada a objetos tanto do primeiro mundo quanto do terceiro mundo.

---

3. Estou usando aqui a palavra "interagir" em um sentido amplo, para não excluir um paralelismo psicofísico: não é minha intenção discutir esse problema aqui. (Em outros lugares tenho defendido o interacionismo; cf., p. ex., os cap. 12 e 13 de minhas *Conjectures and Refutations*, 1963, 1965, 1969.)

Por esses vínculos, a mente estabelece um vínculo *indireto* entre o primeiro e o terceiro mundos. Isso é de extrema importância. Não se pode seriamente negar que o terceiro mundo das teorias matemáticas e científicas exerça uma imensa influência sobre o primeiro mundo. Ele o faz, por exemplo, através da intervenção de tecnólogos que efetuam mudanças no primeiro mundo aplicando certas consequências dessas teorias; aliás, de teorias desenvolvidas originalmente por outros homens que podiam não estar cientes de quaisquer possibilidades tecnológicas inerentes a suas teorias. Assim, essas possibilidades estavam escondidas nas próprias teorias, nas próprias ideias objetivas; e foram descobertas nelas por homens que tentaram *entender* essas ideias.

Esse argumento, se desenvolvido com cuidado, parece-me sustentar a realidade objetiva de todos os três mundos. Além disso, ele parece-me sustentar não apenas a tese de que existe um mundo mental subjetivo de experiências pessoais (uma tese negada pelos comportamentalistas), mas também a tese de que é uma das principais funções do segundo mundo compreender os objetos do terceiro mundo. Isso é algo que todos nós fazemos: é parte essencial do ser humano aprender uma linguagem e isto significa, essencialmente, aprender a compreender *conteúdos objetivos de pensamento* (como Frege os denominou)[4].

Sugiro que um dia teremos que revolucionar a psicologia, olhando a mente humana como um órgão para interagir com os objetos do terceiro mundo; para entendê-los, contribuindo com eles, participando deles; e para mobilizá-los no primeiro mundo.

3 A objetividade do terceiro mundo

O terceiro mundo, ou melhor, os objetos pertencentes a ele, as Formas ou Ideias objetivas que Platão descobriu, na maioria das vezes foram tomados por ideias ou processos de pensamento subjetivos; ou seja, com estados mentais, com objetos pertencentes ao segundo mundo, em vez do terceiro.

---

4. Cf. FREGE, G. "Über Sinn und Bedeutung" [Sobre o sentido e a referência]. *Zeitschrift für Philosophie und philosophische Kritik*, 100, 1892, p. 32: "Por pensamento eu entendo não o ato subjetivo de pensar, mas seu conteúdo objetivo [...]".

Esse equívoco tem uma longa história. Começa com o próprio Platão. Pois embora Platão tenha reconhecido claramente o caráter de terceiro mundo de suas Ideias, parece que ele não percebeu que podemos atribuir ao terceiro mundo não apenas conceitos ou noções universais, tais como o número 7 ou o número 77, mas também verdades ou proposições matemáticas[5], tais como a proposição "7 vezes 11 é igual a 77", e até mesmo proposições falsas, tais como "7 vezes 11 é igual a 66", e, além disso, todos os tipos de proposições ou teorias não matemáticas.

Isso, ao que parece, foi visto pela primeira vez pelos estoicos, que desenvolveram uma filosofia da linguagem, maravilhosamente sutil. A linguagem humana, conforme eles perceberam, pertence aos três mundos[6]. Na medida em que ela consiste em ações físicas ou símbolos físicos, ela pertence ao primeiro mundo. Na medida em que ela expressa um estado subjetivo ou psicológico ou na medida em que compreender ou entender a linguagem envolve uma mudança em nosso estado subjetivo[7], ela pertence ao segundo mundo. E na medida em que a linguagem contenha informações, na medida em que diga ou enuncie ou descreva qualquer coisa ou transmita qualquer significado ou qualquer mensagem significativa que possa implicar outra, ou concordar ou entrar em conflito com outra, ela pertence ao terceiro mundo. *As teorias ou*

---

5. Parece sugerido em *Theaetetus* que, para Platão, verdade e proposições não são (geralmente) ideias do terceiro mundo, mas atos mentais (como os atos mentais de compreender as noções de semelhança etc., descritos em *Theaetetus*, 186 A). Isso se verifica em *Theaetetus*, 189 Ess., onde Platão diz que "o pensamento é a conversa que a alma tem consigo mesma sobre qualquer objeto qualquer que seja". Cf. *Sophist* [Sofista], 263 E-264 b, onde a ênfase está na fala silenciosa (verdadeira e falsa), na afirmação, na negação e na opinião. Em *Phaedrus* [Fedro], 247 D até 249 B, a ideia de verdade é um dos internos do terceiro mundo compreendidos pela alma.

6. Os estoicos eram materialistas: eles consideravam a alma como parte do corpo, identificando-a com "o sopro da vida" (Diógenes Laércio, VI, 156s.). O poder de raciocínio eles descreveram como "a principal parte" do corpo (Sexto Empírico, *Adversus Mathematicos* [Contra os matemáticos] VII, 39ss.). Essa teoria pode, entretanto, ser interpretada como uma forma especial de dualismo corpo-mente, uma vez que apresenta uma solução especial para o problema corpo-mente. Se acrescentarmos a esses dois mundos (ou duas partes do primeiro mundo) o *conteúdo do "que foi dito"* (*lecton*) chegamos à versão estoica do *terceiro mundo*.

7. A ideia de um *estado* da mente (tal como a bondade ou a autenticidade) parece ser estoica; é claro que é interpretada como um estado do sopro e, assim, do corpo. Cf. Sexto Empírico. Loc. cit.

proposições ou enunciados são as entidades linguísticas mais importantes do terceiro mundo.

Se dizemos "eu vi algo escrito em papiro" ou "eu vi algo gravado em bronze", estamos falando de entidades linguísticas como pertencentes ao primeiro mundo: não implicamos que podemos ler a mensagem. Se dizemos "fiquei enormemente impressionado com a seriedade e convicção com que o discurso foi proferido" ou "isto foi mais uma explosão de raiva do que uma declaração", falamos de entidades linguísticas como pertencentes ao segundo mundo. Se dizemos "Mas Jaime disse hoje exatamente o contrário do que João disse ontem" ou "Pelo que Jaime diz, percebe-se claramente que João está equivocado", ou se falamos de Platonismo ou de teoria quântica, então falamos de alguma importância objetiva, de algum *conteúdo lógico objetivo*; ou seja, falamos da significância, no terceiro mundo, da informação ou da mensagem transmitida no que foi dito ou escrito.

Foram os estoicos que primeiro fizeram a importante distinção entre o *conteúdo* lógico objetivo (terceiro mundo) do que estamos dizendo e os *objetos* sobre os quais estamos falando. Estes objetos, por sua vez, podem pertencer a qualquer um dos três mundos: podemos falar, em primeiro lugar, sobre o mundo físico (tanto sobre coisas físicas quanto sobre estados físicos) ou, em segundo lugar, sobre nossos estados mentais subjetivos (incluindo nossa compreensão de uma teoria) ou, em terceiro lugar, sobre o conteúdo de algumas teorias, tais como algumas proposições aritméticas e, digamos, sua verdade ou falsidade.

Parece-me altamente aconselhável que tentemos evitar termos como "expressão" e "comunicação" sempre que falamos de discurso no sentido do terceiro mundo. Pois "expressão" e "comunicação" são, essencialmente, termos psicológicos e suas conotações subjetivistas ou pessoais são perigosas em um campo onde há uma tentação tão forte de interpretar os conteúdos de pensamento do terceiro mundo como processos de pensamento do segundo mundo.

É interessante que os estoicos tenham estendido a teoria do terceiro mundo não meramente de Ideias platônicas a teorias ou proposições. Além de entidades linguísticas do terceiro mundo, tais como declarações ou afirmações declarativas, eles também incluíram coisas tais como problemas, argumentos e indagações argumentativas, e até mesmo comandos, admoestações, orações, tratados e, é claro, poesia e narração. Eles também distinguiram entre um estado pessoal de autenticidade [*truthfulness*] e a verdade de uma teoria ou proposição; ou seja, uma teoria ou proposição à qual se aplica o predicado de terceiro mundo "objetivamente verdadeiro".

4 O terceiro mundo como um produto feito pelo homem

Podemos, no essencial, distinguir entre dois grupos de filósofos. O primeiro consiste naqueles que, como Platão, aceitam um terceiro mundo autônomo e o veem como sobre-humano e como divino e eterno. O segundo consiste naqueles que, como Locke ou Mill ou Dilthey ou Collingwood, salientam que a *linguagem*, e o que ela "expressa" e "comunica" é *feita pelo homem*, e que, por esta razão, veem tudo o que é linguístico como parte do primeiro e segundo mundos, rejeitando qualquer sugestão de que exista um terceiro mundo. É interessante que a maioria dos estudiosos das humanidades pertença a este segundo grupo que rejeita o terceiro mundo.

O primeiro grupo, os platonistas, são sustentados pelo fato de que podemos falar de verdades eternas: uma proposição é, atemporalmente, ou verdadeira ou falsa. Isso parece ser decisivo: as verdades eternas devem ter sido verdadeiras antes que o homem existisse. Portanto, elas não podem ser feitas por nós.

Os membros do segundo grupo concordam que as verdades eternas não podem ser criadas por nós mesmos; no entanto, disso eles concluem que as verdades eternas *não podem ser "reais"*: "real" é meramente nosso uso do predicado "verdadeiro" e o fato de que, pelo menos em certos contextos, usamos "verdadeiro" como um predicado independente do tempo. Esse tipo de uso, podem eles argumentar, não é muito surpreendente: enquanto o pai de Pedro, Paulo, pode em um momento ser mais pesado que Pedro e um ano depois, menos pesado, nada parecido pode acontecer com duas peças de metal, desde que uma permaneça com o peso exato de uma libra e outra com o peso exato de duas libras. Aqui o predicado "exato" desempenha o mesmo papel que o predicado "verdadeiro" em relação aos enunciados; de fato, podemos substituir "exato" por "verdadeiro". No entanto, esses filósofos podem apontar que ninguém negará que os pesos podem ser feitos pelo homem.

Creio que seja possível defender uma posição que difere da desses dois grupos de filósofos: Sugiro *que é possível aceitar a realidade ou (como ela pode ser chamada) a autonomia do terceiro mundo, e ao mesmo tempo admitir que o terceiro mundo se origina como um produto da atividade humana.* Pode-se até admitir que o terceiro mundo é feito pelo homem e, em um sentido muito claro, sobre-humano ao mesmo tempo[8]. Ele transcende seus criadores.

Que o terceiro mundo não é uma ficção, mas existe "na realidade", ficará claro quando considerarmos seu tremendo efeito sobre o primeiro mundo, mediado através do segundo mundo. Basta pensar no impacto da transmissão de energia elétrica ou da teoria atômica sobre nosso ambiente inorgânico e orgânico, ou no impacto das teorias econômicas sobre a decisão de construir um barco ou um avião.

De acordo com a posição que estou adotando aqui, o terceiro mundo (do qual faz parte a linguagem humana) é produto dos homens, assim como o mel é produto das abelhas, ou as teias são produto das aranhas. Não muito diferente do mel, a linguagem humana e, desse modo, partes maiores do terceiro mundo são *produto não planejado das ações humanas*[9], sejam elas soluções para problemas biológicos ou para outros problemas.

---

8. Embora feito pelo homem, o terceiro mundo (da forma como entendo este termo) é sobre-humano, na medida em que seus conteúdos são virtuais, ao invés de objetos de pensamento reais, e no sentido de que apenas um número finito da infinidade de objetos virtuais pode vir a se tornar objetos de pensamento reais. Devemos ter o cuidado, entretanto, de interpretar esses objetos como pensamentos de uma consciência sobre-humana, como, p. ex., Aristóteles, Plotino e Hegel (cf. minha primeira nota acima). Para o caráter super-humano da verdade, cf. p. 29s. de minhas *Conjectures and Refutations*, 1963.

9. Cf. a teoria das funções inferiores e superiores da linguagem humana, de Karl Bühler, e meu desenvolvimento da teoria, relatado em minhas *Conjectures and Refutations*, 1963,

Vejamos a teoria dos números. Eu acredito (ao contrário de Kronecker) que mesmo os números naturais são obra do homem, produto da linguagem humana e do pensamento humano. Porém há uma infinidade de tais números, mais do que jamais será pronunciado por homens ou usado por computadores. E há um número infinito de equações verdadeiras entre tais números e de equações falsas; mais do que jamais podemos pronunciar como verdadeiras ou falsas.

Mas, o que é ainda mais interessante, novos problemas inesperados surgem como um subproduto não intencional da sequência de números naturais; por exemplo, os problemas não resolvidos da teoria dos números primos (a conjectura de Goldbach, digamos). Esses problemas são claramente *autônomos*. Eles não são de modo algum feitos por nós; ao invés disso, são *descobertos* por nós; e nesse sentido eles existem, não descobertos, antes de sua descoberta. Além disso, pelo menos alguns desses problemas não resolvidos podem ser insolúveis.

---

p. 134s. e 295. Cf. tb. em meu texto *De nuvens e relógios*, 1966, e p. 288-292 mais adiante. Cf. tb. HAYEK, F.A. *Studies in Philosophy*, 1967, esp. os cap. 3, 4 e 6. Em resumo, Bühler salienta que as linguagens animais e a humana são parecidas na medida em que são sempre *expressões* (sintomas de um estado do organismo) e comunicações (sinais). Porém, a linguagem humana também é diferente, uma vez que tem, *além dessas*, uma função superior: ela pode ser *descritiva*. Salientei que existem outras funções superiores, e especialmente uma que é de importância decisiva: a função *argumentativa ou crítica*. É importante que esta teoria enfatize que as funções inferiores estão sempre presentes. (Ela, portanto, não é tocada pela crítica que R.G. Collingwood dirige, em seus *Principles of Art* [Princípios de Arte], 1938, p. 262ss., contra a teoria da linguagem de RICHARDS, I.A. *The Principles of Literary Criticism* [Os princípios da Crítica Literária]. 2. ed., 1926.) Considerando a significância das consequências não intencionais das ações humanas intencionais, cf. Hayek. Op. cit., p. 100, esp. a nota 12. Com relação à origem da linguagem, foi Hayek (creio eu) quem primeiro chamou minha atenção para uma passagem no *Discourse on Method* [Discurso sobre o Método] de Descartes, 2. ed. (HALDANE & ROSS. Vol. I, p. 89), na qual Descartes descreve o desenvolvimento e o aperfeiçoamento das "estradas do rei" como uma consequência não intencional de seu uso, uma teoria que pode ser transferida para o desenvolvimento da linguagem. Tratei do problema das consequências não intencionais de ações intencionais com alguma profundidade em minha *Poverty of Historicism*, 1944, 1957, p. 65 (publicada após *The Counter-Revolution of Science* [A contrarrevolução da ciência], de Hayek, 1942, 1952, mas escrita antes de 1942), onde me refiro, em uma nota de rodapé, a Hume e a "uma explicação darwinista de [...] caráter instrumental das instituições não projetadas"; e em meu *The Open Society and Its Enemies*, 1945, esp. vol. II, cap. 14, p. 93-98, e nota 11 nas p. 323s. (cuja crítica devo a HAYEK. *Studies in Philosophy* [Estudos de Filosofa], p. 100, nota 12). Cf. tb. minha palestra "Epistemologia sem um sujeito conhecedor" (lida em Amsterdã em 1967), agora reimpressa como cap. 3 no presente volume.

Em nossas tentativas de resolver esses ou outros problemas, podemos inventar novas teorias. Essas teorias, de novo, são produzidas por nós: elas são o produto de nosso pensamento crítico e criativo, no qual somos em grande medida ajudados por outras teorias do terceiro mundo existentes. Porém no momento em que produzimos estas teorias, elas criam problemas novos, não intencionais e inesperados, problemas autônomos, problemas a serem descobertos.

Isto explica por que o terceiro mundo, que em sua origem é nosso produto, é *autônomo* no que pode ser chamado de seu estatuto ontológico. Explica por que podemos atuar sobre ele, e acrescentar a ele ou ajudar seu crescimento, mesmo que não haja nenhum homem que possa dominar [master] nem mesmo um pequeno canto deste mundo. Todos nós contribuímos para o seu crescimento, mas quase todas as nossas contribuições individuais são infimamente pequenas. Todos nós tentamos compreendê-lo e nenhum de nós poderia viver sem estar em contato com ele, pois todos nós fazemos uso da fala, sem a qual dificilmente seríamos humanos[10]. Porém o terceiro mundo cresceu muito além da compreensão não só de qualquer homem, mas até mesmo de todos os homens (como demonstrado pela existência de problemas insolúveis). Sua ação sobre nós se tornou mais importante para nosso crescimento, e mesmo para seu próprio crescimento, do que nossa ação criativa sobre ele. Pois quase todo seu crescimento se deve a um efeito de retroalimentação: ao desafio da descoberta de problemas autônomos, muitos dos quais podem nunca ser dominados[11]. E sempre haverá a desafiadora tarefa de descobrir novos problemas, pois uma infinidade de problemas permanecerá sempre por

---

10. O poder humanizador de sua dramática descoberta da fala tem sido descrito do modo mais comovente e convincente por Helen Keller. Das funções especificamente humanizantes da linguagem, a função argumentativa (ou crítica) me parece a mais importante: é a base do que se chama de racionalidade humana.

11. Pois pode ser demonstrado (TARSKI, A.; MOSTOWSKI, A. & ROBINSON, R.M. *Undecidable Theories* [Teorias indecidíveis]. Amsterdã, 1953; cf. esp. nota 13 nas p. 60s.) que o sistema (completo) de todas as proposições verdadeiras na aritmética de inteiros não é axiomatizável e é essencialmente indecidível. Resulta que sempre haverá infinitamente muitos problemas não resolvidos na aritmética. É interessante que sejamos capazes de fazer descobertas tão inesperadas sobre o terceiro mundo, que são, em grande medida, independentes do nosso estado de espírito. (Este resultado remonta, em grande medida, ao trabalho pioneiro de Kurt Gödel.)

descobrir. Apesar e também por causa da autonomia do terceiro mundo, sempre haverá escopo para o trabalho original e criativo.

5 O problema do entendimento

Dei aqui algumas razões para a existência autônoma de um terceiro mundo objetivo porque espero dar uma contribuição à *teoria do entendimento* (*"hermenêutica"*), que tem sido muito discutida por estudiosos das humanidades (*"Geisteswissenschaften"*, "ciências morais e mentais"). Aqui vou partir do pressuposto de que é o *entendimento dos objetos pertencentes ao terceiro mundo* que constitui o problema central das humanidades. Isto, ao que parece, é um afastamento radical do dogma fundamental aceito por quase todos os estudiosos das humanidades (como o termo indica), e especialmente por aqueles que estão interessados no problema do entendimento. Refiro-me, é claro, ao dogma de que os objetos de nosso entendimento pertencem principalmente ao segundo mundo, ou que, de qualquer forma, eles devam ser explicados em termos psicológicos[12].

---

12. Apesar da voga do antipsicologismo que começou com as *Logische Untersuchungen* [Investigações lógicas] de Husserl, 1900-1901 (2. ed., 1913, 1921), o psicologismo – i. é, a negligência ou mesmo a negação do terceiro mundo – ainda é poderoso, especialmente entre aqueles interessados na teoria do entendimento ("hermenêutica"). O antipsicologismo de Husserl foi sem dúvida o resultado das críticas de Frege à obra psicologista *Philosophie der Arithmetik* – *Psychologische und Logische Untersuchungen* [Filosofia da aritmética – Investigações psicológicas e lógicas], de Husserl, 1891. Em suas *Logische Untersuchungen* (em que se refere a Bolzano), Husserl afirma com maravilhosa clareza (vol. I, p. 178): "Em todas [...] as ciências temos que insistir na distinção fundamental entre três tipos de inter-relações: (a) As inter-relações de nossas *experiências cognitivas* [...] [i. é, o que eu aqui chamo de *segundo mundo*]; (b) As inter-relações dos *objetos sob investigação* [...] [esp. meu *primeiro mundo* – mas pode ser qualquer um dos outros] e (c) As *inter-relações lógicas* [...]". (Estas pertencem ao meu terceiro mundo.) Pode ser, no entanto, que apenas esta passagem mais importante seja culpada pela confusão ainda tão prevalecente. Pois no lugar após (a) indicado pelos pontos, Husserl se refere às inter-relações psicológicas de "julgamentos, *insights*, conjecturas, perguntas", e especialmente também atos de *entendimento* intuitivo "nos quais uma teoria há muito descoberta é concebida com um *insight*". A referência a "julgamentos", "conjecturas" e "questões" (num nível com "*insights*") pode ter levado a confusão, especialmente porque Husserl fala, no item (c), *apenas de verdades*, aparentemente para a exclusão de falsas proposições, conjecturas, perguntas ou problemas: ele menciona "as *verdades* de uma disciplina científica, mais especialmente de uma teoria científica, de uma prova ou de uma conclusão". (É preciso lembrar que Husserl e muitos pensadores ainda mais recentes consideraram uma teoria científica como uma hipótese científica que se *provou ser verdadeira*: a tese do caráter conjectural das teorias científicas ainda era amplamente desqualificada como absurda quando tentei propagá-la nos anos de 1930.) A forma como Husserl se refere nesta passagem ao *entendimento* (cf. tb. vol. II, p. 62ss.) também pode ser responsável por algumas das tendências psicologistas ainda prevalecentes.

205

Deve-se admitir que as atividades ou processos cobertos pelo termo abrangente "entendimento" são atividades subjetivas ou pessoais ou "psicológicas". Elas devem ser distinguidas do *desfecho* (mais ou menos bem-sucedido) destas atividades, de seu *resultado*: o "estado final" (neste momento) do entendimento, a *interpretação*. Embora esta *possa* ser um estado subjetivo de entendimento, também pode ser um objeto do terceiro mundo, especialmente uma teoria; e este último caso é, em minha opinião, o mais importante. Considerada como um objeto do terceiro mundo, a interpretação será sempre uma teoria; por exemplo, uma explicação histórica, apoiada por uma série de argumentos e, talvez, por evidências documentais.

Portanto, toda interpretação é um tipo de *teoria* e, como toda teoria, ela está ancorada em outras teorias e em outros objetos do terceiro mundo. E, desse modo, o problema de terceiro mundo sobre os méritos da interpretação pode ser levantado e discutido, e especialmente seu valor para nosso *entendimento* histórico.

Mas mesmo o ato subjetivo ou o estado disposicional do "entendimento" pode ser entendido, por sua vez, somente através de suas conexões com objetos do terceiro mundo. Pois eu afirmo as três teses seguintes a respeito do ato subjetivo do entendimento.

(1) Que todo ato subjetivo de entendimento está em grande medida ancorado no terceiro mundo;

(2) que quase todas as considerações importantes que podem ser feitas sobre tal ato consistem em apontar suas relações com objetos do terceiro mundo; e

(3) que tal ato consiste, no essencial, em operações com objetos do terceiro mundo: operamos com esses objetos quase como se fossem objetos físicos.

Isto, sugiro eu, pode ser generalizado e se aplica a todo ato subjetivo de "conhecimento": todas as coisas importantes que podemos dizer sobre um ato de conhecimento consistem em apontar os objetos de terceiro mundo desse ato – uma teoria ou proposição – e sua relação com outros objetos do terceiro mundo, tais como os argumentos relevantes para o problema, assim como os objetos conhecidos.

6 Processos psicológicos do pensamento e objetos do terceiro mundo

Mesmo alguns daqueles que admitem a necessidade de analisar o *estado final do entendimento (subjetivo)* em termos de objetos do terceiro mundo, temo eu, vão rejeitar a tese correspondente em relação à *atividade subjetiva ou pessoal de compreender [grasping] ou de entender [understanding]*: geralmente acredita-se que não podemos prescindir de procedimentos subjetivos como o *entendimento simpatético* ou empatia, ou a encenação das ações de outras pessoas (Collingwood), ou a tentativa de nos colocarmos na situação de outra pessoa, assumindo suas finalidades e seus problemas como nossos próprios.

Contra essa visão, minha tese é a seguinte. Exatamente como um estado subjetivo de entendimento finalmente alcançado, um processo psicológico que leva até ele deve ser analisado em termos dos objetos do terceiro mundo em que está ancorado. Na verdade, ele pode ser analisado *somente* nestes termos. O processo ou atividade de entendimento consiste, essencialmente, em uma sequência de estados de entendimento. (Saber se um destes é ou não um estado "final" pode muitas vezes depender, subjetivamente, de nada mais interessante do que uma sensação de exaustão.) Somente se um argumento importante ou alguma nova evidência tiver sido alcançada – ou seja, algum objeto do terceiro mundo – pode-se dizer mais sobre isso. Até lá, é a sequência dos estados precedentes que constitui o "processo" e é o trabalho de criticar o estado alcançado (ou seja, de produzir argumentos críticos do terceiro mundo) que constitui a "atividade". Ou, colocado de outra forma: *a atividade de entendimento consiste, essencialmente, em operar com objetos do terceiro mundo.*

A atividade pode ser representada por um *esquema geral de resolução de problemas pelo método de conjecturas imaginativas e criticismo*, ou, como tenho chamado frequentemente, pelo *método de conjectura e refutação*. O esquema (em sua forma mais simples) é este[13]:

$$P_1 \rightarrow TT \rightarrow EE \rightarrow P_2$$

---

13. Este esquema tetrádico e uma versão mais elaborada dele podem ser encontrados em meu *De nuvens e relógios*, 1966, agora reimpresso como cap. 6 no presente volume, seção XVIII. Ele pode ser considerado como resultante da interpretação crítica do esquema dialético (não hegeliano) discutido em meu trabalho *What is Dialectic* [O que é a dialética], 1940, que agora forma o cap. 15 de minhas *Conjectures and Refutations*, 1963.

Aqui P_1 é o *problema* do qual partimos, *TT* (a "teoria provisória" [*tentative theory*]) é a solução conjectural imaginativa que alcançamos pela primeira vez, por exemplo, nossa primeira *interpretação provisória*. *EE* ("eliminação de erros") consiste em um exame crítico rigoroso de nossas conjecturas, nossa interpretação provisória: consiste, por exemplo, no uso crítico de evidência documental e, se tivermos neste estágio inicial mais de uma conjectura à nossa disposição, ela também consistirá em uma discussão crítica e avaliação comparativa das conjecturas concorrentes. P_2 é a situação de problema que emerge da nossa primeira tentativa crítica de resolver nossos problemas. Isso nos leva à nossa segunda tentativa (*e assim por diante*).

Um entendimento satisfatório será alcançado se a interpretação, a teoria conjectural, encontrar suporte no fato de que ele pode lançar nova luz sobre novos problemas – sobre mais problemas do que esperávamos; ou se ela encontrar suporte no fato de que ela explica muitos subproblemas, alguns dos quais foram sequer vistos, só para começar. Assim, podemos dizer que somos capazes de aferir o progresso que fizemos, comparando P_1 com alguns de nossos problemas posteriores (P_n, digamos).

Essa análise esquemática é amplamente aplicável; e opera inteiramente com objetos do terceiro mundo, tais como problemas, conjecturas e argumentos críticos. E ainda assim, é uma análise do que estamos fazendo em nosso segundo mundo subjetivo quando tentamos entender.

Uma análise mais detalhada mostraria que sempre escolhemos nosso problema em contraste com um *pano de fundo* do terceiro mundo[14]. Esse pano de fundo consiste em pelo menos uma *linguagem*, que sempre incorpora muitas teorias na própria estrutura de seus usos (como enfatizado, p. ex., por Benjamin Lee

---

14. Estou usando aqui o termo "pano de fundo" [*background*] em vez de "conhecimento de fundo" [*background knowledge*] porque quero evitar discutir a admissibilidade de um sentido objetivo, de terceiro mundo, do termo "conhecimento". (Cf., entretanto, *Conjectures and Refutations*, p. 227s. Para "conhecimento de fundo" cf. op. cit., esp. p. 112, 238ss.) O sentido objetivo de "conhecimento" é discutido longamente em meu artigo "Epistemologia sem um sujeito conhecedor" (lido em Amsterdã em 1967) agora reimpresso como cap. 3 no presente volume. • Como Popper utiliza em momentos diferentes os termos *context* (contexto) e *background* (pano de fundo), optou-se por traduzi-los de modo distinto [N.T.].

Whorf) e de muitas outras suposições teóricas, pelo menos por enquanto incontestadas. É somente em contraste com um pano de fundo como esse que um problema pode surgir.

Um problema junto com seu pano de fundo (e talvez junto com outros objetos do terceiro mundo) constitui o que eu chamo de uma *situação de problema* [*problem situation*]. Outros objetos do terceiro mundo com os quais operamos podem ser: concorrência e conflito (entre teorias e problemas, aspectos de conjecturas, interpretações e posições filosóficas); e comparações ou contrastes ou analogias. É importante notar que a relação entre uma solução e um problema é uma relação lógica e, assim, uma relação objetiva de terceiro mundo; e que, se nossa tentativa de solução não resolver nosso problema, ela pode resolver um problema substituto. Isso leva à relação de terceiro mundo chamada "*deslocamento de problema*" [*problem shift*] por I. Lakatos, que distingue entre deslocamentos progressivos e degenerativos de problemas[15].

7 Entendimento e resolução de problemas

Gostaria de sugerir aqui que a atividade de entendimento é, essencialmente, a mesma que de toda resolução de problemas. Deve-se admitir que, como todas as atividades intelectuais, ela consiste em processos subjetivos do segundo mundo. Porém o trabalho subjetivo envolvido pode ser analisado, e tem que ser analisado, como uma operação com objetos objetivos do terceiro mundo. É uma operação que estabelece em alguns casos um tipo de familiaridade com esses objetos e com o manejo desses objetos. Para usar uma analogia, ela pode ser comparada às atividades de um construtor de pontes ou de casas: na tentativa de resolver algum problema prático, ele maneja ou opera com unidades estruturais

---

15. Cf. LAKATOS, I. "Changes in the Problem of Inductive Logic". In: LAKATOS, I. (org.). *The Problem of Inductive Logic* [O problema da lógica indutiva], 1968. Cf. tb. LAKATOS, I. "Falsification and the Methodology of Scientific Research Programmes". In: LAKATOS, I. & MUSGRAVE, A. (orgs.). *Criticism and the Growth of Knowledge* [Crítica e o crescimento do conhecimento], 1970.

simples ou unidades estruturais mais complexas, com a ajuda de ferramentas simples ou então sofisticadas.

Substituindo estas unidades estruturais e ferramentas do primeiro mundo por unidades estruturais e ferramentas do terceiro mundo, tais como problemas ou teorias ou argumentos críticos, obtemos uma imagem do que estamos fazendo quando tentamos entender ou compreender alguma estrutura do terceiro mundo, ou quando tentamos fazer alguma outra contribuição de resolução de problemas para o terceiro mundo. Mas obtemos mais do que uma mera imagem. Minha tese central é que qualquer análise intelectualmente significativa da atividade de entendimento tem que proceder principalmente, se não inteiramente, analisando nosso manejo de unidades estruturais e ferramentas do terceiro mundo.

A fim de tornar esta tese um pouco mais palatável, posso talvez lembrar que essas unidades estruturais do terceiro mundo são *inteligíveis*; ou seja, objetos possíveis (ou virtuais) de nosso entendimento. Não é de se admirar que, se estamos interessados no *processo* de nosso entendimento, ou em alguns de seus resultados, tenhamos que descrever o que estamos fazendo ou alcançando, quase inteiramente em termos desses objetos de entendimento, os inteligíveis e suas relações. Tudo o mais, tal como uma descrição de nossos sentimentos subjetivos, de excitação ou frustração ou satisfação, pode ser muito interessante, mas pouco relevante para nosso problema; ou seja, no entendimento de objetos ou estruturas inteligíveis, de terceiro mundo.

Estou disposto a admitir, no entanto, que há certas atitudes ou experiências subjetivas que contribuem, sim, para o processo de entendimento. Tenho em mente coisas tais como a *ênfase*: a escolha de um problema ou de uma teoria como importante, mesmo que não seja precisamente o problema ou teoria sob investigação; ou o oposto: a *rejeição* de alguma teoria como irrelevante, em vez de falsa; ou, digamos, como irrelevante para a discussão em um certo estágio, mesmo que possa ser importante em outro estágio; ou talvez até mesmo a rejeição de uma teoria como falsa *e* como irrelevante demais para ser discutida explicitamente. Considerado em termos lógicos, isto equivale à proposta de que sua falsidade e irrelevância deva ser relegada ao "pano de fundo" da discussão.

Assim, uma proposta de relegar uma teoria ou um problema (ou uma narrativa ou um "projeto") é transmitida, na maioria das vezes, por meios expressivos e emocionais[16]. Vê-se facilmente que, do ponto de vista do manejo de objetos do terceiro mundo, esses meios funcionam como uma espécie de abreviação: em princípio, eles poderiam ser substituídos por uma *análise* mais detalhada *da situação de problema objetiva*. O problema é que esta análise pode ser complexa, pode levar muito tempo e pode-se sentir que não valha a pena, porque seu problema é apenas estabelecer o fato de que há irrelevâncias.

Esta análise esquemática de algumas conotações emocionais tenta ilustrar a alegação de que mesmo tais conotações podem às vezes ser melhor entendidas em termos de objetos do terceiro mundo, tais como situações de problema.

Essa alegação não deve ser confundida com uma ainda mais importante: a tarefa de explicar estados psicológicos, tais como emoções, cria seus próprios problemas teóricos, a serem resolvidos por suas próprias teorias provisórias: teorias (i. é, objetos do terceiro mundo) sobre o segundo mundo. Porém não se deve considerar que isso signifique que podemos entender as pessoas somente, ou principalmente, através do estudo de teorias psicológicas a respeito delas; isso tampouco tem a intenção de abjurar ou mesmo restringir minha tese de que em todo entendimento, incluindo o entendimento das pessoas e de suas ações e, desse modo, no *entendimento da história*, a análise de situações do terceiro mundo é nossa tarefa primordial.

Pelo contrário, um dos meus principais pontos é que as ações, e portanto a história, podem ser explicadas como resolução de problemas e que minha análise em termos do esquema de conjecturas e refutações ($P_1 \to TT \to EE \to P_2$, como explicado na seção 6 acima) pode ser aplicada a elas.

---

16. Uma boa análise de tal situação pode ser encontrada na crítica de Collingwood a Richards, mencionada anteriormente. Cf. *The Principles of Art* [Os princípios da arte], 1938, esp. as p. 164s. Na verdade, a crítica de Collingwood é um belo exemplo de análise de um conteúdo emocional de um objeto de terceiro mundo em termos de uma situação de problema, seu pano de fundo e sua solução.

Antes de prosseguir para esse ponto importante, entretanto, primeiro discutirei com algum detalhe um exemplo do processo de entendimento de um objeto do terceiro mundo: uma simples equação aritmética.

8 Um exemplo muito trivial

É um fato aritmético muito trivial que 777 vezes 111 é igual a 86.247. Isso pode ser escrito como uma equação. Também pode ser considerado como um teorema muito trivial da teoria dos números naturais.

Eu *entendo* esta proposição trivial?

Sim e não. Eu certamente entendo a asserção – especialmente quando a vejo por escrito, pois, caso contrário, posso não ser capaz de manejar ou reter um número tão grande quanto 86.247. (Eu fiz o experimento, e o confundi com 86.427.) Mas em *algum* sentido é claro que eu o entendo de imediato quando o ouço: 777 e 111 são fáceis de manejar e entendo que a proposição em questão é oferecida como *solução do problema*: que numeral no sistema decimal é igual a 777 vezes 111?

Quanto à *resolução* desse problema, é claro que sei que há muitas pessoas que podem encontrar sua solução com bastante facilidade, em suas cabeças; eu mesmo posso conseguir isso tentando com muito esforço. Mas se eu quiser ter certeza do meu resultado, ou mesmo ter certeza de não o confundir com um resultado diferente no próximo minuto, tenho que fazer uso do que Bridgman denomina uma "operação de papel e lápis"; tenho que colocar a coisa toda em um algoritmo no qual haja unidades estruturais que possam ser facilmente manejadas. (É claro, unidades estruturais do terceiro mundo.) Um dos pontos aqui é a *eliminação de erros*: as operações estabelecidas de papel e lápis facilitam detectar e eliminar erros.

Até agora usamos três dos quatro objetos que ocorrem no meu esquema de resolução de problemas (o esquema *P1* → *TT* → *EE* → *P2*, introduzido na seção 6). A fim de entender uma proposição, uma teoria provisória, perguntamos primeiro: Qual era o problema? E, para eliminar erros, fizemos um cálculo com lápis e papel. Embora tenhamos partido de uma proposição ou teoria provisória (*TT*), prosseguimos daí para o problema subjacente (para *P1*); e mais tarde para um método de cálculo projetado para eliminar erros (*EE*). Também entra um segundo problema (*P2*)? Entra: o método de eliminação de erros de fato leva a um deslocamento do problema: em nosso caso, um deslocamento de problema muito trivial e degenerativo – a substituição de um problema de multiplicação por três mais simples e por uma adição. O deslocamento do problema (de *P1* para *P2*) é, claro, degenerativo; obviamente, porque não temos nenhum interesse teórico real aqui – estamos apenas aplicando uma rotina cuja função é tornar a solução mais fácil de trabalhar e mais fácil de verificar (ou seja, de eliminar erros).

Mesmo neste exemplo extremamente trivial, podemos distinguir vários graus de entendimento.

(1) O simples entendimento do que foi dito, entendimento no sentido em que podemos também "entender" a proposição "777 vezes 111 é igual a 68.427" sem perceber que é falsa.

(2) O entendimento de que é uma solução de um problema.

(3) O entendimento do problema.

(4) O entendimento de que a solução é verdadeira, o que em nosso caso é trivialmente fácil.

(5) A verificação da verdade por algum método de eliminação de erros, mais uma vez trivial em nosso caso.

Existem, claramente, outros graus de entendimento. Especialmente (3), o entendimento do problema, pode ser levado adiante. Pois alguns podem, e outros não, entender que o problema é verbal na medida em que "777 vezes 111", embora não escrito na forma decimal de escrita, é apenas uma boa maneira, ou até melhor, de formar um sinônimo do número "8 vezes 10.000, mais 6 vezes 1.000, mais 2 vezes 100, mais 4 vezes 10, mais 7"; e que "86.247" é apenas um método abreviado de escrever este último nome. Esse tipo de entendimento exemplifica uma tentativa de entender o *pano de fundo* que normalmente é tido como certo. Assim, ele *descobre um problema dentro desse pano de fundo*.

Esses graus de entendimento[17] não podem, é claro, via de regra, ser colocados em uma ordem linear; novas possibilidades de maior e melhor entendimento podem se ramificar em quase todos os pontos, especialmente em casos menos triviais.

Assim, podemos aprender bastante com nosso exemplo muito simples. Talvez a coisa mais importante que possamos aprender é o seguinte. Sempre que tentamos interpretar ou entender uma teoria ou uma proposição, mesmo uma trivial como a equação aqui discutida, estamos de fato levantando *um problema de entendimento*, e isto sempre acaba sendo *um problema sobre um problema*; ou seja, *um problema de nível mais elevado*.

9 Um caso de entendimento histórico objetivo[18]

Tudo isso se aplica a todos os problemas de entendimento e, especialmente, ao problema do *entendimento histórico*. Minha tese é que a principal finalidade de todo entendimento histórico é a reconstrução hipotética de uma *situação-problema** histórica.

---

17. Dilthey enfatiza com frequência, e com razão, que há graus de entendimento. Não tenho muita certeza, entretanto, se ele sempre distingue entre os graus de entendimento (i. é, da profundidade ou completude do entendimento) e a certeza (*"Sicherheit"*) do entendimento, o que me parece uma ideia bem diferente e completamente equivocada. Para as considerações de Dilthey: "O mais elevado grau de certeza é alcançado no campo da interpretação [dos objetos da] mente científica" (DILTHEY, W. *Gesammelte Schriften* [Textos reunidos], vol. 7, p. 260). Isso parece-me conter uma confusão. Ou estou entendendo errado essa proposição? Pode-se ver que *a certeza elevada do entendimento* pode andar junto com um *grau de entendimento* extremamente *baixo* quando refletimos sobre a seguinte formulação em CARNAP, R. *Introduction to Semantics* [Introdução à semântica], 1942, p. 22: "[...] entender uma oração, saber o que é afirmado por ela, é o mesmo que saber em que condições ela seria verdadeira". Certamente sei que a equação "777 vezes 111 = 86.427" seria verdadeira precisamente sob a condição de que 777 vezes 111 seja de fato igual a 86.427. (De fato não é.) Sei disso pela definição de verdade de Tarski; e a respeito de *todo enunciado* eu sei que esse tipo de condição de verdade se aplica a ele. Assim, *devo entender com certeza todo enunciado*, se entendo a linguagem; e isto é, de fato, verdadeiro para um *grau de entendimento* extremamente *baixo*, que dificilmente é o sentido pretendido tanto da teoria de Dilthey quanto da de Carnap.

18. Na parte restante deste capítulo tento ilustrar, em relação a problemas de entendimento histórico, a superioridade do método do terceiro mundo, de reconstruir criticamente situações de problema, sobre o método do segundo mundo, de reviver intuitivamente alguma experiência pessoal (um método limitado e subjetivo, mas ao mesmo tempo indispensavelmente sugestivo, cujo valor eu não quero negar).

* Na maior parte das vezes, Popper utiliza a expressão "problem situation" sem hífen, mas em alguns poucos casos, "problem-situation", com hífen. Ainda que aparentemente não haja diferença de significados, já que a situação de um problema é também, em si, parte do problema, optou-se por manter o hífen nos casos em que ocorre no original.

Tentarei explicar esta tese em algum detalhe com a ajuda de outro exemplo: com a ajuda de algumas considerações históricas da *teoria das marés* de Galileu. Essa teoria acabou sendo "malsucedida" (porque ela nega que a lua tenha qualquer efeito sobre as marés) e, mesmo em nossa própria época, Galileu tem sido atacado de forma severa e pessoal por seu dogmatismo ao persistir obstinadamente em uma teoria tão obviamente falsa.

Em resumo, a teoria de Galileu diz que as marés são resultado de acelerações que, por sua vez, são resultado dos complexos movimentos da terra.

Quando, mais precisamente, a terra em rotação regular está, além disso, se movendo ao redor do sol, então a velocidade de qualquer ponto da superfície, localizado no momento no lado oposto ao sol, será maior que a velocidade do mesmo ponto quando, após 12 horas, ela estiver de frente para o sol. (Pois se *a* é a velocidade orbital da terra e *b* é a velocidade de rotação de um ponto no equador, então *a+b* é a velocidade deste ponto à meia--noite e *a-b* sua velocidade ao meio-dia).

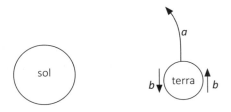

Assim, a velocidade muda, o que significa que devem surgir acelerações e retardamentos periódicos. Mas quaisquer retardamentos e acelerações periódicos de uma bacia de água resultam, diz Galileu, em aparências similares às das marés. (A teoria de Galileu é plausível mas incorreta nessa forma: além da aceleração constante devido à rotação da terra – isto é, a aceleração centrípeta – que também surge se *a* for zero, não surge ali nenhuma outra aceleração e, portanto, especialmente nenhuma aceleração periódica[19].)

---

19. Pode-se dizer que a teoria cinemática das marés de Galileu contradiz o chamado princípio da relatividade galileano. Mas essa crítica seria falsa, tanto historicamente como teoricamente, já que esse princípio *não* se refere a movimentos *rotacionais*. A intuição física de Galileu – de que a rotação da terra tem consequências mecânicas não relativísticas – foi

O que podemos fazer para melhorar nosso entendimento histórico dessa teoria que foi tantas vezes mal-interpretada? Minha resposta a esse *problema de entendimento* [*problem of understanding*] (que denotarei por "P^u") prossegue em linhas similares às da minha resposta à questão do entendimento, discutida anteriormente em relação à nossa equação aritmética trivial.

Eu alego que o primeiro e importantíssimo passo é nos perguntar: *qual foi o problema (do terceiro mundo) para o qual a teoria de Galileu foi uma solução provisória?* E qual foi a situação – a *situação de problema* lógica – na qual esse problema surgiu?

O problema de Galileu era, de maneira bastante simples, explicar as marés. Porém sua situação de problema era muito menos simples.

É claro que Galileu nem estava mesmo imediatamente interessado no que acabei de chamar de seu *problema*. Foi outro problema que o levou ao problema das marés: o problema da verdade ou falsidade da teoria de Copérnico – se a terra estava em movimento ou em repouso. Galileu tinha a esperança de poder usar uma teoria bem-sucedida das marés como argumento decisivo a favor da teoria de Copérnico.

O que eu chamo de *situação de problema* de Galileu acaba sendo um caso complexo. Deve-se admitir que a situação de problema implica o problema das marés, mas o faz com um papel específico: a explicação das marés é servir como pedra de toque da teoria de Copérnico. Mesmo esta consideração, porém, é insuficiente para entender a situação de problema de Galileu. Pois a teoria provisória de Galileu não estava meramente tentando explicar a mudança das marés: ela tentou explicá-las em contraste com um certo *pano de fundo* e, além disso, *dentro de uma certa estrutura teórica dada*. Ao mesmo tempo que o pano de fundo não era problemático para Galileu, o que eu proponho chamar

---

correta; e embora essas consequências (o movimento de um pião, o pêndulo de Foucault etc.) não expliquem as marés, a força de Coriolis, pelo menos, não está completamente sem influência sobre elas. Além disso, obtemos (pequenas) acelerações cinemáticas periódicas assim que levamos em conta a curvatura do movimento da terra ao redor do sol.

de "estrutura do Galileu" era altamente problemático e Galileu estava plenamente consciente desse fato.

Desse modo, resulta que, para resolver nosso *problema de entendimento* (P^u), temos que investigar um objeto de terceiro mundo razoavelmente complexo. O objeto consiste no problema das marés (do qual a teoria de Galileu foi uma solução provisória), juntamente com sua configuração – seu pano de fundo e sua estrutura: é este objeto complexo que eu chamo de *situação de problema*. A *situação de problema* de Galileu pode ser caracterizada desta forma.

Como verdadeiro cosmólogo e teórico, Galileu era há muito tempo atraído pela incrível audácia e simplicidade da ideia principal de Copérnico, a ideia de que a Terra e os outros planetas seriam luas do Sol. O poder explicativo dessa ideia ousada era muito grande; e quando Galileu descobriu as luas de Júpiter, reconhecendo nelas um pequeno modelo do sistema solar, ele viu nisso uma corroboração empírica dessa concepção ousada, apesar de seu caráter altamente especulativo e quase *a priori*. Além de tudo isso, ele tinha sido bem-sucedido em testar uma previsão derivável da teoria de Copérnico: previa que os planetas internos mostrariam fases, como as da lua; e Galileu tinha sido capaz de observar as fases de Vênus.

A teoria de Copérnico foi, assim como a de Ptolomeu, essencialmente um modelo cosmológico geométrico, construído por meios geométricos (e cinemáticos). Mas Galileu era um físico. Ele sabia que o problema real era encontrar uma explicação física mecânica (ou talvez transmecânica); e ele realmente descobriu alguns dos elementos de tal explicação, especialmente as leis da inércia e a correspondente lei de conservação dos movimentos de rotação.

Galileu ousadamente tentou basear sua física somente nessas duas leis de conservação, ainda que ele estivesse bem ciente do fato de que deve haver grandes lacunas de terceiro mundo em seu conhecimento físico. Do ponto de vista do método, Galileu estava perfeitamente certo em tentar explicar tudo nessa base muito restrita; pois somente se tentarmos explorar e testar nossas teorias falíveis até o limite poderemos esperar aprender com seu fracasso.

Isso explica por que Galileu, apesar de sua familiaridade com a obra de Kepler, se agarrou à hipótese do movimento circular dos planetas; e ele estava bastante certo em fazê-lo, tendo em vista o fato de que esse movimento circular poderia ser explicado por suas leis básicas de conservação. Diz-se frequentemente que ele tentou encobrir as dificuldades dos ciclos copernicanos e que ele simplificou demais a teoria copernicana de maneira injustificável; também que ele deveria ter aceitado as leis de Kepler. Mas tudo isso mostra uma falha de entendimento histórico – um erro na análise da situação de problema do terceiro mundo. Galileu estava bastante certo em trabalhar com ousados simplismos [*over-simplifications*]; e as elipses de Kepler também eram simplificações excessivas e tão ousadas quanto os círculos de Galileu. Mas Kepler teve sorte em logo ter seus simplismos usados e, por conseguinte, explicados, por Newton, como um teste de sua solução para o problema dos dois corpos.

Mas por que Galileu rejeitou a já conhecida ideia de uma influência da lua sobre as marés? Essa questão abre um aspecto muito importante da situação de problema. Primeiro, Galileu rejeitou a influência lunar porque ele era um oponente da astrologia, que essencialmente identificava os planetas com os deuses; nesse sentido, ele era um precursor do Iluminismo e também um oponente da astrologia de Kepler, ainda que ele admirasse Kepler[20]. Em segundo lugar, ele trabalhou com um princípio de conservação mecânica para movimentos de rotação e isso parecia excluir influências interplanetárias. Sem a tentativa de Galileu de explicar as marés nessa base tão restrita, talvez não tivéssemos encontrado tão cedo que a base era muito restrita e que uma ideia complementar fosse necessária – a ideia de atração (e com ela, a de uma força), por Newton; ideias que quase tinham o caráter de ideias astrológicas e que eram consideradas ocultas pela maioria dos homens esclarecidos, como Berkeley[21]. Elas foram consideradas ocultas até pelo próprio Newton.

Assim, somos levados, pela análise da situação de problema de Galileu, a justificar a racionalidade do método de Galileu em diversos pontos nos quais ele foi criticado por vários historiadores;

---

20. Cf. *Conjectures and Refutations*, p. 188.
21. Ibid. e cap. 6.

e, assim, somos levados a um melhor *entendimento histórico* de Galileu. As explicações psicológicas que foram buscadas, tais como ambição, ciúme ou agressividade, ou o desejo de criar um alvoroço, tornam-se supérfluas. Elas são aqui substituídas por uma análise situacional do terceiro mundo. Da mesma forma, torna-se supérfluo criticar Galileu por "dogmatismo" por ter se agarrado ao movimento circular ou introduzir a ideia de uma misteriosa atração psicológica no "misterioso movimento circular". (Dilthey chama isso de ideia arquetípica ou psicologicamente atraente[22].) Pois o método de Galileu estava correto quando ele tentou proceder o máximo possível com a ajuda da lei racional de conservação para movimentos de rotação. (Ainda não havia nenhuma teoria dinâmica.)

Esse resultado deve ilustrar como cresceu, juntamente com nosso entendimento de sua situação de problema objetiva, nosso entendimento histórico do papel de Galileu. Podemos agora denotar essa situação de problema por "P_1", uma vez que ela desempenha um papel análogo àquele P_1 que tínhamos antes. E podemos denotar a teoria provisória de Galileu por "TT" e suas próprias tentativas e de outras pessoas de discuti-la criticamente, para eliminar erros, podemos denotar por "EE". Galileu, embora esperançoso, estava longe de satisfeito com o resultado de sua discussão. Podemos dizer que seu P_2 estava muito próximo de seu P_1; isto é, o problema ainda estava aberto.

Muito mais tarde, o assunto levou a uma mudança revolucionária (devido a Newton) na *situação do problema* (P_2): Newton ampliou a estrutura de Galileu – a estrutura das leis de conservação dentro da qual o problema de Galileu havia sido concebido. Parte da mudança revolucionária de Newton foi que ele readmitiu,

---

22. Dilthey fala do "misterioso movimento circular" ("die geheimnisvolle [...] Kreisbewegung". *Schriften*, vol. I, p. 95-96) da astronomia antiga. Isso me parece uma má interpretação e um ponto contra os graus de certeza de Dilthey, discutido em uma nota anterior. (Dilthey talvez tenha respondido que, nesse campo, a ciência só começa com Newton; e que ele estava falando de ideias pré-científicas. Não creio que seria possível aceitar essa resposta e negar que Galileu era um cientista: a ciência começa com Anaximandro, ou mesmo antes.) Para um tratamento breve mas minucioso de Ptolomeu contra Copérnico, cf. NEUGEBAUER, O. *The Exact Sciences in Antiquity* [As ciências exatas na Antiguidade], 1957, p. 191ss. (Devido à sua incapacidade de distinguir nitidamente entre problemas geométricos e físicos, até mesmo Neugebauer condena, na p. 204, como dogmática a insistência de Copérnico ou de Galileu em utilizar círculos.)

dentro da teoria, a lua, cujo banimento da teoria das marés havia sido uma consequência necessária da estrutura (e do pano de fundo) de Galileu.

Para resumir brevemente a história, a estrutura física de Galileu foi uma forma um tanto simplificada do modelo do sistema solar de Copérnico. Era um sistema de ciclos (e talvez epiciclos) com velocidade de rotação constante. Até Einstein comentou o "apego à ideia do movimento circular" de Galileu, que ele [Einstein] considerou "responsável pelo fato de que ele [Galileu] não reconhecia *plenamente* a lei da inércia e sua significância fundamental"[23]. Mas ele esqueceu que, assim como a teoria de Newton era baseada na lei da inércia, ou lei da conservação do momento, também a teoria do ciclo-epiciclo, em suas formas mais simples que aderiam a velocidades constantes – essa era a forma preferida por Galileu –, era baseada originalmente na lei da conservação do momento angular. Ambas as leis de conservação são sem dúvida mantidas "instintivamente", talvez devido a algo como a seleção de conjecturas sob a pressão da experiência prática: para a lei do momento angular, a experiência com rodas de carruagem bem lubrificadas pode ter sido decisiva. Devemos lembrar também que a antiga teoria da rotação circular dos céus (que deriva desta experiência) foi por fim substituída pela conservação do momento angular da Terra; uma indicação de que os ciclos não eram tão

---

23. As palavras citadas são da p. xi do admirável prefácio de Einstein ao *Dialogue Regarding the Two Chief World Systems* [Diálogo sobre os dois principais sistemas mundiais] de Galileu, traduzido por Stillman Drake. Ed. rev., 1962. Einstein reconhece que Galileu tinha sim a lei da inércia; e não pode haver dúvida de que Galileu não reconheceu *plenamente* (o itálico é de Einstein) sua significância fundamental. Posso mencionar aqui que Galileu foi muito criticado por apresentar o sistema de Copérnico de uma forma excessivamente simplificada; e, de fato, ele diz em um espírito de crítica que "Ptolomeu introduz vastos epiciclos" (op. cit., p. 341s.), mas não diz que Copérnico também usou epiciclos. Eis um problema de interpretação histórica. Sugiro que Galileu tenha conscientemente deixado em aberto o problema levantado pelo fato de que o sistema copernicano, baseado exclusivamente no movimento circular de velocidade constante sem epiciclos, não se encaixava nas observações de modo preciso. Ele ficou enormemente impressionado com o fato de que esse sistema se encaixava comparativamente muito bem nas observações; e pensou que os *problemas puramente geométricos* que foram deixados em aberto poderiam ser resolvidos *somente junto com os problemas físicos*. (Ele insinua que epiciclos ou vórtices ou forças magnéticas *não tão "vastos"* podem fornecer soluções possíveis; cf. op. cit., p. 398ss.) Esse pensamento acabou sendo correto; e não devemos esquecer que mesmo a solução geométrica de Kepler ainda era somente uma aproximação, ou seja, um simplismo.

ingênuos nem tão misteriosos como ainda se pensa frequentemente. Dentro dessa estrutura – em oposição à dos astrólogos – não poderia haver nenhuma interação entre os corpos celestes. Assim, a teoria lunar das marés, afirmada pelos astrólogos, tinha de ser rejeitada por Galileu[24].

Podemos aprender algo novo com esse exemplo? Creio que podemos.

Primeiro, o exemplo mostra a imensa importância da reconstrução da situação de problema de Galileu (P_1) para o entendimento da teoria de Galileu (*TT*). A importância dessa reconstrução é ainda maior para o entendimento de teorias malsucedidas como as de Galileu do que para as bem-sucedidas, pois sua falha (a falha de *TT*) pode ser explicável por uma falha na estrutura ou no contexto de P_1.

Em *segundo* lugar, no caso presente torna-se óbvio que a reconstrução da situação de problema de Galileu (P_1) tem, por sua vez, o caráter de uma *conjectura* (e também de um simplismo ou uma idealização): isso é óbvio, considerando que minha análise dessa situação de problema (P_1), por mais breve que seja, diverge consideravelmente da de outros que tentaram entender essa teoria malsucedida de Galileu. Mas se minha reconstrução de P_1 é uma conjectura, *qual é o problema que esta conjectura tenta resolver?* Obviamente é P^u, o *problema de entender* a teoria de Galileu.

Meu *terceiro* ponto é este: *nosso problema de entendimento*, P^u, está *em um nível mais elevado* que P_1. Isto é, o problema de entendimento é um *metaproblema*: trata-se de *TT* e, dessa forma, também de P_1. Consequentemente, a teoria projetada para resolver o problema de entendimento é uma *metateoria*, já que é uma parte da teoria cuja tarefa é descobrir, em todo caso particular, em que de fato consistiam P_1, *TT*, *EE*, e P_2.

---

24. A conexão entre a teoria de Galileu sobre as marés e sua rejeição da astrologia é discutida e interpretada em minhas *Conjectures and Refutations*, nota 4 do cap. 1 (p. 38) e nota 4 do cap. 8 (p. 188). Essa é uma interpretação conjectural típica (no sentido de minha *Open Society and Its Enemies*, 1945, vol. I, cap. 10, p. 171), e como tal pode "lançar luz sobre o material histórico": ela me ajudou a *entender melhor* a última passagem do *Dialogue* de Galileu (op. cit., p. 462; para a atitude de Galileu em relação à astrologia, cf. tb. p. 109s.). na qual este menciona Kepler, reprovando-o por suas "puerilidades" astrológicas.

Aliás, não se deve considerar que isso implique que em todo caso particular *somente* as estruturas de P_1, *TT* etc., tenham que ser descobertas pela metateoria, ao passo que o próprio esquema ($P_1 \to TT \to EE \to P_2$) tenha que ser aceito sem crítica. Pelo contrário, o esquema, isso deve ser enfatizado novamente, é um simplismo e deve ser elaborado ou mesmo radicalmente mudado sempre que a necessidade surgir.

Meu *quarto* ponto é que toda tentativa (exceto a mais trivial) de entender uma teoria está fadada a abrir uma investigação histórica sobre esta teoria e seu problema, que assim se torna parte do *objeto* da investigação. Se a teoria era científica, a investigação será uma investigação sobre a história da ciência. Se a teoria era, digamos, histórica, a investigação será uma investigação sobre a história da historiografia. Os problemas que estas investigações históricas tentam resolver serão metaproblemas, a serem nitidamente distinguidos dos problemas que são os objetos sob investigação.

Meu *quinto* ponto é que a história da ciência deve ser tratada *não* como uma história de teorias, mas como uma história de situações de problema e suas modificações (às vezes imperceptíveis, às vezes revolucionárias) através da intervenção de tentativas de resolver os problemas. Historicamente, as tentativas malsucedidas podem, assim, acabar tendo sido tão importantes para a continuação do desenvolvimento quanto as bem-sucedidas.

Meu *sexto* ponto (que meramente elabora o terceiro) é que temos que distinguir claramente entre os metaproblemas e as metateorias do historiador da ciência (que estão no nível P^u) e os problemas e teorias dos cientistas (que estão no nível P_1). É muito fácil misturar estes dois, pois se formularmos o problema do historiador perguntando: "Qual era o problema de Galileu?", a resposta parece ser "P_1"; mas P_1 (ao contrário de "o problema de Galileu era P_1") parece pertencer ao nível do objeto e não ao nível do metanível[25]; e assim os dois níveis se confundem.

---

25. Na verdade, a resposta é uma conjectura histórica *sobre* o problema de Galileu (P_1). Os metaproblemas do historiador e suas respostas conjecturais serão discutidos de modo mais completo posteriormente.

Mas, em geral, não há problemas comuns aos diferentes níveis. Isso é facilmente visto: duas tentativas de metateorias de um mesmo objeto são frequentemente muito diferentes. Dois historiadores da ciência que concordam sobre "os fatos" podem entendê-los ou interpretá-los de modos muito diferentes (às vezes de modos complementares, às vezes até mesmo de modos conflituosos). Eles podem até discordar sobre o que constitui seus problemas. Assim, em geral, eles não compartilharão problemas uns com os outros, e muito menos com a teoria que é objeto de sua investigação e interpretação.

Ademais, a fim de interpretar uma teoria, o metateórico é livre para usar qualquer coisa que possa ser útil; por exemplo, ele pode contrastar a teoria com algumas teorias concorrentes radicalmente diferentes. *Assim, algumas das unidades estruturais do terceiro mundo que constituem a metateoria podem ser totalmente dissimilares daquelas que constituem a teoria a ser interpretada ou entendida.*

Este ponto é importante. Ele estabelece *a fortiori* [com razão mais forte] que mesmo que pudéssemos falar com toda a sensatez (o que estou inclinado a negar) de algo como uma *similaridade* entre os *conteúdos de pensamento* do terceiro mundo, por um lado, e, por outro, aqueles *processos de pensamento* do segundo mundo através dos quais compreendemos esses conteúdos, mesmo assim eu ainda deveria negar que realmente haja, em geral, qualquer similaridade, em qualquer nível de problemas, entre os conteúdos e os processos de pensamento correspondentes. Pois o método de entendimento histórico do terceiro mundo que estou tentando descrever é um método que, sempre que possível, substitui as explicações psicológicas pela análise das *relações do terceiro mundo*: no lugar dos princípios explicativos psicológicos, fazemos uso de considerações do terceiro mundo, principalmente de caráter lógico; e minha tese é que a partir de tais análises nosso entendimento histórico pode crescer.

Meu *sétimo* e talvez mais importante ponto envolve o que algumas vezes descrevi como *lógica situacional* ou *análise si-*

tuacional[26]. (Este último nome pode ser preferível, porque o primeiro pode parecer sugerir uma teoria determinista de ação humana; é claro que está longe de ser minha intenção sugerir algo como isto.)

Por análise situacional, quero dizer um certo tipo de explicação provisória ou conjectural de alguma ação humana que apela para a situação em que o agente se encontra. Pode ser uma explicação histórica: talvez queiramos explicar como e por que uma certa estrutura de ideias foi criada. Deve-se admitir que nenhuma ação criativa pode jamais ser plenamente explicada. Contudo, podemos tentar, conjecturalmente, dar uma reconstrução idealizada da *situação de problema* na qual o agente se encontrava e, nessa medida, tornar a ação "entendível" (ou "racionalmente entendível"), isto é, *adequada à sua situação conforme ele a via*. Esse método de análise situacional pode ser descrito como uma aplicação do *princípio da racionalidade*.

Seria uma tarefa para a análise situacional distinguir entre a situação conforme o agente a via e a situação como ela era (ambas, é claro, conjecturadas)[27]. Assim, o historiador da ciência não só tenta explicar através da análise situacional a teoria proposta

---

26. Descrevi o método de *lógica situacional* ou *análise situacional* em minha *Open Society* [Sociedade Aberta], vol. II, cap. 14, esp. p. 97, e em meu *Poverty of Historicism*, 1957, seções 31 ("Situational Logic in History" [Lógica situacional na história]; cf. esp. p. 149) e 32.

27. Há muitos casos em que podemos reconstruir, *objetivamente* (ainda que conjecturalmente), (a) a *situação conforme ela era* e (b) uma *situação* muito diferente *conforme ela parecia ao agente* ou conforme era *entendida* ou *interpretada* pelo agente. É interessante que isso possa ser feito até *mesmo na história da ciência*. Um exemplo é a mecânica ondulatória de Schrödinger. Este não interpretou seu problema como estatístico (que ele era estatístico só ficou claro depois da famosa "interpretação estatística" de Born; cf. minha "Quantum Mechanics Without 'The Observer'" [Mecânica quântica sem "o observador"]. In: BUNGE, M. (org.). *Quantum Theory and Reality* [Teoria quântica e realidade]. Berlim/Heidelberg/Nova York: Springer-Verlag, 1967, p. 7-44). Mas há muitos outros exemplos, antigos e novos. Kepler entendeu seu problema como a descoberta de uma *harmonia do mundo* pitagórica. Einstein formulou o problema da relatividade geral com a ajuda de uma demanda por *covariância*; e embora tenha aceitado as críticas de E. Kretschmann (*Annalen der Physik* [Anais da Física], 35, p. 575, 1917), que disse que essa demanda era vazia, Einstein claramente acreditava que ela poderia ser restabelecida de modo a servir ao seu propósito pretendido, embora ele nunca tenha dado uma reformulação satisfatória. Um exemplo da filosofia (ligado ao problema de Kant, "Como a ciência natural pura é possível?") é analisado em *Conjectures and Refutations*, cap. 2, seção x, esp. p. 94-96.

como adequada por um cientista, como pode até tentar explicar o fracasso do cientista.

Em outras palavras, nosso esquema de resolução de problemas por conjectura e refutação, ou um esquema similar, pode ser usado como uma teoria explicativa de ações humanas, já que podemos interpretar uma ação como uma tentativa de resolver um problema. Assim, a teoria explicativa da ação consistirá, no essencial, em uma reconstrução conjectural do problema e de seu pano de fundo. Uma teoria deste tipo pode muito bem ser testável.

Tentei responder à pergunta: *"Como podemos entender uma teoria científica ou melhorar nosso entendimento sobre ela?"* E eu sugeri que minha resposta, em termos de problemas e situações de problema, pode ser aplicada muito além da teoria científica. Podemos, pelo menos em alguns casos, aplicá-la até mesmo a obras de arte: podemos conjecturar qual era o problema do artista e podemos ser capazes de sustentar esta conjectura através de evidências independentes; e esta análise pode nos ajudar a entender a obra[28].

(Uma posição um tanto intermediária entre a tarefa de interpretar uma teoria científica e a de interpretar uma obra de arte

---

28. Diversas análises desse tipo podem ser encontradas nas obras de E.H. Gombrich. Sua *Art and Illusion* [Arte e Ilusão], 1959, é em parte (embora não inteiramente) um estudo do impacto na arte ocidental dos problemas levantados pela finalidade, aceita no passado por muitos artistas, de criar uma ilusão da realidade (p. ex., utilizando a perspectiva). Em sua *Norm and Form* [Norma e forma], 1966, p. 7, ele cita a própria descrição de Ghiberti de suas finalidades: "Eu me esforcei [...] em imitar a natureza tanto quanto pude com todas as linhas que resultam nela. [...] Todos eles [os painéis] são molduras para que o olho os meça e tão verdadeiros que ficando a distância eles aparecem na roda". Gombrich comenta que o "artista trabalha como um cientista. Suas obras existem não apenas para seu próprio bem, mas também para demonstrar certas soluções de problemas". É claro que isto faz parte da análise da obra de um artista; e mesmo que comentários semelhantes possam ser feitos sobre alguns outros artistas, não é sugerido que seus problemas sejam semelhantes. Pelo contrário, os problemas mudam: as soluções dos problemas antigos – p. ex., do problema de criar uma ilusão de realidade ou "natureza" – podem criar a rejeição do problema antigo, e a busca por novos problemas. Um exemplo desses novos problemas é como interessar o observador e engajar sua cooperação ativa; p. ex., colocando para ele problemas de interpretação ou reconstrução. Cf. GOMBRICH, E.H. *Meditations on a Hobby Horse* [Meditações sobre um cavalinho de pau], 1963. Posso mencionar aqui que as análises de Gombrich lançam luz sobre o problema do que pode ser chamado de *autonomia da obra de arte*: o fato de que, embora feita pelo homem, ela cria suas próprias inter-relações. (Cf. tb. *De nuvens e relógios*, seção 24 e nota 65.) Há uma bela história sobre Haydn que, ao ouvir o primeiro refrão de sua *Creation* [Criação], rompeu em lágrimas e disse: "Eu não escrevi isto".

pode talvez ser assumida pela tarefa de reconstruir uma obra de arte danificada – digamos, reconstruir um poema encontrado na forma de um papiro danificado.)

10 O valor de problemas

À minha solução sugerida para o problema "Como podemos entender uma *teoria* científica, ou melhorar nosso entendimento sobre ela?" pode haver a objeção de que ela meramente desloca a questão; pois meramente a substitui pela questão relacionada: "Como podemos entender um *problema* científico, ou melhorar nosso entendimento sobre ele?"

A objeção é válida. Mas, via de regra, o deslocamento do problema será progressivo (para usar a terminologia do Prof. Lakatos). Via de regra, a segunda questão – o metaproblema de entender um problema – será mais difícil e mais interessante que a primeira. De qualquer forma, creio que seja a mais fundamental das duas questões, pois creio que a ciência parte de problemas (e não de observações ou mesmo de teorias, embora se deva admitir que o "pano de fundo" do problema contenha teorias e mitos).

Seja como for, eu sugiro que este segundo metaproblema seja diferente do primeiro. Claro, podemos e devemos sempre lidar com ele como lidamos com o primeiro – por meio de uma reconstrução histórica idealizadora. Mas eu sugiro que isso seja insuficiente.

Minha tese é que, a fim de obter um *entendimento real* de qualquer problema dado (digamos, a situação de problema de Galileu) é necessário mais do que uma análise deste problema ou de qualquer problema para o qual alguma boa solução nos é conhecida: a fim de entender qualquer problema "morto", devemos, pelo menos uma vez em nossa vida, ter nos debatido seriamente com algum problema vivo.

Assim, minha resposta ao metaproblema "Como podemos aprender a entender um problema científico?" é: aprendendo a entender algum problema vivo. E isso, eu afirmo, só pode ser feito *tentando resolvê-lo, e falhando em resolvê-lo.*

Suponha que um jovem cientista encontre um problema que ele não entenda. O que ele pode fazer? Sugiro que mesmo que ele não o entenda, ele pode tentar resolvê-lo e *criticar ele mesmo sua solução* (ou colocá-la à crítica de outros). Uma vez que ele não entende o problema, sua solução será um fracasso; um fato que será realçado pela crítica. Desse modo, será dado um primeiro passo para identificar *onde está a dificuldade*. E isso significa, precisamente, que será dado um primeiro passo para entender o problema. Pois um problema é uma dificuldade e entender um problema consiste em descobrir que há uma dificuldade e onde está a dificuldade. E isso só pode ser feito descobrindo por que certas *soluções prima facie* [à primeira vista] *não funcionam*.

Então aprendemos a entender um problema tentando resolvê-lo e falhando. E quando falhamos uma centena de vezes, podemos até nos tornar especialistas a respeito desse problema em particular. Isto é, se alguém propõe uma solução, podemos ver de imediato se há alguma perspectiva de sucesso para essa proposta, ou se a proposta falhará por causa dessas dificuldades que conhecemos tão bem a partir de nossas próprias falhas no passado.

Assim, aprender a entender um problema é uma questão de lidar com unidades estruturais do terceiro mundo; e ter uma compreensão intuitiva do problema é se familiarizar com essas unidades e suas inter-relações lógicas. (Tudo isso, é claro, é similar a ter uma compreensão intuitiva de uma teoria.)

Sugiro que somente alguém que desse modo tenha se debatido com um problema vivo pode chegar a um bom entendimento de um problema como o de Galileu; pois somente ele pode aferir seu próprio entendimento. E somente ele entenderá plenamente (no terceiro nível, por assim dizer) a significância da minha afirmação de que o primeiro passo vital para entender uma teoria é entender a situação de problema na qual ela surge.

Também sugiro que o problema muito discutido da transferência do aprendizado de uma disciplina para outra está intimamente ligado a ganhar experiência em debater-se com problemas vivos. Aqueles que aprenderam somente como aplicar uma dada estrutura teórica à solução de problemas que surgem dentro dessa estrutura e que são solúveis dentro dela[29] não podem esperar que sua formação os ajude muito em outra especialidade. É diferente com aqueles que se debateram eles mesmos com problemas, especialmente se seu entendimento, esclarecimento e formulação se mostraram difíceis[30].

Assim, creio que aqueles que se debateram com um problema podem ser compensados conseguindo um entendimento de campos muito distantes de seus próprios.

Pode ser interessante e frutífero investigar até que ponto podemos aplicar a análise situacional (a ideia de resolução de problemas) à arte, à música e à poesia e se ela pode ajudar nosso entendimento nestes campos. Que ela pode ajudar em alguns casos, não duvido. Os cadernos de Beethoven para o último movimento da Nona Sinfonia mostram que a introdução a este movimento conta a história de suas tentativas de resolver um problema – o problema de irromper em palavras. Ver isso ajuda nosso entendimento da música e do musicista. Se esse entendimento ajuda a nossa apreciação da música é uma questão diferente.

11 Entendimento ("hermenêutica") nas humanidades

Isso me leva ao problema do entendimento nas humanidades (*Geisteswissenschaften*).

Quase todos os grandes estudiosos deste problema – mencionarei apenas Dilthey e Collingwood – defendem que as humanidades diferem radicalmente das ciências naturais e que a diferença mais proeminente está nisto: que a tarefa central das humanidades é *entender*, em um sentido no qual podemos entender os homens, mas não a natureza.

---

29. Os cientistas que estou aqui descrevendo são os praticantes do que é chamado de "ciência normal" por Thomas Kuhn. Cf. *The Structure of Scientific Revolutions* [A estrutura das revoluções científicas], 1962; 2. ed., 1971.

30. Nas primeiras duas ou três páginas do cap. 2 de minhas *Conjectures and Refutations* tentei argumentar que *não há temas, mas apenas problemas* que, reconhecidamente, podem levar ao surgimento de teorias, mas *que quase sempre necessitam para sua solução a ajuda de teorias amplamente diferentes.* (Isso mostra o caráter contraproducente da especialização.)

Diz-se que o entendimento é baseado em nossa humanidade em comum. É em sua forma fundamental um tipo de identificação intuitiva com outros homens, na qual somos ajudados por movimentos expressivos, tais como gestos e discurso. É, mais ainda, um entendimento das ações humanas. E é, em última instância, um entendimento dos produtos da mente humana.

É preciso admitir que, no sentido aqui indicado, podemos entender os homens, suas ações e seus produtos, ao passo que não podemos entender a "natureza" – sistemas solares, moléculas, ou partículas elementares. Porém não há nenhuma divisão nítida aqui. Podemos aprender a entender os movimentos expressivos de animais superiores em um sentido muito similar àquele em que entendemos os homens. Mas o que é um animal "superior"? E nosso entendimento está limitado a eles? (H.S. Jennings aprendeu a entender os organismos unicelulares suficientemente bem para atribuir-lhes finalidades e intenções[31].) Na outra extremidade da escala, nosso entendimento intuitivo, mesmo de nossos amigos, está longe de ser perfeito.

Estou bastante disposto a aceitar a tese de que o entendimento é a finalidade das humanidades. Mas duvido que devamos negar que essa seja também a finalidade das ciências naturais. Claro, será um "entendimento" em um sentido ligeiramente diferente. Mas já há muitas diferenças no entendimento dos homens e de suas ações. E não devemos esquecer um enunciado como o seguinte, feito por Einstein em uma carta a Born:

"Você acredita no Deus que joga os dados e eu no perfeito domínio da lei [rule of law] dentro de um mundo de alguma realidade objetiva que eu tento captar [catch] de uma forma extremamente especulativa"[32].

Tenho certeza de que as tentativas extremamente especulativas de Einstein de "captar" a realidade são tentativas de *entendê-la*,

---

31. Cf. JENNINGS, H.S. *The Behaviour of the Lower Organisms* [O comportamento de organismos inferiores], 1906.

32. A carta de Einstein é citada (no original em alemão e em uma tradução em inglês) em BORN, M. *Natural Philosophy of Cause and Chance* [Filosofia natural da causa e da causalidade], 1949, p. 122.

em um sentido da palavra "entender" que tem pelo menos *quatro* similaridades com o entendimento nas humanidades. (1) Assim como entendemos outras pessoas devido a nossa humanidade compartilhada, podemos entender a natureza porque somos parte dela. (2) Assim como entendemos os homens em virtude de alguma racionalidade de seus pensamentos e ações, podemos entender as leis da natureza por causa de algum tipo de racionalidade ou necessidade entendível[33] inerente a elas. Esta tem sido uma esperança consciente de quase todos os grandes cientistas, pelo menos desde Anaximandro, para não mencionar Hesíodo e Heródoto[34]; e esta esperança alcançou pelo menos alguma realização temporária primeiro em Newton e depois na teoria da gravidade de Einstein. (3) A referência a Deus na carta de Einstein indica outro sentido compartilhado com as humanidades – a tentativa de entender o mundo da natureza da forma como entendemos uma obra de arte: como uma criação. E (4) há nas ciências naturais a consciência de um fracasso último de todas as nossas tentativas de entendimento, que tem sido muito discutido pelos estudiosos das humanidades e que tem sido atribuído à "alteridade" de outras pessoas, à impossibilidade de qualquer autoentendimento real e à inevitabilidade de um simplismo que é inerente a qualquer tentativa de entender qualquer coisa única e real. (Agora podemos acrescentar que aparentemente pouco importa se esta realidade é cósmica ou microcósmica.)

Assim, oponho-me à tentativa de proclamar o método de entendimento como característico das humanidades, como a marca pela qual podemos distingui-las das ciências naturais. E quando seus apoiadores denunciam uma visão igual à minha como "posi-

---

33. Posso mencionar tais exigências de racionalidade como princípios de simetria (que foram enfatizados especialmente por H. Weyl e E.P. Wigner), e ideias como o que eu deveria chamar de "princípio de ação e reação de Einstein" (também poderia ser chamado de seu "princípio da realidade"): que o espaço e o tempo de Newton são insatisfatórios porque podem exercer um efeito físico sobre os corpos, mas não estão, por sua vez, sujeitos a qualquer tipo de contraefeito (ao passo que um campo está).

34. A ideia de simetria cósmica pode ser encontrada na *Teogonia* de Hesíodo, 720-725; na teoria de Anaximandro sobre a forma e posição da terra; e na tentativa de Heródoto de introduzir alguma simetria em uma geografia que ele sabia ser tremendamente assimétrica (dentre todas as coisas, justamente os rios Nilo e Danúbio, foram, na medida do possível, tornados simétricos um ao outro). Cf. a nota acima. Além disso, todas as tentativas de introduzir uma medida de justiça ou de recompensa e punição no universo (Anaximandro, Heródoto) são tentativas de encontrar alguma racionalidade nele e assim entendê-lo.

tivista" ou "cientificista"[35], então eu posso talvez responder que eles próprios parecem aceitar, *implícita e acriticamente*, que o positivismo ou o cientificismo é *a única filosofia apropriada às ciências naturais.* Isto é compreensível, considerando que tantos cientistas naturais aceitaram essa filosofia cientificista. Os estudiosos das humanidades, porém, deveriam saber mais que isso. A ciência, afinal de contas, é um ramo da literatura; e trabalhar na ciência é uma atividade humana como construir uma catedral. Sem dúvida há demasiada especialização e demasiado profissionalismo na ciência contemporânea, o que a torna desumana; mas isso infelizmente também é verdadeiro para a história ou para a psicologia contemporânea, quase tanto quanto para as ciências naturais.

Além do mais, há um importante campo da história – talvez o mais importante – a história da opinião humana, do conhecimento humano, que abrange a história da religião, da filosofia e da ciência. Agora, há duas coisas sobre a história da ciência. Uma é que somente um homem que entende a ciência (i. é, os problemas científicos) pode entender sua história; e a outra é que somente um homem que tem algum entendimento real de sua história (a história de suas situações de problema) pode entender a ciência.

Laborar a diferença entre a ciência e as humanidades tem sido há muito tempo uma moda e se tornou um aborrecimento. O método de resolução de problemas, o método de conjectura e refutação, é praticado por ambos. É praticado na reconstrução de um texto danificado, bem como na construção de uma teoria de radioatividade[36].

---

35. O termo "cientificismo" significava originalmente "a imitação servil do método e da linguagem da ciência [natural]", especialmente por cientistas sociais; foi introduzido com esse sentido por Hayek em seu "Scientism and the Study of Society" ["O cientificismo e o estudo da sociedade"], agora em seu *The Counter-Revolution of Science* [A contrarrevolução da ciência], 1962. Em *The Poverty of Historicism*, p. 105, sugeri seu uso como um nome para o arremedo daquilo que é amplamente tomado por método da ciência; e Hayek agora concorda (em seu Prefácio a seus *Studies in Philosophy, Politics and Economics* [Estudos de filosofia, política e economia], que contém um reconhecimento muito generoso) que os métodos realmente praticados pelos cientistas naturais são diferentes do "que a maioria deles nos contou [...] e instou os representantes de outras disciplinas a imitarem".

36. É claro que há diferenças em todos os lugares. Mas há poucas coisas tão semelhantes a certos procedimentos em física teórica quanto a reconstrução conjectural de um texto danificado. Uma conjectura desse tipo é até mesmo testável e algumas foram refutadas.

Mas eu deveria ir ainda mais longe e acusar pelo menos alguns historiadores profissionais de "cientificismo": de tentar copiar o método da ciência natural *não como ele realmente é*, mas como erroneamente se supõe que seja. Esse suposto mas inexistente método é o de coletar observações e depois "tirar conclusões" delas. Ele é servilmente arremedado por alguns historiadores que acreditam que podem recolher evidências documentais que, correspondendo às observações da ciência natural, formem a "base empírica" para suas conclusões.

Esse suposto método é um método que nunca pode ser posto em prática: você não pode coletar observações nem evidências documentais se não tiver primeiro um problema. (Um coletor de bilhetes coleta documentos, mas raramente coleta evidências históricas.)

Pior ainda do que a tentativa de aplicar um método inaplicável é a adoração do ídolo do conhecimento certo ou infalível ou fidedigno que estes historiadores confundem com o ideal da ciência[37]. Deve-se admitir que todos nós nos esforçamos para evitar o equívoco; e devemos ficar tristes se tivermos cometido um equívoco. Evitar o erro, porém, é um ideal pobre: se não ousarmos enfrentar problemas tão difíceis que o erro seja quase inevitável, então não haverá crescimento do conhecimento. De fato, é a partir de nossas teorias mais ousadas, *incluindo as que são errôneas*, que aprendemos mais. Ninguém está isento de cometer equívocos; a grande coisa é aprender com eles[38].

(Cf. p. ex., *Berlin Papyri* [Papiros de Berlim], n. 9.777, posteriormente combinado por J.U. Powell com o mais antigo *Oxyrhynchus Papyri* [Papiros de Oxirrinco], XVII, p. 2.075, o que possibilitou refutar certas reconstruções conjecturais.) Estes, no entanto, são casos um tanto raros; via de regra, "os testes [...] [da maioria] das interpretações históricas" (tais como os que podem ser encontrados em WATKINS, J.W.N. *Hobbes's System of Ideas* [O sistema de ideias de Hobbes], 1965; ou nas p. 248-253 e 319 do vol. I e em outros lugares de minha *Open Society* [Sociedade aberta]) "nunca podem ser tão rigorosos quanto os de uma hipótese [física]", conforme eu disse, op. cit., p. 171; eu deveria ter isentado as hipóteses mais interessantes de todas – as cosmológicas. Algumas delas podem, claro, ser testadas e algumas foram até suficientemente precisas para refutação. Mas outras, algumas muito interessantes, parecem ser intestáveis e podem permanecer assim. (Sobre a testabilidade, cf. minha *Logic of Scientific Discovery*, 1959; 1. ed. publicada como *Logik der Forschung*, 1934.)

37. Cf. minha *Logic of Scientific Discovery*, seção 85.

38. Este é o tópico principal de minhas *Conjectures and Refutations*. Cf. seu Prefácio.

12 Comparação com o método de reencenação subjetiva de Collingwood

A fim de ilustrar a aplicação da análise situacional à história e a fim de contrastá-la com o método do segundo mundo do entendimento subjetivo, vou primeiro citar uma passagem de R.G. Collingwood, o filósofo, historiador e estudioso de historiografia. Vou citar esta passagem de Collingwood porque posso acompanhá-lo por um longo caminho, embora não o caminho todo. Nós nos separamos diante da questão do segundo e terceiro mundos: a questão de escolher um método subjetivo ou objetivo. (Concordamos sobre a significância das situações problemáticas.) O modo psicológico de Collingwood de colocar as coisas não é de forma alguma uma mera questão de formulação. Em vez disso, é uma parte essencial de sua teoria do entendimento (assim como é a de Dilthey, embora Dilthey tenha procurado se livrar da subjetividade, uma vez que ele temia a arbitrariedade)[39].

Conforme a passagem de Collingwood ilustra, sua tese é que o entendimento da história pelo historiador consiste em sua reencenação de experiências passadas:

> Suponha [...] que ele [o historiador] esteja lendo o Código de Teodósio e tem diante de si um certo decreto de um imperador. Meramente ler as palavras e ser capaz de traduzi-las não equivale a conhecer sua significância histórica. A fim de fazer isso, ele deve vislumbrar a *situação* com a qual o imperador estava tentando lidar e ele deve vislumbrá-la como aquele

---

39. Este foi um dos principais problemas de Dilthey; ele falou especialmente da necessidade de transcender as tendências subjetivistas e céticas na historiografia. Nesse contexto, pode-se mencionar o famoso problema que Dilthey e outros chamaram de "o círculo hermenêutico": o problema de que o todo (de um texto, de um livro, de uma obra de um filósofo, de um período) pode ser entendido somente se entendermos as partes constituintes, enquanto essas partes, por sua vez, somente podem ser entendidas se entendermos o todo. Não parece ser de conhecimento geral que isso tenha sido muito bem-formulado em BACON. *De Augmentis Scientiarum* [O avanço da ciência], VI, x. vi: "A partir de todas as palavras, temos que extrair o sentido em cuja luz cada palavra deve ser interpretada". ("Interpretada" significa aqui simplesmente "lida"; cf. minha nota final.) A ideia também pode ser encontrada de forma ironicamente elaborada no *Dialogue* [Diálogo] de Galileu (op. cit., p. 108) no qual Simplício é levado a dizer que, a fim de entender Aristóteles, é preciso ter "cada dito seu sempre diante da mente".

imperador a vislumbrou. Então ele deve ver por si mesmo, como se a *situação* do imperador fosse sua própria, de que modo se poderia lidar com tal *situação*; ele deve ver as alternativas possíveis e as razões para escolher uma em vez de outra; e, assim, ele deve passar pelo processo pelo qual o imperador passou ao decidir sobre este caminho em particular. Assim, ele estará reencenando em sua própria mente a experiência do imperador; e somente na medida em que o fizer, ele terá algum conhecimento histórico, distinto de um conhecimento meramente filológico, sobre o significado do decreto[40].

Você verá que Collingwood coloca uma grande ênfase sobre a *situação* (que corresponde intimamente ao que eu chamo de *situação de problema*). Mas há uma diferença. Collingwood sugere, creio eu, que a coisa essencial em entender a história não é a análise da situação em si, mas o processo mental de reencenação do historiador, a repetição compreensiva [*sympathetic*] da experiência original. Para Collingwood, a análise da situação serve meramente como uma ajuda – uma indispensável ajuda – para essa reencenação. Minha visão é diametralmente oposta. Considero o processo psicológico de reencenação como inessencial, embora eu admita que ele possa às vezes servir como uma ajuda para o historiador, um tipo de verificação intuitiva do sucesso de sua análise situacional. *O que eu considero essencial não é a reencenação, mas a análise situacional.* A análise do historiador sobre a situação é sua conjectura histórica, que, nesse caso, é uma metateoria sobre o raciocínio do imperador. Estando em um nível diferente do raciocínio do imperador, ele não o reencena, mas sim tenta produzir uma reconstrução idealizada e raciocinada dele, omitindo elementos inessenciais e talvez aumentando-o. Assim, o metaproblema central do historiador é: quais foram os elementos decisivos na situação de problema do imperador? Na medida em que o historiador tem sucesso em resolver esse metaproblema, ele *entende* a situação histórica.

---

40. Cf. COLLINGWOOD, R.G. *The Idea of History* [A ideia de história], 1946, p. 283 (os itálicos são meus).

Assim, o que ele tem que fazer *qua* historiador não é reencenar experiências passadas, mas sim mobilizar argumentos objetivos a favor e contra sua análise situacional conjectural.

Este método pode ser muito bem-sucedido mesmo nos casos em que qualquer tentativa de reencenação fracasse necessariamente. Pois pode haver atos que estão, de muitas maneiras, além da capacidade do historiador para a ação e, portanto, para a reencenação. O ato que deve ser reencenado pode ser de uma crueldade insuportável. Ou pode ser um ato de heroísmo supremo, ou de covardia desprezível. Ou pode ser uma realização artística ou literária ou científica ou filosófica de uma excelência que excede em muito as habilidades do historiador. Deve-se admitir que se suas habilidades no campo que ele tenta analisar forem insuficientes, sua análise será desinteressante. Mas não podemos esperar que o historiador (como Collingwood parece sugerir) combine os dons de César, Cícero, Catulo e Teodósio. Nenhum historiador de arte pode ser um Rembrandt; e poucos serão até mesmo capazes de copiar uma grande obra-prima.

Enquanto nos casos mais interessantes uma reencenação será impraticável para o historiador, em outros casos ela pode ser perfeitamente possível, porém completamente supérflua. Estou pensando nos incontáveis casos triviais em que, uma vez analisada a situação, torna-se óbvio que a ação do agente foi adequada à situação, de modo trivial e ordinário.

A tarefa do historiador é, portanto, reconstruir a situação de problema conforme ela apareceu ao agente, de modo que as ações do agente se tornem *adequadas* à situação. Isso é muito similar ao método de Collingwood, mas elimina da teoria do entendimento e do método histórico precisamente o elemento subjetivo ou do segundo mundo que, para Collingwood e a maioria dos outros teóricos do entendimento (hermeneuticistas), é seu ponto principal.

Nossa reconstrução conjectural da situação pode ser uma descoberta histórica real. Ela pode explicar um aspecto da história até agora inexplicado; e pode ser corroborada por novas evidências, por exemplo pelo fato de que pode melhorar nosso entendimento de algum documento, talvez chamando nossa atenção para algumas alusões previamente ignoradas ou inexplicadas[41].

41. Além da teoria das marés de Galileu e suas relações com Kepler, discutida anteriormente, há outro exemplo de uma interpretação que talvez possa ser mencionada aqui. Nas páginas 13 a 15 de *Conjectures and Refutations* discuto a *"interpretatio naturae"* de Bacon, salientando que ela significa "a leitura, ou proferição [*spelling out*], do livro da natureza", e que o termo *"interpretatio"* tem um sentido jurídico, diferente do nosso sentido moderno: em Bacon, significa "ler" ou "expor" a lei (ao leigo) *exatamente como ela está*. (Esta minha interpretação nasce completamente de *De Augmentis*, loc. cit., e lança muita luz sobre *toda* essa passagem de *De Augmentis* – não apenas sobre a parte isolada citada na nota anterior à última.) No mesmo lugar em minhas *Conjectures* eu também explico a ideia de Bacon de pureza do intelecto e de purificação do intelecto: isso significa purgar o intelecto dos preconceitos; ou seja, das teorias (de *anticipationes mentis*). Acontece que Dilthey (*Schriften*, vol. V, p. 318) interpreta mal a *"interpretatio naturae"* de Bacon, que ele descreve erroneamente como uma metáfora (já que ele a interpreta naquele sentido moderno de "interpretação" cujo significado é quase o mesmo da *"anticipatio mentis"* de Bacon). Da mesma forma, Ranke (*Sämtliche Werke* [Obras reunidas], vol. 49, p. 175) interpreta mal a ideia de pureza de Bacon: assumindo minha interpretação conjectural e considerando o contexto, torna-se claro que na passagem de Bacon discutida por Ranke, Bacon (que escreve em latim) usa "caste" para "modestamente" (no sentido intelectual de não se precipitar em antecipações ou pronunciamentos oraculares, conforme o contexto mostra). Ranke, no entanto, traduz mal *"caste"* por "casto", "puro" (*"keusch"*). Além disso, a tradução por "casta e industriosamente" de Ranke (*"keusch und fleissig"*) em vez de "modesta e constantemente" não é uma tradução adequada de *"caste et perpetuo"* de Bacon (uma tradução livre seria "modesta e devotamente"). E há em Ranke também uma má atribuição desta má tradução, que eu acho bastante inexplicável. Ranke atribui a passagem ao "Prefácio ao *Organum*, certamente um dos mais belos *prefácios* já escritos". Mas quais são os fatos? Existe um *Praefatio* do *Novum Organum*, mas a passagem citada por Ranke não se encontra nele: em vez disso, ela vem do *Praefatio* da *Instauratio Magna*, publicada junto com o *Organum*, mas separada de seu *Praefatio* por mais de uma dúzia de páginas (pela *Distributio Operis*, e por uma breve explicação que enuncia que a primeira parte da *Instauratio* está faltando). A passagem pode ser traduzida como segue. (Meu texto está na p. 130 ("Nos vero [...]" do vol. 1 de *The Works of Francis Bacon* [As obras de Francis Bacon], org. por J. Spedding, R.L. Ellis e D.D. Heath, 1889.) "Eu, no entanto, morando modesta e constantemente entre as [próprias] coisas, nunca me afasto com meu intelecto para mais longe das coisas do que o necessário para permitir que suas imagens e seus raios se focalizem, como podem, no sentido [da visão]." Bacon conclui sua sentença, após um ponto e vírgula: "de modo que não reste muito a fazer aos poderes de inventar e de se destacar". A tradução e os comentários do Ranke são: "'Lasst uns', sagt Bacon in der Vorrede zu dem Organon – gewiss einem der schönsten Prooemien, die je geschrieben worden sind – 'lasst uns keusch und fleissig unter den Dingen verweilen und unsere Fassungskraft nur eben so weit über sie erheben, um ihre Bilder und Strahlen in uns aufnehmen zu können'" ["Vamos", diz Bacon no prefácio do *Organon* – certamente um dos mais belos proêmios já escritos – "morar casta e diligentemente entre as coisas e elevar sobre elas nossa capacidade de entendimento apenas até o ponto de podermos absorver em nós suas imagens e seus raios."] "Er sagte dies von der Betrachtung der Natur. Die Erforschung der Geschichte hat es freilich noch schwerer." [Ele disse isso a respeito da observação da natureza. O estudo da história, é claro, apresenta ainda mais dificuldades.] (E assim por diante: Ranke diz a respeito das dificuldades especiais da historiografia – a interpretação da história em oposição à interpretação da natureza.) Como se pode ver a partir da má tradução de Ranke do simples texto de Bacon em latim, a interpretação (*hermenêutica*) de textos que, afinal de contas, faz parte da historiografia, é de fato quase tão

Para resumir, tentei mostrar que a ideia do terceiro mundo é de interesse para uma teoria do entendimento que visa combinar um entendimento intuitivo da realidade com a objetividade da crítica racional.

---

arriscada quanto a interpretação da natureza. É uma questão na qual devemos trabalhar com conjecturas *e* refutações; i. é, devemos tentar refutar nossas conjecturas até que elas se encaixem plenamente no contexto da situação de problema, percam características arbitrárias e alcancem algo como um máximo de poder explicativo daquilo que o autor queria dizer. Para outros exemplos do método conjectural de interpretação, cf. esp. as notas do primeiro volume de minha *Open Society* e os *Adendos* 6 a 9 de minhas *Conjectures and Refutations*; 3. ed., 1969; 4. ed., 1972.

5

A FINALIDADE DA CIÊNCIA*

Falar de "finalidade" da atividade científica pode parecer talvez um pouco ingênuo; pois, claramente, cientistas diferentes têm finalidades diferentes e a ciência em si (o que quer que isso signifique) não tem finalidades. Eu admito tudo isso. E, no entanto, parece que quando falamos de ciência sentimos, mais ou menos claramente, que há algo característico da atividade científica; e uma vez que a atividade científica se parece razoavelmente com uma atividade racional e uma vez que uma atividade racional deve ter alguma finalidade, a tentativa de descrever a finalidade da ciência pode não ser inteiramente fútil.

Sugiro que a finalidade da ciência seja encontrar *explicações satisfatórias* para o que quer que nos dê a impressão de que precise de explicação. Por *explicação* (ou explicação causal) entende-se um conjunto de enunciados pelos quais se descreve o estado de coisas a ser explicado (o *explicandum*) enquanto os outros, os enunciados explicativos, formam a "explicação" no sentido mais restrito da palavra (o *explicans* do *explicandum*).

Podemos tomar, via de regra, que o *explicandum* seja mais ou menos bem conhecido como verdadeiro, ou que se assuma que ele seja conhecido dessa forma. Pois não faz muito sentido pedir uma explicação sobre um estado de coisas que possa acabar sendo inteiramente imaginário. (Os discos voadores podem representar tal caso: a explicação necessária pode ser não de discos voadores, mas

---

* Este capítulo é uma versão revisada de um artigo que foi publicado pela primeira vez em *Ratio* [Razão], vol. I, n. 1, dez./1957, p. 24-35. Uma breve discussão sobre a correção dos resultados de Galileu e Kepler pela teoria de Newton foi publicada pela primeira vez em minha contribuição a MOSER, S. (org.). *Gesetz und Wirklichkeit* [Lei e realidade], 1949 (cf. esp. p. 57s.), reimpressa em ALBERT, H. *Theorie und Realität* [Teoria e realidade], 1964 (cf. esp. p. 100). Uma tradução em português deste capítulo é encontrada no Apêndice 1 do presente volume.

de relatos de discos voadores; porém, se discos voadores existirem, então não seria necessária mais nenhuma explicação dos *relatos*.) O *explicans*, por outro lado, que é o objeto de nossa procura, via de regra, não será conhecido: terá que ser descoberto. Assim, a explicação científica, sempre que for uma descoberta, será *a explicação do conhecido pelo desconhecido*[1].

O *explicans*, a fim de ser satisfatório (a satisfatoriedade pode ser uma questão de grau), deve preencher uma série de condições. Em primeiro lugar, ele deve implicar logicamente o *explicandum*. Em segundo lugar, o *explicans* deve ser verdadeiro, embora não seja, em geral, conhecido como verdadeiro; em qualquer caso, ele deve não ser conhecido como falso, mesmo após o exame mais crítico. Se não for conhecido como verdadeiro (como geralmente será o caso), deve haver evidência *independente* a seu favor. Em outras palavras, deve ser *independentemente* testável; e devemos considerá-lo mais satisfatório quanto maior for a severidade dos testes independentes aos quais sobreviveu.

Ainda tenho que elucidar meu uso da expressão "independente" com seus opostos, "*ad hoc*" e (em casos extremos) "circular".

Seja *a* um *explicandum*, conhecido como verdadeiro. Uma vez que *a* decorre trivialmente do próprio *a*, poderíamos sempre oferecer *a* como uma explicação de si mesmo. Mas isso seria altamente insatisfatório, mesmo que devêssemos saber, neste caso, que o *explicans* é verdadeiro e que o *explicandum* decorre dele. *Assim, devemos excluir explicações deste tipo por causa de sua circularidade.*

Porém o tipo de circularidade que tenho aqui em mente é uma questão de grau. Considere o seguinte diálogo: "Por que o mar está tão agitado hoje?" – "Porque Netuno está muito bravo" – "Com que evidência você pode sustentar seu enunciado de que Netuno está muito bravo?" – "Ué, você não está *vendo* como o mar está *tão* agitado?" E ele não fica sempre agitado quando Netuno está bravo?"

---

1. Cf. o último parágrafo do texto, antes da citação final, de minha "Note on Berkeley as a Precursor of Mach" [Nota sobre Berkeley como precursor de Mach]. *British Journal for the Philosophy of Science* [Sociedade Britânica para a Filosofia da Ciência], 4, 1953, p. 35. (Agora em minhas *Conjectures and Refutations*, p. 174.)

Essa explicação é considerada insatisfatória porque (assim como no caso da explicação completamente circular) a única evidência para o *explicans* é o próprio *explicandum*[2]. A sensação de que esse tipo de explicação quase circular ou *ad hoc* é altamente insatisfatória e o correspondente requisito de que explicações desse tipo devem ser evitadas estão, acredito, entre as principais forças motrizes do desenvolvimento da ciência: a insatisfação está entre os primeiros frutos da abordagem crítica ou racional.

A fim de que o *explicans* não seja *ad hoc*, ele deve ser rico em conteúdo: deve ter uma variedade de consequências testáveis e, entre elas, especialmente, consequências testáveis que são diferentes do *explicandum*. São estas diferentes consequências testáveis que tenho em mente quando falo de testes independentes, ou de evidência independente.

Embora estas considerações possam talvez ajudar a elucidar um pouco a ideia intuitiva de um *explicans* independentemente testável, elas ainda são um tanto insuficientes para caracterizar uma explicação satisfatória e independentemente testável. Pois se *a* é nosso *explicandum* – seja *a* novamente "O mar está agitado hoje" – então podemos sempre oferecer um *explicans* altamente insatisfatório que é completamente *ad hoc* mesmo que tenha consequências independentemente testáveis. Podemos ainda escolher essas consequências como quisermos. Podemos escolher, digamos: "Estas ameixas estão suculentas" e "Todos os corvos são pretos". Seja *b* a conjunção delas. Então, podemos pegar como *explicans* simplesmente a conjunção de *a* e *b*: ela satisfará todos os nossos requisitos enunciados até agora.

Somente se exigirmos que as explicações devam fazer uso de enunciados universais ou leis da natureza (complementados por condições iniciais) é que poderemos progredir no sentido de realizar a ideia de explicações independentes ou não *ad hoc*. Pois as leis universais da natureza *podem* ser enunciados com um conteúdo rico, para que *possam ser independentemente testados* em todos os lugares e em todos os momentos. Assim, se forem usadas como explicações, *podem* não ser *ad hoc* porque *podem* nos permitir

---

2. Esse tipo de raciocínio sobrevive em Tales (Diels-Kranz, 10, vol. I, p. 456, linha 35). • Anaximandro (D.-K. A11, A28). • Anaxímenes (D.-K. A17, B1). • Alcmeão (D.-K. A5).

interpretar o *explicandum* como uma instância de um efeito reprodutível. Tudo isso só é verdade, no entanto, se nos limitarmos às leis universais que são testáveis, ou seja, falsificáveis.

A pergunta "Que tipo de explicação pode ser satisfatória?" leva, assim, à resposta: uma explicação em termos de condições iniciais e leis universais testáveis e falsificáveis. E uma explicação desse tipo será tanto mais satisfatória quanto mais altamente testáveis essas leis forem e quanto melhor elas tiverem sido testadas. (Isto se aplica também às condições iniciais.)

Desse modo, a conjectura de que a finalidade da ciência é encontrar explicações satisfatórias nos leva ainda mais à ideia de melhorar o grau de satisfatoriedade das explicações ao melhorar seu grau de testabilidade, ou seja, ao proceder a melhores teorias de testabilidade; o que significa proceder a teorias de conteúdo cada vez mais rico, de graus mais elevados de universalidade e de graus mais elevados de precisão[3]. Isso, sem dúvida, está totalmente em conformidade com a prática real das ciências teóricas.

Podemos chegar fundamentalmente ao mesmo resultado também de outra forma. Se a finalidade da ciência é explicar, então também será sua finalidade explicar o que até agora tem sido aceito como um *explicans*; por exemplo, uma lei da natureza. Assim, a tarefa da ciência se renova constantemente. Podemos continuar para sempre, procedendo a explicações de um nível de universalidade cada vez mais elevado – a não ser que, de fato, chegássemos a uma *explicação última*; ou seja, a uma explicação que não é capaz de qualquer outra explicação, nem necessita dela.

Mas há explicações últimas? A doutrina que chamei de "essencialismo" corresponde à visão de que a ciência deve buscar explicações últimas em termos de essências[4]: se pudermos explicar

---

3. Para a teoria da *testabilidade, conteúdo* e *simplicidade*, e de graus de *universalidade* e *precisão*, cf. as seções 31 a 46 de minha *Logic of Scientific Discovery*, 1959 (1. ed. alemã, 1934; 4. ed., alemã, 1971), onde a estreita conexão entre essas ideias é explicada.

4. Discuti (e critiquei) o essencialismo de modo mais completo em meu artigo "Three Views Concerning Human Knowledge" [Três pontos de vista sobre o conhecimento humano], onde também me refiro às minhas discussões anteriores (na última nota de rodapé da seção II). Cf. *Contemporary British Philosophy* [Filosofia britânica contemporânea], III, org. por H.D. Lewis, 1956, nota 2 na p. 365. (Esse artigo forma agora o cap. 3 de minhas *Conjectures and Refutations*. 3. ed., 1969.)

o comportamento de uma coisa em termos de sua essência – de suas propriedades essenciais – então nenhuma questão adicional pode ser levantada, e nenhuma necessita ser levantada (exceto talvez a questão teológica do Criador das essências). Assim, Descartes acreditava que ele havia explicado a física em termos da *essência de um corpo físico* que, conforme ele ensinou, era uma extensão; e alguns newtonianos, seguindo Roger Cotes, acreditavam que a *essência da matéria* era sua inércia e seu poder de atrair outra matéria e que a teoria de Newton poderia ser derivada e, portanto, explicada em última instância por essas propriedades essenciais de toda matéria. O próprio Newton tinha uma opinião diferente. Era uma hipótese envolvendo a explicação causal última ou essencialista da gravidade em si que ele tinha em mente quando escreveu no *Scholium generale* [Escólio geral] no final de *Principia* [*Philosophiae naturalis principia mathematica*, Princípios matemáticos da filosofia natural]: "Até agora eu expliquei os fenômenos [...] pela força da gravidade, mas ainda não determinei *a causa da gravidade em si* [...] e não invento hipóteses arbitrariamente [ou *ad hoc*]"[5].

Eu não acredito na doutrina essencialista da explicação última. No passado, os críticos dessa doutrina tinham sido, via de regra, instrumentalistas: eles interpretavam as teorias científicas como *nada mais que* instrumentos de previsão, sem qualquer poder explicativo. Também não concordo com eles. Mas há uma terceira possibilidade, um "terceiro ponto de vista", como eu a chamei. Ela foi bem descrita como um "essencialismo modificado" – com ênfase na palavra "modificado"[6].

---

5. Cf. tb. as cartas de Newton a Richard Bentley de 17 de janeiro e especialmente 25 de fevereiro de 1693 ("1692-1693"). Fiz a citação desta carta na seção III de meu artigo "Three Views Concerning Human Knowledge" [Três pontos de vista sobre o conhecimento humano] (*Conjectures and Refutations*, p. 106s.), onde o problema é discutido de modo um pouco mais completo.

6. O termo "essencialismo modificado" foi usado como uma descrição do meu próprio "terceiro ponto de vista" por um revisor do meu artigo "Three Views Concerning Human Knowledge" [Três pontos de vista sobre o conhecimento humano] em *The Times Literary Supplement* [Suplemento literário do jornal *The Times*], 55, 1956, p. 527. A fim de evitar mal-entendidos, quero dizer aqui que minha aceitação desse termo não deve ser interpretada como uma concessão à doutrina da "realidade última", e muito menos como uma concessão à doutrina das definições essencialistas. Eu sigo aderindo plenamente às críticas a esta doutrina, que apresentei em minha *Open Society* [Sociedade Aberta], vol. II, cap. 11, seção II (esp. nota 42) e em outros lugares.

Esse "terceiro ponto de vista" que defendo modifica o essencialismo de maneira radical. Antes de tudo, eu rejeito a ideia de uma explicação última: mantenho que toda explicação pode ser explicada mais além, por uma teoria ou conjectura de um grau de universalidade mais elevado. Não pode haver explicação que não necessite de mais uma explicação, pois nenhuma delas pode ser uma descrição autoexplicativa de uma essência (tal como uma definição essencialista de corpo, conforme sugerido por Descartes). Em segundo lugar, rejeito todas as *questões do tipo o-que-é*: questões que perguntam o que é uma coisa, qual é sua essência ou sua verdadeira natureza. Pois devemos abandonar a visão, característica do essencialismo, de que em cada simples coisa há uma essência, uma natureza ou princípio inerente (tal como o espírito do vinho no vinho), o que necessariamente faz com que ela seja o que é e, assim, que ela aja como age. Essa visão animista não explica nada; mas levou os essencialistas (como Newton) a se esquivarem de propriedades relacionais, como a gravidade, e a acreditarem, por motivos considerados válidos *a priori*, que uma explicação satisfatória deve ser em termos de propriedades inerentes (em oposição às propriedades relacionais). A terceira e última modificação do essencialismo é esta. Devemos abandonar a visão, intimamente ligada ao animismo (e característica de Aristóteles, em oposição a Platão), de que são as propriedades essenciais inerentes *a cada coisa individual ou singular* às quais se pode apelar como explicação do comportamento dessa coisa. Pois essa visão falha completamente em lançar qualquer luz que seja sobre a questão de por que diferentes coisas individuais devem se comportar da mesma maneira. Ao se dizer "porque suas essências são parecidas", surge a nova questão: *por que não deveria haver tantas essências diferentes quanto há coisas diferentes?*

Platão tentou resolver precisamente esse problema dizendo que coisas individuais similares são descendentes e, desse modo, cópias da mesma "forma" original, a qual é, portanto, algo "exterior" e "anterior" e "superior" às várias coisas individuais; e, de fato, não temos ainda uma teoria melhor de similaridade. Mesmo hoje, apelamos para sua origem em comum se queremos explicar a similaridade de dois homens, ou de um pássaro e um peixe, ou de duas camas, ou dois automóveis, ou duas linguagens, ou dois procedimentos jurídicos; isto é, explicamos a similaridade, em geral, geneticamente; e se fizermos disso um sistema metafísico, é provável que ele se torne uma filosofia historicista. A solução de Platão foi rejeitada por Aristóteles; mas uma vez que a versão de essencialismo de Aristóteles não contém sequer um indício de uma solução, parece que ele nunca compreendeu bem o problema[7].

Ao escolher explicações em termos de leis universais da natureza, oferecemos uma solução para precisamente este último problema (platônico). Pois concebemos todas as coisas individuais e todos os fatos singulares como sujeitos a estas leis. As leis (que, por sua vez, *precisam* de mais explicações), assim, explicam as regularidades ou similaridades de coisas individuais ou de fatos ou eventos singulares. E essas leis não são inerentes às coisas singulares. (Tampouco são ideias platônicas fora do mundo.) As leis da natureza são concebidas, em vez disso, como descrições (conjecturais) das propriedades estruturais da natureza – do nosso próprio mundo.

Aqui está então a similaridade entre minha própria visão (o "terceiro ponto de vista") e o essencialismo; embora eu não pense que possamos de modo algum descrever, através de nossas leis universais, uma essência *última* do mundo, não duvido que possamos buscar sondar cada vez mais profundamente dentro da estrutura de nosso mundo ou, como poderíamos dizer, dentro das propriedades do mundo que são cada vez mais essenciais ou de profundidade cada vez maior.

Toda vez que passamos a explicar alguma lei ou teoria conjecturada através de uma nova teoria conjectural de um grau mais elevado de universalidade, estamos descobrindo mais sobre o mundo, tentando penetrar mais profundamente em seus segredos. E toda vez que temos sucesso em falsificar uma teoria desse tipo, fazemos uma nova descoberta importante. Pois essas falsificações são da maior importância. Elas nos ensinam o inesperado; e nos asseguram que, embora nossas teorias sejam feitas por nós

---

7. Quanto à teoria das Formas ou Ideias de Platão, é "uma de suas funções mais importantes explicar a semelhança de coisas sensíveis [...]"; cf. minha *Open Society* [Sociedade aberta], cap. 3, seção V; cf. tb. notas 19 e 20 e o respectivo texto. A falha da teoria de Aristóteles em desempenhar esta função é mencionada (3. ed., 1957) no final da nota 54 do cap. 11.

mesmos, embora sejam nossas próprias invenções, elas são nada menos que asserções genuínas sobre o mundo; pois elas podem *entrar em conflito* com algo que nunca fizemos.

Nosso "essencialismo modificado" é, creio eu, útil quando se levanta a questão da forma lógica de leis naturais. Ele sugere que nossas leis ou nossas teorias devem ser *universais*, ou seja, devem fazer asserções sobre o mundo – sobre todas as regiões espaçotemporais do mundo. Além do mais, ele sugere que nossas teorias fazem asserções sobre as propriedades estruturais ou relacionais do mundo; e que as propriedades descritas por uma teoria explicativa devem ser, em um sentido ou outro, mais profundas do que aquelas a serem explicadas. Creio que este termo "mais profunda" desafia qualquer tentativa de análise lógica exaustiva, mas que é, contudo, um guia para nossas intuições. (Assim é na matemática: todos os seus teoremas são logicamente equivalentes, na presença dos axiomas, e ainda assim há uma grande diferença em "profundidade", que é dificilmente suscetível de análise lógica.) A "profundidade" de uma teoria científica parece estar mais intimamente relacionada com sua simplicidade e, igualmente, com a riqueza de seu conteúdo. (É de maneira diferente com a profundidade de um teorema matemático, cujo conteúdo pode ser tomado como nulo.) Dois ingredientes parecem ser necessários: um conteúdo rico e uma certa coerência ou compacidade (ou "organicidade") do estado de coisas descrito. É este último ingrediente que, embora intuitivamente seja razoavelmente claro, é tão difícil de analisar e que os essencialistas estavam tentando descrever quando falavam de essências, em contraposição a uma mera acumulação de propriedades acidentais. Não creio que possamos fazer muito mais do que nos referir aqui a uma ideia intuitiva, nem que precisemos fazer muito mais. Pois no caso de qualquer teoria particular proposta, é a riqueza de seu conteúdo e, assim, seu grau de testabilidade, que decidem seu interesse e os resultados de testes reais que decidem seu destino. Do ponto de vista do método, podemos encarar sua profundidade, sua coerência e até mesmo sua beleza como um mero guia ou estímulo à nossa intuição e à nossa imaginação.

Contudo, parece haver algo como uma condição *suficiente* para a profundidade, ou para graus de profundidade, o que pode ser logicamente analisado. Tentarei explicar isto com a ajuda de um exemplo da história da ciência.

É bem conhecido que a dinâmica de Newton alcançou uma unificação da física terrestre de Galileu e da física celeste de Kepler. Diz-se frequentemente que a dinâmica de Newton pode ser induzida a partir das leis de Galileu e Kepler e tem-se afirmado até mesmo que ela pode ser estritamente deduzida destas[8]. Mas não é bem assim; de um ponto de vista lógico, a teoria de Newton, estritamente falando, contradiz tanto a de Galileu quanto a de Kepler (embora estas últimas teorias possam ser obtidas, é claro, como aproximações, uma vez que temos a teoria de Newton com a qual trabalhar). Por essa razão, é impossível derivar a teoria de Newton da teoria de Galileu ou de Kepler ou de ambas, seja por dedução ou por indução. Pois nem uma dedução nem uma inferência indutiva podem jamais passar de premissas consistentes para uma conclusão que contradiga formalmente as premissas a partir das quais começamos.

Considero isso como um argumento muito forte contra a indução.

Indicarei agora brevemente as contradições entre a teoria de Newton e as de seus predecessores. Galileu afirma que uma pedra ou um projétil lançado se move em uma parábola, exceto no caso de uma queda vertical livre, quando se move, com aceleração constante, em linha reta. (Estamos desprezando a resistência do ar

---

8. O que pode ser deduzido das leis de Kepler (cf. BORN, M. *Natural Philosophy of Cause and Chance* [Filosofia natural da causa e da causalidade], 1949, p. 129-133) é que, para todos os planetas, a aceleração em direção ao Sol, a qualquer momento, é igual a k/r^2, onde r é a distância, naquele momento, entre o planeta e o Sol, e k uma constante, a mesma para todos os planetas. Porém esse mesmo resultado contradiz formalmente a teoria de Newton (exceto partindo do pressuposto de que as massas dos planetas são todas iguais ou, se desiguais, são então de qualquer forma infinitamente pequenas em comparação com a massa do sol). Esse fato decorre do que é dito aqui, no texto que segue a nota 10, sobre a terceira lei de Kepler. Mas, além disso, deve-se lembrar que nem a teoria de Kepler nem a de Galileu contêm o conceito de *força* de Newton, que é tradicionalmente introduzido nessas deduções sem mais delongas; como se esse conceito ("oculto") pudesse ser lido a partir dos fatos, em vez de ser o resultado de uma nova interpretação dos fatos (ou seja, dos "fenômenos" descritos pelas leis de Kepler e Galileu) à luz de uma teoria completamente nova. Somente após o conceito de força (e mesmo a proporcionalidade de massa gravitacional e inercial) ter sido introduzido é de todo possível vincular a fórmula para a aceleração, acima, com a lei quadrada inversa de atração de Newton (pelo pressuposto de que as massas dos planetas são desprezíveis).

durante toda esta discussão.) Do ponto de vista da teoria de Newton, essas asserções são ambas falsas, por duas razões distintas. A primeira é falsa porque a trajetória de um projétil de longo alcance, como um míssil intercontinental (lançado em direção ascendente ou horizontal) não será nem mesmo aproximadamente parabólica, mas elíptica. Ela se torna, aproximadamente, uma parábola somente se a distância total do voo do projétil for desprezível em comparação com o raio da terra. Esse apontamento foi feito pelo próprio Newton, em seu *Principia*, bem como em sua versão popularizada, *The System of the World* [O sistema do mundo], onde ele o ilustra com a ajuda da figura reproduzida nesta página.

A figura de Newton ilustra seu enunciado de que, se a velocidade do projétil aumenta, e com ela a distância de seu voo, ele irá "finalmente, excedendo os limites da Terra, [...] adentrar o espaço sem tocá-la"[9].

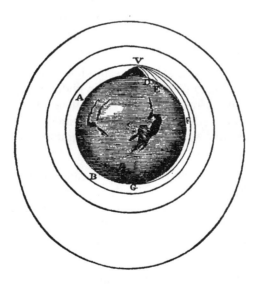

Desse modo, um projétil sobre a terra se move ao longo de uma elipse e não de uma parábola.

---

9. Cf. *Principia* de Newton, o *Scholium* no fim da seção II do livro I; p. 55 da edição de 1934. (Tradução inglesa de Motte, revista por Cajori.) A figura, de *The System of the World* [O sistema do Mundo], e a citação dada aqui, serão encontradas na p. 551 dessa edição.

Claro que, para lançamentos suficientemente curtos, uma parábola será uma excelente aproximação; mas a trajetória parabólica não é estritamente dedutível a partir da teoria de Newton, a menos que acrescentemos a esta uma condição inicial factualmente *falsa* (e que, aliás, é irrealizável na teoria de Newton, uma vez que leva a consequências absurdas) com o efeito de que o raio da terra seja infinito. Se não admitirmos esse pressuposto, ainda que *se saiba que é falso*, então sempre obteremos uma elipse, em contradição com a lei de Galileu, segundo a qual deveríamos obter uma parábola.

Uma situação lógica precisamente análoga surge em conexão com a segunda parte da lei de Galileu que afirma a existência de uma *constante* de aceleração. Do ponto de vista da teoria de Newton, a aceleração dos corpos em queda livre nunca é constante: ela sempre aumenta durante a queda, devido ao fato de que o corpo se aproxima cada vez mais do centro de atração. Esse efeito é muito considerável se o corpo cai de uma grande altura, embora obviamente desprezível se a altura for desprezível em comparação com o raio da terra. Nesse caso, podemos obter a teoria de Galileu a partir da teoria de Newton, se novamente introduzirmos o *falso* pressuposto de que o raio da Terra é infinito (ou a altura da queda zero).

As contradições que salientei estão longe de ser desprezíveis para mísseis de longa distância. A estes podemos aplicar a teoria de Newton (com correções para a resistência do ar, é claro), mas não a de Galileu: esta última leva simplesmente a resultados falsos, conforme pode ser facilmente demonstrado com a ajuda da teoria de Newton.

A respeito das leis de Kepler, a situação é similar. É óbvio que na teoria de Newton as leis de Kepler são apenas aproximadamente válidas – isto é, estritamente inválidas – se levarmos em conta a atração mútua entre os planetas[10]. Mas há mais contradições fundamentais entre as duas teorias do que essa um tanto óbvia. Pois

---

10. Cf., p. ex., DUHEM, P. *The Aim and Structure of Physical Theory* [A finalidade e a estrutura da teoria física], 1906; tradução inglesa por P.P. Wiener, 1954, parte II, cap. VI, seção 4. Duhem diz mais explicitamente o que está implícito no próprio enunciado de Newton (*Principia*, livro I, proposição LXV, teorema XXV), pois Newton deixa bem claro que nos casos em que mais de dois corpos interagem, as duas primeiras leis de Kepler serão, na melhor das hipóteses, apenas aproximadamente válidas e mesmo isso, em casos muito especiais, dentre os quais ele analisa dois com algum detalhe. Aliás, a fórmula (1), a seguir, decorre imediatamente do livro I, proposição LIX, em vista do livro I, proposição XV. Cf. tb. livro III, proposição XV.

mesmo que, como concessão a nossos oponentes, desprezemos a atração mútua entre os planetas, a terceira lei de Kepler, considerada do ponto de vista da dinâmica de Newton, não pode ser mais do que uma aproximação que é aplicável a um caso muito especial: a planetas cujas massas são iguais ou, se desiguais, desprezíveis em comparação com a massa do Sol. Uma vez que ela não se aplica, nem mesmo aproximadamente, a dois planetas se um deles for muito leve enquanto o outro for muito pesado, é claro que a terceira lei de Kepler contradiz a teoria de Newton precisamente do mesmo modo que a de Galileu.

Isso pode ser facilmente demonstrado como se segue. A teoria de Newton cai por terra para um sistema de dois corpos – um sistema estelar binário – uma lei que os astrônomos frequentemente chamam de "lei de Kepler", uma vez que está intimamente relacionada com a terceira lei de Kepler. Esta chamada "lei de Kepler" diz que se m_0 é a massa de um dos dois corpos – digamos, o sol – e se m_1 é a massa do outro corpo – digamos, um planeta – então, escolhendo unidades de medida apropriadas, podemos derivar da teoria de Newton

(1) $a^3/T^2 = m_0 + m_1$,

onde a é a distância média entre os dois corpos, e T o tempo de uma revolução completa. Agora, a própria terceira lei de Kepler afirma que

(2) $a^3/T^2 = constante$

isto é, a mesma constante para *todos* os planetas do sistema solar. É claro que obtemos esta lei a partir de (1) somente a partir do pressuposto de que $m_0 + m_1$ = constante; e como m_0 = constante para nosso sistema solar, se identificarmos por m_0 a massa do sol, obtemos (2) a partir de (1), desde que assumamos que m_1 é a mesma para todos os planetas; ou, se isto for factualmente *falso* (como é de fato o caso, já que Júpiter é alguns milhares de vezes maior que os planetas menores), que as massas dos planetas são *todas zero em comparação com a do sol*, de modo que podemos definir $m_1 = 0$, *para todos os planetas*. Essa é uma boa aproximação do ponto de vista da teoria de Newton; mas, ao mesmo tempo, definir $m_1 = 0$ não só é estritamente falso, mas irrealizável do ponto de vista da teoria de Newton. (Um corpo com massa zero não obedeceria mais às leis do movimento de Newton.) Assim, mesmo que esqueçamos tudo sobre a atração mútua entre os planetas, a terceira lei de Kepler (2) contradiz a teoria de Newton (1), que cai por terra.

É importante notar que a partir das teorias de Galileu ou de Kepler não obtemos sequer o menor indício de como essas teorias teriam que ser ajustadas – que falsas premissas teriam que ser adaptadas, ou que condições teriam que ser estipuladas – deveríamos tentar passar dessas teorias a outra, mais geralmente válida, como a de Newton. *Somente após estarmos de posse da teoria de Newton podemos descobrir se, e em que sentido, pode-se dizer que as teorias mais antigas são aproximações a ela.* Podemos expressar esse fato brevemente dizendo que, embora do ponto de vista da teoria de Newton, a de Galileu e Kepler sejam excelentes aproximações de certos resultados especiais de Newton, não se pode dizer que a teoria de Newton, do ponto de vista das outras duas teorias, seja uma aproximação de seus resultados. Tudo isso mostra que a lógica, seja ela dedutiva ou indutiva, não pode de modo algum passar dessas teorias para a dinâmica de Newton[11]. É apenas a engenhosidade que pode dar esse passo. Uma vez que isso tenha sido feito, pode-se dizer que os resultados de Galileu e Kepler corroboram a nova teoria.

Aqui, no entanto, não estou tão interessado na impossibilidade de indução quanto no *problema da profundidade.* E considerando esse problema, podemos de fato aprender algo a partir de nosso exemplo. A teoria de Newton unifica a de Galileu e a de Kepler. Mas, longe de ser uma mera conjunção dessas duas teorias – que desempenham o papel de *explicanda* para Newton –, *ela as corrige enquanto as explica.* A tarefa explicativa original era a dedução dos resultados anteriores. Ainda assim, esta tarefa é cumprida, não deduzindo estes resultados anteriores, mas deduzindo algo melhor em seu lugar: novos resultados que, sob as condições especiais dos resultados mais antigos, chegam numericamente muito perto des-

---

11. Os conceitos de força (cf. p. 246, nota 8, acima) e de ação a distância introduzem outras dificuldades.

tes resultados mais antigos e, ao mesmo tempo, os corrigem. Assim, pode-se dizer que o sucesso empírico da velha teoria corrobora a nova teoria; e, além disso, as correções podem ser, por sua vez, testadas – e talvez refutadas ou então corroboradas. O que é realçado fortemente, pela situação lógica que esbocei, é o fato de que a nova teoria não pode de modo algum ser *ad hoc* ou circular. Longe de repetir seu *explicandum*, a nova teoria o contradiz e o corrige. Desse modo, mesmo a evidência do próprio *explicandum* se torna evidência independente para a nova teoria. (Aliás, esta análise nos *permite explicar o valor das teorias métricas* e da medição; e, assim, nos ajuda a evitar o equívoco de aceitar a medição e a precisão como valores últimos e irredutíveis.)

Sugiro que sempre que nas ciências empíricas uma nova teoria de um nível mais elevado de universalidade explica com sucesso alguma teoria mais antiga *ao corrigi-la*, então este é um sinal seguro de que a nova teoria penetrou mais profundamente do que as mais antigas. A exigência de que uma nova teoria contenha a antiga aproximadamente, para valores apropriados dos parâmetros da nova teoria, pode ser chamada (seguindo Bohr) de *"princípio de correspondência"*.

O cumprimento dessa demanda é uma condição suficiente de profundidade, como eu disse antes. Pode-se ver que isso não é uma condição necessária pelo fato de que a teoria das ondas eletromagnéticas de Maxwell não corrigiu, nesse sentido, a teoria ondulatória da luz de Fresnel. Ela significava um aumento de profundidade, sem dúvida, mas em um sentido diferente: "A velha questão da direção das vibrações da luz polarizada tornou-se descabida. As dificuldades envolvendo as condições de contorno para a interface entre dois meios foram resolvidas pelos próprios fundamentos da teoria. Não eram mais necessárias hipóteses *ad hoc* para eliminar ondas de luz longitudinais. A pressão da luz, tão importante na teoria da radiação, e só recentemente determinada experimentalmente, poderia ser derivada como uma das consequências da teoria"[12]. Essa brilhante passagem, na qual Einstein

---

12. EINSTEIN, A. *Physikalische Zeitschrift* [Revista Física], 10, 1909, p. 817s. Pode-se dizer que o abandono da teoria de um éter material (implícito no fracasso de Maxwell em

esboça algumas das principais conquistas da teoria de Maxwell e a compara com a de Fresnel, pode ser tomada como uma indicação de que existem outras condições suficientes de profundidade que não foram cobertas pela minha análise.

A tarefa da ciência, que, conforme sugeri, é encontrar explicações satisfatórias, dificilmente pode ser entendida se não formos realistas. Pois uma explicação satisfatória é aquela que não é *ad hoc*; e essa ideia – *a ideia de evidência independente* – dificilmente pode ser entendida sem a ideia de descoberta, de avançar para camadas mais profundas de explicação: sem a ideia de que há algo para descobrirmos, e algo para discutir criticamente.

E, porém, parece-me que dentro da metodologia não temos que pressupor um realismo metafísico; nem podemos, creio eu, obter muita ajuda a partir dele, exceto a de um tipo intuitivo. Pois uma vez que nos foi dito que a finalidade da ciência é explicar, e que a explicação mais satisfatória será aquela que for mais severamente testável e mais severamente testada, sabemos tudo o que precisamos saber como metodologistas. Não podemos afirmar que a finalidade é realizável, nem com nem sem a ajuda de um realismo metafísico que só pode nos dar algum encorajamento intuitivo, alguma esperança, mas nenhuma garantia de qualquer tipo. E embora se possa dizer que um tratamento racional da metodologia depende de uma pressuposta ou conjecturada finalidade da ciência, ele certamente não depende do pressuposto metafísico e mais provavelmente falso de que a verdadeira teoria estrutural do mundo (se é que existe) pode ser descoberta pelo homem ou expressa em linguagem humana.

Se a imagem do mundo que a ciência moderna desenha chegar a qualquer lugar próximo da verdade – em outras palavras, se tivermos algo parecido com "conhecimento científico" – então as condições vigentes em quase todo lugar do universo tornam a descoberta de leis estruturais do tipo que estamos buscando – e,

---

construir um modelo material satisfatório dele) dá profundidade, no sentido analisado acima, à teoria de Maxwell em comparação com a de Fresnel; e isso, parece-me, está implícito na citação do artigo de Einstein. Assim, a teoria de Maxwell na formulação de Einstein talvez não seja realmente um exemplo de *outro* sentido de "profundidade". Mas é na forma original do próprio Maxwell, creio eu.

assim, o alcance do "conhecimento científico" – quase impossível. Pois quase todas as regiões do universo são preenchidas por radiação caótica, e quase todo o resto por matéria em um estado caótico similar. Apesar disso, a ciência tem sido milagrosamente bem-sucedida em prosseguir em direção ao que eu sugeri que fosse considerado como sua finalidade. Esse estranho fato não pode, creio eu, ser explicado sem provar demais. Mas pode nos encorajar a perseguir essa finalidade, mesmo que não consigamos nenhum outro encorajamento para acreditar que podemos realmente alcançá-la; nem do realismo metafísico nem de qualquer outra fonte.

Bibliografia selecionada[*]

*POPPER, K.R. "Epistemology without a Knowing Subject" [Epistemologia sem um sujeito conhecedor]. In: ROOTSELAAR, B. & STAAL, J.F. (orgs.). *Logic, Methodology and Philosophy of Science* [Lógica, metodologia e filosofia da ciência], 3, B, 1968, p. 333-373. (Cf. cap. 3, acima.)

_____. "On the Theory of the Objective Mind" [Sobre a teoria da mente objetiva]. In: *Akten des 14. Internationalen Kongresses für Philosophie.* Viena, 1968, 1, p. 25-53. (Cf. cap. 4, acima.)

_____. "Quantum Mechanics without 'The Observer'" [Mecânica quântica sem "o observador"]. In: BUNGE, M. (org.). *Quantum Theory and Reality* [Teoria quântica e realidade], 1967.

*_____. *Of Clouds and Clocks* [De nuvens e relógios], 1965. (Cf. cap. 6, adiante.)

_____. *Conjectures and Refutations* [Conjecturas e refutações], 1963, 1965, 1969.

*_____. "Naturgesetze und theoretische Systeme" [Leis da natureza e sistemas teóricos]. In: MOSER, S. (org.). *Gesetz und Wirklichkeit* [Lei e realidade] (1948), 1949. (Aqui traduzido como apêndice 1 deste volume.)

_____. *The Poverty of Historicism* [A pobreza do historicismo] (1944-1945), 1957, 1960.

_____. *Logik der Forschung* [Lógica da pesquisa], 1934 (1935) [edições ampliadas 1966, 1969].

---

* O asterisco diante da referência indica seu aparecimento neste volume.

Nota bibliográfica

A ideia aqui discutida de que as teorias podem *corrigir* uma lei "observacional" ou "fenomenal" que elas supostamente deveriam explicar (como, p. ex., a terceira lei de Kepler) foi repetidamente exposta em minhas palestras.

Uma dessas palestras estimulou a correção de uma suposta lei fenomenal (cf. o artigo de 1941 referido em meu *Poverty of Historicism*, 1957, 1960, nota de rodapé na p. 134s.). Outra dessas palestras foi publicada no volume *Gesetz und Wirklichkeit* [Lei e realidade] (1948) de Simon Moser, 1949, e está traduzida como apêndice 1 no presente volume. A mesma ideia minha foi também o "ponto de partida" (conforme ele coloca na p. 92) de FEYERABEND, P.K. "Explanation, Reduction and Empiricism" [Explicação, redução e empirismo]. In: FEIGL, H. & MAXWELL, G. (orgs.). *Minnesota Studies in the Philosophy of Science* [Estudos na Filosofia da Ciência de Minnesota], 3, 1962) cuja referência [66] é ao presente artigo (conforme publicado pela primeira vez em *Ratio* [Razão], 1, 1957). O reconhecimento de Feyerabend parece ter sido ignorado pelos autores de vários artigos sobre assuntos relacionados.

6

DE NUVENS E RELÓGIOS*

Uma abordagem ao problema da racionalidade e da liberdade do homem

I

Meu predecessor, que neste salão deu a primeira Palestra do Memorial Arthur Holly Compton um ano atrás, teve mais sorte que eu. Ele conheceu Arthur Compton pessoalmente; eu nunca encontrei com ele[1].

Mas eu conheço Compton desde meus dias de estudante na década de 1920, e especialmente desde 1925, quando a famosa experiência de Compton e Simon[2] refutou a bela porém breve teoria quântica de Bohr, Kramers e Slater[3]. Essa refutação foi um dos eventos decisivos na história da teoria quântica, pois da crise que ela criou emergiu a assim chamada "nova teoria quântica" – as teorias de Born e Heisenberg, de Schrödinger e de Dirac.

Foi a segunda vez que os testes experimentais de Compton desempenharam um papel crucial na história da teoria quântica. A primeira vez tinha sido, é claro, a descoberta do efeito Compton, o

---

* Esta foi a segunda Palestra do Memorial Arthur Holly Compton, apresentada na Universidade de Washington em 21 de abril de 1965.

1. Quando eu vim a Berkeley no início de fevereiro de 1962, eu estava avidamente ansioso para conhecer Compton. Ele morreu antes que pudéssemos nos encontrar.

2. COMPTON, A.H. & SIMON, A.W. *Physical Review*, 25, 1925, p. 309ss. Cf. tb. BOTHE, W. & GEIGER, H. *Zeitschrift für Physik*, 26, 1924, p. 44ss.; 32, 1925, p. 639ss. • *Naturwissenschaften*, 13, 1925, p. 440.

3. BOHR, N.; KRAMERS, H.A. & SLATER, J.C. *Philosophical Magazine* 47, 1924, p. 785ss. • *Zeitschrift für Physik*, 24, 1924, p. 69ss. Cf. tb. COMPTON, A.H. & ALLISON, S.K. *X-Rays in Theory and Experiment* [Raios-X em teoria e experimento], 1935; p. ex., p. 211-227.

primeiro teste independente (como o próprio Compton apontou[4]) da teoria dos quanta de luz ou fótons, de Einstein.

Anos mais tarde, durante a Segunda Guerra Mundial, descobri, para minha surpresa e satisfação, que Compton não era apenas um grande físico, mas também um filósofo genuíno e corajoso; e, mais ainda, que seus interesses e finalidades na filosofia coincidiam com os meus próprios em alguns pontos importantes. Fiquei sabendo disso quando, quase por acidente, tive acesso às fascinantes Palestras Terry proferidas por Compton, que ele havia publicado em 1935, em um livro intitulado *The Freedom of Man*[5].

Vocês devem ter notado que eu incorporei o título do livro de Compton, *The Freedom of Man*, em meu próprio título hoje. Fiz isso para enfatizar o fato de que minha palestra estará intimamente ligada a esse livro de Compton. Mais precisamente, pretendo discutir os mesmos problemas que Compton discutiu nos dois primeiros capítulos desse livro e, novamente, no segundo capítulo de outro de seus livros, *The Human Meaning of Science*[6].

A fim de evitar mal-entendidos, devo enfatizar, no entanto, que minha palestra de hoje não é principalmente sobre os livros de Compton. É antes uma tentativa de olhar de novo para os mesmos problemas filosóficos antigos com os quais ele se debateu nesses dois livros e uma tentativa de encontrar uma solução nova para esses problemas antigos. A solução esboçada e muito provisória que vou delinear aqui me parece combinar bem com as principais finalidades de Compton e espero – de fato acredito – que ele a teria aprovado.

II

O propósito central de minha palestra é tentar colocar esses problemas antigos de modo simples e contundente diante de vocês.

---

4. Cf. cap. 1, seção 19, de Compton e Allison (nota 3).

5. COMPTON, A.H. *The Freedom of Man* [A liberdade do homem], 1935 (3. ed., 1939). Esse livro foi baseado principalmente nas Palestras da Fundação Terry, proferidas por Compton em Yale em 1931 e, além disso, em duas outras séries de palestras dadas logo após as Palestras Terry.

6. COMPTON, A.H. *The Human Meaning of Science* [O significado humano da ciência], 1940.

Mas primeiro devo dizer algo sobre *as nuvens e os relógios* que aparecem no título da minha palestra.

Minhas nuvens são destinadas a representar sistemas físicos que, como os gases, são altamente irregulares, desordenados e mais ou menos imprevisíveis. Vou assumir que temos diante de nós um esquema ou arranjo no qual uma nuvem muito perturbada ou desordenada é colocada à esquerda. No outro extremo de nosso arranjo, à sua direita, podemos colocar um relógio de pêndulo, muito confiável, um relógio de precisão, destinado a representar sistemas físicos que são regulares, ordenados e altamente previsíveis em seu comportamento.

De acordo com o que eu posso chamar de visão de senso comum das coisas, alguns fenômenos naturais, como o clima, ou o ir e vir das nuvens, são difíceis de prever: estamos falando dos "caprichos do clima". Por outro lado, falamos de "precisão de relógio" se queremos descrever um fenômeno altamente regular e previsível.

Há muitas coisas, processos naturais e fenômenos naturais, que podemos colocar entre estes dois extremos – as nuvens à esquerda e os relógios à direita. As mudanças de estação são relógios pouco confiáveis e, portanto, podem ser colocados em algum lugar para a direita, embora não muito longe. Suponho que concordaremos facilmente em colocar animais não muito longe das nuvens à esquerda, e plantas um pouco mais perto dos relógios. Dentre os animais, um filhotinho de cachorro terá que ser colocado mais à esquerda do que um cão velho. Os automóveis também encontrarão seu lugar em algum lugar em nosso arranjo, de acordo com sua confiabilidade: um Cadillac, suponho, está razoavelmente à direita e, ainda mais, um Rolls-Royce, que estará bem perto do melhor dos relógios. Talvez no lugar mais afastado à direita deva ser colocado o *sistema solar*[7].

Como um exemplo típico e interessante de uma nuvem, farei uso aqui de uma nuvem ou uma aglomeração de pequenas moscas ou mosquitos. Assim como as moléculas individuais em um gás, os mosquitos individuais que juntos formam uma aglomeração de

---

7. Para as imperfeições do sistema solar, cf. as notas 11 e 16 adiante.

mosquitos se movem de um modo espantosamente irregular. É quase impossível acompanhar o voo de qualquer mosquito individual, mesmo que cada um deles possa ser grande o suficiente para ser claramente visível.

Além do fato de que as velocidades dos mosquitos não mostram uma distribuição muito ampla, os mosquitos nos apresentam uma excelente imagem do movimento irregular das moléculas em uma nuvem de gás, ou das minúsculas gotas de água em uma nuvem de tempestade. É claro que há diferenças. A aglomeração não se dissolve ou se dispersa, mas se mantém razoavelmente bem unida. Isto é surpreendente, considerando o caráter desordenado do movimento dos vários mosquitos; mas tem seu análogo em uma nuvem de gás suficientemente grande (como nossa atmosfera, ou o sol) que se mantém unida por forças gravitacionais. No caso dos mosquitos, o fato de se manterem juntos pode ser facilmente explicado se assumirmos que, embora eles voem de modo bastante irregular em todas as direções, aqueles que percebem que estão se afastando do amontoado voltam para aquela parte que é mais densa.

Essa suposição explica como a aglomeração se mantém unida, mesmo não tendo um líder e nem estrutura – apenas uma distribuição estatística aleatória resultante do fato de que cada mosquito faz exatamente o que gosta, de uma maneira sem lei ou aleatória, juntamente com o fato de que não gosta de ficar muito afastado de seus camaradas.

Eu acho que um mosquito filosófico poderia afirmar que a sociedade de mosquitos é uma grande sociedade ou pelo menos uma boa sociedade, já que é a sociedade mais igualitária, livre e democrática que se pode imaginar.

Entretanto, como autor de um livro sobre *A sociedade aberta*, eu negaria que a sociedade de mosquitos é uma sociedade aberta. Pois eu considero ser uma das características de uma sociedade aberta que ela preza, além de uma forma democrática de governo, a liberdade de associação e que ela protege e até incentiva a formação de subsociedades livres, cada uma defendendo opiniões e crenças diferentes. Mas todo mosquito razoável teria que admitir que em sua sociedade esse tipo de pluralismo está faltando.

Não pretendo, entretanto, discutir hoje nenhuma das questões sociais ou políticas ligadas ao problema da liberdade; e pretendo usar a aglomeração de mosquitos não como exemplo de um sistema *social*, mas sim como minha principal ilustração de um sistema *físico* parecido com uma nuvem, como exemplo ou paradigma de uma nuvem altamente irregular ou desordenada.

Assim como muitos sistemas físicos, biológicos e sociais, a aglomeração de mosquitos pode ser descrita como um "todo". Nossa conjectura de que ela é mantida unida por um tipo de atração que sua parte mais densa exerce sobre os mosquitos individuais que se afastam demais do amontoado mostra que há até mesmo um tipo de ação ou controle que esse "todo" exerce sobre seus elementos ou partes. No entanto, esse "todo" pode ser usado para dissipar a crença "holística" generalizada de que um "todo" é *sempre* mais do que a mera soma de suas partes. Eu não nego que possa ser assim às vezes[8]. Porém a aglomeração de mosquitos é um exemplo de um todo que não é nada além da soma de suas partes – e em um sentido muito preciso; pois não só é completamente descrita descrevendo-se os movimentos de todos os mosquitos individuais, como também o movimento do todo é, neste caso, precisamente a soma (vetorial) dos movimentos de seus membros constituintes, dividida pelo número de membros.

Um exemplo (em muitos aspectos similar) de um sistema biológico ou "todo" que exerce algum controle sobre os movimentos altamente irregulares de suas partes seria uma família fazendo piquenique – os pais com alguns filhos e um cão passeando pelo bosque por horas, mas nunca se afastando muito do carro da família (que age como um centro de atração, por assim dizer). Pode-se dizer que esse sistema é ainda mais nebuloso – isto é, menos regular no movimento de suas partes do que nossa nuvem de mosquitos.

Espero que vocês tenham agora diante de si uma ideia dos meus dois protótipos ou paradigmas, as nuvens à esquerda e os

---

8. Cf. seção 23 de meu livro *The Poverty of Historicism* (1957 e edições posteriores), no qual critico o critério "holístico" de um "todo" (ou "*Gestalt*") mostrando que este critério ("um todo é mais do que a mera soma de suas partes") é satisfeito mesmo pelos exemplos holísticos favoritos de não todos, tais como um "mero monte" de pedras. (Note-se que não nego que existam todos; apenas faço objeção à superficialidade da maioria das teorias "holísticas".)

relógios à direita, e do modo como podemos organizar muitos tipos de coisas e muitos tipos de sistemas entre eles. Tenho certeza de que vocês captaram alguma ideia vaga e geral do arranjo; e não precisam se preocupar se sua ideia ainda estiver um pouco enevoada ou nebulosa.

III

O arranjo que descrevi é, ao que parece, bastante aceitável para o senso comum; e mais recentemente, em nossa própria época, tornou-se aceitável até mesmo para a ciência física. No entanto, não era assim durante os 250 anos anteriores: a revolução newtoniana, uma das maiores revoluções da história, levou à rejeição do arranjo de senso comum que eu tentei apresentar a vocês. Pois uma das coisas que quase todo mundo[9] pensava ter sido estabelecida pela revolução newtoniana foi a seguinte proposição impressionante:

Todas as nuvens são relógios – mesmo a mais nebulosa das nuvens.

Essa proposição, "Todas as nuvens são relógios", pode ser tomada como uma breve formulação do ponto de vista que eu chamarei de *"determinismo físico"*.

O determinista físico que diz que todas as nuvens são relógios também dirá que nosso arranjo de senso comum, com as nuvens à esquerda e os relógios à direita, é enganoso, já que *tudo* deve ser colocado na extrema-direita. Ele dirá que, com todo nosso senso comum, arranjamos as coisas *não de acordo com sua natureza, mas meramente de acordo com nossa ignorância*. Nosso arranjo, ele dirá, reflete meramente o fato de que sabemos com algum detalhe como funcionam as partes de um relógio, ou como funciona o sistema solar, ao passo que não temos nenhum conhecimento sobre a interação *detalhada* das partículas que formam uma nuvem de gás ou um organismo. E ele afirmará que, uma vez obtido esse conhecimento, descobriremos que as nuvens de gás ou

---

9. Newton não estava entre os que deduziram essas consequências "determinísticas" de sua teoria; cf. notas 11 e 16 adiante.

organismos são tão parecidas com o relógio quanto nosso sistema solar.

A teoria de Newton, é claro, não dizia aos físicos que era desse jeito. De fato, ela não tratava de modo algum das nuvens. Tratava especialmente dos planetas, cujos movimentos explicava como que devidos a algumas leis muito simples da natureza; também das bolas de canhão e das marés. Mas seu imenso sucesso nesses campos virou a cabeça dos físicos; e, seguramente, não sem razão.

Antes da época de Newton e seu predecessor, Kepler, os movimentos dos planetas haviam escapado de muitas tentativas de explicá-los ou mesmo de descrevê-los plenamente. Claramente, eles participaram de alguma forma do movimento geral invariável do rígido sistema das estrelas fixas; porém eles se desviaram do movimento desse sistema quase como um simples mosquito se desviando do movimento geral de uma aglomeração de mosquitos. Assim, os planetas, ao contrário dos seres vivos, pareciam estar em uma posição intermediária entre as nuvens e os relógios. Porém o sucesso de Kepler e ainda mais da teoria de Newton mostrou que tinham razão aqueles pensadores que suspeitavam que os planetas eram, de fato, relógios perfeitos. Pois seus movimentos se revelaram precisamente previsíveis com a ajuda da teoria de Newton; previsíveis em todos aqueles detalhes que anteriormente haviam desnorteado os astrônomos por sua aparente irregularidade.

A teoria de Newton foi a primeira teoria científica realmente bem-sucedida na história da humanidade; e foi tremendamente bem-sucedida. Aqui estava um conhecimento real; um conhecimento além dos sonhos mais desvairados e até mesmo das mentes mais ousadas. Aqui estava uma teoria que explicava precisamente não apenas os movimentos de *todas* as estrelas em suas trajetórias, mas também, com a mesma precisão, os movimentos dos corpos na Terra, tais como maçãs em queda, ou projéteis, ou relógios de pêndulo. E explicava até mesmo as marés.

Todos os homens de mente aberta – todos aqueles que estavam ávidos para aprender e que tinham interesse no crescimento do conhecimento – foram convertidos à nova teoria. A maioria dos homens de mente aberta e, especialmente, a maioria dos cientistas, pensou que no fim ela explicaria tudo, incluindo não apenas a eletricidade e o magnetismo, como também as nuvens e até mesmo os organismos vivos. Assim, o determinismo físico – a doutrina de que todas as nuvens são relógios – tornou-se a fé dominante entre os homens esclarecidos; e todos aqueles que não abraçaram essa nova fé foram tomados como obscurantistas ou reacionários[10].

IV

Entre os poucos dissidentes[11] estava Charles Sanders Peirce, o grande matemático e físico americano e, acredito, um dos maiores filósofos de todos os tempos. Ele não questionou a teoria de Newton; porém já em 1892 ele mostrou que essa teoria, mesmo que verdadeira, não nos dá nenhuma razão válida para acreditar que as nuvens sejam relógios perfeitos. Embora ele acreditasse, em comum com todos os outros físicos de seu tempo, que o mundo era um relógio que funcionava de acordo com as leis newtonianas, ele rejeitou a crença de que esse relógio, ou qualquer outro, fosse *perfeito*, até o menor dos detalhes. Ele apontou que, de qualquer forma, não poderíamos de modo algum alegar saber, por experiência própria, de algo como um relógio perfeito, ou de qualquer coisa que se aproximasse mesmo levemente daquela perfeição absoluta que o determinismo físico supunha. Talvez eu possa citar um dos comentários brilhantes de Peirce: "[...] Quem está nos bastidores" (Peirce fala aqui como um experimentalista) "[...] sabe que as mais refinadas comparações [até mesmo] de massas [e] comprimentos, [...] que de longe superem em precisão todas as outras medidas [físicas], [...] ficam aquém da precisão das

---

10. A convicção de que o determinismo forma uma parte essencial de qualquer atitude racional ou científica foi geralmente aceita, mesmo por alguns dos principais opositores do "materialismo" (como Spinoza, Leibniz, Kant e Schopenhauer). Um dogma semelhante que fazia parte da tradição racionalista era que todo o conhecimento começa com a *observação* e prossegue a partir daí por indução. Cf. minhas considerações sobre esses dois dogmas de racionalismo em meu livro *Conjectures and Refutations*, 1963, 1965, 1969, 1972, p. 122s.

11. O próprio Newton pode ser contado entre os poucos dissidentes, pois ele considerava até mesmo o sistema solar como *imperfeito* e, consequentemente, como passível de perecer. Por causa dessas visões ele foi acusado de impiedade, de "lançar uma reflexão sobre a sabedoria do autor da natureza" (conforme Henry Pemberton relata em seu *A View of Sir Isaac Newton's Philosophy* [Uma visão da filosofia de Sir Isaac Newton], 1728, p. 180).

contas bancárias e que as [...] determinações de constantes físicas [...] estão quase no mesmo nível das medições de tapetes e cortinas feitas por um estofador [...]"[12]. A partir disso, Peirce concluiu que estávamos livres para conjecturar que havia uma certa *folga ou imperfeição* em todos os relógios e que isso permitia entrar um *elemento de acaso*. Assim, Peirce conjecturou que o mundo não era governado apenas pelas *estritas leis newtonianas*, mas que era também ao mesmo tempo governado por *leis do acaso*, ou da aleatoriedade, ou da desordem: por leis de *probabilidade* estatística. Isso fez do mundo um sistema interligado de nuvens e relógios, de modo que mesmo o melhor relógio mostraria, em sua estrutura molecular, algum grau de nebulosidade. Até onde sei, Peirce foi o primeiro físico e filósofo pós-Newtoniano que ousou adotar a visão de que, até certo ponto, *todos os relógios são nuvens*; ou, em outras palavras, que *somente nuvens existem*, embora nuvens de graus muito diferentes de nebulosidade.

Peirce sustentou essa visão ao salientar, corretamente, sem dúvida, que todos os corpos físicos, mesmo as joias de um relógio, estavam sujeitos a um movimento molecular térmico[13], um movimento similar ao das moléculas de um gás, ou dos mosquitos individuais em uma aglomeração de mosquitos.

---

12. *Collected Papers of Charles Sanders Peirce* [Artigos reunidos de Charles Sanders Peirce], 6, 1935, 6.44, p. 35. É claro que pode ter havido outros físicos que desenvolveram visões semelhantes, mas além de Newton e Peirce eu conheço apenas um: o de Newton e Peirce – Prof. Franz Exner, de Viena. Schrödinger, que era seu pupilo, escreveu sobre as visões de Exner em seu livro *Science, Theory and Man* [Ciência, teoria e homem], 1957, p. 71, 133, 142s. (Esse livro foi publicado previamente sob o título *Science and the Human Temperament* [Ciência e temperamento humano], 1935, e Compton se referiu a ele em *The Freedom of Man*, p. 29.) Cf. tb. nota 25 adiante.

13. PEIRCE, C.S. Op. cit., 6, 6.47, p. 37 (primeira publicação em 1892). A passagem, embora breve, é mais interessante porque antecipa (note a consideração sobre flutuações em misturas explosivas) algumas das discussões sobre macroefeitos que resultam da amplificação das indeterminações de Heisenberg. A discussão começa, ao que parece, com um artigo de Ralph Lillie, *Science*, 46, 1927, p. 139ss., ao qual Compton faz referência em *The Freedom of Man*, p. 50. Ele desempenha uma parte considerável no livro de Compton, p. 48ss. (Note que Compton proferiu as Palestras Terry em 1931.) Compton (Op. cit., nota 3, p. 51s.) contém uma comparação quantitativa muito interessante dos efeitos de acaso devido ao movimento molecular térmico (a indeterminação que Peirce tinha em mente) e a indeterminação (ou incerteza) de Heisenberg. A discussão foi levada adiante por Bohr, Pascual Jordan, Fritz Medicus, Ludwig von Bertalanffy e muitos outros; mais recentemente, em especial também por Walter Elsasser: *The Physical Foundations of Biology* [Os fundamentos físicos da biologia], 1958.

Essas visões de Peirce foram recebidas por seus contemporâneos com pouco interesse. Aparentemente, apenas um filósofo as notou; e ele as atacou[14]. Os físicos parecem tê-las ignorado; e, mesmo hoje, a maioria dos físicos acredita que se aceitássemos a mecânica clássica de Newton como verdadeira, deveríamos ser compelidos a aceitar o determinismo físico e, com ele, a proposição de que todas as nuvens são relógios. Foi somente com a queda da física clássica e com a ascensão da nova teoria quântica que os físicos estavam preparados para abandonar o determinismo físico.

Agora o jogo tinha virado. O indeterminismo, que até 1927 havia sido equiparado ao obscurantismo, tornou-se a moda dominante; e alguns grandes cientistas, como Max Planck, Erwin Schrödinger e Albert Einstein, que hesitaram em abandonar o determinismo, foram considerados velhos caretas [*old fogies*][15], embora tivessem estado na vanguarda do desenvolvimento da teoria quântica. Eu mesmo ouvi uma vez um jovem físico brilhante descrever Einstein, que ainda estava vivo e trabalhando duro, como "antediluviano". O dilúvio que supostamente teria varrido

---

14. Estou fazendo alusão a CARUS, P. *The Monist*, 2, 1892, p. 560ss.; 3, 1892, p. 68ss. Peirce respondeu em *The Monist*, 3, 1893, p. 526ss. Cf. seus *Collected Papers* [Artigos reunidos], 6, apêndice A, p. 390ss.

15. A súbita e completa transformação da situação-problema pode ser aferida pelo fato de que para muitos de nós, velhos caretas, não parece ter sido há muito tempo que os filósofos empiristas (cf., p. ex., SCHLICK, M. *Allgemeine Erkenntnislehre* [Epistemologia geral]. 2. ed., 1925, p. 277) eram deterministas físicos, enquanto hoje em dia o determinismo físico está sendo descartado por P.H. Nowell-Smith, um talentoso e espirituoso defensor de Schlick, como um "bicho-papão [*bogey*] do século XVIII" (*Mind*, 63, 1954, p. 331; cf. tb. nota 37 abaixo). O tempo segue marchando e sem dúvida resolverá, a seu tempo, todos os nossos problemas, sejam bichos-papões ou não. Porém, estranhamente, nós, velhos caretas, parecemos lembrar os dias de Planck, Einstein e Schlick e temos muita dificuldade em tentar convencer nossas mentes intrigadas e confusas de que esses grandes pensadores deterministas produziram seus bichos-papões no século XVIII, juntamente com Laplace, que produziu o bicho-papão mais famoso de todos (a "inteligência super-humana", de seu *Essay* [Ensaio] de 1819, frequentemente chamado de "demônio de Laplace"; cf. COMPTON. *The Freedom of Man* (p. 5s.) e *The Human Meaning of Science*, p. 34; cf. tb. Alexander, citado na nota 35, mais adiante). Porém um esforço ainda maior talvez faça lembrar, mesmo para nossas memórias falíveis, um semelhante bicho-papão do século XVIII produzido por um certo Carus (não o pensador do século XIX, P. Carus, referido na nota 14, mas T.L. Carus, que escreveu *Lucretius de rerum natura* [Da natureza das coisas, de Lucrécio], II, 251-260, citado por Compton em *The Freedom of Man*, p. 1). • Aparentemente, houve uma confusão a respeito da referência à obra *Lucretius de rerum natura*, citada por Compton no artigo que Popper menciona. O título da obra é apenas *De rerum natura* e Lucretius é seu autor, no caso Titus Lucretius Carus ou T.L. Carus (94-50 a.C.), poeta e filósofo romano [N.T.].

Einstein foi a nova teoria quântica, que havia surgido durante os anos de 1925 a 1927 e para cujo advento sete pessoas, no máximo, haviam feito contribuições comparáveis às de Einstein.

V

Talvez eu possa parar aqui por um momento para apresentar minha própria visão da situação e das modas científicas. Acredito que Peirce estava certo ao defender que todos os relógios são nuvens, até certo ponto considerável – mesmo o mais preciso dos relógios. Essa, creio, é a mais importante inversão da equivocada visão determinista de que todas as nuvens são relógios. Acredito ainda que Peirce estava certo ao defender que essa visão era compatível com a física clássica de Newton[16]. Acredito que essa visão seja mais claramente compatível com a teoria da relatividade (especial) de Einstein e ainda mais claramente compatível com a nova teoria quântica. Em outras palavras, sou um indeterminista – como Peirce, Compton e a maioria dos outros físicos contemporâneos; e acredito, com a maioria deles, que Einstein estava equivocado ao tentar se manter fiel ao determinismo. (Talvez eu possa dizer que discuti com ele esse assunto e que não o achei inflexível.) Mas também acredito que estavam terrivelmente equivocados aqueles físicos modernos que desdenharam as críticas do antediluviano Einstein sobre a teoria quântica. Ninguém pode deixar de admirar a teoria quântica e Einstein o fez de todo coração; mas suas críticas à interpretação da teoria que estava na moda – a interpretação de Copenhague –, assim como as críti-

---

16. Desenvolvi essa visão em 1950 em um artigo "Indeterminism in Quantum Physics and in Classical Physics" [Indeterminismo na física quântica e na física clássica]. *British Journal for the Philosophy of Science* [Revista Britânica para a Filosofia da Ciência], 1, 1950, n. 2, p. 117-133, e n. 3, p. 173-195. Quando escrevi esse capítulo eu infelizmente não sabia nada das opiniões de Peirce (cf. notas 12 e 13). Talvez eu possa mencionar aqui que tirei de artigo anterior a ideia de opor *nuvens* e *relógios*. Desde 1950, quando meu artigo foi publicado, a discussão de elementos indeterministas na física clássica tem ganhado força. Cf. BRILLOUIN, L. *Scientific Uncertainty and Information* [Incerteza científica e informação], 1964 (um livro com o qual não estou de total acordo, de modo algum), e as referências à literatura ali fornecidas, especialmente nas p. 38, 105, 127, 151s. A estas referências pode-se adicionar em particular o grande artigo de Jacques Hadamard envolvendo linhas geodésicas em superfícies "chifradas" de curvatura negativa; cf. *Journal de Mathématiques Pures et Appliquées*, 5. série, 4, 1898, p. 27ss.

cas oferecidas por de Broglie, Schrödinger, Bohm, Vigier e, mais recentemente, por Landé, foram também ligeiramente desconsideradas pela maioria dos físicos[17]. Há modas na ciência, e alguns cientistas aderem à onda quase tão prontamente quanto alguns pintores e músicos. Mas embora as modas e as febres do momento possam atrair os fracos, deve-se resistir em vez de encorajá-los[18]; e críticas como a de Einstein é sempre valiosa: sempre se pode aprender algo com ela.

VI

Arthur Holly Compton estava entre os primeiros a acolher a nova teoria quântica e o novo indeterminismo físico de Heisenberg de 1927. Compton convidou Heisenberg a Chicago para um curso de palestras que Heisenberg ministrou na primavera de 1929. Esse curso foi a primeira exposição completa de Heisenberg sobre sua teoria e suas palestras foram publicadas como seu primeiro livro um ano depois pela editora da Universidade de Chicago, com um prefácio de Arthur Compton[19]. Nesse prefácio, Compton acolheu a nova teoria para cujo advento seus experimentos haviam contribuído, refutando seu predecessor imediato[20]; porém ele também deixou uma nota de advertência. A advertência de Compton antecipou algumas advertências muito similares de Einstein, que sempre insistiu que não deveríamos considerar a

---

17. Cf. tb. meu livro *The Logic of Scientific Discovery*, esp. o novo Apêndice XI; tb. o cap. IX desse livro, que no essencial contém críticas válidas, embora, em vista da crítica de Einstein no Apêndice XII, eu tenha tido que retirar a experiência de pensamento (de 1934) descrita na seção 77. Esse experimento pode ser substituído, entretanto, pelo famoso experimento de pensamento de Einstein, Podolsky e Rosen, ali discutido nos apêndices XI e XII. Cf. tb. meu artigo "The Propensity Interpretation of the Calculus of Probability, and the Quantum Theory" [A interpretação de propensão do cálculo de probabilidade e a teoria quântica]. In: KORNER, S. (org.). *Observation and Interpretation* [Observação e interpretação], 1957, p. 65-70 e 83-89.

18. A última frase é uma crítica a algumas das visões contidas no interessante e estimulante livro de Thomas S. Kuhn: *The Structure of Scientific Revolutions* [A estrutura das revoluções científicas], 1963.

19. Cf. HEISENBERG, W. *The Physical Principles of the Quantum Theory* [Os princípios físicos da teoria quântica], 1930.

20. Estou aludindo à refutação, por Compton, da teoria de Bohr, Kramers e Slater; cf. nota 3 acima. Cf. tb. a própria alusão de Compton em *The Freedom of Man*, p. 7 (última frase) e *The Human Meaning of Science*, p. 36.

nova teoria quântica – "este capítulo da história da física", como Compton a chamou, de modo generoso e sábio – como "completa"[21]. E, embora essa visão tenha sido rejeitada por Bohr, devemos lembrar o fato de que a nova teoria falhou, por exemplo, em dar até mesmo um indício do nêutron, descoberto por Chadwick cerca de um ano depois, que se tornaria a primeiro de uma longa série de novas partículas elementares cuja existência não havia sido prevista pela nova teoria quântica (embora seja verdade que a existência do pósitron poderia ter sido derivada da teoria de Dirac)[22].

No mesmo ano, 1931, em suas Palestras Terry, 5 Compton tornou-se um dos primeiros a examinar as implicações humanas e, de modo mais geral, biológicas[23] do novo indeterminismo na física. E agora ficou claro por que ele havia acolhido a nova teoria com tanto entusiasmo: ela resolvia para ele não apenas problemas de física, mas também problemas biológicos e filosóficos e, entre estes últimos, especialmente problemas ligados à ética.

VII

Para mostrar isso, passo a citar a marcante passagem de abertura de *The Freedom of Man*, de Compton:

> A questão fundamental da moralidade, problema vital na religião e assunto de investigação ativa na ciência: o homem é um agente livre?

---

21. Cf. Prefácio de Compton em HEISENBERG. Op. cit., p. IIIss. Cf. tb. suas considerações sobre a *incompletude* da mecânica quântica em *The Freedom of Man*, p. 45 (com uma referência a Einstein) e em *The Human Meaning of Science*, p. 42. Compton aprovou a incompletude da mecânica quântica, enquanto Einstein viu nela uma fraqueza da teoria. Respondendo a Einstein, Niels Bohr afirmou (como J. von Neumann antes dele) que a teoria estava completa (talvez em outro sentido do termo). Cf., p. ex., EINSTEIN, A.; PODOLSKY, B. & ROSEN, N. *Physical Review* [Revista Física], 42, 1935, p. 777-780. • A resposta de Bohr em 48, 1935, p. 696ss. • EINSTEIN, A. *Dialectica*, 2, 1948, p. 320-324. • Bohr, p. 312-319 do mesmo volume. • A discussão entre Einstein e Niels Bohr em SCHILPP, P.A. (org.). *Albert Einstein*: Philosopher-Scientist [Albert Einstein: filósofo-cientista], 1949, p. 201-241 e, especialmente, 668-674. • Uma carta de Einstein publicada em meu livro *The Logic of Scientific Discovery*, p. 457-464, 445-456.

22. Cf. a história de sua descoberta conforme contado em HANSON, N.R. *The Concept of the Positron* [O conceito do pósitron], 1963, cap. IX.

23. Cf. esp. as passagens sobre a "evolução emergente" em *The Freedom of Man*, p. 90ss. • *The Human Meaning of Science*, p. 73.

Se [...] os átomos de nossos corpos seguem leis físicas tão imutáveis quanto os movimentos dos planetas, por que tentar? Que diferença pode fazer o esforço, por maior que seja, se nossas ações já estão predeterminadas por leis mecânicas [...]?[24]

Compton descreve aqui o que chamarei de *"pesadelo do determinista físico"*. Um mecanismo de relógio físico determinístico é, acima de tudo, completamente independente: no mundo físico determinístico perfeito simplesmente não há espaço para qualquer intervenção externa. Tudo o que acontece em tal mundo é fisicamente predeterminado, incluindo todos os nossos movimentos e, portanto, todas as nossas ações. Assim, todos os nossos pensamentos, sentimentos e esforços não podem ter influência prática alguma sobre o que acontece no mundo físico: eles são, se não meras ilusões, na melhor das hipóteses, subprodutos supérfluos ("epifenômenos") de eventos físicos.

Dessa forma, o devaneio do físico newtoniano que esperava provar que todas as nuvens eram relógios tinha ameaçado se transformar em um pesadelo; e a tentativa de ignorar isso tinha levado a algo como uma dupla personalidade [*split personality*] intelectual. Compton, creio eu, era grato à nova teoria quântica por tê-lo resgatado dessa difícil situação intelectual. Assim ele escreve, em *The Freedom of Man*: "O físico raramente [...] se preocupou com o fato de que se [...] leis [...] completamente deterministas [...] se aplicam às ações do homem, ele mesmo é um autômato"[25]. E em *The Human Meaning of Science* ele expressa seu alívio:

> Em meu próprio pensamento sobre esse assunto vital estou, assim, em um estado de espírito muito mais

---

24. Cf. *The Freedom of Man*, p. 1.

25. Cf. *The Freedom of Man*, p. 26s., p. 27s. (o último parágrafo que começa na p. 27). Talvez eu possa lembrar ao leitor que minhas visões diferem um pouco da passagem citada porque, como Peirce, acho logicamente possível que as *leis* de um sistema sejam newtonianas (e, portanto, *prima facie* deterministas) e o sistema seja, contudo, indeterminístico, porque o sistema ao qual as leis se aplicam pode ser intrinsecamente impreciso, no sentido, p. ex., de que é descabido dizer que suas coordenadas ou velocidades são números racionais (em oposição a irracionais). A seguinte consideração (cf. SCHRÖDINGER. Op. cit., p. 143) também é muito relevante: "[...] o teorema energia-momento nos fornece apenas *quatro* equações, deixando assim o processo elementar em grande parte indeterminado, mesmo que ele esteja em conformidade com elas". Cf. tb. nota 16.

satisfeito do que poderia estar em qualquer estágio anterior da ciência. Se se assumissem corretos os enunciados das leis da física, seria preciso supor (assim como a maioria dos filósofos) que o sentimento de liberdade é ilusório ou, se a [livre] escolha fosse considerada efetiva, que os enunciados das leis da física [...] não seriam confiáveis. O dilema tem sido incômodo [...][26].

Mais adiante no mesmo livro, Compton resume a situação com clareza nas palavras: "[...] não é mais justificável usar a lei física como evidência contra a liberdade humana"[27].

Essas citações de Compton mostram claramente que antes de Heisenberg ele havia sido atormentado pelo que eu chamei aqui de pesadelo do determinista físico e que ele havia tentado escapar desse pesadelo adotando algo como uma dupla personalidade intelectual. Ou, como ele mesmo diz: "Nós [físicos] preferimos simplesmente não prestar atenção às dificuldades [...]"[28]. Compton acolheu a nova teoria que o resgatou de tudo isso.

Acredito que a única forma do problema do determinismo que vale a pena discutir seriamente é exatamente aquele problema que preocupava Compton: o problema que surge de uma teoria física que descreve o mundo como um sistema *fisicamente completo* ou fisicamente fechado[29]. Por sistema fisicamente fechado quero dizer um conjunto ou sistema de entidades físicas, tais como átomos ou partículas elementares ou forças físicas ou campos de forças, que interagem uns com os outros – e *somente* uns com os outros – de acordo com leis definidas de interação que não deixam nenhum espaço para interação ou interferência

---

26. Cf. *The Human Meaning of Science*, p. IX.

27. Ibid., p. 42.

28. Cf. *The Freedom of Man*, p. 27.

29. Assuma que nosso mundo físico seja um sistema *fisicamente fechado* que contém elementos de acaso. Obviamente, ele não seria determinístico; contudo, propósitos, ideias, esperanças e desejos não poderiam em tal mundo ter qualquer influência sobre eventos físicos; assumindo que eles existam, eles seriam completamente redundantes: eles seriam o que são chamados de "epifenômenos". (Note que um sistema físico determinístico é fechado, mas um sistema fechado pode ser indeterminístico. Assim, "indeterminismo não é suficiente", como será explicado na seção X, adiante; cf. tb. nota 40.)

por qualquer coisa fora daquele conjunto ou sistema fechado de entidades físicas. É esse "fechamento" [*closure*] do sistema que cria o pesadelo determinista[30].

VIII

Gostaria de fazer uma digressão aqui por um minuto a fim de contrastar o problema do determinismo físico, que considero ser de fundamental importância, com o problema nada sério que muitos filósofos e psicólogos, seguindo Hume, substituíram por ele.

Hume interpretou o determinismo (que ele chamou de "doutrina da necessidade", ou "doutrina da conjunção constante") como a doutrina de que "causas similares produzem sempre efeitos similares" e que "efeitos similares decorrem necessariamente de causas similares"[31].

Com relação às ações e às volições humanas, ele defendia, mais particularmente, que "um espectador pode comumente inferir nossas ações a partir de nossos motivos e caráter; e, mesmo onde ele não pode, ele conclui, em geral, que ele poderia, se estivesse perfeitamente familiarizado com todas as circunstâncias de nossa situação e nosso temperamento e com as fontes mais secretas de nossa [...] disposição. Essa é agora a própria essência da necessidade [...]"[32]. Os sucessores de Hume colocam desta forma: nossas ações, ou nossas volições, ou nossos gostos, ou nossas preferências, são *psicologicamente* "causadas" por experiências

---

30. Kant sofreu profundamente desse pesadelo e fracassou em suas tentativas de escapar dele. Cf. a excelente declaração de Compton sobre "a rota de fuga de Kant" em *The Freedom of Man*, p. 67s. (Na linha 2 da p. 68 as palavras "*da Razão Pura*" deveriam ser eliminadas.) Talvez eu possa mencionar aqui que não concordo com tudo o que Compton tem a dizer no campo da filosofia da ciência. Exemplos de visões que eu não compartilho são: a aprovação, por Compton, do positivismo ou fenomenalismo de Heisenberg (*The Freedom of Man*, p. 31) e certas considerações (op. cit., nota 7 da p. 20) que Compton credita a Carl Eckart: embora o próprio Newton não fosse, ao que parece, um determinista (cf. nota 11), eu não acho que a ideia razoavelmente precisa do *determinismo físico* deva ser discutida em termos de alguma vaga "lei de causalidade"; nem concordo que Newton fosse um fenomenalista em um sentido semelhante àquele em que Heisenberg pode ter sido considerado um fenomenalista (ou positivista) na década de 1930.

31. HUME, D. *A Treatise of Human Nature* [Tratado da natureza humana], 1739 (org. de L.A. Selby-Bigge, 1888 e reimpressões), p. 174; cf. tb., p. ex., p. 173 e 87.

32. HUME. Op. cit., p. 408s.

precedentes ("motivos") e, em última instância, por nossa hereditariedade e nosso ambiente.

Mas essa doutrina que podemos chamar de determinismo *filosófico* ou *psicológico* não é apenas um caso muito diferente do determinismo *físico*, mas também uma doutrina que um determinista físico que entende esse assunto dificilmente pode levar a sério. Pois a tese do determinismo filosófico, de que "Efeitos similares têm causas similares" ou que "Todo evento tem uma causa", é tão vaga que é perfeitamente compatível com o indeterminismo físico.

O *indeterminismo* – ou mais precisamente, o indeterminismo físico – é meramente a doutrina de que *nem todos* os eventos no mundo físico são predeterminados com absoluta precisão, em todos os seus infinitesimais detalhes. Para além disso, ele é compatível com praticamente qualquer grau de regularidade que você queira e não implica, portanto, a visão de que haja "eventos sem causas"; simplesmente porque os termos "evento" e "causa" são vagos o suficiente para tornar compatível com o indeterminismo físico a doutrina de que todo evento tem uma causa. Enquanto o determinismo físico exige uma predeterminação física completa e infinitamente precisa e a ausência de *qualquer* exceção, o indeterminismo físico afirma que o determinismo é falso e que há *pelo menos algumas* exceções, aqui ou ali, para uma predeterminação precisa.

Assim, mesmo a fórmula "Todo evento *físico* observável ou mensurável tem uma causa *física* observável ou mensurável" ainda é compatível com o indeterminismo físico, simplesmente porque nenhuma medição pode ser infinitamente precisa: pois o ponto principal do determinismo físico é que, baseado na dinâmica de Newton, ele afirma a existência de um mundo de absoluta precisão matemática. E ainda que, ao fazê-lo, ele vá além do domínio da observação possível (como foi visto por Peirce), ele todavia é testável, em princípio, com qualquer grau de precisão desejado; e, na verdade, ele resistiu a testes surpreendentemente precisos.

Em contrapartida, a fórmula "Todo evento tem uma causa" não diz nada sobre precisão; e se, mais especialmente, olharmos para as leis da psicologia, então não há sequer uma sugestão de precisão. Isso se aplica tanto a uma psicologia "comportamentalista" quanto a uma psicologia "introspectiva" ou "mentalista". No caso de uma psicologia mentalista, isso é óbvio. Mas mesmo um comportamentalista pode, *na melhor das hipóteses*, prever que, sob dadas condições, um rato levará de vinte a vinte e dois segundos para correr um labirinto: ele não terá ideia de como poderá, ao especificar condições experimentais cada vez mais precisas, fazer previsões que se tornarão cada vez mais precisas – e, *em princípio, ilimitadamente precisas*. Isso acontece porque as "leis" comportamentalistas não são, como as leis da física newtoniana, equações diferenciais e porque toda tentativa de introduzir tais equações diferenciais levaria para além do comportamentalismo à fisiologia e, dessa forma, em última instância, à física; assim, nos levaria de volta ao problema do *determinismo físico*.

Conforme observado por Laplace, o determinismo físico implica que todo evento físico no futuro distante (ou no passado distante) é previsível (ou retrovisível) com qualquer grau de precisão desejado, desde que tenhamos conhecimento suficiente sobre o estado atual do mundo físico. A tese de um determinismo filosófico (ou psicológico) do tipo de Hume, por outro lado, até mesmo em sua interpretação mais forte, afirma no máximo que qualquer diferença observável entre dois eventos está relacionada, por alguma lei ainda talvez desconhecida, a alguma diferença – uma diferença *observável* talvez – no estado precedente do mundo; obviamente uma asserção muito mais fraca e, por sinal, uma asserção que poderíamos continuar a defender mesmo que a maioria de nossos experimentos, realizados sob condições que, *na aparência*, são "inteiramente iguais", produzissem resultados diferentes. Isso foi enunciado muito claramente pelo próprio Hume. "Mesmo quando esses experimentos contrários são inteiramente iguais", ele escreve, "nós não removemos a noção de causas e necessidade, mas [...] concluímos, que a chance [aparente] [...] reside apenas em [...] nosso conhecimento imperfeito, não nas coisas em si, que são em todos os casos igualmente necessárias [isto é, determinadas], embora, na aparência, não sejam igualmente constantes ou certas"[33].

---

33. HUME. Op. cit., p. 403s. É interessante comparar isso com as p. 404s. (onde Hume diz: "Eu defino necessidade de duas maneiras") e com o ato de atribuir à "matéria" "aquela qualidade inteligível, chame-a de necessidade ou não", que, como ele diz, todos "devem aceitar que pertença à vontade" (ou "às ações da mente"). Em outras palavras, Hume tenta aqui aplicar sua doutrina do costume ou hábito e sua psicologia de associação à "matéria"; ou seja, à física.

É por isso que um determinismo filosófico humeano e, mais especialmente, um determinismo psicológico humeano carecem da ferroada do determinismo físico. Pois na física newtoniana as coisas realmente pareciam como se qualquer desencaixe aparente em um sistema fosse de fato meramente devido a nossa ignorância, de modo que, se estivéssemos totalmente informados sobre o sistema, qualquer aparência de desencaixe desapareceria. A psicologia, por outro lado, nunca teve esse caráter.

O determinismo físico, poderíamos dizer em retrospecto, foi um devaneio de onisciência que parecia tornar-se mais real a cada avanço na física, até se tornar um pesadelo aparentemente inescapável. Mas os correspondentes devaneios dos psicólogos nunca foram mais que castelos no ar: eram sonhos utópicos de alcançar a igualdade com a física, seus métodos matemáticos e suas aplicações poderosas; e talvez até de alcançar a superioridade, moldando homens e sociedades. (Enquanto esses sonhos totalitários não são sérios do ponto de vista científico, eles são muito perigosos politicamente[34]; mas como já lidei com esses perigos em outra situação, não me proponho a discutir o problema aqui.)

IX

Eu chamei o determinismo físico de pesadelo. É um pesadelo porque afirma que o mundo inteiro, com tudo que há nele, é um enorme autômato e que nós não passamos de pequenas rodas dentadas ou, na melhor das hipóteses, subautômatos, dentro dele.

Assim, ele destrói, em particular, a ideia de criatividade. Ele reduz a uma completa ilusão a ideia de que, ao preparar esta palestra, eu tenha usado meu cérebro para criar *algo novo*. Não havia nada mais nisso, de acordo com o determinismo físico, além de

---

34. Cf. esp. SKINNER, B.F. *Walden Two* [traduzido para o português como *Walden II: uma sociedade do futuro*], 1948, um sonho utópico de onipotência, encantador e benevolente, mas totalmente ingênuo (cf. esp. p. 246-250 e tb. p. 214s.). • HUXLEY, A. *Brave New World* [Admirável mundo novo], 1932. Cf. tb. *Brave New World Revisited* [Regresso ao admirável mundo novo], 1959). • George Orwell, 1984, 1948. Estes são antídotos bem conhecidos. Critiquei algumas dessas ideias utópicas e autoritárias em *The Open Society and Its Enemies*, 1945 (4. ed., 1962) e em *The Poverty of Historicism*; p. ex., p. 91. (Cf., em ambos os livros, especialmente minhas críticas à chamada "sociologia do conhecimento".)

que certas partes do meu corpo tenham colocado marcas negras no papel branco: qualquer físico, com informações detalhadas suficientes, poderia ter escrito minha palestra pelo simples método de prever os lugares exatos em que o sistema físico composto pelo meu corpo (incluindo meu cérebro, é claro, e meus dedos) e minha caneta teria anotado essas marcas negras.

Ou, para usar um exemplo mais impressionante: se o determinismo físico estiver certo, então um físico completamente surdo e que nunca ouviu nenhuma música poderia escrever todas as sinfonias e concertos escritos por Mozart ou Beethoven, pelo simples método de estudar os estados físicos exatos de seus corpos e prever onde eles anotariam marcas pretas em seu papel pautado. E o nosso físico surdo poderia fazer ainda mais: ao estudar os corpos de Mozart ou Beethoven com cuidado suficiente, ele poderia escrever partituras que nunca foram realmente escritas por Mozart ou Beethoven, mas que as teriam escrito se certas circunstâncias externas de suas vidas tivessem sido diferentes: se eles tivessem comido cordeiro, digamos, em vez de frango, ou bebido chá em vez de café.

Tudo isso poderia ser feito pelo nosso físico surdo se lhe fosse fornecido um conhecimento suficiente das condições puramente físicas. Não haveria necessidade de ele saber nada sobre a teoria da música – embora ele pudesse ser capaz de prever quais respostas Mozart ou Beethoven teriam anotado, sob condições de exame, se lhe fossem apresentadas perguntas sobre a teoria do contraponto.

Acredito que tudo isso seja absurdo[35]; e sua absurdez se torna ainda mais óbvia, creio eu, quando aplicamos esse método de previsão física a um determinista.

---

35. É claro que meu físico surdo é bem semelhante ao demônio de Laplace (cf. nota 15); e acredito que suas realizações sejam absurdas, simplesmente porque aspectos não físicos (finalidades, propósitos, tradições, gostos, engenhosidade) desempenham um papel no desenvolvimento do mundo físico; ou, em outras palavras, acredito no *interacionismo* (cf. notas 43 e 62). Samuel Alexander (*Space, Time and Deity* [Espaço, tempo e divindade], 1920, vol. II, p. 328) fala do que ele chama de "calculadora de Laplace": "Exceto no sentido limitado descrito, a hipótese da calculadora é absurda". Porém, o "sentido limitado" *inclui* a previsão de *todos* os eventos puramente físicos e, assim, *incluiria* a previsão da posição de todas as marcas negras escritas por Mozart e Beethoven. Ele *exclui* apenas a previsão da experiência mental (uma exclusão que corresponde intimamente à minha suposição da surdez do físico). Desse modo, aquilo que eu considero absurdo, Alexander está disposto a admitir. (Talvez eu possa dizer aqui que acho preferível discutir o problema da liberdade em relação à criação da música ou de novas teorias científicas ou invenções técnicas do que em relação à ética e à responsabilidade ética.)

Pois, de acordo com o determinismo, quaisquer teorias – tais como, digamos, o determinismo – são defendidas por causa de uma certa estrutura física do defensor (talvez de seu cérebro). Consequentemente, estamos nos iludindo (e somos fisicamente determinados a ponto de nos iludirmos) sempre que acreditamos que há coisas tais como argumentos ou razões que nos fazem aceitar o determinismo.

Ou, em outras palavras, o determinismo físico é uma teoria que, se for verdadeira, não é discutível, uma vez que deve explicar todas as nossas reações, incluindo o que nos parecem crenças baseadas em argumentos, devido a *condições puramente físicas*. Condições puramente físicas, incluindo nosso ambiente físico, nos fazem dizer ou aceitar o que quer que digamos ou aceitemos; e um físico bem treinado que não saiba nada de francês e que nunca tenha ouvido falar de determinismo seria capaz de prever o que um determinista francês diria em uma discussão francesa sobre determinismo; e, claro, também o que seu oponente indeterminista diria. Mas isso significa que se acreditamos que tenhamos aceitado uma teoria como o determinismo porque fomos persuadidos pela força lógica de certos argumentos, então estamos nos iludindo, de acordo com o determinismo físico; ou, mais precisamente, estamos em uma condição física que nos determina a nos iludirmos.

Hume enxergou muito disso, mesmo que pareça que ele não tenha enxergado bem o que isso significava para seus próprios argumentos; pois ele se limitou a comparar o determinismo de *"nossos julgamentos"* com o de *"nossas ações"*, dizendo que *"não temos mais liberdade em um do que no outro"*[36].

Considerações como essas podem talvez ser a razão pela qual há tantos filósofos que se recusam a levar a sério o problema do determinismo físico e o descartam como um "bicho-papão"[37]. Porém a doutrina de que o *homem é uma máquina* foi discutida com mais força e seriedade em 1751, muito antes de a teoria da evolução ter sido geralmente aceita, por de La Mettrie; e a teoria

---

36. HUME. Op. cit., p. 609 (os itálicos são meus).
37. Cf. nota 15, acima, e RYLE, G. *The Concept of Mind* [O conceito da mente], 1949, p. 76ss. ("The Bogy of Mechanism" [O bicho-papão do mecanismo]).

da evolução deu ao problema uma vantagem ainda maior, ao sugerir que pode não haver distinção clara entre matéria viva e matéria morta[38]. E apesar da vitória da nova teoria quântica e da conversão de tantos físicos ao indeterminismo, a doutrina de La Mettrie, de que o homem é uma máquina, tem hoje talvez mais defensores do que nunca, entre físicos, biólogos e filósofos; especialmente na forma da tese de que o homem é um computador[39].

Pois se aceitarmos uma teoria da evolução (como a de Darwin), então mesmo se permanecermos céticos sobre a teoria de que a vida surgiu da matéria inorgânica, dificilmente poderemos negar que deve ter havido um tempo em que entidades abstratas e não físicas, tais como razões e argumentos e conhecimento científico, e regras abstratas, tais como regras para a construção de ferrovias ou escavadeiras ou satélites artificiais ou, digamos, regras de gramática ou de contraponto, não existissem ou, de qualquer forma, não tivessem efeito sobre o universo físico. É difícil entender como o universo físico poderia produzir entidades abstratas, tais como regras, e então ficar sob a influência dessas regras, de modo que essas regras, por sua vez, pudessem exercer efeitos muito palpáveis sobre o universo físico.

Há, no entanto, pelo menos uma saída, talvez um pouco evasiva, mas de qualquer forma fácil, para esta dificuldade. Podemos simplesmente negar que essas entidades abstratas existam e que elas possam influenciar o universo físico. E podemos afirmar que o

---

38. Cf. PIRIE, N.W. "The Meaninglessness of the Terms Life and Living" [A falta de sentido dos termos vida e vivo]. In: NEEDHAM, J. & GREEN, D.E. (org.). *Perspectives in Biochemistry* [Perspectivas em Bioquímica], 1937, p. 11ss.

39. Cf., p. ex., TURING, A.M. "Computing Machinery and Intelligence" (Maquinário computacional e inteligência). *Mind*, 59, 1950, p. 433-460. Turing afirmou que homens e computadores são, em princípio, indistinguíveis por seu desempenho observável (comportamental) e desafiou seus oponentes a *especificarem* algum comportamento observável ou realização do homem que um computador seria, em princípio, incapaz de alcançar. Mas esse desafio é uma armadilha intelectual: ao *especificar* um tipo de comportamento, estabeleceríamos uma especificação para construir um computador. Além do mais, nós usamos e construímos computadores porque eles podem fazer muitas coisas que não podemos fazer; assim como eu uso uma caneta ou lápis quando desejo totalizar uma soma que não posso fazer de cabeça. "Meu lápis é mais inteligente que eu", Einstein costumava dizer. Mas isso não estabelece que ele seja indistinguível de seu lápis. (Cf. os parágrafos finais, p. 195, de meu artigo sobre o indeterminismo, referido na nota 16 acima, e cap. 12, seção 5, de meu livro *Conjectures and Refutations*.)

que existem são nossos cérebros e que eles são máquinas como os computadores; que as regras supostamente abstratas são entidades físicas, exatamente como os cartões perfurados físicos e concretos, através dos quais "programamos" nossos computadores; e que a existência de qualquer coisa não física talvez seja apenas "uma ilusão" e, de qualquer forma, sem importância, uma vez que tudo continuaria como está, mesmo que não existissem tais ilusões.

De acordo com essa saída, não precisamos nos preocupar com o estado "mental" dessas ilusões. Elas podem ser propriedades universais de todas as coisas: a pedra que atiro pode ter a ilusão de que ela salta, assim como eu tenho a ilusão de que eu a atiro; e minha caneta ou meu computador podem ter a ilusão de que funcionam por causa de seu interesse nos problemas que pensam que estão solucionando – e que eu creio que eu estou solucionando – quando na verdade não há nada de qualquer significância acontecendo, exceto interações puramente físicas.

Vocês podem ver a partir de tudo isso que o problema do determinismo físico que preocupava Compton é de fato um problema sério. Não apenas é um enigma filosófico, como também afeta pelo menos físicos, biólogos, comportamentalistas, psicólogos e engenheiros de computação.

Deve-se admitir que alguns poucos filósofos tentaram mostrar (seguindo Hume ou Schlick) que se trata meramente de um enigma verbal, um enigma sobre o uso da palavra "liberdade". Mas esses filósofos dificilmente enxergaram a diferença entre o problema do determinismo físico e o do determinismo filosófico; e eles ou são deterministas como Hume, o que explica por que para eles a "liberdade" é "apenas uma palavra", ou nunca tiveram aquele contato próximo com as ciências físicas ou com a engenharia de computação, que lhes inculcasse que estamos diante de mais do que um enigma meramente verbal.

X

Assim como Compton, estou entre aqueles que levam o problema do determinismo físico a sério e, como Compton, não acredito que somos meras máquinas de computação (embora eu admita prontamente que podemos aprender muito com máquinas de computação – até sobre nós mesmos). Dessa forma, assim como Compton, sou um *indeterminista físico*: o indeterminismo físico, acredito, é um pré-requisito necessário para qualquer solução de nosso problema. Temos que ser indeterministas; tentarei, porém, mostrar que o indeterminismo não é suficiente.

Com este enunciado, que *o indeterminismo não é suficiente*, eu cheguei não apenas a um novo ponto, mas ao próprio cerne do meu problema.

O problema pode ser explicado da seguinte forma.

Se o determinismo é verdadeiro, então o mundo inteiro é um relógio impecável funcionando perfeitamente, incluindo todas as nuvens, todos os organismos, todos os animais e todos os homens. Se, por outro lado, o indeterminismo de Peirce ou de Heisenberg ou alguma outra forma de indeterminismo forem verdadeiros, então o mero *acaso* desempenha um papel importante em nosso mundo físico. *Mas será o acaso realmente mais satisfatório do que o determinismo?*

A questão é bem conhecida. Deterministas como Schlick a colocaram desta forma: "[...] liberdade de ação, responsabilidade e sanidade mental não podem alcançar além do domínio da causalidade: elas param onde o acaso começa. [...] um grau mais elevado de aleatoriedade [...] [simplesmente significa] um grau mais elevado de irresponsabilidade"[40].

Talvez eu possa colocar essa ideia de Schlick em termos de um exemplo que usei antes: dizer que as marcas pretas feitas no papel branco, as quais produzi na preparação para esta palestra, foram apenas o resultado do *acaso* não é mais satisfatório do que dizer que elas foram predeterminadas fisicamente. Na verdade, é ainda menos satisfatório. Pois algumas pessoas podem talvez estar bastante dispostas a acreditar que o texto de minha palestra pode, em princípio, ser completamente explicado por minha hereditariedade física e meu ambiente físico, incluindo minha educação, os livros que tenho lido e as conversas que tenho escutado;

---

40. Cf. SCHLICK, M. *Erkenntnis*, 5, p. 183 (extraído das últimas oito linhas do primeiro parágrafo).

mas dificilmente alguém acreditará que o que estou lendo para vocês seja o resultado de nada além do acaso – apenas uma amostra aleatória de palavras, ou talvez de letras, ajuntadas sem qualquer propósito, deliberação, plano ou intenção.

A ideia de que a única alternativa ao determinismo é apenas o mero acaso foi assumida por Schlick, juntamente com muitas de suas visões sobre o assunto, a partir de Hume, que afirmou que "a remoção" do que ele chamou de "necessidade física" deve sempre resultar na "mesma coisa com *acaso*. Como os objetos devem ou não ser conjugados, [...] "é impossível admitir qualquer média entre o acaso e uma necessidade absoluta"[41].

Mais adiante, argumentarei contra essa importante doutrina, de acordo com a qual a única alternativa ao determinismo é o mero acaso. Devo admitir, porém, que a doutrina parece aplicar-se bem aos modelos teóricos quânticos que foram projetados para explicar, ou pelo menos para ilustrar, a possibilidade da liberdade humana. Essa parece ser a razão pela qual esses modelos são tão insatisfatórios.

O próprio Compton projetou um tal modelo, embora não tenha gostado particularmente dele. Ele usa a indeterminação quântica e a imprevisibilidade de um salto quântico como modelo de uma decisão humana de grande momento. Consiste em um amplificador que amplifica o efeito de um salto quântico simples de tal forma que pode causar tanto uma explosão quanto destruir o relé necessário para provocar a explosão. Desse modo, um salto quântico simples pode ser equivalente a uma decisão importante. Mas, na minha opinião, o modelo não tem nenhuma similaridade com qualquer *decisão racional*. É, pelo contrário, um modelo de um tipo de tomada de decisão em que as pessoas que não conseguem se decidir dizem: "Vamos jogar uma moeda". De fato, todo o aparato para amplificar um salto quântico parece bastante desnecessário: jogar uma moeda e decidir, com base no resultado da jogada, se devemos ou não puxar um gatilho, daria no mesmo.

---

41. HUME. Op. cit., p. 171. Cf. tb., p. ex., p. 407: "[...] a liberdade [...] é exatamente a mesma coisa com acaso".

E há, é claro, computadores com dispositivos internos de jogar moedas para produzir resultados aleatórios, quando necessários.

Talvez se possa dizer que algumas de nossas decisões *são* como jogar moedas: são decisões instantâneas, tomadas sem deliberação, já que frequentemente não temos tempo suficiente para deliberar. Um motorista ou um piloto às vezes tem que tomar uma decisão instantânea como essa; e se ele for bem treinado, ou apenas sortudo, o resultado pode ser satisfatório; caso contrário, não.

Admito que o modelo de salto quântico pode ser um modelo para tais decisões instantâneas; e admito até ser concebível que algo como a amplificação de um salto quântico possa realmente acontecer em nossos cérebros se tomarmos uma decisão instantânea. Mas decisões instantâneas são realmente tão interessantes? São características do comportamento humano – do comportamento humano *racional*?

Creio que não; e não creio que vamos chegar muito mais longe com os saltos quânticos. Elas são apenas o tipo de exemplos que parecem dar suporte à tese de Hume e Schlick, de que o acaso perfeito é a única alternativa ao determinismo perfeito. O que precisamos para entender o comportamento humano racional – e, de fato, o comportamento animal – é algo *intermediário*, em caráter, entre o acaso perfeito e o determinismo perfeito – algo intermediário entre as nuvens perfeitas e os relógios perfeitos.

A tese ontológica de Hume e Schlick, de que não pode existir nada intermediário entre o acaso e o determinismo, me parece não apenas altamente dogmática (para não dizer doutrinária), mas claramente absurda; e é compreensível somente com a suposição de que eles acreditavam em um determinismo completo, no qual o acaso não tem nenhum estatuto, exceto como sintoma de nossa ignorância. (Mas ainda assim me parece absurdo, pois há, claramente, algo como conhecimento parcial, ou ignorância parcial.)

Pois sabemos que mesmo relógios altamente confiáveis não são realmente perfeitos e Schlick (se não Hume) deve ter sabido que isso se deve, em grande medida, a fatores como o atrito – ou seja, a efeitos estatísticos ou de acaso. E também sabemos que nossas nuvens não são perfeitamente análogas ao acaso [*chance-*

-like], já que muitas vezes podemos prever o tempo com bastante sucesso, pelo menos para períodos curtos.

XI

Assim, teremos que retornar ao nosso velho arranjo com nuvens à esquerda e relógios à direita e animais e homens em algum lugar no meio.

Mas mesmo depois de termos feito isso (e há alguns problemas a serem resolvidos antes que possamos dizer que esse arranjo está em conformidade com a física atual), mesmo assim, na melhor das hipóteses, apenas abrimos espaço para nossa questão principal.

Pois obviamente o que queremos é entender como coisas não físicas como *propósitos, deliberações, planos, decisões, teorias, intenções* e *valores* podem contribuir para provocar mudanças físicas no mundo físico. Que elas fazem isso parece ser óbvio, *pace* Hume e Laplace e Schlick. É claramente inverídico que todas essas tremendas mudanças físicas provocadas de hora em hora por nossas canetas, ou lápis, ou escavadeiras, possam ser explicadas em termos puramente físicos, seja por uma teoria física determinista, seja (por uma teoria estocástica) como devido ao acaso.

Compton estava bem ciente desse problema, como mostra a seguinte passagem encantadora de suas Palestras Terry:

Foi há algum tempo atrás que escrevi ao secretário da Universidade de Yale concordando em dar uma palestra no dia 10 de novembro às 17h. Ele tinha tanta fé em mim que foi anunciado publicamente que eu estaria lá e o público tinha tanta confiança em sua palavra que eles vieram ao salão no horário especificado. Mas considere a grande improbabilidade física de que sua confiança fosse justificada. Nesse meio-tempo, meu trabalho me chamou para as Montanhas Rochosas e, do outro lado do oceano, para a ensolarada Itália. Um organismo fototrópico [como eu por acaso sou, não iria facilmente] [...] se afastar de lá para ir à fria New Haven. As possibilidades de eu estar em outro lugar naquele momento eram em número infinito. Considerado como um evento físico, a probabilidade de cumprir meu compromisso teria sido fantasticamente pequena. Então por que a crença do público era justificada? [...] Eles conheciam meu propósito e foi meu propósito [que] determinou que eu estivesse lá[42].

Compton mostra aqui de modo muito bonito que o mero indeterminismo físico não é suficiente. Temos que ser indeterministas, para ter certeza; mas também devemos tentar entender como os homens, e talvez os animais, podem ser "influenciados" ou "controlados" por coisas tais como finalidades, ou propósitos, ou regras, ou acordos.

Este é, então, o nosso problema central.

XII

Um olhar mais de perto, no entanto, mostra que há dois problemas nessa história da viagem de Compton da Itália para Yale. Desses dois problemas, chamarei aqui o primeiro de *problema de Compton* e o segundo de *problema de Descartes*.

O problema de Compton foi raramente enxergado por filósofos e, se é que foi, apenas vagamente. Ele pode ser formulado como se segue:

Há coisas tais como cartas de aceitação de uma proposta de palestra e anúncios públicos de intenções; finalidades e propósitos declarados publicamente; regras morais em geral. Cada um desses documentos ou pronunciamentos ou regras tem um certo conteúdo, ou significado, que permanece invariante se o traduzimos ou o reformulamos. Assim, *esse conteúdo ou significado é algo bastante abstrato.* Porém ele pode controlar – talvez por meio de uma breve entrada críptica em um calendário de compromissos – os movimentos físicos de um homem, de tal modo a conduzi-lo de volta da Itália para Connecticut. Como isso é possível?

Isto é o que eu chamarei de problema de Compton. É importante notar que, nessa forma, o problema é neutro a respeito da questão de adotarmos uma psicologia comportamentalista

---

42. Cf. *The Freedom of Man*, p. 53s.

ou mentalista: na formulação aqui dada e sugerida pelo texto de Compton, o problema é colocado em termos do *comportamento* de Compton, em retornar a Yale; mas faria muito pouca diferença se incluíssemos eventos mentais como a volição, ou a sensação de ter compreendido ou tido acesso a uma ideia

Mantendo a própria terminologia comportamentalista de Compton, o problema de Compton pode ser descrito como o problema da influência do *universo de significados abstratos* sobre o comportamento humano (e, por conseguinte, sobre o universo físico). Aqui, "universo de significados" é um termo abreviado que abrange coisas tão diversas como promessas, finalidades e vários tipos de regras, tais como regras de gramática, ou de comportamento bem-educado, ou de lógica, ou de xadrez, ou de contraponto; também coisas tais como publicações científicas (e outras publicações); apelos ao nosso senso de justiça ou generosidade; ou à nossa apreciação artística; e assim por diante, quase *ad infinitum*.

Acredito que o que chamei aqui de problema de Compton é um dos problemas mais interessantes da filosofia, mesmo que poucos filósofos o tenham enxergado. Na minha opinião, esse é um verdadeiro problema-chave e mais importante que o clássico problema corpo-mente, que aqui chamo de "problema de Descartes".

A fim de evitar mal-entendidos, posso talvez mencionar que, ao formular seu problema em termos comportamentalistas, Compton certamente não tinha a intenção de subscrever a um comportamentalismo estabelecido. Pelo contrário, ele não duvidava nem da existência de sua própria mente, nem de outras mentes, nem de experiências como volições, ou deliberações, ou prazer, ou dor. Ele teria, portanto, insistido em que havia um *segundo* problema a ser resolvido.

Podemos identificar esse segundo problema com o clássico problema corpo-mente, ou o problema de Descartes. Ele pode ser formulado da seguinte forma: como é possível que tais coisas como estados de espírito – volições, sentimentos, expectativas – influenciem ou controlem os movimentos físicos de nossos membros? E (embora isto seja menos importante em nosso contexto) como é possível que os estados físicos de um organismo possam influenciar seus estados mentais?[43]

Compton sugere que qualquer solução *satisfatória* ou *aceitável* de qualquer um desses dois problemas teria de obedecer ao seguinte postulado que chamarei de *postulado da liberdade de Compton*: a solução deve explicar a liberdade; e também deve explicar como a liberdade não é apenas um acaso, mas antes o resultado de uma sutil interação entre *algo quase aleatório ou desordenado, e algo como um controle restritivo ou seletivo* – como uma finalidade ou um padrão – embora certamente não um controle de ferro [*cast-iron control*]. Pois é claro que os controles que guiaram Compton de volta da Itália lhe permitiram ampla liberdade: liberdade, digamos, para escolher entre um barco americano e um francês ou italiano; ou liberdade para adiar sua palestra, caso tivesse surgido alguma obrigação mais importante.

Podemos dizer que o postulado da liberdade de Compton restringe as soluções aceitáveis de nossos dois problemas ao exigir que eles se conformem à *ideia de combinar liberdade e controle, e também à ideia de um "controle plástico"*, como eu o chamarei em contraposição com um "controle de ferro".

O postulado de Compton é uma restrição que aceito de bom grado e livremente; e minha própria aceitação livre e deliberada dessa restrição, embora não acrítica, pode ser tomada como uma ilustração daquela combinação de liberdade e controle que é o próprio conteúdo do postulado da liberdade de Compton.

---

43. Uma discussão crítica do que eu chamo aqui de problema de Descartes será encontrada nos cap. 12 e 13 do meu livro *Conjectures and Refutations*. Posso dizer aqui que, assim como Compton, sou quase um cartesiano, na medida em que rejeito a tese da completude de física de todos os organismos vivos (considerados como sistemas físicos); ou seja, na medida em que conjecturo que em alguns organismos os estados mentais podem *interagir* com estados físicos. (Sou, no entanto, menos cartesiano do que Compton; sou ainda menos atraído do que ele era pelos modelos de chave geral [*master-switch*]; cf. notas 44, 45 e 62.) Além do mais, não tenho nenhuma simpatia pela conversa cartesiana sobre uma *substância* mental ou *substância* pensante – não mais do que por sua *substância* material ou *substância* estendida. Sou cartesiano somente na medida em que acredito na existência de ambos, *estados* físicos e *estados* mentais (e, além disso, em coisas ainda mais abstratas, como estados de uma discussão).

XIII

Expliquei nossos dois *problemas* centrais – o problema de Compton e o problema de Descartes. A fim de resolvê-los precisamos, acredito eu, de uma *nova teoria*; de fato, uma nova teoria da evolução e um novo modelo do organismo.

Essa necessidade surge porque as teorias indeterministas existentes são insatisfatórias. Elas são indeterministas; mas sabemos que o indeterminismo não é suficiente e não está claro como elas escapam da objeção de Schlick, ou se elas se conformam ao postulado de *liberdade mais controle*, de Compton. De novo, o problema de Compton está bem além delas: elas dificilmente são relevantes para ele. E embora essas teorias sejam tentativas de resolver o problema de Descartes, as soluções que elas propõem não parecem ser satisfatórias.

As teorias às quais estou aludindo podem ser chamadas de "modelos de controle por chave geral" ou, mais concisamente, "teorias da chave geral". Sua ideia subjacente é que nosso corpo é um tipo de máquina que pode ser regulada por uma alavanca ou interruptor a partir de um ou mais *pontos centrais de controle*. Descartes chegou até mesmo a localizar precisamente o ponto de controle: é na glândula pineal, disse ele, que a mente age sobre o corpo. Alguns teóricos quânticos sugeriram (e Compton aceitou a sugestão muito provisoriamente) que nossas mentes trabalham sobre nossos corpos, influenciando ou selecionando alguns saltos quânticos. Estes são então amplificados por nosso sistema nervoso central, que atua como um amplificador eletrônico: os saltos quânticos amplificados operam uma cascata de relés ou chaves gerais e, por fim, afetam as contrações musculares[44]. Há, creio eu, algumas indicações, nos livros de Compton, de que ele não gostava muito dessa teoria ou modelo em particular e que ele a usava

---

44. Compton discutiu essa teoria com algum detalhe, esp. em *The Freedom of Man*, p. 37-65. Cf. esp. a referência a Ralph Lillie (op. cit.) em *The Freedom of Man*, p. 50. Cf. tb. *The Human Meaning of Science*, p. 47-54. De considerável interesse são as observações de Compton em *The Freedom of Man*, p. 63s. e *The Human Meaning of Science*, p. 53, sobre o caráter de individualidade das nossas ações, e sua explicação de por que ela nos permite evitar o que eu posso chamar de segundo chifre do dilema (cujo primeiro chifre é o puro determinismo); i. é, a possibilidade de que nossas ações sejam devidas ao acaso puro; cf. nota 40.

com um único propósito: mostrar que o indeterminismo humano (ou mesmo a "liberdade") não contradiz necessariamente a física quântica[45]. Creio que ele estava certo em tudo isso, inclusive em sua antipatia às teorias da chave geral.

Pois essas teorias da chave geral – seja a de Descartes, ou as teorias do amplificador, dos físicos quânticos – pertencem ao que eu talvez chame de *"teorias bebezinhos"**. Elas me parecem ser quase tão desinteressantes [*unattractive*] quanto bebezinhos minúsculos.

Tenho certeza de que todos conhecem a história da mãe solteira que implorou: "Mas é um bebezinho *tão* minúsculo". O apelo de Descartes me parece similar: "Mas é tão minúsculo: é apenas um ponto matemático não estendido em que nossa mente pode atuar sobre nosso corpo".

Os teóricos quânticos defendem uma teoria bebezinho muito similar: "Mas é só com *um* salto quântico e apenas dentro das incertezas de Heisenberg – e estas são de fato bem minúsculas – que uma mente pode atuar sobre um sistema físico". Admito que talvez haja aqui um leve avanço, na medida em que o tamanho do bebê é especificado. Mas ainda assim eu não amo esse bebê.

Por mais minúscula que seja a chave geral, o modelo da chave-geral-*cum*-amplificador sugere fortemente que todas as nossas decisões ou são decisões instantâneas (como eu as chamei na seção X acima) ou então são compostas de decisões instantâneas.

Agora admito que os mecanismos amplificadores são características importantes dos sistemas biológicos, pois a energia da reação, liberada ou desencadeada por um estímulo biológico, geralmente excede enormemente a energia do estímulo desencadeante[46]; e admito também, é claro, que decisões instantâneas de fato

---

45. Cf. esp. *The Human Meaning of Science*, p. VIIIs., e 54, o último enunciado da seção.

* Ao explicar a analogia das "teorias bebezinhos" [*tiny baby theories*], Popper faz referência a uma antiga anedota sobre uma jovem que foge de casa e retorna tempos depois, com um bebê; seu pai, irado, rejeita-o, mas ela implora por mantê-lo, justificando que o bebê não faria diferença, pois é minúsculo [N.T.].

46. Este é um ponto de grande importância, tanto que dificilmente descreveríamos qualquer processo como tipicamente biológico, a menos que envolvesse a liberação ou o desen-

ocorrem. Mas eles diferem marcadamente do tipo de decisão que Compton tinha em mente: são quase como reflexos e, assim, não se conformam nem à situação do problema de Compton, da influência do universo de significados sobre nosso comportamento, nem ao postulado da liberdade de Compton (nem à ideia de um controle "plástico"). As decisões que se conformam a tudo isso são, via de regra, tomadas quase imperceptivelmente através de longa *deliberação*. Elas são tomadas por um tipo de processo de *maturação* que não é bem representado pelo modelo da chave geral.

Ao considerar este processo de deliberação, podemos ter outro indício para nossa nova teoria. Pois a deliberação funciona sempre por *tentativa e erro* ou, mais precisamente, pelo *método de tentativa e eliminação de erros*: propondo provisoriamente várias possibilidades e eliminando aquelas que não parecem adequadas. Isso sugere que podemos usar em nossa nova teoria algum mecanismo de tentativa e eliminação de erros.

Vou agora delinear como pretendo proceder.

Antes de formular minha teoria evolutiva em termos gerais, mostrarei primeiro como ela funciona em um caso particular, aplicando-a ao nosso primeiro problema, isto é, ao problema de Compton, da *influência do significado sobre o comportamento*.

Depois de ter resolvido dessa forma o problema de Compton, formularei a teoria de um modo geral. Então será descoberto que ela também contém – dentro da estrutura de nossa nova teoria que cria uma nova situação-problema – uma resposta direta e quase trivial ao clássico problema corpo-mente de Descartes. (Cf. o adendo na p. 311 adiante.)

---

cadeamento de energia armazenada. Mas o oposto, é claro, não é o caso: muitos processos não biológicos têm o mesmo caráter; e embora os amplificadores e processos de liberação não tenham desempenhado um grande papel na física clássica, eles são mais característicos da física quântica e, é claro, da química. (A radioatividade com uma energia de desencadeamento igual a zero é um caso extremo; outro caso interessante é a sintonia – em princípio adiabática – em uma determinada radiofrequência, seguida pela amplificação extrema do sinal ou estímulo.) Esta é uma das razões pelas quais fórmulas como "a causa é igual ao efeito" (e, com ela, as críticas tradicionais ao interacionismo cartesiano) se tornaram há muito tempo obsoletas, apesar da validade contínua das leis de conservação. Cf. nota 43 e a função de *estimulação ou liberação* da linguagem, discutida na seção XIV adiante. Cf. tb. meu livro *Conjectures and Refutations*, p. 381.

XIV

Vamos agora abordar nosso primeiro problema – isto é, o problema de Compton, da influência do significado sobre o comportamento – por meio de alguns comentários sobre *a evolução das linguagens desde as linguagens animais até as linguagens humanas.*

Linguagens animais e linguagens humanas têm muitas coisas em comum, mas há também diferenças: como todos sabemos, as linguagens humanas transcendem de alguma forma as linguagens animais.

Usando e estendendo algumas ideias de meu falecido Prof. Karl Bühler[47] distinguirei duas funções que as linguagens animal e humana compartilham e duas funções que só a linguagem humana possui; ou, em outras palavras, duas funções inferiores e duas funções superiores que evoluíram com base nas funções inferiores.

As duas funções inferiores da linguagem são as seguintes. Primeiro, a linguagem, como todas as outras formas de comportamento, consiste em *sintomas ou expressões*; é sintomática ou expressiva do estado do organismo que faz os sinais linguísticos. Seguindo Bühler, chamo-a de *função sintomática ou expressiva da linguagem.*

Em segundo lugar, para que a linguagem ou a comunicação aconteça, deve haver não somente um organismo que faça sinais ou um "emissor", mas também um organismo que reaja, um "receptor". A *expressão* sintomática do primeiro organismo, o emissor, libera ou evoca ou estimula ou desencadeia uma reação no

---

47. A teoria das funções da linguagem devemos a Karl Bühler (*The Mental Development of the Child*, 1919, tradução em inglês de 1930, p. 55, 56, 57; tb. *Sprachtheorie*, 1934). Acrescentei às suas três funções a função argumentativa (e algumas outras funções que não desempenham nenhum papel aqui, tais como uma função hortativa e uma função persuasiva). Cf., p. ex., o meu artigo "Language and the Body-Mind Problem" [Linguagem e o problema corpo-mente], em *Conjectures and Refutations*, p. 295, nota 2 e texto. (Cf. tb. p. 134s.) Não é impossível que existam em animais, especialmente em abelhas, estágios de transição para algumas linguagens descritivas; cf. VON FRISCH, K. *Bees: their Vision, Chemical Senses, and Language* [Abelhas: sua visão, sentidos químicos e linguagem], 1950. • *The Dancing Bees* [As abelhas dançantes], 1955. • LINDAUER, M. *Communication Among Social Bees* [Comunicação entre abelhas sociais], 1961.

segundo organismo, que *responde* ao comportamento do emissor, transformando-o, por conseguinte, em um *sinal*. Esta função da linguagem de atuar sobre um receptor foi chamada por Bühler de função de *liberação* ou sinalização da linguagem*.

Para tomar um exemplo, uma ave pode estar pronta para sair voando e pode *expressar* isso exibindo certos sintomas. Estes podem então *liberar ou desencadear* uma certa resposta ou reação em uma segunda ave e, como consequência, ela também pode se preparar para sair voando.

Note que as duas funções, a função expressiva e a função de liberação, são *distintas*; pois é possível que instâncias da primeira possam ocorrer sem a segunda, embora não no sentido contrário: uma ave pode expressar por seu comportamento que está pronta para voar para longe sem desse modo influenciar outra ave. Então a primeira função pode ocorrer sem a segunda; o que mostra que elas podem ser dissociadas apesar do fato de que, em qualquer instância genuína de comunicação pela linguagem, elas sempre ocorrem juntas.

Essas duas funções inferiores, a função sintomática ou expressiva, por um lado, e a função de liberação ou sinalização, por outro, são comuns às linguagens dos animais *e* dos homens; e essas duas funções inferiores estão sempre presentes quando qualquer uma das funções superiores (que são caracteristicamente humanas) estão presentes.

Pois a linguagem humana é muito mais rica. Ela tem muitas funções e dimensões que as linguagens animais não têm. Duas dessas novas funções são as mais importantes para a evolução do raciocínio e da racionalidade: a *função descritiva* e a *função argumentativa*.

Como exemplo da função descritiva, posso agora descrever a vocês como há dois dias uma magnólia florescia em meu jardim, e o que aconteceu quando a neve começou a cair. Eu posso através dela expressar meus sentimentos, e também liberar ou

---

* A função de "sinalização" ou "liberação" é chamada por Bühler de "apelativa" [*Appellfunktion*]. (Cf. nota de tradução no cap. 3, item 4) [N.T.].

desencadear algum sentimento em vocês: talvez vocês reajam pensando em *suas* árvores magnólias. Assim, as duas funções inferiores estariam presentes. Mas *além* de tudo isso, eu deveria ter descrito a vocês alguns fatos; eu deveria ter feito alguns *enunciados descritivos*; e estes enunciados meus seriam factualmente *verdadeiros*, ou factualmente *falsos*.

Sempre que falo, não posso deixar de me expressar; e se você me escuta, dificilmente pode deixar de reagir. Então as funções inferiores estão *sempre* presentes. A função descritiva *não precisa* estar presente, pois posso falar com você sem descrever nenhum fato. Por exemplo, ao mostrar ou expressar desconforto – digamos, dúvida sobre se você vai sobreviver a esta longa palestra – não preciso descrever nada. Porém a descrição, incluindo a descrição de estados de coisas conjecturados, que formulamos na forma de teorias ou hipóteses, é claramente uma função extremamente importante da linguagem humana; e é essa função que mais claramente distingue a linguagem humana das várias linguagens animais (embora aí pareça haver algo que se aproxima dela na linguagem das abelhas[48]). Claro que ela é uma função indispensável para a ciência.

A última e mais superior das quatro funções a serem mencionadas neste levantamento é a *função argumentativa da linguagem*, como pode ser visto no trabalho, em sua mais elevada forma de desenvolvimento, em uma *discussão crítica* bem disciplinada.

A função argumentativa da linguagem não somente é a mais superior das quatro funções que estou aqui discutindo, como também foi a última delas a se desenvolver. Sua evolução esteve intimamente ligada à de uma atitude argumentativa, crítica e racional; e uma vez que essa atitude levou à evolução da ciência, podemos dizer que a função argumentativa da linguagem criou o que talvez seja a ferramenta mais poderosa para a adaptação biológica que já surgiu no curso da evolução orgânica.

Como as outras funções, a arte do argumento crítico se desenvolveu pelo método de tentativa e eliminação de erros, e teve

---

48. Cf. os livros de Frisch (op. cit.) e de Lindauer (op. cit.). Cf. tb. nota 47 acima.

a influência mais decisiva sobre a capacidade humana de pensar racionalmente. (A própria lógica formal pode ser descrita como um "órganon de argumento crítico"[49].) Assim como o uso descritivo da linguagem, o uso argumentativo levou à evolução de padrões ideais de controle, ou de *"ideias reguladoras"* (usando um termo kantiano): a principal ideia reguladora do uso descritivo da linguagem é a *verdade* (por oposição à *falsidade*); e a do uso argumentativo da linguagem, em discussão crítica, é a *validade* (por oposição à *invalidade*).

Os argumentos, via de regra, são a favor ou contra alguma proposição ou enunciado descritivo; é por isso que nossa quarta função – a função argumentativa – deve ter surgido posteriormente à função descritiva. Mesmo que eu argumente em um comitê que a universidade não deveria autorizar um determinado gasto porque não podemos arcar com ele, ou porque alguma forma alternativa de usar o dinheiro seria mais benéfica, estou argumentando não apenas a favor ou contra uma *proposta*, mas também a favor e contra alguma *proposição* – *a favor* da proposição, digamos, de que o uso proposto não será benéfico e *contra* a proposição de que o uso proposto será benéfico. Então os argumentos, até mesmo os argumentos sobre propostas, via de regra são relevantes para proposições e, muito frequentemente, para proposições descritivas.

Porém o uso argumentativo da linguagem pode ser claramente distinguido de seu uso descritivo, simplesmente porque eu posso descrever sem argumentar: posso descrever, isto é, sem dar razões a favor ou contra a verdade da minha descrição.

Nossa análise de quatro funções de nossa linguagem – as funções expressiva, sinalizadora, descritiva e argumentativa – pode ser resumida dizendo que, embora seja necessário admitir que as duas funções inferiores – as funções expressiva e sinalizadora – estão sempre presentes *sempre* que as funções superiores estão presentes, devemos, contudo, distinguir as funções superiores das funções inferiores.

---

49. Cf. meu livro *Conjectures and Refutations*, cap. 1, esp. a observação na p. 64 sobre a lógica formal como "o órganon da crítica racional". Cf. tb. os cap. 8 a 11 e 15.

Porém muitos comportamentalistas e muitos filósofos têm ignorado as funções superiores, aparentemente porque as inferiores estão sempre presentes, estejam ou não as superiores.

XV

Para além das novas funções da linguagem que evoluíram e emergiram juntamente com o homem, e com a racionalidade humana, devemos considerar outra distinção de importância quase igual, a distinção entre a evolução dos *órgãos* e a das *ferramentas ou máquinas*, uma distinção a ser creditada a um dos maiores filósofos ingleses, Samuel Butler, o autor de *Erewhon* (1872).

A evolução animal procede em grande medida, embora não exclusivamente, pela modificação de órgãos (ou comportamentos) ou pela emergência de novos órgãos (ou comportamentos). A *evolução humana* prossegue, em grande medida, desenvolvendo novos órgãos *fora de nossos corpos ou pessoas*: "exossomaticamente", como dizem os biólogos, ou "extrapessoalmente". Esses novos órgãos são ferramentas, ou armas, ou máquinas, ou casas.

Os primórdios rudimentares desse desenvolvimento exossomático podem, é claro, ser encontrados entre os animais. A construção de tocas, ou covis, ou ninhos é uma realização prematura. Posso também lembrar que os castores constroem barragens muito engenhosas. Mas o homem, ao invés de desenvolver melhores olhos e ouvidos, desenvolve óculos, microscópios, telescópios, telefones e aparelhos auditivos. E em vez de desenvolver pernas cada vez mais velozes e rápidas, ele desenvolve automóveis cada vez mais velozes.

Porém o tipo de evolução extrapessoal ou exossomática que me interessa aqui é esta: em vez de desenvolvermos melhores memórias e cérebros, desenvolvemos papel, canetas, lápis, máquinas de escrever, gravadores, impressoras e bibliotecas.

Estes acrescentam à nossa linguagem – e especialmente às suas funções descritiva e argumentativa – o que pode ser descrito como novas dimensões. O último desenvolvimento (utilizado principalmente para dar suporte às nossas capacidades argumentativas) é o desenvolvimento de computadores.

XVI

Como as funções e dimensões superiores se relacionam com as inferiores? Elas não substituem as inferiores, como já vimos, mas estabelecem uma espécie de *controle plástico* sobre elas – um controle com retroalimentação.

Tome, por exemplo, uma discussão em uma conferência científica. Ela pode ser estimulante e agradável, e dar origem a expressões e sintomas de sua essência; e essas expressões, por sua vez, podem liberar sintomas similares em outros participantes. Porém, não há dúvida de que até certo ponto esses sintomas e sinais de liberação serão devidos ao *conteúdo* científico da discussão e controlados por ele; e uma vez que isso será *de natureza descritiva e argumentativa*, as funções inferiores serão controladas pelas superiores. Além do mais, embora uma boa piada ou um amigável sorriso aberto possam deixar as funções inferiores vencer no curto prazo, o que conta no longo prazo é um bom argumento – um argumento válido – e o que ele estabelece ou refuta. Em outras palavras, nossa discussão é controlada, embora plasticamente, pelas ideias reguladoras de verdade e de validade.

Tudo isso é reforçado pela descoberta e pelo desenvolvimento das novas dimensões da impressão e da publicação, especialmente quando elas são utilizadas para imprimir e publicar teorias e hipóteses científicas e artigos nos quais estas são discutidas criticamente.

Não posso fazer justiça à importância dos argumentos críticos aqui: é um tópico sobre o qual escrevi de forma bastante extensa[50] e por isso não o levantarei novamente aqui. Quero apenas salientar que os argumentos críticos são *um meio de controle*: são um meio de eliminar erros, um meio de seleção.

Resolvemos nossos problemas propondo provisoriamente várias teorias e hipóteses concorrentes, como balões de ensaio [*trial balloons*], por assim dizer; e submetendo-os à discussão crítica e a testes empíricos, com o propósito de eliminar erros.

---

50. Cf. nota 49 e meu livro *The Open Society and its Enemies*, esp. o cap. 24 e o *Adendo* ao vol. II (4. ed., 1962). Cf. tb. *Conjectures and Refutations*, esp. o prefácio e a introdução.

Então a evolução das funções superiores da linguagem que tentei descrever pode ser caracterizada como a evolução de novos meios para a resolução de problemas, por novos tipos de tentativas e por novos métodos de eliminação de erros; ou seja, novos métodos para *controlar* as tentativas.

XVII

Posso agora dar minha solução ao nosso primeiro problema principal, isto é, o problema de Compton, da influência do significado sobre o comportamento. É a seguinte.

Os níveis superiores de linguagem evoluíram sob a pressão da necessidade de um *melhor controle* de duas coisas: de nossos níveis inferiores de linguagem e nossa adaptação ao meio ambiente, pelo método de cultivar não apenas novas ferramentas, mas também, por exemplo, novas teorias científicas e novos padrões de seleção.

Agora, ao desenvolver suas funções superiores, nossa linguagem também desenvolveu significados e conteúdos abstratos; ou seja, aprendemos como abstrair a partir dos vários modos de formular ou expressar uma teoria, e como prestar atenção a seu *conteúdo ou significado invariante* (do qual sua verdade depende). E isso se aplica não apenas a teorias e outros enunciados descritivos, mas também a propostas, ou finalidades, ou qualquer outra coisa que possa ser submetida a uma discussão crítica.

O que chamei de "problema de Compton" foi o problema de explicar e entender o poder de controle de significados, tais como os conteúdos de nossas teorias, ou de propósitos, ou finalidades; propósitos ou finalidades que, em alguns casos, podemos ter adotado após deliberação e discussão. Mas isso agora não é mais um problema. Seu poder de influenciar-nos é parte integrante desses conteúdos e significados; pois uma parte da função de conteúdos e significados é controlar.

Essa solução do problema de Compton conforma-se ao postulado restritivo de Compton. Pois o controle de nós mesmos e de nossas ações por nossas teorias e propósitos é um controle *plástico*. Não somos *forçados* a nos submeter ao controle de nossas teorias, pois podemos discuti-las criticamente, e podemos rejeitá-las livremente se acharmos que elas ficam aquém de nossos padrões reguladores. Então o controle está longe de ser unilateral. Não apenas nossas teorias nos controlam, como podemos controlar nossas teorias (e até mesmo nossos padrões): há uma espécie de *retroalimentação* aqui. E se nos submetemos às nossas teorias, então o fazemos livremente, após deliberação; isto é, após a discussão crítica de alternativas, e após escolher livremente entre as teorias concorrentes, à luz dessa discussão crítica.

Submeto isso como minha solução do problema de Compton; e antes de prosseguir à solução do problema de Descartes, vou agora delinear brevemente a teoria mais geral da evolução que já usei, implicitamente, em minha solução.

XVIII

Ofereço minha teoria geral com muitas desculpas. Demorei-me muito tempo a refletir plenamente sobre ela e a torná-la clara para mim mesmo. Contudo, ainda me sinto longe de satisfeito com ela. Isso se deve em parte ao fato de que é uma teoria *evolutiva* e que acrescenta somente um pouco, temo eu, às teorias evolutivas existentes, exceto talvez por uma nova ênfase.

Enrubesço ao ter que fazer essa confissão; pois quando eu era mais jovem costumava dizer coisas muito desdenhosas sobre as filosofias evolutivas. Quando há vinte e dois anos o Cônego Charles E. Raven, em sua *Science, Religion and the Future* [Ciência, religião e o futuro], descreveu a controvérsia darwinista como "uma tempestade em uma xícara de chá vitoriana", eu concordei, mas o critiquei[51] por prestar demasiada atenção "aos vapores que ainda emergiam da xícara", com o que me referia ao ar quente das filosofias evolutivas (especialmente aquelas que nos diziam que havia leis inexoráveis da evolução). Mas tenho que confessar que essa xícara de chá, no final das contas, agora faz meu tipo; e com ela tenho que engolir a torta da humildade*.

---

51. Cf. p. 106, nota 1 do meu livro *The Poverty of Historicism*.

* Popper faz um jogo de ideias com as expressões idiomáticas em inglês "it's not my cup of tea" [não é minha xícara de chá, em tradução literal], que significa "isso não faz meu tipo", e a expressão "to eat humble pie" [comer torta humilde], que significa suportar humilhações ao ter que reconhecer um erro ou fracasso [N.T.].

Para muito além das *filosofias* evolutivas, a dificuldade em relação à *teoria* evolutiva é seu caráter tautológico, ou quase tautológico: a dificuldade é que o darwinismo e a seleção natural, embora extremamente importantes, explicam a evolução pela "sobrevivência do mais apto" (um termo devido a Herbert Spencer). No entanto, não parece haver muita diferença, se é que há alguma, entre a asserção "os que sobrevivem são os mais aptos" e a tautologia "os que sobrevivem são os que sobrevivem". Pois não temos, receio eu, nenhum outro critério de aptidão além da real sobrevivência, de modo que concluímos, a partir do fato de que alguns organismos sobreviveram, que eles eram os mais aptos, ou aqueles mais bem-adaptados às condições de vida.

Isso mostra que o darwinismo, com todas as suas grandes virtudes, não é de forma alguma uma teoria perfeita. Ela necessita de uma reformulação que a torne menos vaga. A teoria evolutiva que vou esboçar aqui é uma tentativa de tal reformulação.

Minha teoria pode ser descrita como uma tentativa de aplicar a toda a evolução o que aprendemos quando analisamos a evolução da linguagem animal para a linguagem humana. E ela consiste em uma certa *visão da evolução* como um crescente sistema hierárquico de controles plásticos e de uma certa *visão de* que os *organismos* incorporam – ou no caso do homem, desenvolvem exossomaticamente – esse crescente sistema hierárquico de controles plásticos. Assume-se a teoria neodarwinista da evolução; mas ela é reformulada salientando que suas "mutações" podem ser interpretadas como gambitos mais ou menos acidentais de tentativa e erro e a "seleção natural" como uma forma de controlá-las por eliminação de erros.

Vou agora enunciar a teoria sob a forma de doze teses curtas:

(1) Todos os *organismos* estão constantemente, dia e noite, *engajados na resolução de problemas*; e assim também estão todas aquelas *sequências* evolutivas *de organismos* – os *filos* que começam com as formas mais primitivas e dos quais os organismos agora vivos são os últimos membros.

(2) Esses problemas são problemas em um sentido objetivo: eles podem, hipoteticamente, ser reconstruídos em retrospecto,

por assim dizer. (Falarei mais sobre isto depois.) Problemas objetivos nesse sentido não têm sua contraparte consciente; e onde eles têm sua contraparte consciente, o problema consciente não precisa coincidir com o problema objetivo.

(3) A resolução de problemas sempre prossegue através do método de tentativa e erro: novas reações, novas formas, novos órgãos, novos modos de comportamento, novas hipóteses, são provisoriamente apresentados e controlados por eliminação de erros.

(4) A eliminação de erros pode prosseguir tanto pela eliminação completa de formas malsucedidas (extinção de formas malsucedidas por seleção natural) ou pela evolução (provisória) de controles que modificam ou suprimem órgãos malsucedidos, ou formas de comportamento, ou hipóteses.

(5) O organismo simples telescopa[52] em um só corpo, por assim dizer, os controles desenvolvidos durante a evolução de seu *filo* – assim como parcialmente recapitula, em seu desenvolvimento ontogenético, sua evolução filogenética.

(6) O organismo simples é uma espécie de ponta de lança da sequência evolutiva de organismos a que pertence (seu *filo*): ele mesmo é uma solução provisória, sondando novos nichos ambientais, escolhendo um ambiente e modificando-o. Assim, ele está relacionado a seu *filo* quase exatamente como as ações (comportamento) do organismo individual estão relacionadas a esse organismo: o organismo individual e seu comportamento são tentativas que podem ser eliminadas por eliminação de erros.

(7) Usando "*P*" para problema, "*TS*" para soluções provisórias, "*EE*" para eliminação de erros, podemos descrever a sequência evolutiva fundamental de eventos da seguinte forma:

$$P \to TS \to EE \to P.$$

---

52. A ideia de "telescopagem" [*telescoping*] (embora não desse termo, que devo a Alan Musgrave) pode talvez ser encontrada no cap. VI de *The Origin of Species* [A origem das espécies], de Charles Darwin, 1859 (estou citando a edição de Mentor Book, p. 180; itálicos meus): "todo organismo altamente desenvolvido passou por muitas mudanças; e [...] cada estrutura modificada tende a ser herdada, de modo que cada modificação não será [...] completamente perdida. [...] *Por isso, a estrutura de cada parte* [do organismo] [...] *é a soma* de muitas mudanças herdadas, pelas quais a espécie passou [...]". Cf. tb. BALDWIN, E. *Perspectives in Biochemistry*, p. 99ss., e a literatura lá citada.

Mas essa sequência não é um ciclo: o segundo problema é, em geral, diferente do primeiro: é o resultado da nova situação que surgiu, em parte, por causa das soluções provisórias que foram experimentadas e da eliminação de erros que as controla. Para indicar isso, o esquema acima deve ser reescrito:

$$P_1 \to TS \to EE \to P_2.$$

(8) Mas, mesmo nessa forma, ainda falta um elemento importante: a multiplicidade das soluções provisórias, a multiplicidade das tentativas. Assim, nosso esquema final se torna algo como isto:

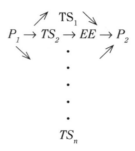

(9) Nessa forma, o nosso esquema pode ser comparado com o do neodarwinismo. De acordo com o neodarwinismo, há, no essencial, *um* problema: o problema da sobrevivência. Há, como em nosso sistema, uma multiplicidade de soluções provisórias – as variações ou mutações. Mas há somente *um* modo de eliminação de erros – a morte do organismo. E (parcialmente por essa razão) ignora-se o fato de que *P1* e *P2* serão essencialmente diferentes, ou então sua importância fundamental não é suficientemente percebida com clareza.

(10) Em nosso sistema, nem todos os problemas são problemas de sobrevivência: há muitos problemas e subproblemas muito específicos (embora os problemas mais iniciais possam ter sido problemas de mera sobrevivência). Por exemplo, um problema inicial *P1* pode ser a reprodução. Sua solução pode levar a um novo problema, *P2*: o problema de se livrar da prole ou de espalhá-la –

os filhos que ameaçam sufocar não apenas o organismo progenitor, mas também uns aos outros[53].

Talvez seja interessante notar que *o problema de evitar o sufocamento pela prole do indivíduo* pode ser um desses problemas, que foi resolvido pela evolução dos *organismos multicelulares*: ao invés de se livrar da prole, estabelece-se uma *economia comum*, com vários novos métodos de convivência.

(11) A teoria aqui proposta distingue entre *P1* e *P2* e mostra que os problemas (ou as situações de problema) com os quais o organismo está tentando lidar são muitas vezes *novos* e surgem eles mesmos como produtos da evolução. A teoria, por conseguinte, dá implicitamente uma explicação racional daquilo que geralmente tem sido chamado pelos nomes um tanto dúbios de "*evolução criativa*" ou "*evolução emergente*"[54].

(12) Nosso esquema permite o desenvolvimento de controles de eliminação de erros (órgãos, como o olho, que avisam do perigo; mecanismos de retroalimentação); isto é, controles que podem eliminar erros sem matar o organismo; e torna possível, em última instância, que nossas hipóteses morram em nosso lugar.

XIX

Cada organismo pode ser considerado como um sistema hierárquico de *controles plásticos* – como um sistema de nuvens controlado por nuvens. Os subsistemas controlados fazem movimentos de tentativa e erro que são parcialmente suprimidos e parcialmente restringidos pelo sistema de controle.

Já encontramos um exemplo disso na relação entre as funções inferiores e superiores da linguagem. As inferiores continuam a existir e a fazer sua parte; mas elas são limitadas e controladas pelas superiores.

---

53. O surgimento de uma nova situação-problema poderia ser descrito como uma mudança ou uma diferenciação do "nicho ecológico" ou do ambiente significativo do organismo. (Pode talvez ser chamado de "seleção de habitat"; cf. LUTZ, B. *Evolution*, 2, 1948, p. 29ss.) O fato de que *qualquer* mudança no organismo *ou* em seus hábitos *ou* em seu *habitat* produz novos problemas explica a incrível riqueza das soluções (sempre provisórias).

54. Cf. nota 23 para referência às considerações de Compton sobre a "evolução emergente".

Outro exemplo característico é o seguinte. Se eu estou de pé, quieto, sem fazer nenhum movimento, então (de acordo com os fisiologistas) meus músculos estão constantemente em atividade, contraindo e relaxando de forma quase aleatória (cf. *TS1* a *TSn* na tese (8) da seção precedente), mas controlados, sem que eu esteja ciente disso, por eliminação de erros (*EE*), de modo que todo pequeno desvio de minha postura seja quase imediatamente corrigido. Assim sou mantido de pé, quieto, mais ou menos pelo mesmo método pelo qual um piloto automático mantém uma aeronave em sua rota de modo estável.

Esse exemplo também ilustra a tese (1) da seção anterior – que cada organismo está o tempo todo engajado na resolução de problemas por tentativa e erro; que ele reage a problemas novos e antigos por tentativas, mais ou menos análogos ao acaso[55] ou análogas a nuvens, que são eliminadas se forem malsucedidas. (Se bem-sucedidas, elas aumentam a probabilidade de sobrevivência das mutações que "simulam" as soluções assim alcançadas e tendem a tornar hereditária a solução[56], incorporando-a à estrutura espacial ou à forma do novo organismo.)

XX

Este é um contorno muito breve da teoria. É claro que ele precisa de muita elaboração. Mas eu gostaria de explicar *um* ponto de modo um pouco mais completo – o uso que fiz (nas teses (1) a (3) da seção XVIII) dos termos *"problema"* e *"resolução de problemas"* e, mais particularmente, minha asserção de que *podemos falar de problemas em um sentido objetivo, ou não psicológico.*

---

55. O método de tentativa e eliminação de erros *não opera com tentativas completamente casuais ou aleatórias* (como foi às vezes sugerido), embora as tentativas possam parecer razoavelmente aleatórias; deve haver pelo menos uma "sequela" [*after-effect*] (no sentido de minha *The Logic of Scientific Discovery*, p. 162ss.). Pois o organismo está constantemente aprendendo com seus erros, ou seja, ele estabelece controles que suprimem ou eliminam, ou pelo menos reduzem a frequência de certas tentativas *possíveis* (que talvez tenham sido *reais* em seu passado evolutivo).

56. Isso agora é às vezes chamado de "Efeito Baldwin". Cf. p. ex. SIMPSON, G.G. "The Baldwin Effect". *Evolution*, 7, 1953, p. 110ss. • WADDINGTON, C.H. *Evolution*, 7, 1953, p. 118ss. (esp. p. 124) e p. 386s. Cf. tb. BALDWIN, J.M. *Development and Evolution*, 1902, p. 174ss. • JENNINGS, H.S. *The Behaviour of the Lower Organisms*, 1906, p. 321ss.

O ponto é importante, pois a evolução claramente não é um processo consciente. Muitos biólogos dizem que a evolução de certos órgãos resolve certos problemas; por exemplo, que a evolução do olho resolve o problema de dar a um animal em movimento uma advertência oportuna para mudar sua direção antes de esbarrar em algo rígido. Ninguém sugere que esse tipo de solução para esse tipo de problema seja buscado conscientemente. Não é, então, apenas uma metáfora, se falamos de solução de problemas?

Creio que não; em vez disso, a situação é a seguinte: quando falamos de um problema, fazemos isso quase sempre em retrospecto. Um homem que trabalha em um problema raramente pode dizer claramente qual é seu problema (a menos que ele tenha encontrado uma solução); e mesmo que ele possa explicar seu problema, ele pode tomá-lo errado. E isso pode aplicar-se até mesmo aos cientistas – embora os cientistas estejam entre aqueles poucos que conscientemente tentam estar plenamente cientes de seus problemas. Por exemplo, o problema consciente de Kepler era descobrir a harmonia da ordem do mundo; mas podemos dizer que o problema que ele resolveu foi a descrição matemática do movimento em um conjunto de sistemas planetários de dois corpos. Da mesma forma, Schrödinger estava equivocado sobre o problema que havia resolvido ao encontrar a equação (independente do tempo) de Schrödinger: ele pensava que suas ondas eram ondas de carga-densidade, de um campo contínuo variável de carga elétrica. Mais tarde Max Born deu uma interpretação estatística da amplitude de onda de Schrödinger; uma interpretação que chocou Schrödinger e da qual ele não gostou durante toda a sua vida. Ele tinha resolvido um problema – mas não era aquele que ele pensava ter resolvido. Isto nós sabemos agora, em retrospecto.

Porém é claramente na ciência que estamos mais conscientes dos problemas que tentamos resolver. Então não deve ser inapropriado usar a retrospectiva em outros casos, e dizer que a ameba resolve alguns problemas (embora não precisemos assumir que ela esteja de alguma forma ciente de seus problemas): da ameba a Einstein é só um passo.

XXI

Mas Compton nos diz que as ações da ameba não são racionais[57], enquanto podemos assumir que as ações de Einstein são. Então deve haver alguma diferença, afinal de contas.

Admito que há uma diferença: mesmo que seus métodos de tentativa e erro quase aleatórios ou análogos a nuvens não sejam fundamentalmente muito diferentes[58], há uma grande diferença em suas atitudes perante o erro. Einstein, ao contrário da ameba, tentava conscientemente dar o melhor de si, sempre que uma nova solução lhe ocorria, para criticá-la e detectar nela algum erro: ele abordava suas próprias soluções *de forma crítica*.

Acredito que essa atitude conscientemente crítica perante suas próprias ideias é a única diferença realmente importante entre o método de Einstein e o da ameba. Isso tornou possível a Einstein rejeitar, rapidamente, centenas de hipóteses como inadequadas antes de examinar uma ou outra hipótese com mais cuidado, se parecesse ser capaz de resistir a críticas mais sérias.

Como disse recentemente o físico John Archibald Wheeler, "Todo nosso problema é cometer os equívocos o mais rápido possível"[59]. Esse problema do Wheeler é resolvido adotando conscientemente a atitude crítica. Acredito que essa seja até agora a forma mais elevada de atitude racional ou de racionalidade.

As tentativas e erros do cientista consistem em hipóteses. Ele as formula em palavras e, frequentemente, por escrito. Ele pode então tentar encontrar falhas em qualquer uma dessas hipóteses, criticando-a e testando-a experimentalmente, ajudado por seus colegas cientistas que ficarão encantados se conseguirem encontrar nela uma falha. Se a hipótese não resiste a essas críticas e a esses testes, pelo menos tão bem quanto suas concorrentes[60], ela será eliminada.

---

57. Cf. *The Freedom of Man*, p. 91. • *The Human Meaning of Science*, p. 73.

58. Cf. JENNINGS, H.S. Op. cit., p. 334s., 349s. Um belo exemplo de um peixe que resolve problemas é descrito em LORENZ, K.Z. *King Solomon's Ring* [O anel do Rei Salomão], 1952, p. 37s.

59. WHEELER, J.A. *American Scientist*, 44, 1956, p. 360.

60. Que podemos escolher somente a "melhor" de um conjunto de hipóteses concorrentes – a "melhor" à luz de uma discussão crítica dedicada à procura pela verdade – significa que escolhemos aquela que parece, à luz da discussão, chegar "mais perto da verdade". Cf. minhas *Conjectures and Refutations*, cap. 10. Cf. tb. *The Freedom of Man*, p. VIIs., e esp. a p. 74 (sobre o princípio da conservação de energia).

É diferente com o homem primitivo e com a ameba.

Aqui não há atitude crítica, e então acontece na maioria das vezes que a seleção natural elimina uma hipótese ou expectativa equivocada, eliminando aqueles organismos que a defendem ou que nela acreditam. Então, podemos dizer que o método crítico ou racional consiste em deixar nossas hipóteses morrerem em nosso lugar: é um caso de evolução exossomática.

XXII

Aqui talvez eu possa dirigir-me a uma questão que me deu muitos problemas, embora no final eu tenha chegado a uma solução muito simples.

A questão é: Podemos mostrar que controles plásticos existem? Há sistemas físicos inorgânicos na natureza que podem ser tomados como exemplos ou como modelos físicos de controles plásticos.

Parece que essa questão foi implicitamente respondida de forma negativa por muitos físicos que, como Descartes ou Compton, operam com modelos de troca de mestre, e por muitos filósofos que, como Hume ou Schlick, negam que qualquer coisa intermediária possa existir entre o determinismo completo e o acaso puro. Deve-se admitir que os ciberneticistas e os engenheiros de computação têm conseguido mais recentemente construir computadores feitos de hardware, mas incorporando controles altamente plásticos; por exemplo, computadores com mecanismos embutidos para testes análogos ao acaso, verificados ou avaliados por retroalimentação (à maneira de um piloto automático ou de um dispositivo autoguiado [*self-homing*]) e eliminados se errôneos. Mas esses sistemas, embora incorporando o que chamei de controles plásticos, consistem essencialmente em relés complexos de chaves gerais. O que eu estava buscando, no entanto, era um modelo físico simples de indeterminação peirceana; um sistema puramente físico parecido com uma nuvem muito nublada em movimento de calor, controlada por algumas outras nuvens nubladas – embora por um pouco menos nubladas.

Se retornarmos ao nosso velho arranjo de nuvens e relógios, com uma nuvem à esquerda e um relógio à direita, então poderíamos dizer que aquilo que estamos procurando é algo intermediário, como um organismo ou como nossa nuvem de mosquitos, mas não vivo: um sistema físico puro, controlado plasticamente e "flexivelmente" [*softly*], por assim dizer.

Vamos assumir que a nuvem a ser controlada é um gás. Então podemos colocar à extrema-esquerda um gás descontrolado que logo se dispersará e assim deixará de constituir um *sistema* físico. Colocamos à extrema-direita um cilindro de ferro cheio de gás: esse é nosso exemplo de um controle "duro", um controle "de ferro". Entre eles, mas bastante à esquerda, estão muitos sistemas mais ou menos "flexivelmente" controlados, como nosso aglomerado de mosquitos e enormes bolas de partículas, como um gás mantido unido pela gravidade, algo como o sol. (Não nos importamos se o controle estiver longe de perfeito e muitas partículas escapem.) Talvez se possa dizer que os planetas são controlados a ferro em seus movimentos – em termos comparativos, claro, pois até mesmo o sistema planetário é uma nuvem, assim como todas as vias lácteas, aglomerados estelares e aglomerados de aglomerados. Mas, para além dos sistemas orgânicos e daqueles enormes sistemas de partículas, há exemplos de quaisquer sistemas físicos pequenos controlados "flexivelmente"?

Creio que há e proponho colocar no meio do nosso diagrama um balão de criança ou, talvez melhor, uma bolha de sabão; e isso, de fato, acaba sendo um exemplo ou modelo muito primitivo e em muitos aspectos excelente de um sistema peirceano *e* de um tipo "flexível" de controle plástico.

A bolha de sabão consiste em dois subsistemas, que são nuvens e que se controlam um ao outro: sem o ar, a película de sabão se romperia e teríamos somente uma gota de água com sabão. Sem a película de sabão, o ar estaria descontrolado: ele se dispersaria, deixando de existir como um sistema. Assim, o controle é mútuo; é plástico, e com caráter de retroalimentação. Porém é possível fazer uma distinção entre o sistema controlado (o ar) e os sistemas de controle (a película): o ar confinado não só é mais nublado do que a película que o confina, como também deixa de

304

ser um sistema físico (autointerativo) se a película for removida. Contra isso, a película, após a remoção do ar, formará uma gota que, embora de forma diferente, ainda pode ser considerada como um sistema físico.

Comparando a bolha com um sistema de "hardware", como um relógio de precisão ou um computador, é claro que diríamos (de acordo com o ponto de vista de Peirce) que mesmo esses sistemas de hardware são nuvens controladas por nuvens. Mas estes sistemas "duros" são construídos com o propósito de minimizar, na medida do possível, os efeitos, análogos a nuvens, dos movimentos e flutuações de calor molecular: embora sejam nuvens, os mecanismos de controle são projetados para suprimir ou compensar todos os efeitos análogos a nuvens, na medida do possível. Isso se aplica até para computadores com mecanismos que simulam mecanismos de tentativa e erro análogos ao acaso.

Nossa bolha de sabão é diferente nesse aspecto e, ao que parece, mais similar a um organismo: os efeitos moleculares não são eliminados, mas contribuem essencialmente para o funcionamento do sistema que é confinado por uma pele – uma parede permeável[61] que deixa o sistema "aberto" e capaz de "reagir" às influências ambientais de uma maneira que é construída, por assim dizer, dentro de sua "organização": a bolha de sabão, quando atingida por um raio de calor, absorve o calor (de modo muito parecido com uma estufa) e, assim, o ar confinado irá se expandir, mantendo a bolha flutuando.

Como em todos os usos de similaridade ou analogia, devemos, no entanto, ficar atentos às limitações; e aqui podemos salientar que, pelo menos em alguns organismos, as flutuações moleculares são aparentemente amplificadas e assim usadas para liberar movimentos de tentativa e erro. De qualquer forma, os amplificadores parecem desempenhar papéis importantes em todos os organismos (que a esse respeito se assemelham a alguns computadores

---

61. As paredes ou membranas permeáveis parecem ser características de todos os sistemas biológicos. (Isso pode estar conectado com o fenômeno da individuação biológica.) Para a pré-história da ideia de que as membranas e bolhas são organismos primitivos, cf. KAHN, C.H. *Anaximander*, 1960, p. 111ss.

com suas chaves gerais e cascatas de amplificadores e relés). Porém, não há amplificadores na bolha de sabão.

Seja como for, nossa bolha mostra que sistemas naturais análogos a nuvens, que são plasticamente e flexivelmente controlados por outros sistemas análogos a nuvens, realmente existem. (Aliás, a película da bolha não precisa, é claro, ser derivada de matéria orgânica, embora tenha que conter moléculas grandes.)

XXIII

A teoria evolutiva aqui proposta produz uma solução imediata para nosso segundo problema principal – o clássico problema corpo-mente cartesiano. Ela o faz (sem dizer *o que* é "mente" ou "consciência") ao dizer algo sobre a evolução e, por conseguinte, sobre as funções, da mente ou da consciência.

Devemos assumir que a consciência cresce a partir de pequenos começos; talvez sua primeira forma seja uma vaga sensação de irritação, experimentada quando o organismo tem um problema a resolver, tal como se afastar de uma substância irritante. Seja como for, a consciência assumirá uma significância evolutiva – e significância crescente – quando começar a *antecipar* possíveis formas de reação: possíveis movimentos de tentativa e erro, e seus possíveis resultados.

Podemos dizer agora que estados conscientes, ou sequências de estados conscientes, podem funcionar como sistemas de controle, de eliminação de erros: a eliminação, via de regra, do comportamento (incipiente), isto é, do movimento (incipiente). A consciência, a partir desse ponto de vista, aparece como apenas um dos muitos tipos interativos de controle; e se nos lembrarmos dos sistemas de controle incorporados, por exemplo, em livros – teorias, sistemas de leis e tudo o que constitui o "universo de significados" – então dificilmente se pode dizer que a consciência seja o mais alto sistema de controle na hierarquia. Pois ela é, em considerável medida, controlada por esses sistemas linguísticos exossomáticos – mesmo que se possa dizer que eles são *produzidos* pela consciência. A consciência, por sua vez, como podemos conjecturar, é *produzida* por estados físicos; porém ela os controla em considerável medida. Assim como um sistema legal ou social é produzido por nós, entretanto nos controla e não é, em nenhum sentido razoável, "idêntico" ou "paralelo" a nós, mas *interage* conosco, também os estados de consciência (a "mente") controlam o corpo e *interagem* com ele.

Assim, há todo um conjunto de relações análogas. Assim como nosso mundo exossomático de significados está relacionado à consciência, também a consciência está relacionada ao comportamento do organismo individual que age. E o comportamento do organismo individual está similarmente relacionado a seu corpo, ao organismo individual tomado como um sistema fisiológico. Este último está similarmente relacionado com a sequência evolutiva dos organismos – o *filo* do qual forma a última ponta de lança, por assim dizer: assim como o organismo individual é lançado experimentalmente como uma sonda pelo *filo* e, entretanto, controla largamente o destino do *filo*, também o comportamento do organismo é lançado experimentalmente como uma sonda pelo sistema fisiológico e, entretanto, controla largamente o destino desse sistema. Nossos estados conscientes estão similarmente relacionados ao nosso comportamento. Eles antecipam o nosso comportamento, resolvendo, por tentativa e erro, suas prováveis consequências; assim, eles não apenas controlam, mas experimentam, *deliberam*.

Vemos agora que essa teoria nos oferece uma resposta quase trivial ao problema de Descartes. Sem dizer *o que é "a mente"*, ela leva imediatamente à conclusão de que nossos *estados mentais controlam (alguns dos) nossos movimentos físicos* e que há algum dar e receber, alguma retroalimentação e, portanto, alguma *interação* entre a atividade mental e as outras funções do organismo[62].

---

62. Como indicado em vários lugares, conjecturo que a aceitação de uma "interação" de estados mentais e físicos oferece a única solução satisfatória para o problema de Descartes; cf. nota 43. Gostaria de acrescentar aqui que creio termos boas razões para assumir que existem estados mentais, ou estados conscientes (p. ex., em sonhos) nos quais a consciência do Eu (ou da posição espaçotemporal e identidade do indivíduo) é muito fraca, ou ausente. Parece, portanto, razoável assumir que a plena consciência do Eu é um desenvolvimento tardio, e que é um equívoco formular o problema corpo-mente de tal modo que essa forma de consciência (ou "vontade" consciente) seja tratada como se fosse a única.

O controle será novamente do tipo "plástico"; de fato, todos nós – especialmente aqueles que tocam um instrumento musical como o piano ou o violino – sabemos que o corpo nem sempre faz o que queremos que faça; e que temos que aprender, a partir de nosso insucesso, como modificar nossas finalidades, fazendo concessões para aquelas limitações que afligem nosso controle: embora sejamos livres, em considerável medida, há sempre condições – físicas ou outras – que estabelecem limites ao que podemos fazer. (É claro que, antes de ceder, somos livres para tentar transcender esses limites.)

Assim, como Descartes, proponho a adoção de uma postura dualista, embora, é claro, eu *não* recomende falar de *dois tipos de substâncias interativas*. Mas eu acho útil e legítimo distinguir *dois tipos de estados* (ou eventos) interativos, os fisioquímicos e os mentais. Além do mais, sugiro que, se distinguirmos apenas esses dois tipos de estados, ainda teremos uma visão muito estreita do nosso mundo: no mínimo, também deveríamos distinguir aqueles artefatos que são produtos de organismos, especialmente os produtos de nossas mentes, e os que podem interagir com nossas mentes e, portanto, com o estado de nosso ambiente físico. Embora esses artefatos sejam frequentemente "meros pedaços de matéria", "meros instrumentos" talvez, eles são até mesmo no nível animal, às vezes, obras de arte consumadas; e, no nível humano, os produtos de nossas mentes são frequentemente muito mais do que "pedaços de matéria" – pedaços de papel marcados, digamos; pois esses pedaços de papel podem representar estados de discussão, estados de crescimento do conhecimento, os quais podem transcender (às vezes com sérias consequências) a compreensão da maioria ou mesmo de todas as mentes que ajudaram a produzi-los. Assim, temos que ser não meramente dualistas, mas pluralistas; e temos que reconhecer que as grandes mudanças que provocamos, muitas vezes inconscientemente, em nosso universo físico mostram que regras abstratas e ideias abstratas, algumas das quais talvez só parcialmente compreendidas pelas mentes humanas, podem mover montanhas.

XXIV

Como uma reflexão posterior, eu gostaria de acrescentar um último ponto.

Seria um equívoco pensar que, por causa da seleção natural, a evolução só pode levar ao que pode ser chamado de resultados "utilitários": a adaptações que são úteis para nos ajudar a sobreviver.

Assim como em um sistema com controles plásticos os subsistemas controladores e controlados interagem, também nossas soluções provisórias interagem com nossos *problemas* e também com nossas *finalidades*. Isso significa que nossas finalidades podem mudar e que *a escolha de uma finalidade pode se tornar um problema*; finalidades diferentes podem competir, e novas finalidades podem ser inventadas e controladas pelo método de tentativa e eliminação de erros.

Deve-se admitir que se uma nova finalidade entra em conflito com a finalidade de sobreviver, então esta nova finalidade pode ser eliminada por seleção natural. É bem conhecido que muitas mutações são letais e, portanto, suicidas; e há muitos exemplos de finalidades suicidas. Outras são talvez neutras no que diz respeito à sobrevivência.

Muitas finalidades que a princípio são subsidiárias à sobrevivência podem depois se tornar autônomas, e até mesmo opostas à sobrevivência; por exemplo, a ambição de se destacar na coragem, de escalar o Monte Everest, de descobrir um novo continente, ou de ser o primeiro na Lua; ou a ambição de descobrir alguma nova verdade.

Outras finalidades podem desde o início ser saídas autônomas, independentes da finalidade de sobreviver. Finalidades artísticas talvez sejam deste tipo, ou algumas finalidades religiosas, e para aqueles que as prezam elas podem se tornar muito mais importantes que a sobrevivência.

Tudo isso é parte da superabundância da vida – a abundância quase excessiva de tentativas e erros da qual depende o método de tentativa e eliminação de erros[63].

Talvez não seja desinteressante ver que os artistas, como os cientistas, realmente usam este método de tentativa e erro.

---

63. Cf., p. ex., minhas *Conjectures and Refutations*, esp. p. 312.

Um pintor pode marcar, provisoriamente, um toque de cor e dar um passo atrás para uma avaliação crítica de seu efeito[64] a fim de alterá-la se ela não resolver o problema que ele quer resolver. E pode acontecer que um efeito inesperado ou acidental de sua tentativa provisória – um toque de cor ou uma pincelada – possa mudar seu problema, ou criar um novo subproblema, ou uma nova finalidade: a evolução das finalidades artísticas e dos padrões artísticos (que, como as regras da lógica, podem se tornar sistemas exossomáticos de controle) proceda também pelo método de tentativa e erro.

Talvez possamos aqui olhar de volta por um momento para o problema do determinismo físico e para nosso exemplo do físico surdo que nunca havia experienciado a música, mas que seria capaz de "compor" uma ópera de Mozart ou uma sinfonia de Beethoven, simplesmente estudando os corpos de Mozart ou Beethoven e seus ambientes como sistemas físicos e prevendo onde suas canetas anotariam marcas negras em papel pautado. Eu os apresentei como consequências inaceitáveis do determinismo físico. Mozart e Beethoven são, em parte, controlados por seu "gosto", seu sistema de avaliação musical. No entanto, esse sistema não é de ferro, mas sim plástico. Ele responde a novas ideias, e pode ser modificado por novas tentativas e erros – talvez até mesmo por um equívoco acidental, uma dissonância não intencional[65].

Para concluir, deixe-me resumir a situação.

Vimos que é insatisfatório encarar o mundo como um sistema físico fechado – seja um sistema estritamente determinístico ou um sistema em que qualquer coisa que não seja estritamente determinada se deve simplesmente ao acaso: em tal visão do mundo

---

64. Cf., p. ex., GOMBRICH, E.H. *Meditations on a Hobby Horsey*, 1963, esp. p. 10. • GOMBRICH, E.H. *Art and Illusion*, 1960, 1962 (cf. o índice sob "trial and error" [tentativa e erro]). Cf. tb. nota 65.

65. Para a estreita semelhança da produção científica e artística, cf. *The Freedom of Man*, Prefácio, p. VIIs., e a consideração em *The Freedom of Man*, p. 74, referida na nota 60 acima. Cf. tb. MACH, E. *Wärmelehre*, 1896, p. 440s., onde ele escreve: "A história da arte [...] nos ensina como formas que surgem acidentalmente podem ser usadas em obras de arte. Leonardo da Vinci aconselha o artista a procurar formas de nuvens ou remendos em paredes sujas ou esfumaçadas, o que pode sugerir-lhe ideias que se encaixem em seus planos e seus estados de ânimo. [...] Novamente, um músico pode às vezes obter novas ideias a partir de ruídos aleatórios; e podemos ouvir de vez em quando de um compositor famoso que ele foi levado a encontrar valiosos motivos melódicos ou harmônicos ao apertar acidentalmente uma tecla errada ao tocar o piano".

a criatividade humana e a liberdade humana só podem ser ilusões. A tentativa de fazer uso da indeterminação quântica teórica é também insatisfatória, porque leva ao acaso em vez da liberdade, e a decisões instantâneas em vez de decisões deliberadas.

Portanto, eu ofereci aqui uma visão diferente do mundo – uma visão em que o mundo físico é um sistema aberto. Isso é compatível com a visão da evolução da vida como um processo de tentativa e eliminação de erros; e nos permite entender de modo racional, embora longe de completo, a emergência de novidade biológica e o crescimento do conhecimento humano e da liberdade humana.

Tentei delinear uma teoria evolutiva que leva tudo isso em conta e que oferece soluções para os problemas de Compton e Descartes. Receio que seja uma teoria que consegue ser, ao mesmo tempo, enfadonha demais *e* especulativa demais; e mesmo que eu creia que dela possam derivar consequências testáveis, estou longe de sugerir que minha solução proposta seja o que os filósofos têm procurado. Mas sinto que Compton poderia vir a dizer que ela apresenta, apesar de suas falhas, uma possível resposta para seu problema – e que ela pode levar a novos avanços.

(Acrescentado em 1974. Quando, no texto da palestra, eu disse, de modo um tanto incauto, que minha "teoria aqui proposta produz uma solução imediata para [...] o clássico problema corpo--mente cartesiano" (p. 306), eu me referia (suponho) ao problema de se devemos preferir a teoria da interação ou a de um paralelismo (ou de uma identidade) entre estados mentais e estados físicos. Acredito que minha discussão produz uma "solução" para esse problema no sentido de que ela dá boas razões evolutivas (ou funcionais) em favor da interação. É claro que não resolvi o problema de *como* tal interação ocorre; e de fato suspeito que esse problema seja insolúvel – não apenas para a interação entre os estados mental e físico, mas de modo mais geral. Pois embora saibamos, por exemplo, que as cargas elétricas se repelem umas às outras, não temos uma "explicação última" (cf. p. 241s.) de como elas fazem isso, mesmo que aceitemos a teoria de Maxwell. Não temos nenhuma teoria geral de causalidade (em todo caso, não desde a quebra da teoria de Descartes de que toda causalidade é impulso [*all causality is push*]).)

7
EVOLUÇÃO E A ÁRVORE DO CONHECIMENTO*

Fiquei muito grato pelo convite para proferir a Palestra Herbert Spencer e não somente pela honra de ser chamado para prestar homenagem a um pensador de grande coragem e originalidade. O que me agradou especialmente foi a sugestão, feita pelo Conselho de Administração desta palestra, de que eu poderia decidir escolher para minha palestra algum assunto como "O método das ciências biológicas". Esta sugestão me dá a oportunidade de desenvolver aqui uma série de ideias que eu, embora ache estimulantes e dignas de discussão, nunca teria apresentado em público se não tivesse recebido esse encorajamento.

Todas as ideias que pretendo apresentar a vocês são relevantes para problemas de método em biologia. Porém não me limitarei a esse campo. Meu plano para as três partes desta palestra é começar com algumas considerações sobre a teoria geral do conhecimento; em seguida, dirigir-me a certos problemas de método relevantes para a teoria da evolução; e, finalmente, invadir, ou melhor, me aventurar por certas partes da própria teoria da evolução. Para ser bem específico, apresentarei a vocês, na terceira parte de minha palestra, uma conjectura minha que se destina a resolver, dentro da estrutura de uma teoria darwinista ou neodarwinista de seleção natural, algumas das dificuldades clássicas sob as quais essa teoria tem laborado até agora.

Chamo essas dificuldades de "clássicas" porque foram descobertas cedo e analisadas sucintamente, tanto por Herbert Spencer,

---

* Baseado na Palestra Herbert Spencer, proferida em Oxford em 30 de outubro de 1961. Os acréscimos mais significativos, incluindo notas de rodapé totalmente novas, foram indicados por colchetes e o adendo foi acrescentado em 1971.

logo após ele ter aceitado a teoria da seleção natural de Darwin, quanto por Samuel Butler, logo após ele a ter rejeitado. De fato, o próprio Darwin, como Spencer salientou, já tinha se preocupado muito com as dificuldades às quais estou aludindo[1].

Meu programa para esta palestra se estende, portanto, desde a teoria geral do conhecimento, passando pelos métodos da biologia, até a própria teoria da evolução. Este programa, receio, é um pouco ambicioso para uma palestra; e se, além disso, fosse parte do meu programa *convencê-los*, minha situação seria realmente de desespero. Portanto, é uma sorte que eu não tenha a intenção de convencer ninguém da verdade de nenhuma de minhas teses e, muito menos, de toda a verdade de minha nova conjectura neodarwinista, que irei propor a vocês no final de minha palestra. Pois ainda que eu espere que esta conjectura possa talvez nos ajudar a chegar um pouco mais perto da verdade, eu não ouso nem mesmo esperar que ela seja verdadeira; de fato, temo que ela contenha muito pouca verdade. Ela certamente não contém nem a verdade final, nem toda a verdade do assunto. Desse modo, não desejo convencê-los, simplesmente porque eu mesmo não estou convencido. Porém, espero e farei o meu melhor para reacender seu interesse por estes problemas. Admito que eles se tornaram por vezes um pouco infecundos e até mesmo expressei em algum lugar minha concordância com a observação do Prof. Raven de que a controvérsia evolutiva foi "uma tempestade em xícara de chá vitoriana". Porém, ainda que essa descrição possa ser bastante justa, se pensarmos na tempestade levantada pela afirmação de Darwin sobre nosso parentesco com os macacos, houve outros problemas teóricos, para mim mais estimulantes, levantados pela controvérsia darwinista.

---

1. Cf. esp. o artigo de Spencer "The Factors of Organic Evolution" [Os fatores da evolução orgânica], publicado pela primeira vez em seus *Essays* (p. ex., no vol. I da "Library Edition" de 1891, p. 389ss.). É interessante notar que entre as muitas ideias importantes desse artigo há formulações de uma abordagem que agora é chamada de "abordagem organísmica da biologia" e que se acredita amplamente ser uma inovação; cf., p. ex., p. 410, onde Spencer fala de mudanças em certos órgãos e diz que "todos os outros [...] órgãos ficam implicados na mudança. As funções desempenhadas por eles têm que constituir *um equilíbrio móvel*". (Itálicos meus.) Em termos modernos, Spencer aqui descreve o organismo como "um sistema aberto em equilíbrio fluente" (ou "em um estado aproximadamente estável").

1 Algumas considerações sobre problemas e o aumento do conhecimento

Dirijo-me agora à primeira parte de minha palestra: a teoria geral do conhecimento.

A razão pela qual sinto que eu devo começar com alguns comentários sobre a teoria do conhecimento é que sobre ela discordo de quase todos, exceto talvez Charles Darwin e Albert Einstein. (Einstein, aliás, explicou seu ponto de vista sobre esses assuntos em sua palestra Herbert Spencer de 1933[2].) O principal ponto em questão é a relação entre observação e teoria. Acredito que a teoria – pelo menos alguma expectativa ou teoria rudimentar – sempre vem primeiro; que ela sempre precede a observação; e que o papel fundamental de observações e testes experimentais é mostrar que algumas de nossas teorias são falsas e, assim, nos estimular a produzir outras melhores.

Consequentemente, eu afirmo que não partimos de observações, mas sempre de *problemas* – seja de problemas práticos ou de *uma teoria que se deparou com dificuldades*. Uma vez que estamos diante de um problema, podemos começar a trabalhar nele. Podemos fazê-lo através de tentativas de dois tipos: podemos proceder primeiro tentando adivinhar ou conjecturar uma solução para nosso problema; e podemos então tentar criticar nosso palpite, que geralmente é um tanto fraco. Às vezes um palpite ou uma conjectura podem resistir a nossa crítica e a nossos testes experimentais por algum tempo. Mas, via de regra, logo descobrimos que nossas conjecturas podem ser refutadas ou que não resolvem nosso problema, ou que o resolvem somente em parte; e descobrimos que mesmo as melhores soluções – aquelas capazes de resistir às críticas mais severas das mentes mais brilhantes e engenhosas – logo dão origem a novas dificuldades, a novos problemas. Assim, podemos dizer que *o crescimento do conhecimento procede a*

---

2. EINSTEIN, A. *On the Method of Theoretical Physics* [Sobre o método da física teórica], 1933. (Também em seu *The World As I See It* [Como vejo o mundo].) [Sir Peter Medawar salientou-me que eu deveria ter mencionado aqui, além de Darwin e Einstein, Claude Bernard: *An Introduction to the Study of Experimental Medicine* [Uma introdução ao estudo da medicina experimental] (1865), 1927.]

partir de problemas antigos para problemas novos, por meio de conjecturas e refutações.

Alguns de vocês, suponho, irão concordar que geralmente partimos de problemas; mas ainda podem pensar que nossos problemas devem ter sido o resultado de observação e experimento, já que todos vocês estão familiarizados com a ideia de que não pode haver nada em nosso intelecto que não tenha entrado nele através de nossos sentidos.

Mas é apenas essa ideia venerável que estou combatendo[3]. Afirmo que todo animal nasce com expectativas ou antecipações, que poderiam ser enquadradas como hipóteses; um tipo de conhecimento hipotético. E afirmo que temos, nesse sentido, algum grau de conhecimento inato a partir do qual podemos começar, mesmo que possa ser bem pouco confiável. Esse conhecimento inato, essas expectativas inatas, se frustradas, criarão *nossos primeiros problemas*; e o decorrente crescimento de nosso conhecimento pode, portanto, ser descrito como consistindo, do começo ao fim, em correções e modificações do conhecimento prévio.

Assim, estou virando o jogo para aqueles que pensam que a observação deve preceder as expectativas e os problemas; e até afirmo que, por *razões lógicas*, a observação não pode ser anterior a todos os problemas, embora, obviamente, ela muitas vezes seja anterior a alguns problemas – por exemplo, aos problemas que surgem a partir de uma observação que frustra alguma expectativa ou refuta alguma teoria. O fato de que a observação não pode preceder todos os problemas pode ser ilustrado por um simples experimento que eu gostaria de pôr em prática, com sua licença, com vocês mesmos, enquanto sujeitos experimentais[4]. Meu experimento consiste em pedir-lhes que *observem*, aqui e agora. Espero que todos vocês estejam cooperando e observando! Entretanto, temo que pelo menos alguns de vocês, ao invés de observarem, sintam um forte anseio de perguntar: "o que você quer que eu observe?"

---

3. [Desde então tenho tentado traçar essa doutrina até Parmênides, que a formulou a fim de combatê-la. Cf. p. 165 da 2. ed. (1965) de minhas *Conjectures and Refutations*.]

4. [Repeti aqui um relato de um experimento que também descrevi na p. 46 da 2. ed. (1965) de minhas *Conjectures and Refutations*.]

Se essa for sua resposta, então meu experimento foi bem-sucedido. Pois o que estou tentando ilustrar é que, a fim de observar, devemos ter em mente uma questão definida que talvez sejamos capazes de decidir através da observação. Darwin sabia disso quando escreveu: "Como é estranho que qualquer pessoa não veja que toda observação deve ser a favor ou contra alguma visão [...]"[5]. [Nem "observe!" (sem indicação do *que*) nem "observe esta aranha!" são um imperativo claro. Mas "observe *se* esta aranha sobe ou desce, conforme eu espero que ela faça" seria claro o suficiente.]

Não posso, é claro, esperar convencê-lo da verdade de minha tese de que a observação vem depois da expectativa ou hipótese. Mas espero, sim, ter sido capaz de mostrar que pode existir uma alternativa à doutrina venerável de que o conhecimento, especialmente o conhecimento científico, parte sempre da observação[6].

Agora vamos olhar um pouco mais de perto para este método de conjectura e refutação que, de acordo com minha tese, é o método pelo qual nosso conhecimento cresce.

Começamos, digo eu, com um problema, uma dificuldade. Pode ser prática ou teórica. Qualquer que seja o problema, quando nos deparamos com ele pela primeira vez, não podemos, obviamente, saber muito sobre ele. Na melhor das hipóteses, temos apenas uma ideia vaga daquilo em que consiste realmente nosso problema. Como, então, podemos produzir uma solução adequada? Obviamente, não podemos. Precisamos, primeiro, nos familiarizar melhor com o problema. Mas como?

Minha resposta é muito simples: produzindo uma solução inadequada e *criticando-a*. Somente assim podemos chegar a enten-

---

5. DARWIN, F. & SEWARD, A.C. (orgs.). *More Letters of Charles Darwin* [Mais cartas de Charles Darwin]. Vol. I, 1903, p. 195. Cf. tb. WISDOM, J.O. *Foundations of Inference in Natural Science* [Fundamentos de inferência na ciência natural], 1952, p. 50). • BARLOW, N. *The Autobiography of Charles Darwin* [a autobiografia de Charles Darwin], 1958, p. 161. A passagem de Darwin termina com as palavras (que eu admito que a enfraquece um pouco como suporte de minha tese) "para que possa ser de alguma utilidade!"

6. A doutrina ainda mais venerável de que todo conhecimento parte da percepção ou da sensação, que aqui, é claro, também é rejeitada, está na raiz do fato de que ainda se considera amplamente que "problemas de percepção" formam uma parte respeitável da filosofia ou, mais precisamente, da teoria do conhecimento.

der o problema. Pois entender um problema significa entender suas dificuldades; e entender suas dificuldades significa entender por que ele não é facilmente solúvel – por que as soluções mais óbvias não funcionam. Devemos, portanto, produzir essas soluções mais óbvias; e devemos criticá-las, a fim de descobrir *por que* elas não funcionam. Desse modo, ficamos familiarizados com o problema e podemos proceder de soluções ruins para melhores – desde que tenhamos sempre a capacidade criativa de produzir palpites novos e mais palpites novos.

Isto, creio eu, é o que se entende por "trabalhar em um problema". E se tivermos trabalhado em um problema tempo o suficiente, e intensamente suficiente, começamos a conhecê-lo, a entendê-lo, no sentido em que conhecemos que tipo de palpite ou conjectura ou hipótese não dará certo de modo algum, porque simplesmente perdem de vista o problema, e que tipo de requisitos teriam que ser satisfeitos para qualquer tentativa séria de resolvê-lo. Em outras palavras, começamos a ver as ramificações do problema, seus subproblemas e sua conexão com outros problemas. (É somente nesse estágio que uma nova solução conjecturada deve ser submetida à crítica de outros, e talvez até publicada.)

Se agora considerarmos esta análise, descobrimos que ela se encaixa com nossa fórmula, que enunciava que o progresso do conhecimento é a partir de problemas antigos para problemas novos, por meio de conjecturas e de tentativas críticas de refutá-los. Pois mesmo o processo de se tornar cada vez mais bem familiarizado com um problema procede de acordo com esta fórmula.

No passo seguinte, nossa solução provisória é discutida e criticada; todos tentam encontrar uma falha e refutá-la e, qualquer que seja o resultado dessas tentativas, certamente aprenderemos com elas. Se a crítica de nossos amigos, ou de nossos oponentes, for bem-sucedida, teremos aprendido muito sobre nosso problema: saberemos mais sobre suas dificuldades inerentes do que sabíamos antes. E se mesmo nossos críticos mais agudos não tiverem sucesso, se nossa hipótese for capaz de resistir às suas críticas, então, novamente, teremos aprendido muito: tanto sobre o problema quanto sobre nossa hipótese, sua adequação e suas ramificações. E, enquanto nossa hipótese sobreviver, ou pelo menos enquanto ela se sair melhor, diante das críticas, do que suas concorrentes, ela pode, de modo temporário e provisório, ser aceita como parte do ensino científico atual.

Tudo isso pode ser expresso dizendo que o crescimento de nosso conhecimento é o resultado de um processo intimamente similar ao que Darwin chamou de "seleção natural"; isto é, *a seleção natural de hipóteses*: nosso conhecimento consiste, a todo momento, naquelas hipóteses que mostraram sua aptidão (comparativa) ao sobreviverem até então em sua luta pela existência; uma luta competitiva que elimina aquelas hipóteses que são inaptas[7].

Essa interpretação pode ser aplicada ao conhecimento animal, ao conhecimento pré-científico e ao conhecimento científico. O que é peculiar ao conhecimento científico é o seguinte: que a luta pela existência é dificultada pela crítica consciente e sistemática de nossas teorias. Assim, enquanto o conhecimento animal e o conhecimento pré-científico crescem principalmente através da eliminação daqueles que defendem as hipóteses inaptas, a crítica científica frequentemente faz nossas teorias perecerem em nosso lugar, eliminando nossas crenças equivocadas antes que tais crenças levem à nossa própria eliminação.

Esse enunciado da situação pretende descrever como o conhecimento realmente cresce. Não pretende metaforicamente, embora, é claro, faça uso de metáforas. A teoria do conhecimento que eu gostaria de propor é uma teoria, em grande medida darwinista, do crescimento do conhecimento. Da ameba a Einstein, o crescimento do conhecimento é sempre o mesmo: tentamos resolver nossos problemas e obter, por um processo de eliminação, algo que se aproxime da adequação em nossas soluções provisórias.

E, ainda assim, algo novo emergiu no nível humano. Para que isso possa ser visto de relance, vou contrastar a árvore evolutiva com o que pode ser chamado de árvore crescente do conhecimento.

A árvore evolutiva cresce a partir de um tronco comum em ramos cada vez mais numerosos. É como uma árvore genealógi-

---

7. Cf. minha *Logic of Scientific Discovery* (esp. p. 108 e 131) e tb. minha *Poverty of Historicism*, p. 133.

ca: o tronco comum é formado por nossos ancestrais unicelulares comuns, os ancestrais de todos os organismos. Os ramos representam desenvolvimentos posteriores, muitos dos quais, para usar a terminologia da Spencer, "diferenciaram-se" em formas altamente especializadas, cada uma delas "integrada" de modo a poder resolver suas dificuldades particulares, seus problemas de sobrevivência.

A árvore evolutiva de nossas ferramentas e instrumentos parece muito similar. Ela começou presumivelmente com uma pedra e um pau; porém, sob a influência de problemas cada vez mais especializados, ramificou-se em um vasto número de formas altamente especializadas.

Mas se agora compararmos essas árvores evolutivas crescentes com a *estrutura de nosso conhecimento crescente*, então descobrimos que a árvore crescente do conhecimento humano tem uma estrutura totalmente diferente. É certo que o crescimento do conhecimento aplicado é muito similar ao crescimento das ferramentas e outros instrumentos: há sempre cada vez mais aplicações diferentes e especializadas. Mas o conhecimento puro (ou "pesquisa fundamental", como às vezes é chamado) cresce de uma maneira muito diferente. Ele cresce quase na direção oposta a essa crescente especialização e diferenciação. Como Herbert Spencer notou, ele é em grande medida dominado por uma tendência em direção a uma crescente integração em direção a teorias unificadas[8]. Essa tendência tornou-se muito óbvia quando Newton combinou a mecânica terrestre de Galileu com a teoria dos movimentos celestes de Kepler; e ela tem persistido desde então.

Quando falamos da árvore da evolução, assumimos, é claro, que a direção do tempo aponta para cima – o modo como a árvore cresce. Assumindo a mesma direção ascendente do tempo, teríamos que representar a árvore do conhecimento como brotando de incontáveis raízes que crescem para o ar e não para baixo e que, por fim, lá em cima, tendem a se unir em um tronco comum.

---

8. [Spencer também escreve, criticando Comte (*Essays*, 1891, vol. II, p. 24): "O progresso da ciência é dúplice. É, de uma só vez, do especial para o geral e do geral para o especial. É analítico e sintético ao mesmo tempo". Como exemplos desse princípio, Spencer menciona dez descobertas na física, incluindo as teorias de Galileu e Newton (ibid., p. 25ss.).]

Em outras palavras, a estrutura evolutiva do crescimento do conhecimento puro é quase o oposto daquela da árvore evolutiva dos organismos vivos, ou dos implementos humanos, ou do conhecimento aplicado.

Esse crescimento integrativo da árvore do puro conhecimento deve agora ser explicado. É o resultado de nossa finalidade peculiar em perseguir o conhecimento puro – a finalidade de satisfazer nossa curiosidade explicando as coisas. E é, além disso, o resultado da existência de uma linguagem humana que nos permite não só descrever estados de coisas, mas também argumentar sobre a verdade de nossas descrições; isto é, criticá-las.

Ao buscar o conhecimento puro, nossa finalidade é, de modo bem simples, entender, responder a perguntas de como e perguntas de por quê. Essas são perguntas que são respondidas dando uma explicação. Assim, todos os problemas de conhecimento puro são *problemas de explicação*.

Esses problemas podem muito bem originar-se de problemas práticos. Desse modo, o problema prático, "O que pode ser feito para combater a pobreza?", levou ao problema puramente teórico, "Por que as pessoas são pobres?", e daí para a teoria de salários e preços, e assim por diante; em outras palavras, para a teoria econômica pura, que, é claro, cria constantemente seus próprios problemas novos. Nesse desenvolvimento, os problemas com que se lida – e especialmente os problemas não resolvidos – multiplicam-se e tornam-se diferenciados, como sempre fazem quando nosso conhecimento cresce. Porém *a própria teoria explicativa* mostrou aquele crescimento integrador descrito primeiramente por Spencer.

Para tomar um exemplo análogo da biologia, temos o problema prático mais urgente de combater epidemias como a varíola. No entanto, da prática da imunização passamos para a teoria da imunologia e daqui para a teoria da formação de anticorpos – um campo da biologia pura famoso pela profundidade de seus problemas e pelo poder de seus problemas de se multiplicar.

Problemas de explicação são resolvidos propondo teorias explicativas; e uma teoria explicativa pode ser criticada mostrando que ela é ou inconsistente em si mesma, ou incompatível com os fatos ou incompatível com algum outro conhecimento. Essa crítica, porém, assume que o que desejamos encontrar são teorias *verdadeiras* – teorias que concordam com os fatos. É esta ideia de *verdade como correspondência com os fatos*, acredito eu, que torna possível a crítica racional. Juntamente com o fato de que nossa curiosidade, nossa paixão por explicar por meio de teorias unificadas, é universal e ilimitada, nossa finalidade de chegar mais perto da verdade explica o crescimento integrativo da árvore do conhecimento.

Ao salientar a diferença entre a árvore evolutiva dos instrumentos e a do conhecimento puro, espero oferecer, aliás, algo como uma refutação da visão agora tão em voga de que o conhecimento humano só pode ser entendido como um instrumento em nossa luta pela sobrevivência. O ponto levantado pode servir como advertência contra uma interpretação muito estreita do que eu disse sobre o método de conjectura e refutação e sobre a sobrevivência da hipótese mais apta. No entanto, isso não conflita de modo algum com o que eu disse. Pois eu não afirmei que a hipótese mais apta é sempre a que ajuda a nossa própria sobrevivência. Eu disse, em vez disso, que a hipótese mais apta é a que melhor resolve o *problema* ao qual foi projetada para resolver e que resiste às críticas melhor do que as hipóteses concorrentes. Se nosso problema for puramente teórico – uma explicação puramente teórica – então a crítica será regulada pela ideia de verdade, ou de chegar mais perto da verdade, e não da ideia de nos ajudar a sobreviver.

Falando aqui da verdade, gostaria de deixar claro que nossa finalidade é encontrar teorias verdadeiras ou, pelo menos, teorias que estejam mais perto da verdade do que as teorias que nos são conhecidas no presente. Contudo, isso não significa que possamos saber com certeza, a respeito de qualquer de nossas teorias explicativas, que elas são verdadeiras. Podemos ser capazes de criticar uma teoria explicativa e de estabelecer sua falsidade. Mas uma boa teoria explicativa é sempre uma antecipação ousada de coisas que estão por vir. Ela deve ser testável e criticável, mas não será capaz de se mostrar verdadeira; e se tomarmos a palavra "provável" em qualquer dos muitos sentidos que satisfazem o cálculo de probabilidades, então nunca poderá ser mostrado que ela é "provável" (i. é, mais provável do que sua negação).

Esse fato está longe de ser surpreendente. Pois embora tenhamos adquirido a arte da crítica racional e também a ideia reguladora de que uma explicação verdadeira é aquela que corresponde aos fatos, nada mais mudou; o procedimento fundamental do crescimento do conhecimento permanece sendo o da conjectura e da refutação, da eliminação de explicações inaptas; e uma vez que a eliminação de um número finito de tais explicações não pode reduzir a infinidade das explicações sobreviventes possíveis, Einstein pode errar, exatamente como a ameba pode errar.

Assim, não devemos atribuir verdade ou probabilidade a nossas teorias. O uso de padrões tais como a verdade e a aproximação à verdade desempenha um papel somente dentro de nossa crítica. Podemos rejeitar uma teoria como não verdadeira; e podemos rejeitar uma teoria como sendo uma aproximação à verdade menos próxima do que uma de suas predecessoras ou concorrentes.

Eu posso talvez juntar o que venho dizendo sob a forma de duas teses breves.

(i) Somos falíveis e propensos a erros; mas podemos aprender com nossos equívocos.

(ii) Não podemos justificar nossas teorias, mas podemos criticá-las racionalmente e adotar provisoriamente aquelas que parecem resistir melhor a nossa crítica e que têm o maior poder explicativo.

Isso conclui a primeira parte de minha palestra.

2 Considerações sobre métodos na biologia e especialmente na teoria da evolução

Na segunda parte de minha palestra – que tive que cortar severamente para abrir espaço para a terceira parte – proponho discutir brevemente uma série de problemas envolvendo os métodos da biologia.

Vou começar com duas teses gerais. Minha primeira tese é a seguinte.

(1) Se alguém pensar no método científico como um caminho que leva ao sucesso na ciência, ficará frustrado. Não existe um caminho régio [*royal*] para o sucesso.

Minha segunda tese é a seguinte.

(2) Se alguém pensar em método científico, ou no *Método Científico*, como forma de justificar os resultados científicos, também ficará frustrado. Um resultado científico não pode ser justificado. Ele só pode ser criticado, e testado. E nada mais pode ser dito a seu favor além de que, após toda essa crítica e testagem, ele parece melhor, mais interessante, mais poderoso, mais promissor e uma melhor aproximação à verdade do que seus concorrentes.

Apesar dessas duas teses intencionalmente desencorajadoras, algo mais positivo pode ser dito. Há algo como um segredo de sucesso e eu o revelarei. É o seguinte.

Em qualquer estágio de suas pesquisas, seja o mais claro possível sobre seu problema e observe a maneira como ele muda e se torna mais definido. Seja o mais claro possível sobre as várias teorias que você defende e esteja ciente de que todos nós defendemos teorias inconscientemente ou as tomamos como certas, embora seja quase certo que a maioria delas são falsas. Tente repetidamente formular as teorias que você está defendendo e criticá-las. E tente construir teorias alternativas – alternativas mesmo àquelas teorias que lhe parecem inescapáveis; pois somente desta forma você entenderá as teorias que você defende. Sempre que uma teoria lhe aparecer como a única possível, tome isso como um sinal de que você não entendeu a teoria nem o problema que ela pretendia resolver. E encare seus experimentos sempre como testes de uma teoria – como tentativas de encontrar falhas nela e de derrubá-la. Se um experimento ou uma observação parecem sustentar uma teoria, lembre-se de que o que eles realmente fazem é enfraquecer alguma teoria alternativa – talvez uma sobre a qual você não tenha pensado antes. E que sua ambição seja refutar e substituir suas próprias teorias: isso é melhor do que defendê-las e deixar que outros as refutem. Mas lembre-se também de que uma boa defesa de uma teoria contra a crítica é parte necessária de qualquer discussão frutífera, pois somente defendendo-a podemos descobrir sua força e a força da crítica dirigida contra ela. É descabido discutir ou criticar uma teoria, a menos que tentemos o tempo todo colocá-la em sua forma mais forte e argumentar contra ela apenas nessa forma.

Pode-se dizer que o processo de descoberta ou de aprendizado sobre o mundo, que descrevi aqui, é mais *evocativo* do que *instrutivo*, para usar uma distinção explicada e usada nas Palestras Reith de Sir Peter Medawar[9]. Aprendemos sobre nosso ambiente não sendo por ele instruídos, mas sendo desafiados por ele: nossas respostas (e entre elas nossas expectativas ou antecipações ou conjecturas) são evocadas por ele e aprendemos através da eliminação de nossas respostas malsucedidas – ou seja, *aprendemos a partir de nossos equívocos*. Um método evocativo desse tipo, no entanto, pode *imitar ou simular* instruções: seu resultado pode parecer como se tivéssemos obtido nossas teorias partindo da observação e procedendo por indução. Essa ideia de um processo evocativo de evolução *simulando* um processo instrutivo é característica do darwinismo e desempenha um papel importante no que se segue aqui.

A descoberta de Darwin, da teoria da seleção natural, foi frequentemente comparada à descoberta de Newton, da teoria da gravitação. Isso é um equívoco. Newton formulou um conjunto de leis universais com a intenção de descrever a interação e o consequente comportamento do universo físico. A teoria da evolução de Darwin não propôs tais leis universais. Não há teorias darwinistas de evolução. Na verdade, foi Herbert Spencer quem tentou formular leis universais de evolução – as leis de "diferenciação" e "integração". Conforme tentei indicar, estas não são de pouco interesse e podem ser bem verdadeiras. Mas elas são vagas e, em comparação com as leis de Newton, são quase desprovidas de conteúdo empírico. (O próprio Darwin considerou que as leis de Spencer eram de pouco interesse.)

---

9. [MEDAWAR, P.B. *The Future of Man*. Methuen, 1961.]

Contudo, a influência revolucionária de Darwin sobre a imagem que temos do mundo ao nosso redor foi pelo menos tão grande, embora não tão profunda, quanto a de Newton. Pois a teoria da seleção natural de Darwin mostrou que, *em princípio, é possível reduzir a teleologia à causalidade, ao explicar, em termos puramente físicos, a existência de projeto [design] e propósito no mundo.*

O que Darwin nos mostrou foi que o mecanismo de seleção natural pode, em princípio, simular as ações do Criador, seu propósito e projeto e que ele também pode simular a ação humana racional direcionada a um propósito ou finalidade.

Se isto estiver correto, então poderíamos dizer, do ponto de vista do *método biológico*: Darwin mostrou que nós somos todos completamente livres para usar a explicação teleológica em biologia – mesmo aqueles de nós que venham a acreditar que toda explicação deveria ser causal. Pois o que ele mostrou foi, precisamente, que, *em princípio*, qualquer explicação teleológica particular pode, um dia, ser reduzida a uma explicação causal ou ser explicada mais detalhadamente por ela.

Embora essa tenha sido uma grande realização, temos que acrescentar que essa expressão, *em princípio*, é uma restrição muito importante. Nem Darwin nem qualquer darwinista deu até agora uma explicação de fato causal sobre a evolução adaptativa de qualquer organismo simples ou de qualquer órgão simples. Tudo o que foi mostrado – e isto já é muito – é que tais explicações podem existir (ou seja, que são logicamente possíveis).

Mal preciso dizer que meu modo de ver o darwinismo será altamente contestável para muitos biólogos que acreditam que as explicações teleológicas em biologia são tão ruins, ou quase tão ruins, quanto as explicações teológicas. Sua influência foi forte o suficiente para fazer um homem como Sir Charles Sherrington alegar, com um humor altamente apologético, que "não obtemos o devido ganho do estudo de qualquer tipo particular de reflexo, a menos que possamos discutir seu propósito imediato como um ato adaptado"[10].

---

10. Cito de SHERRINGTON, C. *The Integrative Action of the Nervous System* [A ação integradora do sistema nervoso], 1906, 1947, p. 238.

Um dos pontos mais óbvios do darwinismo – mas que é importante para a terceira parte de minha palestra – é que somente um organismo que exibe em seu comportamento uma forte tendência ou disposição ou propensão a lutar por sua sobrevivência terá de fato boas chances de sobreviver. Assim, tal disposição tenderá a se tornar parte da estrutura genética de todos os organismos; ela se mostrará no comportamento deles e em grande parte de sua organização, se não em toda. Isso certamente significa não meramente simular, mas explicar, ainda que apenas em princípio, a teleologia por seleção natural.

Da mesma forma, pode-se dizer que o lamarckismo e, especialmente, a doutrina de que os órgãos evoluem *sob a influência de seu uso* e degeneram sob a influência de seu desuso foram, em certo sentido, *explicados* em termos de seleção natural por J.M. Baldwin (um filósofo de Princeton) [por Waddington e Simpson] e por Erwin Schrödinger[11]. O método de explicação deles é mais desenvolvido e, ao que me parece, consideravelmente ampliado na hipótese que vou apresentar na terceira parte de minha palestra e, por esta razão, não vou analisá-lo aqui. Mas gostaria de deixar claro que o que Baldwin [Waddington, Simpson] e Schrödinger mostraram é como a evolução lamarckista por instrução pode ser *simulada* pela evolução darwinista por seleção natural.

Esse é um tipo de explicação que também existe na física. Um exemplo simples seria a hipótese primeiramente proposta por Kant e depois por Laplace que tenta explicar o fato de que todos os planetas de nosso sistema planetário se movem em planos mais ou menos similares, que não estão muito distantes, na mesma direção ao redor do sol. Essa "hipótese nebular" (como Spencer geralmente a chamava) assume como uma situação inicial típica uma nebulosa em rotação, a partir da qual os planetas são formados por algum processo de condensação (ou, de acordo com Spencer,

---

11. Cf. BALDWIN, J.M. *Development and Evolution* [Desenvolvimento e evolução], 1902. • SCHRÖDINGER, E. *Mind and Matter*, 1958, esp. o cap. "Feigned Lamarckism" [Lamarckismo simulado], p. 26ss. [Originalmente, tb. me referi a HUXLEY, J. *Evolution* – The Modern Synthesis [Evolução – A síntese moderna], 1942. Sir Peter Medawar chamou minha atenção para o fato de que a referência é dúbia nesse contexto, e chamou minha atenção para o papel de Waddington; cf. acima, p. 300, nota 56.]

de diferenciação e integração). Desse modo, a teoria explica ou simula o que pode parecer primeiro um arranjo conscientemente projetado. [Poderia ser mencionado aqui que a hipótese nebular de Kant e Laplace poderia ser aumentada ou possivelmente substituída por uma hipótese do tipo "sobrevivência". De acordo com essa hipótese, um sistema de planetas movendo-se em planos amplamente divergentes, ou movendo-se parcialmente em direções distintas, seria menos estável, por algumas ordens de magnitude, do que um sistema como o nosso; de modo que há somente uma pequena probabilidade de se encontrar um sistema do tipo menos estável.] Outro exemplo da física seria o seguinte: a teoria da gravidade de Newton opera com forças de atração atuando a distância. [G.L. Le Sage publicou em 1782 uma teoria que explica essa ação newtoniana a distância simulando-a. Nessa teoria não há forças de atração, mas meramente corpos *empurrando* outros corpos[12].] Pode-se dizer que a teoria gravitacional de Einstein mostra como um sistema explicativo no qual não há nem empurrões nem forças de atração pode simular um sistema newtoniano. Agora é importante que a explicação simulada – isto é, a teoria de Newton – possa ser descrita como uma *aproximação* à teoria de Einstein e à verdade. A teoria da seleção natural procede de forma similar. Em qualquer caso particular, ela parte de um modelo simplificado – uma situação que consiste em certas espécies em certas condições ambientais – e tenta mostrar por que, nessa situação, certas mutações teriam valor de sobrevivência. Assim, mesmo que o lamarckismo seja falso, como parece ser, ele deve ser respeitado pelos darwinistas como uma primeira aproximação ao darwinismo[13].

A real dificuldade do darwinismo é o conhecido problema de explicar uma evolução que *prima facie* pode parecer *direcionada a uma finalidade*, como a dos nossos olhos, por um número incrivelmente grande de passos muito pequenos; pois de acordo com o darwinismo, cada um desses passos é o resultado de uma mu-

---

12. [LE SAGE, G.L. (traduzido em inglês por Abbot: "The Newtonian Lucretius" [O Lucrécio newtoniano]). *Annual Report of the Smithsonian Institution*, 1898, p. 139-180.]

13. [Na palestra original, duas passagens deste parágrafo estavam em um lugar diferente (aproximadamente uma página depois).]

tação puramente acidental. Que todas essas mutações acidentais independentes tenham tido valor de sobrevivência é difícil de explicar. [Este é especialmente o caso do comportamento herdado de Lorenz.] O "efeito Baldwin" – ou seja, a teoria de um desenvolvimento puramente darwinista que simula o lamarckismo – parece-me um passo importante em direção a uma explicação de tais desenvolvimentos.

Acredito que a primeira pessoa a ver claramente a dificuldade foi Samuel Butler, que a resumiu na pergunta: "Sorte ou astúcia?", que significa aqui "Acidente ou projeto?" O sistema de Evolução Criativa de Bergson pode ser considerado como um comentário sobre essa dificuldade: seu *élan vital* é apenas um nome que ele deu a qualquer coisa que possa causar ou controlar essas mudanças *prima facie direcionadas a finalidades*. Qualquer explicação animista ou vitalista desse tipo é, claro, *ad hoc* e bastante insatisfatória. Porém, talvez seja possível reduzi-la a algo melhor – como fez Darwin quando mostrou que as explicações teleológicas podem ser simuladas – e, por conseguinte, mostrar que era uma aproximação à verdade, ou pelo menos a uma teoria mais sustentável. (Tento produzir uma tal teoria na terceira parte desta palestra.)

Uma palavra pode ser acrescentada aqui sobre a forma lógica de uma teoria de seleção natural. Esse é um assunto muito interessante e seria um prazer expô-lo aqui detalhadamente. Entretanto, só posso mencionar brevemente um ou dois pontos.

A teoria da seleção natural é *histórica*: ela constrói uma situação e mostra que, dada essa *situação*, aquelas coisas cuja existência desejamos explicar são de fato prováveis de acontecer.

Para colocar mais precisamente, a teoria de Darwin é uma explicação histórica *generalizada*. Isso significa que a situação deveria ser *típica* em vez de *única*. Assim, pode ser possível construir, às vezes, um *modelo* simplificado da situação.

Posso talvez dizer aqui muito brevemente que o que eu considero a ideia central de Darwin – sua tentativa de explicar as mudanças genéticas que levaram a uma melhor adaptação no sentido de *melhores chances para o animal ou planta individuais sobreviverem* – sofreu recentemente um eclipse. Isso se deve em grande medida à persecução, em voga, da exatidão matemática e à tentativa de definir estatisticamente o valor de sobrevivência, em termos de sobrevivência real (de um gene, ou de alguma outra unidade genética, em uma população).

Mas a sobrevivência ou o sucesso, no sentido de um aumento dos números, podem ser devidos a uma de duas circunstâncias distintas. Uma espécie pode ser bem-sucedida ou prosperar porque conseguiu, digamos, melhorar sua velocidade, ou seus dentes, ou sua habilidade, ou sua inteligência; ou pode ser bem-sucedida ou prosperar meramente porque conseguiu aumentar sua fecundidade. É claro que um aumento suficiente na fecundidade que dependa fundamentalmente de fatores genéticos ou uma redução do período de imaturidade podem ter o mesmo valor de sobrevivência ou até um maior valor de sobrevivência que, digamos, um aumento na habilidade ou na inteligência.

Desse ponto de vista, pode ser um pouco difícil entender por que a seleção natural teria produzido algo além de um aumento geral das taxas de reprodução e da eliminação de todas as raças [*breeds*], exceto as mais férteis[14]. [Pode haver muitos fatores diferentes envolvidos nos processos que determinam as taxas de reprodução e de mortalidade; por exemplo, as condições ecológicas da espécie, sua interação com outras espécies e o equilíbrio das duas (ou mais) populações.] Mas, seja como for, deveria ser possível, creio eu, superar as dificuldades consideráveis que estão no caminho da medição do *sucesso na adaptação dos organismos individuais* de uma espécie, talvez subtraindo seu valor de fecundidade (sua taxa de natalidade) de seu aumento de população total (sua taxa de sobrevivência). Em outras palavras, proponho chamar a espécie A de *mais bem-adaptada* do que a espécie B

---

14. Essa é apenas uma das incontáveis dificuldades da teoria de Darwin para as quais alguns neodarwinistas parecem estar quase cegos. Particularmente difícil de entender nesse ponto de vista é a transição de organismos unicelulares para multicelulares, que têm dificuldades novas e peculiares em reproduzir-se e, especialmente, em sobreviver após a reprodução, e a qual introduz na vida algo novo – ou seja, a morte –, pois todos os indivíduos multicelulares morrem.

(em um sentido lamarckiano e darwinista) se, por exemplo, suas populações aumentarem igualmente, mesmo que A tenha uma taxa de natalidade menor do que B. Em um caso como esse, poderíamos dizer que os *membros individuais* da espécie A são, em média, mais aptos a sobreviver do que os da espécie B ou que estão mais bem-adaptados ao seu ambiente que os da espécie B.

Sem alguma distinção como essa (e à distinção poderia ser dada uma base estatística elaborada) estamos sujeitos a perder de vista os problemas originais de Lamarck e Darwin e, especialmente, o poder explicativo da teoria de Darwin – seu poder de explicar a adaptação e os desenvolvimentos com caráter de propósitos através da seleção natural que *simula* a evolução de um caráter lamarckiano.

Para concluir esta segunda parte de minha palestra, posso lembrá-los que, como já indicado, eu não acredito na indução. Hume mostrou, creio que de modo conclusivo, que a indução é inválida; mas ele ainda acreditava que, embora inválida e não justificável racionalmente, ela é universalmente praticada por animais e homens. Eu não creio que isso seja verdade. A verdade é que procedemos, creio eu, através de um método de *selecionar* antecipações ou expectativas ou teorias – pelo método de tentativa e eliminação de erros, que muitas vezes foi considerado como indução, porque *ele simula a indução*. Acredito que o venerável mito da indução levou a muito dogmatismo no pensamento biológico. Também levou à denúncia dos que são frequentemente chamados de "cientistas de poltrona", ou seja, os teóricos. Mas não há nada de errado com as poltronas. Elas têm fielmente dado apoio a Kepler, Newton, Maxwell e Einstein; Bohr, Pauli, de Broglie, Heisenberg e Dirac; e Schrödinger, tanto em suas especulações físicas quanto nas biológicas.

Falo com sentimento, já que não sou sequer um biólogo de poltrona, mas algo pior – um mero filósofo de poltrona.

Mas, no final das contas, também o era Herbert Spencer, cujo nome, como eu admito livremente, estou aqui explorando sem pudores, como disfarce para meus próprios delitos no campo da especulação biológica.

3 Uma conjectura: "dualismo genético"

Chego agora à terceira e principal parte de minha palestra – a apresentação de uma conjectura ou hipótese que, se resistir à crítica, pode talvez fortalecer a teoria da seleção natural, mesmo que se mantenha estritamente dentro das fronteiras lógicas de uma estrutura neodarwinista ortodoxa (ou, se preferir, "neossintética").

Minha conjectura é, claro, uma hipótese histórica generalizada: consiste na construção de uma situação típica na qual a seleção natural possa produzir os resultados que esperamos explicar com sua ajuda.

O problema a ser resolvido por ela é o velho problema da ortogênese *versus* mutação acidental e independente – o problema de *sorte ou astúcia* [*luck or cunning*] de Samuel Butler. Ele surge da dificuldade de entender como um órgão complexo, como o olho, poderia resultar da cooperação puramente acidental de mutações independentes.

De modo sucinto, minha solução do problema consiste na hipótese de que em muitos daqueles organismos, se não em todos, cuja evolução dá origem ao nosso problema – eles podem incluir talvez alguns organismos muito inferiores – podemos distinguir mais ou menos nitidamente [pelo menos] *duas partes distintas*: *grosso modo*, uma *parte que controla o comportamento*, como o sistema nervoso central dos animais superiores, e uma *parte executora*, como os órgãos dos sentidos e os membros, juntamente com suas estruturas de sustentação.

Esta é, em suma, a situação que minha conjectura assume. Ela será combinada com a suposição neodarwinista ortodoxa de que as mudanças mutacionais em uma dessas duas partes serão, via de regra, embora talvez nem sempre, independentes das mudanças mutacionais na outra parte.

Essa hipótese situacional postula um *dualismo* que se assemelha fortemente a um dualismo mente-corpo. Porém ela é compatível com as formas mais radicais de materialismo mecanicista, bem como com as formas mais radicais de animismo. Pois tudo o que é exigido por minha hipótese dualista – que eu talvez possa descrever como *"dualismo genético"* – pode ser formulado da seguinte forma:

Nos casos que desejamos explicar, certas disposições herdadas ou propensões, como as de autopreservação, buscar alimento, evitar perigos, adquirir habilidades por imitação e assim por diante, podem ser consideradas como sujeitas a mutações que, via de regra, não induzem qualquer mudança significativa em qualquer dos órgãos do corpo, incluindo os órgãos dos sentidos, exceto aqueles órgãos (se é que há) que são os portadores genéticos das disposições ou propensões referidas.

Antes de explicar as consequências dessa hipótese, deixe-me salientar de imediato que a hipótese do dualismo genético pode ser falsa. Ela seria falsa se os genes (ou qualquer coisa que possa assumir o lugar dessas unidades de controle de herança) que controlam, por exemplo, o desenvolvimento embrionário do olho humano fossem sempre os mesmos genes que controlam nossa curiosidade visual inata – nossa disposição ou propensão para fazer uso de nossos olhos tanto quanto possível em todos os tipos de situações em que haja luz suficiente para que possamos ver alguma coisa. Ou, para colocar de forma um pouco diferente: se nossa tendência inata a *usar* nossos olhos, ou nossos ouvidos, mãos, pernas e assim por diante, for sempre transmitida por hereditariedade precisamente do mesmo modo que o fato de *termos* olhos, ouvidos, mãos, pernas e assim por diante, então minha hipótese dualista seria falsa. Ela também seria falsa se fosse completamente um equívoco distinguir nitidamente entre *possuir* um órgão e *usar* um órgão – se, por exemplo, a posse e o uso fossem meramente duas abstrações diferentes do que é biologicamente ou geneticamente a mesma e única realidade. Vou me referir a essa tal suposição como *monismo genético* ou como *hipótese monista*.

Acredito que a aceitação tácita de algo como esse monismo genético seja responsável pelo fato de minha hipótese dualista não ter sido (pelo menos até onde sei) plenamente desenvolvida e discutida até agora. A aceitação de uma hipótese monista foi talvez favorecida pelo fato de que o principal problema da teoria da evolução era explicar a origem das espécies – isto é, a origem da diferenciação nos órgãos de animais e plantas, em vez da origem de tipos específicos de comportamento ou propensões a comportar-se.

Seja como for, discutirei agora o funcionamento de minha hipótese dualista com a ajuda de um *modelo mecânico*. Mais precisamente, vou substituir um servomecanismo – uma máquina – pelo organismo em desenvolvimento. Mas antes de fazê-lo, quero deixar bem claro que minha conjectura não é idêntica a este modelo e que aqueles que aceitam minha conjectura não estão de forma alguma comprometidos com a visão de que organismos sejam máquinas. Ademais, meu modelo não contém análogos mecânicos para todos os elementos relevantes da teoria. Por exemplo, ele não contém nenhum mecanismo para provocar mutações ou outras mudanças genéticas, pela razão de que este não é o meu problema.

Tomo como modelo meu um avião – por exemplo, um avião de combate – pilotado por um piloto automático. Assumimos que o avião é construído para certos propósitos definidos e que o piloto automático é equipado com uma série de reações embutidas, que equivalem a "instruções" para atacar um inimigo mais fraco, para dar apoio a um amigo em ataque e defesa, para fugir de um inimigo mais forte e assim por diante. As partes mecânicas do piloto automático das quais dependem essas "instruções" constituem a base física do que chamarei de *estrutura-finalidade* [*aim-structure*] do meu modelo.

Além disso, embutida no piloto automático, há a base física do que eu chamarei de sua *estrutura-habilidade* [*skill-structure*]. Esta consiste em coisas tais como mecanismos de estabilização; mecanismos de interpretação de detectores, a fim de identificar e distinguir entre inimigos e amigos; controles de direção; controles de mira, e assim por diante. Não se assume que a estrutura-finalidade e a estrutura-habilidade sejam claramente distintas. Juntas elas constituem o que eu proponho chamar de *estrutura central de propensão* do piloto automático, ou, se quiser, sua "mente". O sistema físico – interruptores, fios, válvulas, baterias e assim por diante, incluindo aqueles que incorporam as "instruções" para o piloto automático – pode ser descrito como a base física de sua estrutura central de propensão ou de sua "mente".

No que se segue, chamarei esse *sistema físico* simplesmente de "piloto automático".

Sabe-se que é também possível embutir em tal servomecanismo certas propensões a "aprender" – por exemplo, a melhorar algumas de suas habilidades – por tentativa e erro. Mas podemos negligenciar esse ponto, para começar. Em vez disso, assumimos inicialmente que a estrutura-finalidade e a estrutura-habilidade são rígidas e exatamente ajustadas aos órgãos executores do avião, tais como a potência de seu motor.

Vamos agora assumir que nosso avião de combate é reprodutível – não importa se autorreprodutor ou reproduzido por uma fábrica copiando suas várias partes físicas –, embora sujeito a mutações acidentais, e vamos agrupar as possíveis mutações em quatro classes.

(1) Mutações que afetam o piloto automático.

(2) Mutações que afetam um órgão – digamos, o leme ou o motor – que é controlado pelo piloto automático.

(3) Mutações que afetam um órgão autorregulador que não esteja sob o controle do piloto automático – digamos, um termostato independente que regula a temperatura dos motores.

(4) Mutações que afetam dois ou mais órgãos ao mesmo tempo.

Agora parece claro que, em um organismo complexo como esse, quase todas as mutações acidentais serão desvantajosas e a maioria será até mesmo letal. Assim, elas serão eliminadas, podemos assumir, por seleção natural. Isso se aplicará com força especial a mutações acidentais que afetem mais de um órgão – digamos, o piloto automático *e* outro órgão. Tais mutações são fadadas a ser desfavoráveis; a probabilidade de que ambas sejam favoráveis ou mesmo complementares deve ser quase zero.

Essa é uma das maiores diferenças entre a minha hipótese dualista e a hipótese monista. De acordo com a hipótese monista, uma mutação favorável de um órgão, digamos, um aumento na potência de um dos motores, será sempre *usada* favoravelmente e nada mais além disso. Qualquer mutação favorável é improvável, mas sua probabilidade não precisa ser infimamente pequena. Mas de acordo com a hipótese dualista, uma mudança favorável de um órgão seria, em muitos casos, somente *potencialmente* favorável. Para fazer qualquer diferença, a melhoria teria que ser *usada*; e esse novo uso dependeria de uma mudança acidental *complementar* na estrutura central de propensão. Mas a probabilidade de duas dessas mudanças acidentais serem, ao mesmo tempo, independentes e complementares deve, de fato, ser ínfima.

Portanto, pode parecer, à primeira vista, que um modelo dualista pode somente aumentar as dificuldades de uma teoria puramente selecionista e essa pode ser outra razão pela qual a maioria dos darwinistas parece ter adotado tacitamente uma hipótese monista.

Agora, para tomar outro exemplo. Digamos que uma mutação dá maior potência a todos os motores, de modo que o avião possa voar mais rápido. Isso deve ser considerado favorável tanto para atacar um inimigo quanto para fugir; e podemos assumir que sua estrutura-finalidade irá induzir o piloto automático a fazer pleno uso do aumento de potência e velocidade. Mas sua estrutura-habilidade será ajustada à antiga potência do motor e à velocidade máxima. Ou, em outras palavras, as reações detalhadas do mecanismo de desempenho de habilidade serão ajustadas aos antigos motores e à antiga velocidade; e uma vez que assumimos que o piloto não pode "aprender", no sentido de melhorar sua habilidade, a velocidade será rápida demais para ele e, de acordo com minha hipótese dualista, o avião irá cair. O monismo genético, por outro lado, assumiria que, com a potência aumentada do motor, a habilidade aumentada vem dela mesma, porque é apenas outro aspecto da mesma coisa – de acordo com a suposição de que não devemos, para propósitos genéticos, distinguir entre um órgão e seu uso.

Vocês se lembrarão de nossas quatro possibilidades de mudança mutacional:

(1) Mudança da estrutura do piloto automático.

(2) Mudança de um órgão diretamente controlado pelo piloto.

(3) Mudança de um sistema de autocontrole.

(4) Mudança de mais de um órgão de uma vez.

Caso (4) – isto é, uma mudança em mais de um órgão – pode, como vimos, ser desprezada tanto pela hipótese dualista quanto pela monista, porque mudanças favoráveis deste tipo são muito improváveis.

Caso (3) – isto é, uma mudança de um órgão de autocontrole – pode ser tratada aqui considerando que um órgão de autocontrole é um pequeno subsistema dualista ao qual nossa hipótese dualista tem que ser aplicada novamente, ou então ao qual se aplica a hipótese monista e o qual se desenvolve de acordo com a teoria usual.

Caso (2) – isto é, mudança de um órgão diretamente controlado pelo piloto – é provavelmente desfavorável, como mostra nosso exemplo do aumento de potência e velocidade do motor, mesmo que a mutação como tal seja favorável do ponto de vista de uma hipótese monista.

Assim, resta-nos o caso (1), o das mudanças mutacionais na estrutura central de propensão herdada. Minha tese é que mudanças favoráveis nessa estrutura não criam nenhuma dificuldade especial. Por exemplo, uma mutação favorável na estrutura-finalidade pode induzir o avião a fugir do inimigo em um número de casos maior que anteriormente; ou talvez a propensão oposta possa acabar sendo favorável (ou seja, a propensão de atacar o inimigo em um número maior de casos). Não sabemos qual será mais favorável, mas, de acordo com nossa suposição, a seleção natural descobrirá.

Da mesma forma, com habilidades. Sabemos que um piloto humano pode melhorar sua habilidade sem mudar a estrutura de seu avião. Isso mostra que mutações favoráveis na estrutura-habilidade do piloto automático são possíveis, sem mudanças complementares no resto da estrutura. É claro que as mutações favoráveis são sempre improváveis. Mas sabemos que um piloto humano pode, sem mudar seu avião, adotar novas finalidades e desenvolver novas habilidades, sem cair; e algumas dessas novas finalidades e novas habilidades podem ser favoráveis do ponto de vista, digamos, da autopreservação; portanto, novas finalidades e habilidades correspondentes do piloto automático podem sobreviver.

Somos, assim, levados ao seguinte primeiro resultado: se partirmos de um organismo dualista no qual uma estrutura central de propensão, que controla, e uma estrutura executora, que é controlada, estão em equilíbrio exato, então mutações da estrutura central de propensão parecem ser provavelmente um pouco menos letais do que mutações dos órgãos executores controlados (mesmo aquelas potencialmente favoráveis).

Nosso segundo e principal resultado é o seguinte. Uma vez que uma nova finalidade, tendência ou disposição, ou uma nova habilidade, ou um novo modo de comportar-se, tenha evoluído na estrutura central de propensão, esse fato influenciará os efeitos da seleção natural de tal modo que mutações previamente desfavoráveis (embora potencialmente favoráveis) se tornem na verdade favoráveis se elas suportarem a tendência recém-estabelecida. *Mas isso significa que a evolução dos órgãos executores irá tornar-se direcionada por essa tendência ou finalidade e, assim, "direcionada por metas".*

Podemos ilustrar isso considerando dois tipos de mutações favoráveis da estrutura central de propensão: aquelas em que o que pode ser chamado de finalidades ou habilidades abrangentes são *melhoradas* e aquelas em que finalidades ou habilidades são *especializadas.*

Exemplos do primeiro tipo são mutações que introduzem finalidades que são apenas indiretamente favoráveis, como uma mutação que introduz uma finalidade, uma tendência ou um desejo de melhorar alguma habilidade do organismo. Agora, uma vez que uma mutação como essa é estabelecida, outra mutação que torne a estrutura-habilidade mais flexível pode tornar-se mais favorável; e por tais mutações da estrutura-habilidade o organismo pode adquirir a propensão de "aprender", no sentido de melhorar sua habilidade, por tentativa e erro.

Além do mais, uma vez obtida uma estrutura central de propensão mais flexível, mutações de outro modo letais dos órgãos executores, tais como maior velocidade, podem se tornar extremamente favoráveis, mesmo que fossem previamente desfavoráveis.

A questão aqui é que as mutações da estrutura central serão as *principais.* Ou seja, somente serão preservadas aquelas mutações dos órgãos executores que se encaixem nas tendências gerais previamente estabelecidas pelas mudanças da estrutura central.

Uma coisa similar pode ser dita sobre o segundo tipo de mudança; isto é, sobre mudanças *especializantes* da estrutura central. Mudanças no ambiente podem favorecer o estreitamento da estrutura-finalidade. Por exemplo, se somente *um* tipo de alimento estiver disponível facilmente – talvez um tipo não muito favorável originalmente – a mudança de sabor (i. é, uma mudança da estrutura-finalidade) pode ser altamente favorável. Essa mudança de finalidade pode levar a uma especialização do organismo todo, como, por exemplo, de suas habilidades em conseguir alimento e do formato de seus órgãos. Para pegar um exemplo, esta teoria sugere que o bico e a língua especializados do pica-pau se desenvolveram, por seleção, *depois* que ele começou a mudar seus gostos e seus hábitos alimentares, em vez do contrário. De fato, podemos dizer que se o pica-pau tivesse desenvolvido seu bico e sua língua antes de mudar seu gosto e sua habilidade, a mudança teria sido letal: ele não teria sabido o que fazer com seus novos órgãos.

Ou pegue um exemplo lamarckista clássico – a girafa: suas propensões ou hábitos alimentares devem ter mudado *antes* de seu pescoço, de acordo com minha teoria; caso contrário, um pescoço mais longo não teria tido qualquer valor de sobrevivência.

Devo agora parar de expor minha teoria e dizer algumas palavras sobre seu poder explicativo.

Para ser breve, minha hipótese dualista nos permite, em princípio, aceitar não somente o lamarckismo simulado, mas também um vitalismo e animismo simulado; e ele, assim, "explica" essas teorias como primeiras aproximações. Por conseguinte, isso nos permite, em princípio, explicar a evolução de órgãos complexos, como o olho, através de muitos passos que levam a uma direção definida. A direção pode, de fato, como afirmaram os vitalistas, ser determinada por uma tendência de certa forma mental – pela estrutura-finalidade ou pela estrutura-habilidade do organismo, que pode desenvolver uma tendência ou um desejo de usar o olho e uma habilidade em interpretar os estímulos recebidos dele.

Ao mesmo tempo, não há razão para pensar que a hipótese monista será sempre falsa. Pode ser que, no decorrer da evolução, desenvolvam-se diferentes tipos de organismos que são, em maior ou menor extensão, monistas ou dualistas em seu mecanismo genético. Desta forma, talvez possamos explicar pelo menos alguns dos surtos de mudanças evolutivas aparentemente direcionadas a metas, enquanto outras mudanças que são menos direcionadas a metas podem ser explicadas assumindo que estamos diante do desenvolvimento de estruturas geneticamente monistas.

Este talvez seja o lugar para confessar que fui levado à minha conjectura de dualismo genético ao ficar intrigado por um caso que constitui uma refutação *prima facie* de minha conjectura – e ao tentar deixar claro para mim mesmo por que esse caso era tão intrigante. Foi o caso da mutação de quatro asas (*tetraptera*) da *drosófila*, a famosa mosca-das-frutas de duas asas. O que me intrigou foi o seguinte: por que a mutação de quatro asas não falhou? Como ela poderia ter a habilidade de usar suas quatro asas? Talvez esse caso realmente refute minha conjectura. Mas parece mais provável que não. (Talvez a estrutura de asas do inseto seja amplamente autorreguladora ou uma parte monista de um animal essencialmente dualista; ou talvez a mutação seja um atavismo – como de fato se supõe que seja – e a estrutura-habilidade, embora não a estrutura-finalidade, pertinente ao uso de quatro asas, tenha sobrevivido atavisticamente à mudança mais antiga e provavelmente gradual de quatro asas para duas.) Além de me preocupar com esse caso, fui levado principalmente por considerações sobre a evolução do homem, da linguagem humana e da árvore do conhecimento humano.

Para concluir com apenas um ponto forte a favor do dualismo genético: estudantes de comportamento animal demonstraram a existência de um comportamento inato complexo – comportamento esse que envolve um uso razoavelmente hábil, altamente especializado e altamente coordenado de muitos órgãos. Parece-me difícil, se não impossível, acreditar que esse comportamento seja meramente outro aspecto da estrutura anatômica dos muitos órgãos que dele participam.

Apesar desse e de outros argumentos contra a hipótese monista, não creio que minha própria hipótese dualista possa ser testada com muita facilidade. Porém não acho que ela seja intestável. No entanto, antes que possíveis testes possam ser seriamente discutidos, a hipótese terá que ser examinada criticamente do ponto de vista de ser ou não consistente; caso verdadeira, se ela resolveria os problemas que se propõe a resolver e se ela pode ser melhorada, simplificando-a e aprimorando-a. No momento, eu a ofereço como nada mais que uma possível linha de pensamento.

Adendo – O esperançoso monstro comportamental

A palestra acima foi proferida há dez anos, em 1961. Algumas de suas ideias – a teoria da ponta de lança de mutações comportamentais – foram desenvolvidas mais além em "De nuvens e relógios". Mas, embora intensamente interessado na teoria evolutiva, não sou especialista em nenhuma de suas áreas; e um especialista me desencorajou a publicar a Palestra Spencer.

Entretanto, ao longo de todos esses anos, pareceu-me que a *distinção das bases genéticas para* (1) *finalidades ou preferências*, (2) *habilidades e* (3) *ferramentas executoras anatômicas* parece ser uma contribuição importante para uma teoria da evolução do tipo darwinista. O que chamei de "dualismo genético" (e que deveria ter chamado de "pluralismo genético") pareceu-me oferecer uma explicação sobre tendências genéticas ou "ortogêneses".

Pareceu-me uma melhoria da teoria que Richard B. Goldschmidt propôs na forma de seus famosos "monstros esperançosos "; e eu acho útil comparar as duas teorias.

Goldschmidt (1878-1958) publicou em 1940 um livro, *The Material Basis of Evolution*[15], no qual ele salientou que as muitas variações pequenas de Darwin levam a muitas dificuldades grandes. Primeiro, há a tendência de retornar a uma população média, mesmo que mutações tenham ocorrido. Em segundo lugar, há a grande dificuldade, experienciada em todos os experimentos de seleção, de alcançar mudanças para além de certos limites defini-

---

15. GOLDSCHMIDT, R.B. *The Material Basis of Evolution* [A base material da evolução]. New Haven: Yale University Press, 1940.

dos: a tentativa de ir além leva quase invariavelmente à esterilidade e à extinção.

Ambos os argumentos criam dificuldades para a teoria darwinista de uma evolução a partir de pouquíssimas formas originais de vida – talvez mesmo apenas uma. Porém é precisamente esta teoria que desejamos explicar, um fenômeno para cuja realidade há uma grande quantidade de evidências empíricas.

A explicação ortodoxa é que imensos períodos de tempo permitem que pequenas variações se acumulem, e que a separação geográfica impede com especial frequência o restabelecimento de uma população média. Goldschmidt considerou essas ideias insuficientes; e sem romper com a ideia de seleção natural, rompeu com a ideia de que toda mudança evolutiva tem que ser explicável em termos de um número muito grande de variações muito pequenas. Ele assumiu que de tempos em tempos ocorrem grandes mutações, as quais são geralmente letais e eliminadas, mas algumas das quais sobrevivem; assim, ele explicou *tanto* as diferenças genuínas *quanto* o óbvio caráter de parentesco entre as várias formas de vida. As grandes mutações ele descreveu como "*monstros esperançosos*". A teoria tem seu lado atraente: monstros realmente ocorrem de tempos em tempos. Mas há grandes dificuldades. Geralmente, tais mutações seriam letais (um organismo é bem equilibrado demais para resistir a grandes mudanças acidentais repentinas) e, quando não letais, a probabilidade de uma reversão à forma original é muito grande.

Sempre fui muito interessado nas teorias de Goldschmidt[16], e frisei os "monstros esperançosos" de Goldschmidt a I. Lakatos, que se referiu a eles em seu "*Proofs and Refutations*"[17].

Mas foi há apenas alguns dias, ao ler um novo livro crítico, *Darwin Retried*, de Norman Macbeth[18], que me ocorreu que pode-

---

16. Cf. GOLDSCHMIDT, R.B. Op. cit. • GOLDSCHMIDT, R.B. "Some Aspects of Evolution". *Science*, 78, 1933, p. 539-547.

17. LAKATOS, I. "Proofs and Refutations" [Provas e refutações]. *The British Journal for the Philosophy of Science*, 14, 1963, p. 24.

18. MacBETH, N. *Darwin Retried* [Darwin tentado novamente]. Boston: Gambit Incorporated, 1971, esp. cap. 17.

ria ser a hora de reviver os "monstros esperançosos" de Goldschmidt em uma nova forma.

O próprio Goldschmidt pensava principalmente, se não exclusivamente talvez, em monstros anatômicos – organismos com diferenças não desprezíveis ou mesmo drásticas de um tipo estrutural em relação a seus pais. Sugiro que começamos com *monstros comportamentais ou etológicos*, organismos cujas diferenças em relação a seus pais consistem primariamente em seu *comportamento* desviante.

Claro, esse comportamento tem sua base genética. Mas a base genética parece permitir uma certa variação na resposta comportamental, dependendo talvez de nada mais que o estado fisiológico momentâneo em que o organismo reage a seu estímulo ambiental ou talvez de uma combinação incomum de estímulos, ou talvez de uma variante genética na disposição para se comportar. Em todos esses casos, um comportamento novo e monstruoso pode aparecer e realmente aparece sem nenhuma novidade anatômica observável. A novidade pode ter sua base material em alguma mudança restrita a uma parte especial do sistema nervoso, mas essa mudança pode ser o resultado de uma ferida ou algum outro acidente e não precisa ser determinada geneticamente. Por outro lado, pode muito bem ser devido a uma mutação genética genuína naquela parte do sistema genético especialmente responsável pelo comportamento; uma mutação que não está necessariamente vinculada a uma mudança gritante na anatomia. Em última instância, a novidade do comportamento pode ser devida a uma novidade real nas circunstâncias ambientais – na ecologia do organismo.

Em cada um desses casos, o monstro comportamental pode radicalmente divergir, em seu comportamento, de seus pais. Mas não há nenhuma razão imediata pela qual a divergência deva ser letal. Deve-se admitir que o comportamento monstruoso pode perturbar o equilíbrio do organismo, mas não necessariamente; ou pode perturbá-lo de uma maneira que não é necessariamente letal para o organismo (como quando uma mosca, movendo-se sobre o meu papel de escrita, fica com as pernas embebidas em tinta e tem algum trabalho em limpá-las).

A novidade de comportamento e a monstruosidade (no sentido de Goldschmidt) de comportamento são, assim, muito menos provavelmente letais do que a monstruosidade anatômica. Por outro lado, através da seleção natural, o comportamento monstruoso pode ter o maior impacto sobre a eliminação das variações anatômicas.

Para tomar o famoso exemplo do olho, o *comportamento* inovador que faz uso de pontos sensíveis à luz (já existentes) pode aumentar enormemente seu valor seletivo, que previamente talvez fosse desprezível. Desse modo, o *interesse* em ver pode ser fixado geneticamente com sucesso e tornar-se o elemento principal na evolução ortogenética do olho; mesmo as menores melhorias em sua anatomia podem ser seletivamente valiosas se a estrutura-finalidade e a estrutura-habilidade do organismo fizerem uso suficiente dela.

Assim, apresento uma variação do darwinismo na qual os monstros comportamentais desempenham um papel decisivo. A novidade comportamental leva, se bem-sucedida, à seleção dos nichos ecológicos que, por sua vez, operam seletivamente – operam, ou seja, fazem uso dessas novidades comportamentais e, assim, exercem uma pressão de seleção em uma direção parcialmente predeterminada: na direção determinada por alguma *finalidade* indeterminada geneticamente possível, por exemplo, o gosto por um novo tipo de alimento ou a apreciação em utilizar regiões da pele sensíveis à luz.

Assim, podemos ter uma ortogênese que, no final das contas, era o principal problema de Goldschmidt.

Mesmo propriedades de organismos, tais como a ludicidade juvenil, podem ter se mostrado úteis em um mundo mutável, no qual a monstruosidade comportamental, isto é, variabilidade mais ortogênese possível, podem ajudar na sobrevivência.

Desse modo poderia ser explicado o (frequente) papel de liderança desempenhado por mudanças (mudanças genéticas ou mesmo geneticamente indeterminadas) da estrutura-finalidade e, na segunda linha, por mudanças na estrutura-habilidade em relação a mudanças geneticamente baseadas da estrutura anatômica.

A estrutura anatômica, no essencial, pode mudar apenas lentamente. Mas suas mudanças, por essa mesma razão, permanecerão insignificantes se não forem guiadas por aquelas na estrutura-finalidade e na estrutura-habilidade. Assim, a evolução de um aparato genético que estabelece uma primazia da estrutura-finalidade e da estrutura-habilidade sobre a estrutura anatômica pode, em princípio, ser explicada em linhas darwinistas.

Será visto que essa teoria darwinista de monstros comportamentais esperançosos "simula" não apenas o lamarckismo, mas também o vitalismo bergsoniano.

(Acrescentado em 1974: Para uma brilhante apresentação e um levantamento da história de visões similares às discutidas neste cap., cf. HARDY, A. *The Living Stream* [O fluxo vivo], Collins, 1965, esp. as palestras VI, VII e VIII, nas quais serão encontradas muitas referências à literatura anterior, de James Hutton (que morreu em 1797) em diante. Cf. tb. MAYR, E. *Animal Species and Evolution* [Espécies animais e evolução], The Belknap Press, Cambridge, Mass., e Oxford University Press, Londres, 1963, esp. p. 604ss. e 611.)

8
UMA VISÃO REALISTA DA LÓGICA, DA FÍSICA E DA HISTÓRIA*

O homem, dizem-nos alguns filósofos modernos, está alienado de seu mundo: ele se sente um estranho e com medo em um mundo que ele nunca criou. Talvez ele esteja; mas também os animais e até mesmo as plantas. Eles também nasceram, há muito tempo, dentro de um mundo físico-químico, um mundo que eles nunca criaram. Mas ainda que não tenham criado seu mundo, essas coisas vivas mudaram-no para além de todo reconhecimento e, de fato, recriaram o pequeno canto do universo em que nasceram. Talvez a maior dessas mudanças tenha sido feita pelas plantas. Elas transformaram radicalmente a composição química de toda a atmosfera da Terra. As próximas em magnitude são talvez as realizações de alguns animais marinhos que construíram ilhas e recifes de corais e cordilheiras de calcário. Por último veio o homem, que por um longo tempo não mudou seu ambiente de nenhuma maneira notável, a não ser contribuindo, através do desmatamento, para a expansão do deserto. Claro, ele construiu algumas pirâmides; mas somente durante o último século, ou algo assim, ele começou a competir com os corais construtores de recifes. Ainda mais recentemente, ele começou a desfazer o trabalho das plantas, aumentando ligeiramente, embora significativamente, o teor de dióxido de carbono na atmosfera.

Portanto, não criamos o nosso mundo. Até agora nós nem mesmo o mudamos tanto, em comparação com as mudanças realizadas por plantas e animais marinhos. Porém criamos um novo tipo de produto ou artefato que promete, em tempo, operar mudanças

---

* Baseado no discurso de abertura do Primeiro Colóquio Internacional realizado na Universidade de Denver, de 16 a 20 de maio de 1966. Publicado primeiramente em YOURGRAU, W. & BRECK, A.D. (orgs.). *Physics, Logic and History*. Plenum Press, 1970, p. 1-30.

tão grandes em nosso canto do mundo quanto aquelas operadas por nossos predecessores, as plantas produtoras de oxigênio ou os corais construtores de ilhas. Esses novos produtos, que são decididamente criados por nós mesmos, são os nossos mitos, as nossas ideias e, especialmente, as nossas teorias científicas: teorias sobre o mundo em que vivemos.

Sugiro que podemos encarar esses mitos, essas ideias e teorias como alguns dos produtos mais característicos da atividade humana. Assim como ferramentas, eles são órgãos que evoluem fora de nossas peles. Eles são artefatos exossomáticos. Assim, podemos contar, entre esses produtos característicos, especialmente o que é chamado de "conhecimento humano"; onde tomamos a palavra "conhecimento" no sentido objetivo ou impessoal, no qual se pode dizer que ele esteja contido em um livro; ou armazenado em uma biblioteca; ou ensinado em uma universidade.

Ao me referir ao conhecimento humano, geralmente terei em mente esse sentido objetivo da palavra "conhecimento". Isso nos permite pensar no conhecimento produzido pelo homem como análogo ao mel produzido pelas abelhas: o mel é feito pelas abelhas, armazenado pelas abelhas e consumido pelas abelhas; e a abelha individual que consome mel não consumirá, em geral, apenas a parte que ela mesma produziu: o mel também é consumido pelos zangões que não produziram mel nenhum (sem mencionar aquele tesouro de mel armazenado que as abelhas podem perder para ursos ou apicultores). Também é interessante notar que, a fim de manter suas energias para produzir mais mel, cada abelha operária tem que consumir mel, parte do qual é geralmente produzida por outras abelhas.

Tudo isso se aplica, de modo geral, com ligeiras diferenças, às plantas produtoras de oxigênio e aos homens produtores de teorias: nós, também, somos não somente produtores, mas consumidores de teorias; e temos que consumir teorias de outras pessoas e às vezes talvez nossas próprias, se quisermos continuar produzindo.

"Consumir" significa aqui, antes de tudo, "digerir", como no caso das abelhas. Mas significa mais: nosso consumo de teorias, sejam aquelas produzidas por outras pessoas ou por nós mesmos, também significa criticá-las, mudá-las e muitas vezes até demoli--las, a fim de substituí-las por outras melhores.

Todas essas são operações que são necessárias para o *crescimento de nosso conhecimento*; e eu novamente me refiro aqui, é claro, ao conhecimento no sentido objetivo.

Sugiro que parece, no presente, como se fosse esse crescimento do conhecimento humano, o crescimento de nossas teorias, que transformasse nossa *história humana* em um capítulo tão radicalmente novo na história do universo, e também na história da vida na Terra.

Todas essas três histórias – a história do universo, a história da vida na Terra e a história do homem e do crescimento de seu conhecimento – são elas mesmas, é claro, capítulos de nosso conhecimento. Consequentemente, o último desses capítulos – isto é, a história do conhecimento – consistirá em conhecimento sobre o conhecimento. Ele deverá conter, pelo menos implicitamente, teorias sobre teorias e, especialmente, teorias sobre o modo em que as teorias crescem.

Portanto, antes de dar qualquer passo adiante em meu tópico, apresentarei um esquema tetrádico geral que tenho considerado cada vez mais útil como descrição do crescimento de teorias. É o seguinte:

$$P_1 \to TT \to EE \to P_2.$$

Aqui "*P*" significa "problema"; "*TT*" significa "teoria provisória"; e "*EE*" significa "(tentativa de) eliminação de erros", especialmente por meio de discussão crítica. Meu esquema tetrádico é uma tentativa de mostrar que o resultado da crítica ou da eliminação de erros, aplicadas a uma teoria provisória, é, via de regra, a emergência de um novo problema; ou, sem dúvida, de diversos novos problemas. Os problemas, após terem sido resolvidos e suas soluções devidamente examinadas, tendem a gerar problemas-filhos: novos problemas, frequentemente de maior profundidade e até de maior fertilidade do que os antigos. Isso pode ser visto especialmente nas ciências físicas; e sugiro que podemos melhor aferir o progresso feito em qualquer ciência pela distância em profundidade e imprevisibilidade entre P_1 e P_2: as melhores teorias provisórias (e todas as teorias são provisórias) são aquelas que dão origem aos problemas mais profundos e imprevisíveis.

Meu esquema tetrádico pode ser elaborado de vários modos; por exemplo, escrevendo-o da seguinte maneira:

$$P_1 \begin{cases} TT_a \to EE_a \to P_{2a} \\ TT_b \to EE_b \to P_{2b} \\ TT_n \to EE_n \to P_{2n}. \end{cases}$$

Nessa forma, o esquema indicaria que, se pudermos, devemos propor muitas teorias como tentativas de resolver algum problema dado e que devemos examinar criticamente cada uma de nossas soluções provisórias. Descobrimos então que cada um dá origem a novos problemas; e podemos acompanhar aqueles que prometem o mais inovador e mais interessante problema novo: se o problema novo, P_{2b}, digamos, acabar sendo meramente o antigo P_1 disfarçado, então dizemos que nossa teoria só consegue *deslocar o problema* um pouco; e em alguns casos podemos tomar isso como uma objeção decisiva à teoria provisória, TT_b.

Isso mostra que a eliminação de erros é somente *parte* de nossa discussão crítica: nossa discussão crítica das teorias provisórias concorrentes pode compará-las e avaliá-las, a partir de muitos pontos de vista diferentes. O ponto decisivo, *claro*, é sempre: em que medida nossa teoria resolve bem seus problemas; isto é, P_1?

De qualquer forma, uma das coisas que desejamos alcançar é aprender algo novo. De acordo com nosso esquema, a progressividade é uma das coisas que exigimos de uma boa teoria provisória: e é realçada pela discussão crítica sobre ela: a teoria é progressiva se nossa discussão mostrar que *ela realmente fez uma diferença para o problema que queríamos resolver*; isto é, se os problemas recém-emergentes forem diferentes dos antigos.

Se os problemas recém-emergentes forem diferentes, então podemos ter esperança de aprender muitas coisas novas quando procedermos em resolvê-los na sua vez.

Assim, meu esquema tetrádico pode ser usado para descrever a emergência de novos problemas e, consequentemente, a emergência de novas soluções – ou seja, novas teorias; e quero até mesmo apresentá-lo como uma tentativa de dar sentido à ideia reconhecidamente vaga de emergência – como uma tentativa de falar de emergência de maneira racional. Gostaria de mencionar que ele pode ser aplicado não apenas à emergência de novos problemas científicos e, consequentemente, de novas teorias científicas, mas à emergência de novas formas de comportamento e até mesmo de novas formas de organismos vivos.

Deixe-me dar um exemplo. P_1 pode ser, digamos, um certo problema envolvendo a sobrevivência de uma espécie, tal como o problema de reprodução, de produzir descendentes. De acordo com Darwin, esse problema de sobrevivência encontrou uma boa solução se a espécie sobreviver; qualquer outra solução provisória será eliminada pelo desaparecimento tanto da solução quanto da espécie.

De acordo com meu esquema, a tentativa de eliminação de erros, ou seja, a luta por sobrevivência, realçará a fraqueza inerente de cada uma das soluções propostas na forma de um *novo problema*. Por exemplo, o novo problema pode ser que os organismos pais e seus descendentes estejam ameaçando sufocar uns aos outros. Esse novo problema pode, por sua vez, ser resolvido; por exemplo, os organismos podem desenvolver um método de dispersão ou disseminação de seus descendentes; ou então o novo problema pode ser resolvido através do estabelecimento de uma economia comum, abrangendo diversos organismos. Talvez a transição de organismos unicelulares para multicelulares tenha procedido desta forma.

Seja como for, meu esquema mostra que pode haver mais do que a alternativa de Darwin, *"sobreviver ou perecer"*, inerente ao processo de eliminação de erros: a eliminação de erros pode lançar novos problemas emergentes, especificamente relacionados ao problema antigo *e* à solução provisória.

Na sequência, usarei meu esquema, às vezes apenas implicitamente; e irei referir-me à emergência, assumindo que meu esquema torna essa ideia suficientemente respeitável dentro do que espero que seja uma discussão racional. Proponho lidar com alguns aspectos do crescimento do conhecimento sob quatro títulos:

1) Realismo e pluralismo: redução *versus* emergência.
2) Pluralismo e emergência na história.
3) Realismo e subjetivismo na física.
4) Realismo na lógica.

1 Realismo e pluralismo: redução *versus* emergência

O homem produz não somente teorias científicas, mas muitas outras ideias – por exemplo, mitos religiosos ou poéticos ou, digamos, enredos para narrativas.

Qual é a diferença característica entre uma teoria científica e uma obra de ficção? Não é, defendo eu, que a teoria seja possivelmente verdadeira enquanto as descrições na narrativa não sejam verdadeiras, ainda que verdade e falsidade tenham algo a ver com isso. A diferença, sugiro eu, é que a teoria e a narrativa estão incorporadas em diferentes tradições críticas. Elas devem ser julgadas por padrões tradicionais bem diferentes (mesmo que estes padrões possam ter algo em comum).

O que caracteriza a teoria é que ela é oferecida como uma solução para um problema científico; ou seja, um problema que surgiu antes, na discussão crítica de teorias provisórias anteriores, ou (talvez) um problema descoberto pelo autor da teoria agora oferecida, mas descoberto dentro do domínio dos problemas e soluções pertencentes à tradição científica.

No entanto, não vou parar por aí. Pois a tradição científica, por sua vez, é, ou foi até recentemente, caracterizada pelo que pode ser chamado de *realismo científico*. Isto é, foi inspirado pelo ideal de encontrar *soluções verdadeiras* para seus problemas: soluções que correspondiam aos fatos.

Esse ideal regulador de encontrar teorias que correspondem aos fatos é o que faz da tradição científica uma tradição realista: ela distingue entre o mundo das nossas teorias e o mundo dos fatos aos quais essas teorias se referem.

Além do mais, as ciências naturais, com seus métodos críticos de solução de problemas, e algumas das ciências sociais também, especialmente a história e a economia, têm representado há bastante tempo nossos melhores esforços em solucionar problemas e em encontrar fatos (por encontrar fatos me refiro, é claro, à descoberta de enunciados ou teorias que correspondem a fatos). Assim, essas ciências contêm, de modo geral, os melhores enunciados e teorias do ponto de vista da verdade; ou seja, aqueles que dão a melhor descrição do mundo dos fatos, ou daquilo que se chama de "realidade".

Agora vamos olhar para certas relações que se sustentam entre algumas dessas ciências.

Tome a física e a química, por exemplo; ciências que fazem asserções sobre todas as coisas físicas e os estados físicos, incluindo os organismos vivos.

Física e química não são muito diferentes e parece não haver grande diferença no tipo de coisas a que se aplicam, exceto que a química, como geralmente se entende, torna-se inaplicável a temperaturas muito altas e também, talvez, a temperaturas muito baixas. Portanto, não seria muito surpreendente se as esperanças, mantidas por muito tempo, de que a química possa ser reduzida à física, viessem a se tornar realidade, como de fato parece estar acontecendo.

Aqui temos um caso paradigmático real de *"redução"*; por *redução* quero dizer, é claro, que todas as descobertas da química podem ser plenamente explicadas (ou seja, deduzidas) pelos princípios da física.

Ainda que tal redução não seja muito surpreendente, seria um sucesso científico muito grande. Seria não apenas um exercício de unificação, mas um verdadeiro avanço no entendimento do mundo.

Vamos assumir que essa redução tenha sido colocada em prática completamente. Isso pode nos dar alguma esperança de que possamos também um dia reduzir todas as ciências biológicas à física.

Agora, isso seria um sucesso espetacular, muito maior do que a redução da química à física. Por quê? Porque o tipo de coisas às quais a física e a química se aplicam são realmente muito similares desde o início. Pense apenas como seria difícil dizer se a teoria atômica é uma teoria física ou uma teoria química. De fato, por muito tempo ela foi ambas; e é esse elo comum que fornece o vínculo que pode levar, ou talvez tenha levado, à sua unificação.

Com organismos vivos, a situação é diferente. Eles estão, sem dúvida, sujeitos a todos os tipos de leis físicas e biológicas. Porém parece haver alguma diferença *prima facie* entre organismos vivos e coisas não vivas. Deve-se admitir que aprendemos, a partir da ciência, que existem estágios transitórios ou intermediários e também sistemas intermediários; e isso nos dá esperança de que uma redução possa ser alcançada um dia. Além do mais, não parece nada improvável que teorias provisórias recentes sobre a origem da vida na Terra possam ser postas à prova com sucesso e que possamos ser capazes de criar organismos vivos primitivos artificialmente.

Mas mesmo isso não significaria necessariamente uma redução completa. Isso é demonstrado pelo fato de que os químicos foram capazes de criar todos os tipos de produtos químicos, inorgânicos e orgânicos, antes mesmo de entender sua composição química, para não falar nada de sua estrutura física. Assim, mesmo o controle de processos químicos por meios puramente físicos não é, como tal, equivalente a uma redução da química à física. A redução significa muito mais. Significa entendimento *teórico*: a penetração *teórica* do campo novo pelo campo antigo.

Assim, poderíamos encontrar uma receita para criar algumas formas primitivas de vida a partir de matéria não viva sem entender, teoricamente, o que estávamos fazendo. Deve-se admitir que isso seria um tremendo encorajamento para todos aqueles que buscam por uma redução, e corretamente. Mas o caminho para uma redução ainda pode ser longo; e não poderíamos saber se ele não seria sequer intransitável: pode não haver uma redução teórica da biologia para a física, assim como parece não haver nem uma redução teórica da mecânica à eletrodinâmica, nem uma redução teórica no sentido contrário.

Se a situação for tal que, por um lado, os organismos vivos podem originar-se por um processo natural a partir de sistemas não vivos e que, por outro lado, não há um completo entendimento teórico possível da vida em termos físicos, então poderíamos falar da vida como uma propriedade *emergente* dos corpos físicos ou da matéria.

Agora, quero deixar bem claro que, como racionalista, desejo e tenho esperança de entender o mundo e que desejo e tenho esperança de uma redução. Ao mesmo tempo, acho bastante provável que possa não haver redução possível; é concebível que a vida seja uma propriedade *emergente* dos corpos físicos.

Meu ponto aqui é que os crentes na redução, os quais, por alguma razão filosófica ou outra, adotam *a priori* a posição dogmática de que a redução deve ser possível, de certa forma destroem seu triunfo caso a redução venha a ser alcançada. Pois o que será então alcançado deveria ter sido alcançado o tempo todo; assim, seu triunfo será apenas o desinteressante, de ter sido provado como correto pelos acontecimentos.

Somente aqueles que afirmam que a questão não pode ser solucionada *a priori* podem alegar que qualquer redução bem-sucedida seria uma tremenda descoberta.

Demorei-me neste ponto por tanto tempo porque ele é de certa forma relevante para a posição do próximo degrau da escada – a emergência da consciência.

Há filósofos, chamados de "comportamentalistas radicais" ou "fisicalistas", que pensam que têm razões *a priori*, tais como a *navalha de Occam*, para afirmar que nossa introspecção de eventos ou estados mentais e nossos relatos sobre eventos ou estados mentais são simplesmente introspecções e relatos sobre nós mesmos *qua* sistemas físicos: eles são relatos sobre estados físicos desses sistemas.

Dois filósofos esperados aqui esta manhã defenderam tal visão com argumentos brilhantes. São eles Herbert Feigl e Willard van Orman Quine. Gostaria de fazer algumas considerações críticas sobre suas visões.

Quine diz, com uma referência a Carnap e Feigl, que se o progresso teórico pode ser "alcançado ao [...] se postular estados mentais distintos [...] por trás do comportamento físico, certamente [...] poderia ser igualmente alcançado ao se postular [...], em vez disso, certos estados e eventos fisiológicos correlatos. [...] A falta de uma explicação fisiológica detalhada dos estados mal é uma objeção a reconhecê-los como estados de corpos humanos. [...] Os estados corporais existem de qualquer modo; por que acrescentar os outros?"[1]

Deixe-me salientar que Quine fala aqui como um realista: "Os estados corporais existem de qualquer modo", diz ele. Contudo, do ponto de vista que estou adotando aqui, ele não é o que eu deveria chamar de "realista científico": ele não espera para ver se a ciência conseguirá uma redução aqui, como talvez possa um dia; em vez disso, ele aplica a navalha de Occam[2], salientando que *entidades* mentais não são necessárias para a teoria.

Mas quem sabe a que Occam ou qualquer outra pessoa poderia se referir aqui por necessidade? Se entidades mentais ou, melhor, estados mentais existirem – e eu mesmo não duvido que existam –, então é necessário postular estados mentais para qualquer explicação verdadeira sobre eles; e se um dia eles forem reduzidos a estados físicos, então isso será um tremendo sucesso. Mas não haverá sucesso algum se rejeitarmos sua existência meramente notando que podemos explicar coisas sem elas, pelo simples método de nos limitarmos a coisas físicas e seus comportamentos.

Para resumir meu argumento brevemente: especulações filosóficas de caráter materialista ou fisicalista são muito interessantes e podem até ser capazes de apontar o caminho para uma redução científica bem-sucedida. Mas elas deveriam ser teorias francamente provisórias (como eu acho que são as teorias de Feigl). Alguns fisicalistas, entretanto, não consideram suas teorias como provisórias, mas como propostas para expressar tudo em uma linguagem fisicalista; e eles pensam que essas propostas têm muito a seu favor porque são, indubitavelmente, convenientes: problemas

---

1. QUINE, W.V. *Word and Object*, 1960, p. 264.
2. QUINE, W.V. *From a Logical Point of View*. 2. ed. rev., 1961, p. 2.

inconvenientes como o problema corpo-mente, de fato, desaparecem, da forma mais *conveniente*. Então estes fisicalistas pensam que não pode haver nenhuma dúvida de que esses problemas devem ser eliminados como pseudoproblemas.

A isso eu responderia que pelo mesmo método poderíamos ter eliminado *a priori* todos os estados químicos e problemas ligados a eles: poderíamos ter dito que eles eram obviamente físicos e que não havia necessidade de especificá-los em detalhes: que tudo o que precisávamos fazer era postular a existência de algum estado físico correlato a cada estado químico.

Creio que esteja claro que a adoção geral de uma tal proposta teria levado à atitude de não procurar a redução detalhada da química à física. Sem dúvida, ela teria dissolvido o análogo do problema corpo-mente – o problema da relação da física com a química; mas a solução teria sido linguística; e, como consequência, não teríamos aprendido nada sobre o mundo real.

Tudo isso me leva a afirmar que o realismo deve ser pelo menos provisoriamente pluralista e que os realistas deveriam subscrever ao seguinte postulado pluralista:

Devemos ter cuidado em resolver ou dissolver problemas factuais linguisticamente; isto é, pelo método demasiado simples de se recusar a falar sobre eles. Pelo contrário, devemos ser pluralistas, pelo menos para começar: devemos primeiro enfatizar as dificuldades, mesmo que pareçam insolúveis, conforme o problema corpo-mente pode parecer para alguns.

Se pudermos então reduzir ou eliminar algumas entidades por meio de redução científica, façamos isso por todos os meios e nos orgulhemos do ganho em entendimento.

Então eu diria: vamos resolver em todo caso os argumentos para a emergência em detalhe, *de qualquer forma antes de tentar a redução*.

Para resumir e aprimorar as considerações avançadas nesta seção:

A redução da química à física, aparentemente agora bem encaminhada, pode ser descrita como um caso paradigmático de uma genuína redução científica que satisfaz todos os requisitos de uma boa explicação científica.

Uma redução "boa" ou "científica" é um processo no qual aprendemos muito que é de grande importância: aprendemos a entender e a explicar as teorias sobre o campo a ser reduzido (neste caso, a química) e aprendemos muito sobre o poder das teorias de redução (neste caso, a física).

É concebível, embora não certo ainda, que a redução da química à física será completamente bem-sucedida. É também concebível, embora menos provável, que um dia possamos ter *boas reduções* da biologia, incluindo a fisiologia, para a física e da psicologia para a fisiologia e, assim, para a física.

Chamo de *má redução* ou *redução ad hoc* o método de redução por dispositivos meramente linguísticos; por exemplo, o método do fisicalismo que sugere que postulamos *ad hoc* a existência de estados fisiológicos para explicar o comportamento que explicamos previamente postulando estados mentais (embora não postulando *ad hoc*). Ou, em outras palavras, pelo dispositivo linguístico de dizer que eu relato um estado *fisiológico* meu quando relato que agora sinto que entendo a equação de Schrödinger.

Este segundo tipo de redução ou do uso da navalha de Occam é ruim, porque nos impede de ver o problema. Na terminologia tanto pitoresca quanto contundente de Imre Lakatos, esse é um caso desastroso de um "*deslocamento degenerativo do problema*"; e pode impedir tanto uma boa redução quanto o estudo da emergência, ou ambos.

A fim de evitar esse método desastroso, devemos, em cada caso, tentar aprender tanto quanto possível sobre o campo que esperamos reduzir. Pode ser que o campo resista à redução; e em alguns casos podemos até possuir argumentos para mostrar por que o campo não pode ser reduzido. Nesse caso, podemos ter um exemplo de emergência genuína.

Talvez eu possa terminar meus comentários sobre o deslocamento degenerativo do problema do comportamentalismo (especialmente o comportamentalismo linguístico) com a seguinte consideração.

Comportamentalistas e materialistas são anti-idealistas: e são, corretamente, oponentes do *"esse = percipi"* de Berkeley ou

ser = ser observável.

De acordo com eles, "ser" é "ser material", "comportar-se como um corpo no espaço e no tempo". Contudo, pode-se dizer que eles aderem, inconscientemente, à equação de Berkeley, ainda que a coloquem em uma forma verbal ligeiramente diferente:

ser = ser observado

ou talvez

ser = ser percebido.

Pois eles dizem que somente existem aquelas coisas que podem ser observadas. Eles não percebem que *toda observação envolve interpretação à luz de teorias* e que o que eles chamam de "observável" é o que é observável à luz de teorias razoavelmente antiquadas e primitivas. Embora eu seja todo a favor do senso comum, sou também a favor de ampliar o domínio do senso comum, aprendendo com a ciência. De qualquer forma, *não é a ciência, mas a filosofia dúbia (ou ciência obsoleta) que leva ao idealismo, ao fenomenalismo e ao positivismo; ou ao materialismo e ao comportamentalismo,* ou a qualquer outra forma de antipluralismo.

2 Pluralismo e emergência na história

Não falarei sobre a história do universo, mas apenas algumas palavras sobre a história da vida na Terra.

Parece que foi dado recentemente um início muito promissor à reconstrução das condições sob as quais a vida emergiu na Terra; e creio que podemos, talvez, esperar algum grande sucesso em breve. Mas, ao mesmo tempo em que me sinto otimista a respeito da emergência, até mesmo a emergência experimental, sinto-me muito ceticamente inclinado à redução. Isso se deve a certos pensamentos meus sobre a evolução da vida.

Parece-me que os processos evolutivos ou grandes mudanças evolutivas são tão imprevisíveis quanto os processos históricos ou grandes mudanças históricas. Defendo esta visão porque estou fortemente inclinado a uma visão indeterminista do mundo, algo mais radical do que a de Heisenberg: meu indeterminismo inclui a tese de que mesmo a física clássica é indeterminista e, portanto, é mais parecida com a de Charles Sanders Peirce, ou com a de Alfred Landé. E creio que a evolução prossegue em grande medida de modo probabilístico, sob condições ou situações de problema constantemente mutáveis, e que cada solução provisória, seja ela mais ou menos bem-sucedida ou mesmo completamente malsucedida, cria uma nova situação de problema. Isso parece-me impedir uma redução completa, bem como um entendimento completo dos processos da vida, ainda que não impeça um progresso constante e de longo alcance para tal entendimento. (Esse argumento não deve ser tomado como a aplicação da ideia de complementaridade de Bohr aos organismos vivos – um argumento que me parece muito fraco, de fato.)

Mas quero falar nesta seção principalmente sobre a história humana, sobre a história da humanidade. Esta, como já indiquei, é em grande medida a história de nosso conhecimento – de nossas teorias sobre o mundo – e, claro, das repercussões desses produtos, que são criados por nós mesmos, sobre nós mesmos e sobre nossas demais produções.

É óbvio que se pode adotar uma atitude fisicalista ou materialista em relação a esses produtos teóricos nossos; e pode-se suspeitar que minha ênfase no sentido objetivo do conhecimento – minha ênfase em teorias como aquelas contidas em livros colecionados em bibliotecas e como as ensinadas em universidades – indica que simpatizo com a interpretação fisicalista ou materialista de teorias; quero dizer uma interpretação que vê a linguagem como consistindo de objetos físicos – ruídos ou cartas impressas – e que nos vê como condicionados ou dispostos a reagir a esses ruídos ou cartas com certos tipos característicos de comportamento físico.

Mas nada está mais longe de minha intenção do que encorajar reduções *ad hoc* desse tipo. É de se admitir que, se forçado a escolher entre qualquer visão subjetivista ou personalista do conhecimento humano e a visão materialista ou fisicalista que acabei de tentar esboçar, eu escolheria esta última; mas esta, enfaticamente, *não é a alternativa.*

A história das ideias nos ensina muito claramente que as ideias emergem em contextos lógicos ou, se o termo for preferido, dialéticos[3]. Meus vários esquemas como

$$P1 \rightarrow TT \rightarrow EE \rightarrow P2$$

podem de fato ser considerados como melhorias e racionalizações do esquema dialético hegeliano: são racionalizações porque operam inteiramente dentro do clássico órganon lógico da crítica racional, que se baseia na chamada lei da contradição; ou seja, na exigência de que as contradições, sempre que as descobrirmos, devem ser eliminadas. A eliminação crítica de erros no nível científico procede por meio de uma procura consciente por contradições.

Assim, a história, e especialmente a história das ideias, nos ensina que, se quisermos entender a história, devemos entender as ideias e suas relações lógicas (ou dialéticas) objetivas.

Não acredito que alguém que já tenha entrado seriamente em qualquer capítulo da história das ideias irá pensar que uma redução dessas ideias poderia ser bem-sucedida. Mas eu tomo como minha tarefa aqui não tanto argumentar contra a possibilidade de qualquer redução, mas a favor do reconhecimento de entidades emergentes e a favor da necessidade de reconhecer e descrever essas *entia* emergentes antes que se possa pensar seriamente sobre sua possível eliminação por meio de redução.

Forneci um dos meus principais argumentos a favor do caráter emergente de teorias em outra situação[4]. Meu argumento depende da conjectura de que há algo como um crescimento genuíno do conhecimento científico; ou, em termos práticos, que amanhã, ou daqui a um ano, poderemos propor e testar teorias importantes, nas quais ninguém pensou seriamente até agora.

---

3. POPPER, K.R. "What is Dialectic?" *Conjectures and Refutations*, 1963.
4. POPPER, K.R. *The Poverty of Historicism*, 1957, Prefácio.

Se há crescimento do conhecimento nesse sentido, então ele não pode ser previsível por meios científicos. Para aquele que poderia prever hoje por meios científicos nossas descobertas de amanhã poderia fazê-las hoje, o que significaria que haveria um fim para o crescimento do conhecimento.

Por outro lado, a imprevisibilidade, em princípio, sempre foi considerada como o ponto principal da emergência; e me parece que meu argumento mostra, de qualquer forma, que o crescimento do conhecimento deve ser imprevisível em princípio.

Mas há outros argumentos a favor do caráter emergente de teorias, ou do conhecimento no sentido objetivo. Mencionarei apenas um ou dois argumentos contra a visão muito popular e muito ingênua de que as teorias podem ser reduzidas aos estados mentais daqueles que as produzem ou daqueles que as entendem. (Não será mais discutido se esses próprios estados mentais podem ou não, por sua vez, ser talvez reduzidos a estados físicos.)

A ideia de que uma teoria, em seu sentido objetivo ou lógico, pode ser reduzida aos estados mentais daqueles que defendem a teoria, via de regra, toma a forma de que a teoria apenas *é* um pensamento. Mas este é um erro trivial: é a falha em distinguir entre dois sentidos da palavra "pensamento". Em seu sentido subjetivo, a palavra "pensamento" descreve uma experiência mental ou um processo mental. Mas duas experiências ou processos mentais, embora possam estar em relações causais um com o outro, não podem estar em relações lógicas um com o outro.

Assim, se digo que certas ideias de Buda concordam com certas ideias de Schopenhauer, ou que contradizem certas ideias de Nietzsche, então não estou falando dos processos mentais de pensamento dessas pessoas ou de suas inter-relações. Se digo, no entanto, que Nietzsche foi influenciado por certas ideias de Schopenhauer, então quero dizer que certos processos de pensamento de Nietzsche foram influenciados causalmente por sua leitura de Schopenhauer. Portanto, na verdade temos estes dois mundos diferentes, o mundo de *processos de pensamento* e o mundo de *produtos* de processos de pensamento. Enquanto o primeiro pode estar em relações causais, este último está em relações *lógicas*.

O fato de certas teorias serem incompatíveis é um fato lógico e vale de modo bastante independente de alguém ter ou não notado ou entendido essa incompatibilidade. Essas relações lógicas puramente objetivas são características das entidades que chamei de teorias ou conhecimento no sentido objetivo.

Isso também pode ser visto a partir do fato de que a pessoa que produz uma teoria pode muito frequentemente não a entender. Assim, poderia ser argumentado sem paradoxo que Erwin Schrödinger não entendeu plenamente a equação de Schrödinger, de qualquer forma não até que Max Born deu sua interpretação estatística a respeito dela; ou que a lei de área de Kepler não foi propriamente entendida por Kepler, que parece não ter gostado dela.

Na verdade, entender uma teoria é algo como uma tarefa infinita, de modo que podemos muito bem dizer que uma teoria nunca é plenamente entendida, mesmo que algumas pessoas possam entender algumas teorias extremamente bem. Entender uma teoria tem, de fato, muito em comum com entender uma personalidade humana. Podemos conhecer ou entender o sistema de disposições de um homem razoavelmente bem; ou seja, podemos ser capazes de prever como ele agiria em uma série de situações diferentes. Mas uma vez que há infinitamente muitas situações possíveis, de variedade infinita, um entendimento pleno das disposições de um homem não parece ser possível. Teorias são similares: um entendimento pleno de uma teoria significaria entender todas as suas consequências lógicas. Mas essas são infinitas em um sentido não trivial: há infinitamente muitas situações de variedade infinita às quais a teoria pode ser aplicável; isto é, sobre as quais podem pesar algumas de suas consequências lógicas; e muitas dessas situações nunca foram pensadas; sua possibilidade pode não ter ainda sido descoberta. Mas isso significa que ninguém, nem seu criador nem ninguém que tenha tentado compreendê-la, pode ter um entendimento pleno de todas as possibilidades inerentes a uma teoria; o que mostra novamente que a teoria, em seu sentido lógico, é algo objetivo e algo objetivamente existente – um objeto que podemos estudar, algo que tentamos compreender. Não é mais paradoxal dizer que teorias ou ideias são nossos produtos e ainda não entendidas plenamente por nós do que dizer que nossos filhos são nossos produtos e ainda não entendidos plenamente por nós, ou que o mel é um produto da abelha, ainda não entendido plenamente por nenhuma abelha.

Assim, o estudo da história de nossas teorias ou ideias – e um bom caso poderia ser feito para a visão de que toda a história humana é em grande medida uma história de nossas teorias ou ideias – deveria tornar a todos nós pluralistas. Pois o que existe, para o historiador, são pessoas em situações de problemas físicos, sociais, mentais e ideológicos; pessoas que produzem ideias pelas quais tentam resolver esses problemas, ideias que tentam compreender, criticar, desenvolver.

O estudante da história das ideias descobrirá que as ideias têm um tipo de vida (esta é uma metáfora, é claro); que elas podem ser mal-entendidas, rejeitadas e esquecidas; que elas podem se reafirmar e ganhar vida novamente. Sem metáfora, no entanto, podemos dizer que elas não são idênticas ao pensamento ou à crença de qualquer homem; que elas podem existir mesmo que universalmente mal-entendidas e rejeitadas.

Tudo isso pode ser reminiscente de Platão e Hegel. Mas há grandes diferenças aqui. As *"Ideas"* de Platão eram concepções ou noções eternas e imutáveis; as de Hegel eram concepções ou noções dialeticamente automutáveis. As ideias que acho mais importantes não são concepções ou noções de forma alguma. Elas correspondem não a palavras, mas a enunciados ou proposições.

Em oposição a Platão e Hegel, considero as *teorias provisórias* sobre o mundo – isto é, hipóteses juntamente com suas consequências lógicas – como os cidadãos mais importantes do mundo das ideias; e não penso (como Platão pensava) que seu caráter estranhamente atemporal as torna eternas e, por conseguinte, *mais reais* do que coisas que são geradas e que estão sujeitas a mudar e a decair. Pelo contrário, uma coisa que pode mudar e perecer deveria, por essa mesma razão, ser aceita como real *prima facie*; e mesmo uma ilusão é, *qua* ilusão, uma ilusão real.

Isso é importante em relação ao problema do tempo e da mudança.

Um historiador não pode, creio eu, aceitar a doutrina de que tempo e mudança são ilusões; uma doutrina defendida por alguns grandes físicos e filósofos como Parmênides, Weyl e Schrödinger. Nada é mais real do que um evento, uma ocorrência; e todo evento envolve alguma mudança.

Que o universo pluralista no qual o historiador vive, com seus homens individuais vivendo vidas individuais, tentando resolver seus problemas, produzindo filhos e ideias sobre eles, tendo esperança e temendo e enganando a si mesmo e aos outros, mas sempre teorizando, e frequentemente buscando não somente a felicidade, mas também a verdade – que este universo pluralista deveria ser "reduzido" com sucesso a um ou outro tipo de monismo – isso me parece não apenas improvável, mas impossível. Mas esse não é o meu ponto aqui. Meu ponto é que somente após reconhecer a pluralidade do que há neste mundo, podemos seriamente começar a aplicar a navalha de Occam. Invertendo uma bela formulação de Quine[5], somente se a barba de Platão for suficientemente dura e embaraçada por muitas entidades, pode valer a pena usar a navalha de Occam. É apenas de se esperar que o fio da navalha ficará embotado ao ser usado para esse trabalho duro. O trabalho, sem dúvida, será doloroso. Mas são ossos do ofício.

3 Realismo e subjetivismo na física

Há dois campos importantes na física moderna nos quais os físicos permitiram que o subjetivismo não só entrasse, mas também desempenhasse um papel essencial: A teoria de Boltzmann da subjetividade da direção do tempo e a interpretação de Heisenberg das fórmulas de indeterminação como determinantes de um limite inferior para o efeito da interferência do observador no objeto observado.

Houve também outra intrusão do sujeito, ou do observador, quando Einstein trouxe o observador em uma série de experiências imaginárias de pensamento com a intenção de elucidar a rela-

---

5. QUINE, W.V. *From a Logical Point of View*. 2. ed. rev., 1961, p. 2.

tividade; mas esse é um campo do qual o observador foi exorcizado, lenta mas firmemente, pelo próprio Einstein.

Não discutirei mais esse ponto, nem discutirei a teoria subjetiva do tempo que, ao tentar nos dizer que tempo e mudança são ilusões humanas, esquece que são ilusões muito reais que não foram de forma alguma reduzidas a nenhuma outra coisa (e que, conjecturo eu, não são passíveis de redução). Só não discutirei tudo isso porque o fiz ainda recentemente. Quero apenas dizer algumas palavras sobre as fórmulas de Heisenberg e sua interpretação.

Essas fórmulas são geralmente derivadas de uma maneira razoavelmente complicada; há, por exemplo, uma derivação interessante de Weyl[6] e outra mais complicada de Born[7].

Na verdade, porém, a fórmula de Heisenberg para a energia não depende nem da mecânica ondulatória nem da mecânica matricial de Heisenberg; nem precisamos das relações de comutação (que, de acordo com Hill[8], são insuficientes para a derivação das fórmulas). Ela simplesmente não depende da revolucionária nova mecânica quântica de 1925-1926, mas decorre diretamente do antigo postulado quântico de Planck de 1900:

$$(1)\ E = hv.$$

A partir disso obtemos imediatamente

$$(2)\ \Delta E = h\ \Delta v.$$

Usando o princípio do poder de resolução harmônico,

$$(3)\ \Delta v \approx 1/\Delta T$$

obtemos a partir de (2) e (3)

$$(4)\ \Delta E \approx h/\Delta t,$$

---

6. WEYL, H. *The Theory of Groups and Quantum Mechanics* [A teoria de grupos e mecânica quântica], 1931, p. 72 e 393.

7. BORN, M. *The Natural Philosophy of Cause and Chance* [A filosofia natural de causa e acaso], 1949, p. 189-191.

8. HILL, E.L. In: FEYERABEND, P. & MAXWELL, G. (orgs.). *Mind, Matter, and Method, Essays in Philosophy and Science in Honor of Herbert Feigl*, 1966, p. 442.

o que leva imediatamente a

$$(5)\ \Delta E \Delta t \approx h;$$

ou seja, uma forma das chamadas *fórmulas de indeterminação* de Heisenberg.

Precisamente da mesma forma, obtemos a fórmula de Heisenberg para a posição e o momento a partir do princípio de Duane (cuja analogia ao princípio de Planck foi recentemente enfatizada por Alfred Landé). Ela pode ser escrita

$$(6)\ \Delta p_i \approx h/\Delta q_i.$$

De acordo com Landé, isso pode ser interpretado da seguinte forma: um corpo (como uma grade ou um cristal) dotado da periodicidade espacial Δq_i está habilitado a mudar seu momento p_i em múltiplos de $\Delta p_i \sim h/\Delta q_i$. A partir de (6) obtemos imediatamente

$$(7)\ \Delta p_i\, \Delta q_i \approx h,$$

que é outra forma das fórmulas de indeterminação de Heisenberg.

Considerando que a teoria de Planck é uma teoria estatística, as fórmulas de Heisenberg podem ser interpretadas mais naturalmente como *relações de dispersão* estatísticas, conforme eu propus há mais de trinta anos[9] [10]. Isto é, elas não dizem nada sobre a possível precisão das medidas, tampouco sobre os limites de nosso conhecimento. Mas se são relações de dispersão, elas nos dizem algo sobre os limites da homogeneidade dos estados físico-quânticos e, portanto, embora indiretamente, sobre a previsibilidade.

Por exemplo, a fórmula $\Delta p_i\, \Delta q_i \approx h$ (que pode ser obtida a partir do princípio de Duane assim como $\Delta E \Delta t \approx h$ pode ser obtida a partir do princípio de Planck) nos diz, simplesmente, que se determinarmos a coordenada x de um sistema (digamos, um elétron), então, na repetição do experimento, o momento irá se dispersar.

Agora, como tal asserção pode ser testada? Fazendo uma longa série de experimentos com uma abertura fixa do obturador Δx

---

9. POPPER, K.R. *The Logic of Scientific Discovery*, 1959, 1968, 1972 [1. ed. alemã, 1934].

10. POPPER, K.R.'"Quantum Mechanics without 'The Observer'". In: BUNGE, M. *Quantum Mechanics and Reality*, 1967.

e medindo, em cada caso, o momento p_x. Se esses momentos se dispersarem como previsto, então a fórmula sobreviveu ao teste. Mas isso mostra que, a fim de testar as relações de dispersão, medimos p_x, em cada caso, com uma precisão muito maior do que Δp_x; pois, caso contrário, não poderíamos falar de Δp_x como a dispersão de p_x.

Experiências do tipo descrito são conduzidas todos os dias em todos os laboratórios físicos. Mas eles refutam a interpretação da indeterminação de Heisenberg, uma vez que as medidas (embora não as previsões baseadas nelas) são mais precisas do que essa interpretação permite.

O próprio Heisenberg notou que tais medidas são possíveis, mas disse que era "uma questão de crença pessoal" ou "gosto pessoal" se atribuímos ou não algum significado a elas; e desde esse comentário elas têm sido universalmente desprezadas como sem sentido. Mas elas não são sem sentido, pois têm uma função definida: são testes das próprias fórmulas em questão; isto é, das fórmulas de indeterminação *qua* relações de dispersão.

Não há, portanto, qualquer razão para aceitar a interpretação subjetivista da mecânica quântica, seja de Heisenberg ou de Bohr. A mecânica quântica é uma teoria estatística porque os problemas que ela tenta resolver – as intensidades espectrais, por exemplo – são problemas estatísticos. Não há necessidade aqui, portanto, de qualquer defesa filosófica de seu caráter não causal.

A irredutibilidade das teorias estatísticas às teorias determinísticas (e não a incompatibilidade desses dois tipos de teorias) deve, no entanto, ser enfatizada. Argumentos com esse propósito foram oferecidos por Landé e outros argumentos muito diferentes, por mim mesmo.

Resumindo, não há razão alguma para duvidar do caráter realista e objetivista de toda a física. O papel desempenhado pelo sujeito observador na física moderna não é de forma alguma diferente do papel que ele desempenhou na dinâmica de Newton ou na teoria do campo elétrico de Maxwell: o observador é, essencialmente, o homem que testa a teoria. Para isso ele precisa muito de outras teorias, teorias concorrentes e teorias auxiliares. Tudo isso mostra que não somos tanto observadores quanto pensadores.

4 Realismo na lógica

Eu me oponho a encarar a lógica como um tipo de jogo. Conheço a respeito dos chamados sistemas alternativos de lógica e, na verdade, eu mesmo inventei um, mas sistemas alternativos de lógica podem ser discutidos de pontos de vista muito diferentes. Pode-se pensar que é uma questão de escolha ou de convenção qual lógica se adota. Discordo dessa visão.

Minha teoria é, brevemente, a seguinte. Eu vejo a lógica como a teoria da dedução ou da derivabilidade, ou qualquer coisa que se queira chamá-la. A derivabilidade ou dedução envolve, essencialmente, a *transmissão da verdade e a retransmissão da falsidade*: em uma inferência válida, a verdade é transmitida das premissas para a conclusão. Isso pode ser usado especialmente nas chamadas "provas". Mas a falsidade é também retransmitida da conclusão para (pelo menos) uma das premissas, e isso é usado em provas ao contrário ou refutações, especialmente em *discussões críticas*.

Temos premissas e uma conclusão; e se mostrarmos que a conclusão é falsa e assumirmos que a inferência é válida, sabemos que pelo menos uma de nossas premissas deve ser falsa. É assim que a lógica é constantemente usada na discussão crítica, pois em uma discussão crítica tentamos mostrar que algo não está em ordem com alguma asserção. Tentamos mostrar isso; e podemos não conseguir: as críticas podem ser validamente respondidas por contracríticas.

O que eu gostaria de afirmar é (1) que a crítica é um dispositivo metodológico de maior importância; e (2) que se você responder à crítica dizendo: "Eu não gosto de sua lógica: sua lógica pode ser muito boa para você, mas eu prefiro uma lógica diferente e, de acordo com minha lógica, essa crítica não é válida", então você pode minar o método de discussão crítica.

Agora devo distinguir entre dois usos principais da lógica, a saber, (1) seu uso nas ciências demonstrativas – isto é, as ciências matemáticas – e (2) seu uso nas ciências empíricas.

Nas ciências demonstrativas, a lógica é usada, no essencial, para provas – para a transmissão da verdade –, enquanto nas ciências empíricas é usada quase exclusivamente de modo crítico – para a retransmissão da falsidade. É claro que também entra a matemática aplicada, na qual implicitamente fazemos uso das provas da matemática pura, mas o papel da matemática nas ciências empíricas é algo dúbio em diversos aspectos. (Existe um artigo maravilhoso de Schwartz a esse respeito[11].)

Assim, nas ciências empíricas, a lógica é usada principalmente para a crítica, ou seja, para a refutação. (Lembre-se de meu esquema $P1 \to TT \to EE \to P2$.)

Agora, o que eu gostaria de afirmar é o seguinte. Se quisermos usar a lógica em um contexto crítico, então devemos usar uma lógica muito forte, a lógica mais forte, por assim dizer, que estiver à nossa disposição; pois queremos que nossas críticas sejam *severas*. Para que as críticas sejam severas, devemos usar o aparato completo; devemos usar todas as armas que temos. Cada disparo é importante. Não importa se formos excessivamente críticos: se formos, seremos respondidos pela contracrítica.

Assim, (nas ciências empíricas) devemos usar a lógica completa ou clássica ou de dois valores. Se não a usarmos, mas recuarmos para o uso de alguma lógica mais fraca – digamos, a lógica intuicionista, ou alguma lógica de três valores (como Reichenbach sugeriu em relação à teoria quântica) –, então, afirmo eu, não somos críticos o suficiente; é um sinal de que há algo de podre no reino da Dinamarca (que neste caso é a teoria quântica em sua interpretação de Copenhague, como indiquei anteriormente).

Agora vejamos, em contrapartida, as provas. Todo matemático sabe que existe um interesse considerável em provar um teorema com a ajuda de um *aparato mínimo*. Uma prova que usa meios mais fortes do que o necessário é matematicamente insatisfatória e é sempre interessante encontrar as suposições mais fracas ou os meios mínimos que têm que ser usados em uma prova. Em outras palavras, queremos que a prova não somente seja suficiente – isto é, válida –, mas queremos que ela seja, se possível, necessária, no

---

11. SCHWARTZ, J. "The Pernicious Influence of Mathematics on Science" [A influência perniciosa da matemática na ciência]. In: NAGEL, E.; SUPPES, P. & TARSKI, A. (orgs.). *Logic, Methodology and Philosophy of Science*, 1962, p. 356-360.

sentido em que um mínimo de suposições tenha sido usado na prova. Essa, admito, é uma visão um tanto sofisticada. Em uma matemática não sofisticada, ficamos felizes e gratos se pudermos provar alguma coisa, mas em uma matemática mais sofisticada queremos saber realmente o que é *necessário* para provar um teorema.

Então, se for possível provar teoremas matemáticos com métodos mais fracos do que a bateria completa da lógica clássica, então isso é extremamente interessante do ponto de vista matemático. Assim, na teoria da prova, estamos interessados em enfraquecer, se possível, nossa lógica clássica e podemos, por exemplo, introduzir a lógica intuicionista ou alguma outra lógica mais fraca, como a lógica positiva, e investigar até onde podemos chegar sem usar a bateria inteira.

Creio, aliás, que o termo "lógica intuicionista" seja um termo inadequado. É apenas um nome para uma forma muito interessante e um tanto enfraquecida de lógica clássica inventada por Brouwer e formalizada por Heyting. Certamente não quero dizer nada a favor da teoria filosófica chamada intuicionismo, embora eu quisesse dizer algo a favor da lógica Brouwer-Heyting. Mas confio em que não se irá supor que eu esteja de forma alguma defendendo a autoridade da intuição em filosofia ou lógica ou em qualquer outra situação. Deixando de lado, por enquanto, a lógica brouweriana, pode-se dizer que o intuicionismo é a doutrina de que as intuições não somente são importantes, mas geralmente *confiáveis*. Contra isso, creio que as intuições são muito importantes, mas que, via de regra, elas não resistem a críticas. Então eu não sou um intuicionista. Entretanto, a lógica brouweriana ou, assim chamada, "intuicionista" é importante, na perspectiva da presente discussão, porque é apenas uma parte, uma parte genuína, e portanto uma forma enfraquecida da lógica clássica; ou seja, toda inferência que é válida do ponto de vista da lógica intuicionista é também válida do ponto de vista da lógica clássica, enquanto o oposto não é o caso: temos inferências que podem ser validamente feitas na lógica clássica, mas que não são válidas na lógica intuicionista. Assim, se eu puder provar um teorema (até agora provado apenas por meios clássicos) com lógica intuicionista, eu terei feito uma descoberta matemática real; pois as descobertas matemáticas não consistem somente em encontrar provas novas de teoremas novos, mas elas consistem também em encontrar provas novas de teoremas antigos; e uma prova nova de um teorema será especialmente interessante se usar meios mais fracos do que a prova antiga. Uma prova usando meios mais fortes pode-se sempre ter para a pergunta, *a fortiori*; encontrar uma prova mais fraca, porém, é uma realização matemática real.

Então, a lógica intuicionista é uma abordagem à matemática muito interessante porque ela tenta provar o maior número possível de teoremas matemáticos com meios lógicos reduzidos.

A lógica intuicionista tem uma outra vantagem: pode-se mostrar que nela a chamada "lei do meio excluído" não é demonstrável (ainda que seja uma fórmula bem formada do sistema). Pode-se também mostrar que, em qualquer que seja o sistema, se alguma fórmula bem formada não for demonstrável, então o sistema deve ser consistente. De modo geral, quanto mais fraco for o meio lógico que usamos, menor é o perigo de inconsistência – o perigo de que uma contradição seja derivável. Então, a lógica intuicionista pode também ser encarada como uma tentativa de se ter mais certeza de que nossos argumentos são consistentes e de que não entramos em inconsistências ou paradoxos ou antinomias ocultas. Quão segura é essa lógica enfraquecida, como tal, é uma questão na qual não quero entrar agora; mas obviamente é pelo menos um pouco mais segura do que a lógica clássica completa. Não suponho que ela seja sempre segura, mas esse não é meu ponto. Meu ponto é o seguinte. Se você deseja provar ou estabelecer algo, deve usar meios fracos. Mas, para o desestabilizar – isto é, para criticá-lo – podemos usar meios fortes. Claro que alguém poderia dizer: "Olhe aqui, eu posso refutar você mesmo com meios fracos; eu nem sequer preciso usar a lógica intuicionista inteira". Ainda assim, isso não é muito importante. A principal coisa é que para o racionalista *qualquer* crítica é bem-vinda – embora ele possa responder a ela criticando a crítica.

Agora, essa visão racionalista é uma visão realista da lógica. Primeiro, porque encara a lógica parcialmente em relação à metodologia das ciências naturais que, conforme venho tentando argumentar, é um caso realista. Em segundo lugar, e este é um ponto muito especial, porque encara a inferência lógica como transmissora de verdade ou retransmissora de falsidade; ou seja, ela se preocupa com a ideia de verdade.

Eu afirmaria que uma das realizações, não a menos importante, de Alfred Tarski é que, ao introduzir duas ideias na lógica, ele na verdade fez da lógica um caso muito realista. A primeira é a ideia de Tarski (parcialmente antecipada por Bolzano) de que a consequência lógica é a transmissão da verdade. A segunda, diria eu, é a reabilitação da teoria da verdade como correspondência, a reabilitação da ideia de que a verdade é simplesmente a correspondência com os fatos.

Creio que posso diferir aqui um pouco de Quine, porque creio que essa ideia de Tarski deva ser interpretada como destruidora do relativismo e porque creio que a alegação de Tarski de que sua teoria da verdade é uma teoria "absolutista" da verdade é correta. A fim de explicar esse ponto, vou contar uma narrativa muito antiga com um ponto ligeiramente novo. A narrativa antiga é a narrativa das três principais teorias da verdade. O ponto novo é a eliminação da palavra "verdade" da narrativa e, com ela, da aparência de que estamos lidando aqui com palavras ou definições verbais. No entanto, para essa eliminação, alguma discussão preparatória é necessária.

Das três principais teorias da verdade, a mais antiga era a teoria da correspondência, a teoria de que a verdade é a correspondência com os fatos, ou, para colocar de modo mais preciso, que um enunciado é verdadeiro se (e somente se) corresponde aos fatos ou se descreve adequadamente os fatos. Essa é a teoria que eu creio que Tarski tenha reabilitado. A segunda teoria é a chamada teoria da coerência: um enunciado é considerado verdadeiro se (e somente se) for coerente com o resto de nosso conhecimento. A terceira teoria é que a verdade é utilidade pragmática.

Agora, a teoria da coerência tem todos os tipos de versões, das quais mencionarei apenas duas. De acordo com a primeira, a verdade é a coerência com nossas crenças, ou mais precisamente, um dado enunciado é verdadeiro se for coerente com o resto de nossas crenças. Acho isso um pouco desconcertante porque não quero inserir crenças na lógica, por razões bem conhecidas. (Se Pedro acredita em p e se p e q são interdedutíveis, podemos dizer que Pedro é logicamente fadado a acreditar em q. Porém ele pode não saber que p e q são interdedutíveis e pode, de fato, não acreditar em q.)

De acordo com a segunda versão da teoria da coerência, um certo enunciado dado, do qual não sabemos se é verdadeiro ou não, deve ser aceito como verdadeiro se (e somente se) for coerente com os enunciados que aceitamos previamente. Essa versão tem o efeito de tornar nosso conhecimento totalmente conservador: conhecimento "enraizado" dificilmente pode ser derrubado.

A teoria da utilidade pragmática diz respeito especialmente ao problema de teorias nas ciências naturais, como a física. Ela diz que devemos aceitar uma teoria física como verdadeira se ela vir a ser pragmaticamente útil ou bem-sucedida em testes e outras aplicações.

Proponho agora usar algo como um truque. Meu truque consiste no seguinte. Muito em breve, até muito perto do final deste capítulo, vou parar de me referir à *verdade*. Não vou mais perguntar: "O que é a verdade"? Há diversas razões. Minha principal razão é que acredito que perguntas do tipo "O que é?" ou "O que são?" ou, em outras palavras, todas as perguntas verbais ou de definição devem ser eliminadas. Perguntas do tipo "O que é?" ou "O que são?" eu considero como pseudoperguntas; nem todas parecem ser tão pseudo, mas eu realmente acho que todas são pseudoperguntas. Perguntas tais como "O que é a vida?" ou "O que é a matéria?" ou "O que é a mente?" ou "O que é a lógica?", acho que não devem ser perguntadas. Elas são perguntas tipicamente infrutíferas.

Então creio que devemos também descartar a pergunta: "O que é a verdade?"

Minha primeira razão (mencionada há pouco) para descartar a pergunta "O que é a verdade?", pode-se chamar de "antiessencialismo". Minha segunda razão é ainda mais importante. É que devemos evitar completamente, como a peste, discutir o significado das palavras. Discutir o significado das palavras é um jogo favorito de filosofia, a do passado e a do presente: os filósofos parecem estar viciados na ideia de que as palavras e seus significados são importantes, e são a preocupação especial da filosofia.

Para sua conveniência, apresentarei novamente abaixo uma tabela que já usei antes. (Cf. p. 159 acima.)

À esquerda, temos *palavras ou conceitos e seus significados* e, à direita, temos *enunciados ou proposições ou teorias e sua verdade*.

Agora, fui ensinado pela experiência de uma vida inteira neste campo que se deve sempre tentar se afastar do lado esquerdo da tabela e se manter do lado direito. Deve-se sempre ater-se a asserções, a teorias e à questão de sua verdade. Nunca se deve se envolver em perguntas verbais ou perguntas de significado e nunca se interessar por palavras. Se for desafiado pela questão de saber se uma palavra usada realmente significa isto ou talvez aquilo, então deve-se dizer: "Eu não sei e não estou interessado em significados; e se desejar, aceitarei de bom grado sua terminologia". Isso nunca faz nenhum mal.

	IDEIAS	
	isto é	
DESIGNAÇÃO ou TERMOS *ou* CONCEITOS		ENUNCIADOS ou PROPOSIÇÕES *ou* TEORIAS
	podem ser formulados em	
PALAVRAS		ASSERÇÕES
	que podem ser	
SIGNIFICANTES		VERDADEIRAS
	e	
seu SIGNIFICADO		*sua* VERDADE
	pode ser reduzido(a), por meio de	
DEFINIÇÕES		DERIVAÇÕES
	até	
CONCEITOS INDEFINIDOS		PROPOSIÇÕES PRIMITIVAS
A tentativa de estabelecer (em vez de reduzir) por esses meios		
seu SIGNIFICADO		*sua* VERDADE
leva a uma regressão infinita		

Nunca se deve disputar por palavras, e nunca se envolver em questões de terminologia. Deve-se sempre ficar longe da discussão de conceitos. O que realmente nos interessa, nossos problemas reais, são problemas factuais ou, em outras palavras, problemas de teorias e sua verdade. Estamos interessados em teorias e como elas resistem à discussão crítica; e nossa discussão crítica é controlada por nosso interesse na verdade.

Tendo dito isso, pretendo agora parar de usar a palavra "verdade". Nosso problema não é mais: a verdade é a correspondência? A verdade é a coerência? A verdade é a utilidade? Sendo assim, como podemos formular nosso problema real?

Nosso problema só pode ser formulado nitidamente salientando que os oponentes das teorias de correspondência fizeram todos uma *asserção*. Eles todos afirmaram que não pode haver tal coisa como a correspondência entre um enunciado e um fato. Essa é sua afirmação central. Dizem que esse conceito não tem sentido (ou que é indefinível, o que na minha opinião, aliás, não importa, já que as definições não importam). Em outras palavras, o problema todo surge por causa de dúvidas ou ceticismo em relação à correspondência: se há tal coisa como uma correspondência entre um enunciado e um fato. Está bastante claro que essas dúvidas são sérias (especialmente tendo em vista o paradoxo do mentiroso).

Também está bastante claro que, fora essas dúvidas, os defensores da teoria da coerência e da teoria da utilidade pragmática realmente não teriam nada contra o que argumentar. Ninguém nega que a utilidade pragmática e questões como o poder de previsão são importantes. Mas se existir algo como a *correspondência de uma teoria aos fatos*, então isso seria obviamente mais importante do que a mera autoconsistência, e certamente também muito mais importante que a coerência com qualquer "conhecimento" (ou "crença") anterior; pois se uma teoria corresponde aos fatos mas não é coerente com algum conhecimento anterior, então esse conhecimento anterior deve ser descartado.

Da mesma forma, se existe algo como a correspondência da teoria com os fatos, então é claro que uma teoria que corresponda aos fatos será, via de regra, muito útil; mais útil, *qua* teoria, do que uma teoria que não corresponda aos fatos. (Por outro lado, pode ser muito útil para um criminoso perante um tribunal de justiça apegar-se a uma teoria que não corresponde aos fatos; mas como não é *esse* tipo de utilidade que os pragmáticos têm em mente, suas visões levantam uma questão que é muito embaraçosa para eles: Refiro-me à pergunta: "Útil para quem?")

Ainda que eu seja um oponente do pragmatismo como filosofia da ciência, admito de bom grado que o pragmatismo enfatizou algo muito importante: a questão de saber se uma teoria tem alguma aplicação, se ela tem, por exemplo, poder de previsão. *Praxis*, como eu disse em algum lugar, é inestimável para o teórico como uma espora e ao mesmo tempo como uma rédea: é uma espora porque sugere novos problemas para nós e é uma rédea porque pode nos derrubar ao chão e à realidade se nos perdermos em voos teóricos excessivamente abstratos de nossa imaginação. Tudo isso deve ser admitido. E, no entanto, é claro que a posição pragmática será superada por uma posição realista se pudermos significantemente dizer que um enunciado, ou uma teoria, pode ou não pode corresponder aos fatos.

Assim, a teoria da correspondência não nega a importância das teorias da coerência e do pragmatismo, embora implique que elas não são boas o suficiente. Por outro lado, as teorias da coerência e do pragmatismo afirmam a impossibilidade ou a falta de sentido da teoria da correspondência.

Então, sem sequer mencionar a palavra "verdade" ou perguntar "O que significa verdade?", podemos ver que o problema central de toda esta discussão não é o problema verbal de definir "verdade", mas o seguinte problema substancial: pode haver uma tal coisa como um enunciado ou uma teoria que corresponda aos fatos, ou que não corresponda aos fatos?

Por trás das dúvidas envolvendo a possibilidade de falar sobre a correspondência, há vários argumentos fortes.

Antes de tudo, há paradoxos ou antinomias que surgem a partir dessa ideia de correspondência. Em segundo lugar, há as incontáveis tentativas malsucedidas de dizer mais precisamente em que consiste a correspondência entre um enunciado e um fato. Há a tentativa de Schlick, que disse que a correspondência deve ser explicada por uma relação de um para um entre o enunciado linguístico e o fato; isto é, pela unicidade [*uniqueness*]. Um enunciado, disse ele, é "verdadeiro", ou corresponde aos fatos, se estiver de acordo com os fatos do mundo em uma relação de um para um ou em uma relação única: não correspondência ou "falsidade" é o mesmo que ambiguidade. É claro que essa é uma visão inaceitável, pois muitos enunciados vagos e ambíguos (tais como "há algumas pessoas em algum lugar na América") podem corresponder aos fatos; e vice-versa, toda proposição geral ou teoria que corresponda aos fatos corresponde a muitos fatos, de modo que não haja uma relação de um para um.

Além disso, um enunciado que não corresponda aos fatos pode ser bastante inequívoco. Um assassino pode dizer sem ambiguidade: "Eu não o matei". Não há ambiguidade nessa asserção; mas ela não corresponde aos fatos. Claramente, falha a tentativa de Schlick de explicar a correspondência. Outra tentativa ainda pior é a de Wittgenstein[12]. Wittgenstein sugeriu que uma proposição é uma imagem da realidade e que a correspondência é uma relação muito parecida com a que existe entre o sulco em um disco de vinil e os sons que ele denota: um tipo de relação de projeção entre fatos e enunciados. A insustentabilidade dessa visão pode ser facilmente demonstrada. Recorda-se a famosa história de [David] Livingstone sendo apresentado por um intérprete a um rei negro a quem ele perguntou: "Como está você?" O rei negro respondeu com uma palavra e o intérprete começou a falar e falar e falar e falar, durante dez minutos, traduzindo a palavra para Livingstone na forma de uma longa história das aflições do rei. Então Livingstone perguntou se o rei estava precisando de assistência médica e então o rei começou a falar e falar e falar e falar e falar. E o intérprete traduziu com uma palavra: "Não".

Sem dúvida essa história é inventada. Mas ela é bem-inventada; e ilustra a fraqueza da teoria da linguagem como projeção, especialmente como uma teoria da correspondência entre um enunciado e um fato.

---

12. WITTGENSTEIN, L. *Tractatus Logico-Philosophicus*, 1922.

Mas isso não é tudo. O assunto é ainda mais sério; a saber, Wittgenstein, após ter formulado essa teoria, disse que é impossível discutir a relação da linguagem com a realidade ou discutir a linguagem de qualquer forma. (Porque a linguagem não pode ser discutida pela linguagem.) Esse é um campo em que as palavras nos falham. "Mostra-se por si mesmo" é sua expressão favorita para indicar a falha das palavras. Qualquer tentativa de aprofundar a relação entre linguagem e realidade ou de discutir a linguagem mais profundamente ou enunciados mais profundamente, consequentemente, é fadada a não ter sentido. E ainda que ele diga no Prefácio de seu livro, "a *verdade* dos pensamentos que estão aqui apresentados me parece incontestável e definitiva", ele termina dizendo: "Qualquer um que me entenda as reconhece [as proposições do *Tractatus*] no final das contas como sendo absurdas". (Porque falar sobre a linguagem não tem sentido.) Sem dúvida, isso se refere, para além de outras coisas, especialmente à sua teoria da projeção. Seu comentário, de que seus leitores verão que o que ele diz não tem sentido, confirma assim o que os oponentes da teoria da correspondência sempre disseram a respeito da teoria da correspondência, a saber, que não faz sentido falar sobre a correspondência entre um enunciado e um fato.

Então, estamos de volta ao real problema. É o seguinte: há ou não uma teoria de correspondência sustentável? Podemos ou não podemos falar de forma significativa a respeito da correspondência entre um enunciado e um fato?

Agora, minha asserção é que Tarski reabilitou a teoria da correspondência. Isso, creio eu, é uma grande realização e é uma grande realização filosófica. Digo isso porque foi negado por muitos filósofos (p. ex., Max Black) que há algo filosoficamente importante na realização de Tarski.

A chave para a reabilitação da teoria da correspondência é uma observação muito simples e óbvia feita por Tarski. Isto é, se eu quiser falar sobre correspondência entre um enunciado E e um fato F, então tenho que fazê-lo em uma linguagem na qual eu possa falar sobre ambos: enunciados tais como E fatos tais como F. Isso parece ser espantosamente trivial; mas é, contudo, decisivo. Isso significa que a linguagem em que falamos ao explicar a correspondência deve possuir os meios necessários para se *referir* a enunciados e para *descrever* fatos. Se eu tiver uma linguagem que tenha esses dois meios à disposição, de modo que possa se referir a enunciados *e* descrever fatos, então nessa linguagem – a *meta*linguagem – eu posso falar sobre a correspondência entre enunciados e fatos sem qualquer dificuldade, como veremos.

Uma metalinguagem é uma linguagem na qual falamos de alguma outra linguagem. Por exemplo, uma gramática da língua alemã, escrita em português, usa o português como metalinguagem a fim de falar sobre o alemão. A linguagem sobre a qual falamos na *metalinguagem* (neste caso o português) é normalmente chamada de "*linguagem objeto*" (neste caso o alemão). O aspecto característico de uma metalinguagem é que ela contém *nomes* (metalinguísticos) de palavras e de enunciados da linguagem objeto e também *predicados* (metalinguísticos), tais como "substantivo (da linguagem objeto)" ou "verbo (da linguagem objeto)" ou "enunciado (da linguagem objeto)". Para que uma metalinguagem seja suficiente para nosso propósito, ela também deve, como Tarski salienta, conter os meios usuais necessários para falar sobre pelo menos todos aqueles *fatos* sobre os quais a linguagem objeto pode falar.

Tudo isso é o caso se usarmos o português como nossa metalinguagem a fim de falarmos sobre o alemão (como a linguagem objeto sob investigação).

Por exemplo, devemos ser capazes de dizer na metalinguagem portuguesa coisas tais como: As palavras alemãs "*Das Gras ist grün*" formam um enunciado da língua alemã.

Por outro lado, devemos ser capazes de descrever em nossa metalinguagem (portuguesa) o fato que o enunciado alemão "*Das Gras ist grün*" descreve. Podemos descrever este fato em português, simplesmente dizendo que a grama é verde.

Podemos agora fazer um enunciado na metalinguagem sobre a *correspondência de um enunciado da linguagem objeto aos fatos*, como se segue. Podemos fazer a asserção: *O enunciado alemão "Das Gras ist grün" corresponde aos fatos se, e somente se, a grama for verde.* (Ou: "[...] *somente se é um fato que a grama seja* verde".)

Isso é muito trivial. É importante, no entanto, perceber o seguinte: em nossa asserção, as palavras "*Das Gras ist grün*", colocadas entre *aspas*, funcionam como um nome metalinguístico (i. é, um nome *português*) de um enunciado *alemão*; por outro lado, as palavras portuguesas "a grama é verde" ocorrem em nossa asserção acima *sem* qualquer marca de aspas: elas não funcionam como nome de um enunciado, mas simplesmente como a descrição de um *fato* (ou um fato suposto).

Isso torna possível que nossa asserção expresse uma relação entre um *enunciado* (alemão) e um *fato*. (O *fato* não é nem alemão nem português, embora, é claro, seja descrito ou se fale sobre ele em nossa metalinguagem, que é o português: o fato é não linguístico, é um fato do mundo real, ainda que precisemos, é claro, de uma linguagem se quisermos falar sobre ele.) E o que nossa asserção metalinguística afirma é que um certo enunciado (alemão) *corresponde a um certo fato* (um fato não linguístico, um fato do mundo real) sob condições que são precisamente enunciadas.

Podemos, é claro, substituir a linguagem objeto alemã por qualquer outra – até mesmo pelo português. Assim, podemos fazer a asserção metalinguística: *O enunciado em português "A grama é verde" corresponde aos fatos se, e somente se, a grama for verde.*

Isso parece ainda mais trivial. Mas dificilmente pode ser negado; nem pode ser negado que expresse as condições sob as quais um enunciado corresponda aos fatos.

Em geral, seja "*E*" um *nome* (metalinguístico) de um enunciado da linguagem objeto, e seja "*f*" a *abreviatura* de uma expressão da metalinguagem que descreve o (suposto) fato F que E descreve. Então, podemos fazer a seguinte asserção metalinguística:

Um enunciado E da linguagem objeto corresponde aos fatos se, e somente se, *f*. (Ou: [...] se é um fato que *f*.)

Note que enquanto "*E*" é aqui um nome metalinguístico de um enunciado, "*f*" não é um nome, mas uma abreviação de uma

379

expressão da metalinguagem que descreve um certo fato (o fato que podemos denominar "*F*").

Podemos agora dizer que o que Tarski fez foi descobrir que, a fim de falar sobre a correspondência entre um enunciado E e um fato F, precisamos de uma linguagem (uma metalinguagem) na qual possamos *falar sobre* o enunciado E e enunciar o fato F. (O primeiro falamos usando o nome "*E*", o último usando uma expressão metalinguística "*f*" que declara ou descreve F.)

A importância dessa descoberta é que ela dissipa todas as dúvidas sobre a significância de se falar sobre a correspondência de um enunciado a algum fato ou alguns fatos.

Uma vez feito isso, podemos, é claro, substituir as palavras "corresponde aos fatos" pelas palavras "é verdade".

Tarski, para além disso, introduziu um método de dar uma *definição* de verdade (no sentido da teoria da correspondência) para qualquer *sistema formalizado* consistente. Mas essa não é, creio eu, sua principal realização. Sua principal realização é a reabilitação de falar sobre correspondência (e verdade). Aliás, ele mostrou sob que circunstâncias tal fala pode levar a paradoxos, e como podemos evitar esses paradoxos; *e ele também mostrou como em falas comuns sobre a verdade podemos evitar, e evitamos, paradoxos.*

Uma vez estabelecido que podemos usar "verdade" no sentido da correspondência de enunciados a fatos, não há realmente nada de importante a ser acrescentado sobre a palavra "verdade". Não há dúvida de que a correspondência aos fatos é o que costumamos chamar de "verdade"; que em linguagem comum é a correspondência que chamamos de "verdade", em vez de coerência ou utilidade pragmática. Um juiz que adverte uma testemunha a falar a verdade e nada mais que a verdade não adverte a testemunha a falar o que considera útil seja para si mesmo ou para qualquer outra pessoa. O juiz adverte uma testemunha para falar a verdade e nada mais que a verdade, mas ele não diz: "Tudo o que exigimos de você é que não se envolva em contradições", que é o que ele diria caso acreditasse na teoria da coerência. Mas isso não é o que ele exige da testemunha.

Em outras palavras, o sentido comum de "verdade" conforme é usado nos tribunais de justiça é, sem dúvida, correspondência. Mas meu ponto principal é que isso pode ser considerado como uma reflexão posterior e como uma reflexão posterior sem importância. Pois se alguém quiser dizer: "Não, em linguagem comum, 'verdade' é usada em um sentido diferente", eu não devo disputar com ele; eu devo sugerir que esqueçamos tudo sobre terminologia: eu devo estar preparado para usar a terminologia do meu oponente, salientando, no entanto, que temos *pelo menos* esses três significados à nossa disposição: essa é a única coisa sobre a qual eu devo estar preparado para disputar; mas eu devo me recusar a disputar por palavras.

Devo salientar, porém, que a teoria da verdade como correspondência é uma teoria realista; isto é, ela faz a distinção, que é uma distinção realista, entre uma teoria e os fatos que a teoria descreve; e ela torna possível dizer que uma teoria é verdadeira, ou falsa, ou que corresponde aos fatos, relacionando assim a teoria aos fatos. Isso nos permite falar de uma realidade diferente da teoria. Este é o principal; é o ponto principal para o realista. O realista quer ter tanto uma teoria quanto a realidade ou os fatos (não precisa chamar de "realidade" se você não gostar, pode chamá-la apenas de "fatos"), que são diferentes de sua teoria *sobre* esses fatos e que ele pode de uma forma ou de outra comparar com os fatos, a fim de descobrir se ela corresponde ou não a eles. É claro, a comparação é sempre extremamente difícil.

Uma última palavra sobre a teoria de Tarski. Sua finalidade é frequentemente mal-interpretada: assume-se erroneamente que ela se destina a produzir um *critério de verdade*. Pois a isso se destinava a coerência e igualmente a utilidade pragmática; elas reforçavam a visão tradicional de que qualquer teoria séria da verdade deveria nos apresentar um *método para decidir* se um dado enunciado é ou não verdadeiro.

Tarski provou muitas coisas a partir de sua definição de verdade. Entre outras coisas, ele provou que em uma linguagem suficientemente poderosa (e em todas as linguagens em que podemos formular teorias matemáticas ou físicas) não pode haver nenhum critério de verdade; isto é, nenhum critério de correspondência:

a questão de saber se uma proposição é verdadeira não é em geral decidível para as linguagens para as quais podemos formar o conceito de verdade. Assim, o conceito de verdade desempenha principalmente o papel de uma ideia reguladora. Ajuda-nos, em nossa busca da verdade, sabermos que há algo como verdade ou correspondência. Isso não nos dá um meio de encontrar a verdade ou de ter certeza de que a encontramos, mesmo que a tenhamos encontrado. Portanto, não há critério de verdade e não devemos pedir um critério de verdade. Devemos nos contentar com o fato de que a ideia da verdade como correspondência aos fatos foi reabilitada. Isso foi feito por Tarski; e eu acho que ele, por conseguinte, prestou um imenso serviço à perspectiva realista.

Ainda que não tenhamos nenhum critério de verdade e nenhum meio de ter certeza da falsidade de uma teoria, é mais fácil descobrir que uma teoria é falsa do que descobrir que ela é verdadeira (como expliquei detalhadamente em outra situação). Temos até boas razões para pensar que a maioria de nossas teorias – mesmo nossas melhores teorias – são, estritamente falando, falsas; pois elas simplificam demais ou idealizam os fatos. Uma falsa conjectura, porém, pode estar mais ou menos próxima à verdade. Assim chegamos à ideia de proximidade à verdade ou de uma aproximação melhor ou menos boa à verdade; ou seja, à ideia de "*verossimilhança*". Tentei mostrar que essa ideia pode ser reabilitada de forma similar à reabilitação, por Tarski, da ideia de verdade como correspondência aos fatos[13].

A fim de fazer isso, usei principalmente as duas ideias tarskianas mencionadas aqui. Uma é a ideia de verdade. A outra é a ideia de consequência lógica; ou, mais precisamente, do conjunto de consequências lógicas de uma conjectura, ou do conteúdo de uma conjectura.

Ao incorporar dentro da lógica a ideia de verossimilhança ou aproximação à verdade, tornamos a lógica ainda mais "realista". Pois ela pode agora ser usada para falar sobre o modo como uma

---

13. POPPER, K.R. *Conjectures and Refutations*, 1963, 1972, cap. 10 e adendos.

teoria corresponde melhor do que outra aos fatos – os fatos do mundo real.

Para resumir. Como realista, vejo a lógica como o *órganon da crítica* (e não da prova) em nossa busca por teorias verdadeiras e altamente informativas – ou pelo menos por teorias novas que contenham mais informação e correspondam melhor aos fatos do que nossas teorias mais antigas. E vejo a crítica, por sua vez, como nosso principal instrumento para promover o crescimento de nosso conhecimento sobre o mundo dos fatos.

9

COMENTÁRIOS FILOSÓFICOS SOBRE A TEORIA DA VERDADE DE TARSKI*

I

Nosso principal interesse na ciência e na filosofia é, ou deveria ser, a busca pela verdade, por meio de conjecturas ousadas e pela busca crítica do que é falso em nossas várias teorias concorrentes[1].

Essa era minha visão há trinta e sete anos, em julho de 1934, quando conheci Alfred Tarski em uma conferência em Praga, organizada pelo Círculo de Viena. Devo enfatizar, entretanto, que naqueles dias, antes de ter aprendido com Tarski sobre sua teoria da verdade, minha consciência intelectual não estava nada clara sobre a suposição de que nosso principal interesse era a busca pela verdade. Eu havia escrito em meu livro, *Logik der Forschung* (1934), cujas provas de prelo eu tinha comigo em Praga e mostrei a Tarski (mas duvido que ele estivesse interessado): "o esforço pelo conhecimento e a busca pela verdade são [...] os motivos mais fortes da descoberta científica"[2]. Porém fiquei inquieto com

---

* Baseado em uma palestra proferida em um Simpósio em Honra de Alfred Tarski por ocasião de seu 70º aniversário, realizado na Universidade da Califórnia de 23 a 30 de junho de 1971.

1. Esta formulação de nosso principal interesse na ciência está um tanto melhorada, para as ciências naturais, na última seção deste capítulo. Aqui uma palavra pode ser dita sobre a terminologia. Acho desinteressante (porque é principalmente verbal) o problema de saber se devemos falar de "sentenças", "enunciados" ou "proposições". Os principais críticos da terminologia de "sentenças", usada por Tarksi, afirmam que as sentenças são sequências não interpretadas de palavras que seguem certas regras de gramática e não podem, portanto, ser nem verdadeiras nem falsas. Eles ignoram o fato de que Tarski fala explicitamente de *sentenças significativas* e apenas de *linguagens interpretadas*. Para mostrar meu desdém por esse tipo de crítica verbal simplesmente adotei a terminologia de meus oponentes e falo, ao longo de meu texto, de "enunciados", em vez de "sentenças". Assim, eu uso "enunciado" como sinônimo de uma sentença ou proposição interpretada, significativa.

2. POPPER, K.R. *The Logic of Scientific Discovery*, seção 85, p. 278.

a noção de verdade; e há uma seção inteira naquele livro na qual tentei defender a noção de verdade como sendo de senso comum e inofensiva, dizendo que, se quisermos, podemos evitar seu uso na metodologia da ciência falando, em vez disso, de dedutibilidade e de relações lógicas similares[3].

A razão da minha inquietação em relação à noção de verdade era, claro, que essa noção havia sido por algum tempo atacada por alguns filósofos, e com bons argumentos. Não era tanto a antinomia do mentiroso que me assustava, mas a dificuldade de explicar a teoria da correspondência: qual poderia ser a correspondência de um enunciado aos fatos? Além disso, havia uma visão que, embora eu decididamente nunca tenha defendido, eu me sentia incapaz de combater de modo eficaz. A visão a que estou aludindo é que, se desejamos falar sobre a verdade, devemos ser capazes de dar um critério de verdade. Eu *realmente* defendia que era legítimo, contudo, falar de verdade. Mas eu não era capaz de defender minha opinião de que a ausência de um critério de verdade não poderia ser usada como argumento contra a legitimidade lógica da noção de verdade.

Fico contente por nunca ter dado expressão escrita a essa inquietação particular, que era totalmente injustificada, conforme todos aqui hoje estarão cientes[4]. Conforme sabemos agora, a verdade não é de forma alguma a única noção cuja importância e legitimidade permanece intata pelo fato de que não existe nenhum critério geral de sua aplicabilidade em casos específicos. Um exemplo famoso de um tipo similar é a noção de dedutibilidade: sabemos que para muitas teorias o problema de decisão para a teoremicidade [*theoremhood*] é insolúvel; e, a menos que nos limitemos a uma teoria decidível, uma teoria para a qual o problema de decisão possa ser resolvido positivamente, não existe nenhum critério ou procedimento geral que nos permita decidir em cada caso particular se um suposto teorema da teoria é ou não um *teorema válido*; ou seja, se é dedutível ou não com os meios lógicos

---

3. Op. cit., seção 84.
4. Cf. esp. nota 1 na p. 254 de TARSKI, A. *Logic, Semantics, Metamathematics*. Oxford: Clarendon Press, 1956.

fornecidos pela teoria. (Esse é o sentido em que uso os termos "teorema válido", "derivação válida" etc.)

Assim, não temos um critério geral de validade ou teoremicidade para teorias indecidíveis. Contudo, a noção de validade ou teoremicidade é perfeitamente clara, mesmo para teorias indecidíveis: um suposto teorema é realmente válido se e somente se existir uma derivação válida dele, quer a derivação tenha sido ou seja descoberta por nós ou não. A ausência de um critério não contribui de forma alguma para a imprecisão do termo "teorema válido". Em vez disso, neste caso é uma consequência direta de nossa incapacidade de verificar a infinidade de todas as derivações válidas, a fim de descobrir se alguma delas termina ou não com o suposto teorema. Podemos ter sorte e descobrir uma prova ou uma refutação do suposto teorema; mas se não tivermos essa sorte, então, a menos que a teoria permita um procedimento de decisão, não temos meios de descobrir se a fórmula em questão é um teorema ou não.

Hoje, tudo isso é quase trivial demais para ser mencionado. Porém há ainda uma abundância de filósofos que acreditam que qualquer noção – por exemplo, a noção de verdade – é logicamente legítima somente se existir um critério que nos permita decidir se um objeto se submete ou não nessa noção. Assim, há um artigo[5] no volume 3 da *Encyclopedia of Philosophy* de 1967 no qual minha visão de que não há um critério geral de verdade para as teorias científicas é resumida em uma sentença rápida, mas bastante enganosa, atribuindo a mim a opinião de que "a verdade em si é apenas uma ilusão". No volume 2 da mesma *Encyclopedia* nos é dito que está implícito nos últimos escritos de Wittgenstein "que um conceito é vazio se não houver um critério para sua aplicação"[6].

O termo "positivismo" tem muitos significados, mas essa tese (wittgensteiniana) de que "um conceito é vazio se não houver um critério para sua aplicação" me parece expressar o próprio cerne das tendências positivistas. (A ideia é muito próxima de Hume.) Se

---

5. EDWARDS, P. (org.). *The Encyclopedia of Philosophy*. Vol. 3. Macmillan, 1967, p. 37.

6. Op. cit., vol. 2, p. 260. Cf. minha *Open Society*, vol. II, 4. ed. Adendo I, seção 3.

essa interpretação de positivismo for aceita, então o positivismo é refutado pelo desenvolvimento moderno da lógica e, especialmente, pela teoria da verdade de Tarski, que contém o *teorema*: para linguagens suficientemente ricas, não pode haver nenhum critério geral de verdade.

Esse teorema é, claro, do maior interesse, se lembrarmos do clássico conflito entre os estoicos (e posteriormente os cartesianos), de um lado, e os céticos, do outro. Aqui temos um dos raros exemplos em que se pode dizer que um conflito filosófico clássico foi resolvido por um teorema pertencente à lógica ou à metalógica. Mas não se pode dizer que o exemplo seja amplamente conhecido ou apreciado entre os filósofos.

Porém não é minha intenção aqui entrar em uma polêmica com aqueles filósofos que negam que a teoria da verdade de Tarski tenha significância filosófica. Em vez disso, desejo recordar minha intensa alegria e alívio quando aprendi em 1935 que eram consequências da teoria da verdade de Tarski as seguintes:

(1) que esse conceito era definível em termos lógicos que ninguém havia questionado antes *e, portanto, logicamente legítimo*;

(2) que era aplicável a todo enunciado (fechado) (de qualquer linguagem não universalista) formulado sem ambiguidade, desde que não fosse aplicável à sua negação *e, portanto, obviamente, não vazio*, apesar do fato de

(3) que não estivesse ligado a nenhum critério geral, ainda que cada sentença derivável de uma sentença verdadeira ou de uma teoria verdadeira fosse, demonstravelmente, verdadeira;

(4) que a classe de sentenças verdadeiras era um sistema dedutivo, e

(5) que era um sistema dedutivo indecidível, desde que a linguagem em consideração fosse suficientemente rica. (Em relação a este resultado, Tarski se referia a Gödel.)

Conforme mencionado anteriormente, conheci Tarski em julho de 1934, em Praga. Foi no início de 1935 que o encontrei novamente em Viena, no Colóquio de Karl Menger, do qual Tarski e Gödel eram membros, e no qual também conheci grandes homens como Skolem e Abraham Wald. Foi naqueles dias que pedi a Tarski que me explicasse sua teoria da verdade, e ele o fez em uma palestra de talvez vinte minutos em um banco (um banco não esquecido) no parque *Volksgarten* em Viena. Ele também me permitiu ver a sequência de folhas de prova da tradução alemã de seu grande artigo sobre o conceito de verdade, que tinham então acabado de ser enviadas a ele pelo editor da *Studia Philosophica*. Nenhuma palavra pode descrever o quanto eu aprendi com tudo isso e nenhuma palavra pode expressar minha gratidão por isso. Ainda que Tarski fosse só um pouco mais velho do que eu e ainda que nós tivéssemos, naquela época, uma considerável intimidade, eu o via como o único homem que eu poderia realmente considerar como meu professor de Filosofia. Nunca aprendi tanto de ninguém mais.

Contudo, há pontos periféricos em que eu talvez discorde dele. Eu sempre fui um filósofo e um realista de senso comum[7]. Minha atitude era de que era senso comum defender que o senso comum estava frequentemente errado – talvez mais frequentemente do que certo; mas que era evidente que na filosofia tínhamos que partir do senso comum, mesmo que fosse somente para descobrir, pela crítica, onde ele estava errado. Eu estava interessado no mundo real, no cosmo, e me opunha completamente a todo idealismo, positivismo ou mesmo neutralismo em filosofia. Se não houvesse um mundo real, tão rico quanto e até muito mais rico do que o mundo que conhecemos de modo tão superficial, a partir de nossa vida diária, e se o estudo deste mundo não fosse a principal tarefa da filosofia, então eu não estaria interessado em filosofia. Nunca

---

7. Eu sou um realista em dois sentidos da palavra. Primeiramente, acredito na realidade do mundo físico. Em segundo lugar, acredito que o mundo das entidades teóricas é real, conforme expliquei em meus artigos "Epistemologia sem um sujeito conhecedor", "Sobre a teoria da mente objetiva" e "Uma visão realista da lógica, da física e da história" (agora cap. 3, 4 e 8 do presente volume). Neles, mantenho minha oposição ao essencialismo – a realidade dos *conceitos* – mas afirmo a realidade de *problemas, teorias, equívocos* etc. (Quanto ao primeiro sentido, posso até me descrever como materialista na medida em que acredito na realidade da matéria, embora enfaticamente *não* materialista no sentido em que "materialismo" é a visão de que a matéria (estendida) é algo último ou irredutível, ou que somente ela é real. Pelo contrário, acredito que pode haver uma verdadeira teoria da matéria que explique a extensão da matéria por intensidades tais como forças, conforme foi sugerido primeiramente por Leibniz, Boscovic e Kant.)

descobri precisamente qual era a atitude de Tarski em relação ao realismo. Ele parecia estar impressionado com o "reísmo" de Kotarbinski, mas também pelo positivismo de Viena; e ele enfatizou a neutralidade de seu conceito de verdade.

Como eu era um realista crítico do senso comum e consciente do fato de que eu, portanto, defendia uma teoria "metafísica"[8], eu estava enormemente interessado no que me parecia ser um aspecto realista da teoria da verdade de Tarski, um aspecto cuja mera existência, suspeito eu, ele pode negar[9].

A teoria de Tarski, como todos vocês sabem e como ele primeiro enfatizou, é uma *reabilitação* e uma elaboração da teoria clássica de que a verdade é correspondência aos fatos; e isso *me* parece sustentar um realismo metafísico. A teoria de Tarski é, ao mesmo tempo, também uma reabilitação e uma elaboração de algumas das *críticas* clássicas dessa teoria da correspondência, pois ela salienta o grau em que estavam certos aqueles que suspeitavam que a teoria da correspondência fosse paradoxal. Esta última parte é, essencialmente, resolvida pela doutrina, de Tarski, de que a semântica (L_1) de uma linguagem objeto (L_0) – isto é, a metalinguagem que contém o conceito "verdadeiro em L_0" como um conceito definível – deve ser *essencialmente mais rica* (de uma ordem mais elevada) do que a linguagem objeto (L_0).

A linguagem objeto L_0 pode conter, como sabemos, sua própria sintaxe e, mais especialmente, nomes descritivos de todas as suas próprias expressões. Mas L_0 não pode, sem risco de antinomia, conter termos especificamente semânticos como *denotação*, *satisfação* ou *verdade*; ou seja, noções que relacionam os *nomes das expressões* de L_0 aos *fatos ou objetos* aos quais essas expressões se referem.

Tudo isso me deu material para pensamentos que se desenvolveram por muitos anos. Vou comunicar brevemente alguns desses pensamentos.

---

8. Cf. minha *Logic of Scientific Discovery*, p. 252, texto à nota 1.

9. Cf. TARSKI, A. "The Semantic Conception of Truth and the Foundations of Semantics" [A concepção semântica de verdade e os fundamentos da semântica]. *Philosophy and Phenomenological Research*, 4, 1944, p. 341-376; cf. esp. seção 19.

II

Se, conforme sugere a teoria de Tarski, a verdade é a correspondência aos fatos, então vamos por um momento abandonar completamente a palavra "verdade" e, em vez disso, somente falar da "correspondência de enunciados aos fatos que eles descrevem".

Creio que foi a aparente impossibilidade de descobrir ou explicar essa correspondência que tornou tão suspeitas todas as teorias pré-tarskianas da verdade como correspondência; suspeitas até para pessoas como eu próprio, que valorizavam a teoria da correspondência simplesmente por causa de seu caráter de senso comum e realista[10].

Agora vamos ser ousados e levar a sério que haja enunciados que correspondem aos fatos. Qualquer teoria que lide com essa situação deve ser capaz de falar (1) dos enunciados de alguma linguagem, que chamamos de linguagem sob investigação ou linguagem objeto[11], e (2) de fatos e de fatos supostos.

(1) Para falar de enunciados, devemos ter à nossa disposição *nomes* de enunciados; por exemplo, *nomes de citações* ou *nomes descritivos* de enunciados. Isso significa que qualquer teoria da correspondência deve ser formulada em uma metalinguagem; ou seja, uma linguagem na qual se pode discutir, ou falar sobre, as expressões de alguma linguagem objeto sob investigação.

(2) Para falar sobre qualquer relação entre os enunciados e os fatos devemos ter à nossa disposição descrições de fatos; isto é, devemos ser capazes de descrever, em nossa metalinguagem, todos aqueles fatos que podemos descrever na linguagem do objeto. Assim, a metalinguagem deve possuir traduções dos enunciados da linguagem objeto, ou deve conter a linguagem objeto como *parte de si mesma* (um método que evita o desagradável problema da existência de traduções fiéis).

---

10. Para detalhes, cf. *C. & R.*, p. 223, e cap. 2 e 8 acima.

11. Parece que o termo "linguagem objeto" [*object language*] foi originalmente introduzido com o significado de "linguagem que fala sobre objetos (físicos)". Eu o uso no sentido de "linguagem que é o objeto de investigação"; ela é investigada por uma teoria formulada em uma metalinguagem. (Isto, é claro, dá origem à ideia de uma hierarquia infinita de metalinguagens.)

Então, descobrimos que qualquer teoria que lide com a correspondência entre enunciados e fatos e, portanto, com alguma relação entre enunciados e fatos, deve ser formulada em uma metalinguagem que, além das palavras lógicas usuais, tem à sua disposição três tipos de expressões:

(1) Nomes de enunciados; isto é, das expressões linguísticas de alguma linguagem objeto; eles fazem parte da "morfologia" ou "sintaxe" dessa linguagem objeto.

(2) Enunciados que descrevem os fatos (incluindo os não fatos) em discussão naquela linguagem objeto; ou seja, traduções da linguagem objeto para a metalinguagem. (A fim de evitar as armadilhas da tradução, a linguagem objeto pode fazer parte da metalinguagem, como já indiciado.)

(3) Além desses dois tipos fundamentais de expressão, há um terceiro tipo: termos que denotam predicados de, e relações entre, esses dois tipos fundamentais de expressão; por exemplo, predicados tais como "X corresponde aos fatos" ou relações como "X corresponde aos fatos se e somente se y". (Este último tipo de termo é semântico e de ordem mais elevada do que a linguagem objeto a que ele se refere.)

Esses são os três requisitos mínimos quase óbvios para qualquer linguagem em que possamos formular uma teoria de correspondência.

Uma linguagem que satisfaz esses três requisitos mínimos Tarski chamou de "metalinguagem semântica".

Vejo a grandeza e a ousadia da realização de Tarski no fato de que ele descobriu esses requisitos mínimos e também de que ele descobriu que os predicados ou relações mencionados em (3), que relacionam expressões ao mundo dos fatos, foram essencialmente para além dos meios à nossa disposição na linguagem objeto[12].

---

12. Um resultado filosoficamente e apenas ligeiramente menos importante sobre os termos mencionados em (3) é que, *qua* termos da metalinguagem, eles têm o mesmo caráter morfológico que os termos mencionados em (1): i. é, eles pertencem à morfologia desenvolvida *na* metalinguagem (mesmo que não à sua parte que contém a morfologia ou sintaxe *da* linguagem objeto e que pode ser desenvolvida na própria linguagem objeto).

É claro que, uma vez que tenhamos as três categorias de expressões à nossa disposição, podemos, na metalinguagem semântica, fazer asserções tais como

P corresponde aos fatos se e somente se p,

pela qual assumimos que as maiúsculas em itálico, tais como "P", são variáveis que representam os *nomes* metalinguísticos daqueles enunciados objeto-linguísticos descritores de fatos, cujas *traduções* metalinguísticas são representadas pelas minúsculas em itálico correspondentes, tais como "p".

Ao ensinar a teoria da verdade de Tarski, descobri que facilitava as coisas para mim, e para pelo menos alguns de meus estudantes, se eu falasse dessa forma sobre *correspondência aos fatos* em vez de falar sobre *verdade*. Aliás, também descobri que facilitava as coisas usar, entre nossos exemplos, enunciados *falsos* da linguagem objeto.

Tomemos o idioma alemão como nossa linguagem objeto e o português como nossa metalinguagem, e lembremos que a tradução em português da frase alemã "*Der Mond besteht aus grünem Käse*" é "A lua é feita de queijo verde". Tomando esses enunciados falsos, podemos, é claro, construir a asserção semântica verdadeira: "O enunciado alemão '*Der Mond besteht aus grünem Käse*' corresponde aos fatos se e somente se a lua consistir em queijo verde".

O uso de enunciados falsos da linguagem objeto é, no entanto, um ponto de importância muito menor. Por outro lado, falar de correspondência aos fatos (ao invés de verdade) parece ser uma ajuda real para alguns estudantes.

Isso permite-lhes ver mais claramente que, e por que, o enunciado que está tomando o lugar da minúscula em itálico "p" é, e por que *tem que* ser, um enunciado metalinguístico de algum *fato* (ou algum fato suposto); ou seja, a descrição metalinguística de algum estado de coisas também descrito na linguagem objeto.

III

Há uma alegação de Tarski, no segundo parágrafo de seu famoso artigo sobre a verdade[13], que ao definir a verdade ele não precisa empregar quaisquer conceitos que sejam semânticos (i. é, que relacionem as expressões linguísticas com as coisas expressas). Mas uma vez que ele define "verdade" com ajuda do conceito de satisfação, e este último conceito é claramente semântico (é assim listado pelo próprio Tarski no primeiro parágrafo de seu artigo XV, p. 401 de *Logic, Semantics, Metamathematics*), até mesmo um leitor cuidadoso pode ser eximido de culpa se ficar, em um primeiro momento, um pouco confuso. A solução da confusão* pode ser colocada da seguinte forma. Toda linguagem suficientemente rica que fale sobre algum tema pode (de acordo com resultados encontrados independentemente por Tarski e Gödel) conter sua própria "morfologia" ou "sintaxe", enquanto (conforme Tarski mostrou) nenhuma linguagem consistente pode conter os meios de definir sua própria semântica. O que Tarski precisa para sua definição é, conforme vimos, uma metalinguagem semântica que é de uma ordem mais elevada do que a linguagem objeto cuja semântica ela contém. Mas aqueles termos que são termos semânticos a respeito da linguagem *objeto* podem, dentro da metalinguagem como tal, ter o mesmo estatuto que seus outros termos morfológicos ou sintáticos. Assim, a semântica de uma linguagem objeto L_n pode fazer parte da sintaxe da metalinguagem de ordem mais elevada (L_{n+1}, digamos): nenhum termo de caráter não morfológico ou não sintático precisa entrar em L_{n+1}. Isso equivale a uma redução da semântica de L_n à sintaxe de L_{n+1}.

Esse ponto é de interesse filosófico geral, não somente porque os termos semânticos foram considerados com suspeita, mas também porque a redução de termos de caráter suspeito a termos de um tipo aceito é algo que merece nossa atenção. De qualquer forma, a realização de Tarski em reduzir termos que pertencem à

---

13. Cf. p. 152 da tradução de Woodger para o inglês: *Logic, Semantics, Metamathematics*. Oxford: Clarendon Press, 1956.

* Popper faz um jogo com as palavras *puzzle* [enigma, quebra-cabeça] e *puzzled* [intrigado, confuso]: "[...] even a careful reader may be excused if he is at first a little puzzled. The solution of the puzzle may be put as follows" [N.T.].

semântica de L_n a termos não semânticos da L_{n+1} remove todos os motivos de suspeita.

Admito que essa redução é importante porque é um evento raro na filosofia que sejamos capazes de introduzir uma categoria de termos inteiramente nova (e suspeita) com base em categorias (insuspeitas) estabelecidas; é uma reabilitação, um ato de salvar a honra de um termo suspeito.

Por outro lado, considero definições e questões de redutibilidade como não particularmente importantes filosoficamente. Se não podemos definir um termo, nada nos impede de usá-lo como um termo indefinido: o uso de alguns termos indefinidos não só é legítimo como inevitável, pois cada termo definido deve, como último recurso, ser definido com a ajuda de alguns termos indefinidos[14]. Na minha opinião, *não é a sua descrição bem-sucedida de um método para definir "verdadeiro"* que torna o trabalho de Tarski filosoficamente tão importante, mas sua *reabilitação da teoria da verdade como correspondência* e a prova de que não há mais nenhuma outra dificuldade à espreita aqui, uma vez que tenhamos entendido a necessidade essencial de uma metalinguagem semântica que seja mais rica que a linguagem objeto e sua sintaxe. É claro o suficiente que, se quisermos, podemos começar com termos semânticos primitivos (como foi feito por R.M. Martin)[15] em vez de começar evitando-os cuidadosamente. Alcançaríamos essencialmente a mesma teoria semântica da verdade como correspondência aos fatos. Mas sem a teoria de Tarski, que fornece uma metalinguagem semântica livre de quaisquer termos especificamente semânticos, a suspeita de filósofos quanto a termos semânticos pode não ter sido superada.

IV

Conforme mencionado anteriormente, eu sou um realista. Admito que um idealismo tal como o de Kant pode ser defendido

---

14. Assim, Tarski enfatizou que o conceito de verdade pode ser introduzido por meio de axiomas e não por meio de uma definição.

15. Cf. MARTIN, R.M. *Truth and Denotation* – A Study in Semantical Theory [Verdade e denotação – Um estudo em teoria semântica]. Londres: Routledge & Kegan Paul, 1958.

na medida em que diz que *todas as nossas teorias são feitas pelo homem* e que tentamos impô-las ao mundo da natureza. Mas eu sou um realista em defender que depende dos fatos reais a questão de saber se nossas teorias feitas pelo homem são verdadeiras ou não; fatos reais que, com pouquíssimas exceções, enfaticamente não são feitos pelo homem. Nossas *teorias* feitas pelo homem podem entrar em conflito com esses *fatos* reais e assim, em nossa busca pela verdade, podemos ter que ajustar nossas teorias ou desistir delas.

A teoria de Tarski nos permite *definir a verdade* como correspondência aos fatos; mas podemos usá-la também para *definir a realidade* como aquela à qual correspondem os enunciados verdadeiros. Por exemplo, podemos distinguir fatos reais – isto é, fatos (supostos) que são reais – de fatos (*supostos*) *que não são reais* (i. é, de não fatos). Ou, para colocar mais explicitamente, podemos dizer que um fato suposto, tal como o da lua consistindo de queijo verde, é um fato real se e somente se o enunciado que o descreve – neste caso o enunciado "A lua é feita de queijo verde" – for *verdadeiro*; caso contrário, o fato suposto não é um fato real (ou, se preferir dizer assim, não é um fato de modo algum).

E assim como Tarski nos permite substituir o termo "verdade" por "o conjunto de enunciados (ou sentenças) verdadeiros", também podemos substituir o termo "realidade" por "o conjunto de fatos reais".

Assim, sugiro que, se podemos definir o conceito de verdade, podemos também definir o conceito de realidade. (É claro que surgem problemas de ordem, análogos aos problemas da ordem de linguagens na obra de Tarski; cf. esp. seu *Postscript*, p. 268-277, de *Logic, Semantics, Metamathematics*.) Não se pretende sugerir que o termo "verdade" seja, em algum sentido ou outro, mais básico do que o termo "realidade": Estou ansioso para rejeitar qualquer sugestão desse tipo por causa de sua essência idealista[16]. Quero dizer simplesmente que se é possível definir "verdade" como "correspondência aos fatos" ou, o que equivale ao mesmo, como "correspondência à realidade", então é igualmente possível

---

16. Cf. POPPER, K.R. *Conjectures and Refutations*, nota 33 na p. 116, com um reconhecimento a Alexandre Koyré.

definir "realidade" como "correspondência à verdade". E como eu sou um realista, gosto de ser capaz de me assegurar de que o conceito de realidade não seja "vazio", ou suspeito por qualquer outra razão; não mais do que o conceito de verdade é.

V

Entre as teorias mais antigas de Tarski que são acessíveis a um filósofo pouco sofisticado como eu, há o seu Cálculo de Sistemas. Eu estava em Paris em 1935 quando, se me lembro corretamente, Tarski completou seu artigo sobre o Cálculo de Sistemas[17]. Eu tive o maior interesse nele.

Tentei combinar alguns dos resultados mais óbvios do artigo de Tarski sobre a Verdade com seu artigo sobre o Cálculo de Sistemas. De imediato obtemos os seguintes teoremas mais triviais nos quais se supõe que as linguagens de que se fala não são universalistas.

Teorema. O conjunto T de enunciados verdadeiros de qualquer linguagem é um sistema dedutivo no sentido do Cálculo de Sistemas da Tarski. Ele é completo[18].

Como sistema dedutivo, T é uma classe de consequência; ou seja, é idêntica à classe $Cn(T)$ de suas próprias consequências lógicas ($T = Cn(T)$). É um sistema completo no sentido de que se um enunciado não pertencente a T for acrescentado a T, a classe resultante é inconsistente.

Teorema. O conjunto de enunciados verdadeiros de qualquer linguagem suficientemente rica é um sistema dedutivo não axiomatizável no sentido do Cálculo de Sistemas de Tarski.

Esses dois teoremas são bastante triviais e, no que se segue, será assumido que as linguagens em questão são suficientemente ricas para satisfazer o segundo desses teoremas.

---

17. Cf. TARSKI, A. Op. cit., p. 342-383.

18. No essencial, sigo o simbolismo de Tarski (esp. no uso de maiúsculas em itálico para denotar sistemas dedutivos), exceto por escrever "*T*" para a classe de enunciados verdadeiros, onde Tarski escreve "*Tr*".

Introduzo agora um novo conceito, a noção de *conteúdo de verdade* de um enunciado *a*.

Definição. O conjunto de todos os enunciados verdadeiros decorrentes de qualquer enunciado dado *a* é chamado de *conteúdo de verdade de a*. É um sistema dedutivo.

Teorema. O conteúdo de verdade de qualquer enunciado verdadeiro *a* é um sistema axiomatizável $A_T = A$; o conteúdo de verdade de qualquer enunciado falso *a* é o sistema dedutivo $A_T \subset A$, onde A_T é não axiomatizável, desde que a linguagem objeto em questão seja suficientemente rica.

Essa definição e esse teorema podem ser generalizados: o cálculo de sistemas dedutivos de Tarski pode ser considerado como uma generalização do cálculo de enunciados, uma vez que a cada enunciado (ou classe de enunciados logicamente equivalentes), *a*, corresponde um sistema (finitamente) *axiomatizável*,

$$A, \ tal \ que \ A = Cn(A) = Cn(\{a\});$$

e *vice versa*: a cada sistema dedutivo *axiomatizável*, *A*, corresponde um enunciado (ou uma classe de enunciados logicamente equivalentes), *a*. Mas uma vez que há também sistemas dedutivos ou classes de consequência que não são axiomatizáveis, de modo que eles não são a classe de consequência de nenhum enunciado ou nenhuma classe finita de enunciados, a transição de enunciados para classes de consequência ou para sistemas dedutivos, ou do cálculo de enunciados para o Cálculo de Sistemas, pode ser descrita como uma generalização.

Assim temos, de modo mais geral, para cada classe de consequência ou sistema dedutivo *A* um sistema A_T, o conteúdo de verdade de *A*. Este é idêntico a *A* se e somente se *A* consistir somente de enunciados verdadeiros e for em qualquer caso um subsistema de *A*: obviamente, A_T é a classe de produto ou ínfimo [*meet*] dos conjuntos *A* e *T*.

Pode-se questionar se temos também, correspondendo ao *conteúdo de verdade* A_T de *a* ou de *A*, algo que se possa chamar de *conteúdo de falsidade* A_F de *a* ou de *A*. Uma sugestão óbvia que se apresenta é definir a classe de todos os enunciados falsos que pertencem ao sistema dedutivo *A* como conteúdo de falsidade de *A*. Essa sugestão, porém, não é bem satisfatória se usarmos (conforme sugiro) o termo *"conteúdo"* como um terceiro sinônimo de "sistema dedutivo" ou "classe de consequência"; pois essa classe, que deveria consistir somente em enunciados falsos, não é um sistema dedutivo: todo sistema dedutivo *A* contém enunciados verdadeiros – de fato, uma infinidade deles – e, então, a classe que consiste somente nos enunciados falsos pertencentes a *A* não pode ser um conteúdo.

A fim de introduzir a ideia do conteúdo de falsidade A_F de um enunciado *a* ou de uma consequência de classe *A*, pode-se recorrer à ideia de *conteúdo relativo* de *A*, dado *B*, que pode ser introduzido como uma generalização de um sistema dedutivo tarskiano ou um conteúdo (*absoluto*), $A = Cn(A)$. Explicarei essa ideia e, em vista de algumas possíveis críticas intuitivas, apresentarei também a ideia de uma *medida de conteúdo*. No final, introduzirei, com a ajuda da ideia das medidas de conteúdo de verdade e de conteúdo de falsidade, a ideia de aproximação à verdade ou verossimilhança.

VI

Tarski fala de sistemas dedutivos ou classes de consequências maiores e menores. De fato, o conjunto de sistemas dedutivos (de alguma dada linguagem) é parcialmente ordenado pela relação de inclusão, que coincide com a relação de dedutibilidade. A seguinte consideração feita por Tarski em seu artigo sobre o Cálculo de Sistemas pode ser usada como uma pista para a relativização de uma classe de consequência ou conteúdo ou sistema dedutivo: "[...] entre os sistemas dedutivos existe um que é o menor, ou seja, um sistema que é um subsistema de todos os outros sistemas dedutivos. É o sistema $Cn(0)$, o conjunto de consequências do conjunto vazio. Esse sistema, que aqui, para abreviar, será denotado por "*L*", pode ser interpretado como o conjunto de todas as sentenças logicamente válidas (ou, de modo mais geral, como o conjunto de todas aquelas sentenças que desde o início reconhecemos como verdadeiras, quando empreendemos a construção da teoria dedutiva que é o objeto de nossa [...] investigação"[19].

---

19. TARSKI, A. *Logic, Semantics, Metamathematics*. Oxford: Clarendon Press, 1956, p. 343.

Isso sugere que podemos usar um sistema diferente do sistema zero L "como o conjunto de todas aquelas sentenças que *desde o início reconhecemos como verdadeiras*, quando empreendemos a construção [...]". Como antes, denotemos pela variável "A" o sistema dedutivo em cujo conteúdo estamos interessados e "o conjunto de todas as sentenças que desde o início reconhecemos como verdadeiras" pela variável "B". Então podemos escrever

$$Cn(A, B)$$

como a relativização do $Cn(A)$ de Tarski, que se torna um caso especial quando $B = L = Cn(0)$:

$$Cn(A) = Cn(A, L).$$

Podemos escrever "A, B" como abreviação de "$Cn(A, B)$", assim como Tarski escreve "A" por "$Cn(A)$". A passagem citada de Tarski então sugere o seguinte:

Definição: $A, B = Cn(A, B) = Cn(A + B) - Cn(B)$.

Isso obviamente leva ao seguinte:

Teorema. $A = Cn(A) = A, L = Cn(A, L) = Cn(A+L) - Cn(L)$.

Limitando-nos ao modo relativo de escrever, então temos para o conteúdo de verdade

$$A_T = A_T, L = Cn((A.T) + L) - Cn(L)$$

e para o conteúdo de falsidade

$$A_F = A, A_T = Cn(A + A_T) - Cn(A_T) = Cn(A) - Cn(A_T)$$

que transforma o conteúdo de falsidade A_F em um conteúdo relativo cuja extensão coincide (conforme sugerido originalmente) com a classe de todos os enunciados falsos de A.

VII

Contra a definição proposta do conteúdo de falsidade A_F como o conteúdo relativo A, A_T, a seguinte objeção pode ser levantada. Esta definição é intuitivamente amparada por uma citação de Tarski, na qual Tarski toma L como o sistema dedutivo menor ou zero. Mas em nosso último teorema

$$A = A, L = Cn(A + L) - Cn(L),$$

estamos tomando a palavra zero literalmente demais: agora vemos que L deve ser tomado como um conjunto de *medida zero* e não como um conjunto que, em vista de nossa expressão "$-Cn(L)$", está literalmente vazio ou então não está mais presente, de acordo com nossa definição, uma vez que foi subtraído (de modo que apenas os enunciados não lógicos de A são abandonados, algo que não foi pretendido).

Quer levemos essa objeção a sério ou não, ela desaparece em todo caso se decidirmos operar com uma *medida de conteúdo*, $ct(A)$, ou $ct(A, B)$, em vez do conteúdo ou classe de consequência $Cn(A)$ ou $Cn(A, B)$ em si.

Em 1934, Tarski chamou a atenção da conferência em Praga para uma axiomatização do cálculo da probabilidade relativa de um sistema dedutivo A, dado um sistema dedutivo B, atribuída a Stephan Mazurkiewicz[20], que foi baseada no Cálculo de Sistemas de Tarski. Pode-se considerar que tal axiomatização introduza uma função de medida dos sistemas dedutivos ou conteúdos A, B, C, ..., mesmo que essa função particular, a função de probabilidade,

$$p(A, B)$$

aumenta com a diminuição do conteúdo relativo. Isso sugere a introdução de uma medida de conteúdo por uma definição tal como

Definição: $ct(A, B) = 1 - p(A, B)$

---

20. Tarski referiu-se a MAZURKIEWICZ, S. "Über die Grundlagen der Wahrscheinlichkeitsrechnung I" [Sobre os fundamentos da teoria das probabilidades I]. *Monatshefte für Mathematik und Physik*, 41, 1934, p. 343-352. Emerge da nota de rodapé 2 na p. 344 desse artigo que o Cálculo de Sistemas de Tarski era conhecido dos matemáticos poloneses já em 1930. O sistema de Mazurkiewicz tem um certo caráter finitístico, em contraste com o meu próprio sistema (cf. *L. Sc. D.*, p. 326-358), que pode ser interpretado de várias maneiras; p. ex., como um cálculo das probabilidades de sistemas dedutivos. Talvez eu possa mencionar que no presente volume estou usando minúsculas em itálico como símbolos para funções de medida, tais como probabilidade, conteúdo e verossimilhança; p. ex., $p(A)$, $ct(A)$, $vs(A)$. (Acrescentado em 1978.) Estou assumindo a "estrutura fina" de probabilidade sempre que ela é necessária. Cf. minha *L.Sc.D.*, apêndice vii.

que aumenta e diminui com o aumento e a diminuição do conteúdo relativo. (Outras definições são possíveis, é claro, mas essa parece ser a mais simples e a mais óbvia.) Obtemos de imediato

$$ct(L) = 0$$

$$ct(A_T) = 1 - p(A.T, L) = 1 - p(A.T)$$

$$ct(A_F) = 1 - p(A, A_T)$$

que correspondem aos nossos resultados prévios.

Isso sugere que podemos introduzir a ideia da *aparência de verdade* ou *verossimilhança* de um enunciado *a* de tal modo que ela aumente com seu conteúdo de verdade e diminua com seu conteúdo de falsidade. Isso pode ser feito de diversas maneiras[21]. A mais óbvia é tomar $ct(A_T) - ct(A_F)$ como medida da verossimilhança de *A*. Entretanto, por razões que não discutirei aqui, parece-me ligeiramente preferível definir a verossimilhança *vs*(*A*) por essa diferença multiplicada por algum fator normalizador, de preferência o seguinte:

$$1/(p(A_T, L) + p(A, A_T)) = 1/(2 - ct(A_T) - ct(A_F)).$$

Desse modo obtemos o seguinte:

Definição: $vs(A) = (ct(A_T) - ct(A_F))/(2 - ct(A_T) - ct(A_F))$,

o que naturalmente pode ser escrito na notação de *p*:

$$vs(A) = (p(A, A_T) - p(A_T, L))/(p(A, A_T) + p(A_T, L)).$$

Isso leva a

$$-1 \le vs(A) \le +1,$$

e especialmente a

$$vs(L) = 0,$$

isto é, a verossimilhança mede não aquele tipo de aproximação à verdade que pode ser alcançada ao não se dizer nada (isso é medido pela falta de conteúdo, ou probabilidade), mas a abordagem

---

21. Cf. POPPER, K.R. *Conjectures and Refutations*, adendo 3, p. 391-397.

a "toda a verdade" através de um conteúdo de verdade cada vez maior. A verossimilhança, nesse sentido, sugiro eu, é uma finalidade mais adequada da ciência – especialmente das ciências naturais – do que a verdade, por duas razões. Primeiro, porque não pensamos que L representa a finalidade da ciência, mesmo que $L = L_T$. Em segundo lugar, porque podemos preferir teorias que achamos falsas a outras, até mesmo a verdadeiras, tais como L, se achamos que seu conteúdo de verdade excede suficientemente seu conteúdo de falsidade.

Nestas últimas seções meramente esbocei um programa de combinar a teoria da verdade de Tarski com seu Cálculo de Sistemas, a fim de obter um conceito de *verossimilhança* que nos permite falar, sem medo de dizer absurdos, de *teorias que são melhores ou piores aproximações à verdade*. Não sugiro, é claro, que possa haver um critério para a aplicabilidade dessa noção, tampouco que haja um critério para a noção de verdade. Mas alguns de nós (p. ex., o próprio Einstein) às vezes queremos dizer tais coisas como que temos razões para conjecturar que a teoria da gravidade de Einstein *não é verdadeira*, mas que ela é uma *melhor aproximação à verdade* do que a de Newton. Ser capaz de dizer tais coisas com uma boa consciência me parece um grande desiderato da metodologia das ciências naturais.

Adendo – Uma nota sobre a definição de verdade de Tarski*

Em seu famoso artigo sobre o Conceito de Verdade[22], Tarski descreve um método de definir a ideia de verdade, ou mais precisa-

---

* Publicado pela primeira vez em *Mind*, 64, N.S., 1955. Além das observações entre colchetes e alguns novos itálicos e algumas ligeiras correções estilísticas, fiz somente as seguintes mudanças: Agora substituo, seguindo a tradução de Woodger de 1956, "preencher" [*fulfil*] e "preenchimento" [*fulfilment*] etc., por "satisfazer" [*satisfy*] e "satisfação" [*satisfaction*]; como consequência, na Definição 22b, mudei minha escolha anterior "satisfaz" [*satisfies*] duas vezes para "cumpre com" [*complies with*]. Mudei as últimas palavras do texto da nota de "uma sequência infinita" para "sequências infinitas" e inseri o número de página e outras referências à tradução da Woodger. [Todos os acréscimos estão em colchetes.] Fora isso, deixei o Adendo como foi publicado pela primeira vez.

22. Cf. TARSKI, A. "Der Wahrheitsbegriff in den formalisierten Sprachen" [O conceito de verdade nas linguagens formalizadas] (*Studia Philosophica*, vol. I, 1935, p. 261ss.). ["The Concept of Truth in Formalized Languages". In: TARSKI, A. *Logic, Semantics, Metamathematics*, 1956, art. VIII, p. 152-278.] Eu entendo que Tarski prefira traduzir *"Aussage"*

mente, a ideia de "x é um enunciado verdadeiro (da linguagem L)".

O método é aplicado primeiro à linguagem do cálculo de classe, mas é um método que pode ser aplicado de modo muito geral a muitas linguagens (formalizadas) diferentes, incluindo linguagens que permitiriam a formalização de algumas teorias empíricas. O que caracteriza seu método é que a definição de "enunciado verdadeiro" se baseia em uma definição da *relação de satisfação* ou, mais precisamente, da expressão "a sequência infinita f satisfaz a função-enunciado X"[23]. *Essa relação de satisfação é de interesse por si só*, para muito além do fato de ser crucial para a definição da verdade (e que o passo da definição de satisfação à definição de verdade dificilmente apresenta algum problema). A presente nota diz respeito ao problema de empregar, na definição de satisfação, *sequências finitas em vez de infinitas*. Isso, acredito, é um desiderato do ponto de vista de uma aplicação da teoria às ciências empíricas, e também de um ponto de vista didático.

O próprio Tarski discute brevemente dois métodos[24] que empregam sequências finitas de comprimento variável ao invés de sequências infinitas. Mas ele salienta que esses métodos alternativos têm certas desvantagens. A primeira delas, ele indica, leva a "complicações consideráveis [ou "bastante significativas"]" (*ziemlich bedeutenden Komplikationen*) na definição de satisfação (Defini-

---

e *"Aussagefunktion"* por "sentença" [*sentence*] e "função-sentença" [*sentence-function*] (enquanto eu estou usando aqui "enunciado" [*statement*] e "função-enunciado" [*statement-function*]) e que esses termos são usados na tradução do Prof. J.H. Woodger dos artigos de Tarski sobre lógica, a serem publicados em breve pela Clarendon Press, Oxford. [O livro foi publicado em 1956. Houve algumas outras diferenças entre a minha tradução e a de Woodger.]

23. Cf. ibid., p. 311 [193], 313 [195]. Observe que a classe de funções-enunciado [ou funções sentenciais] inclui a dos enunciados; i. é, de funções-enunciado *fechadas*.

24. O primeiro método alternativo é esboçado na nota 40 de Tarski, nas p. 309s. [p. 191, nota 1]. (Não está explicitamente enunciado que esse método pode ser utilizado com o propósito de evitar sequências infinitas, mas está claro que ele pode ser utilizado de tal forma.) O segundo método é descrito na nota 43, p. 313s. O método sugerido nessa nota de Tarski, que é tecnicamente diferente do utilizado por Tarski em seu texto, é utilizado por Carnap em sua *Introduction to Semantics* (1942), p. 47s. [mais precisamente, p. 45-48]. Ainda que Carnap se refira a Tarski, ele ignora a antecipação de Tarski sobre esse método particular. (Há ainda um terceiro método, indicado por Tarski na nota 87 na p. 368. Esse dispositivo é muito simples, mas sem dúvida altamente artificial, no sentido de artificialidade de Tarski; além do mais, esse método somente se relaciona com a definição de verdade em si, e não com a de preenchimento [satisfação], que tem um interesse próprio.)

403

ção 22), enquanto a segunda tem a desvantagem de "uma certa artificialidade" (*eine gewisse Künstlichkeit*), na medida em que leva a uma definição de verdade (Definição 23 [p. 195]) com a ajuda do conceito de uma "sequência vazia" ou uma "sequência de comprimento zero"[25]. O que eu gostaria de salientar nesta nota é que uma variação comparativamente pequena do procedimento de Tarski nos permite operar com sequências finitas sem nos envolvermos nas complicações ou artificialidades (p. ex., sequências vazias) que Tarski tinha em mente. O método nos permite preservar o procedimento muito natural da condição (δ) da Definição 22 de Tarski [p. 193] (e assim evitar o desvio de introduzir relações – ou atributos – de um grau igual ao número de variáveis *livres* da função-enunciado em consideração). Minha variante do método de Tarski é sutil; mas em vista do fato de Tarski se referir a outras variantes que têm desvantagens consideráveis, mas não a esta, talvez valha a pena descrever o que talvez seja uma pequena melhoria[26].

A fim de fazer isso, é útil mencionar, informalmente, primeiro a ideia de um *número de posição* [*place number*] n (ou a n-ésima posição) de uma sequência finita de coisas e, em segundo lugar, a ideia do *comprimento* de uma sequência finita f, ou seja, o número de posições de f (em símbolos, $Np(f)$) que é idêntico ao seu maior número de posição, e da comparação de diferentes sequências finitas em relação a seus comprimentos. Mencionamos, em terceiro lugar, que uma coisa pode ocupar uma certa posição – a

---

25. Esse conceito artificial também é utilizado por Carnap.

26. A principal diferença entre meu método e aqueles sugeridos por Tarski (mencionados na nota 23 acima) consiste no seguinte: Tarski sugere que correlacionemos, com uma dada função, (sequências infinitas ou) sequências finitas de comprimento definido (dependente da função), enquanto no uso sequências finitas que são "de comprimento suficiente" (Definição 22a); i. é, que não sejam curtas demais para a função em questão. Consequentemente, minhas sequências finitas podem ser de *qualquer comprimento* (além de um certo mínimo que depende da função). Mas a admissão de sequências finitas de qualquer comprimento (desde que suficiente) não envolve qualquer imprecisão, já que facilmente obtemos um *teorema* (cf. Lema A de Tarski, p. 317 [198]) segundo o qual se f satisfaz x, então toda extensão g de f também satisfaz x (onde g é uma extensão de f se e somente se para todo f_i existe um g_i tal que $g_i = f$). Assim, o teorema nos informa que só precisamos considerar as sequências finitas *mais curtas* entre aquelas que são adequadas à função em consideração (para confirmar, à função composta total em consideração, em oposição a seus componentes).

404

n-ésima, digamos – na sequência e pode, portanto, ser descrita como [o *n*-ésimo indivíduo ou] a *n*-ésima coisa ou o *n*-ésimo membro da sequência em questão. Deve-se notar que a mesma coisa pode ocorrer em diferentes posições de uma sequência, e também em diferentes sequências[27].

Como Tarski, eu uso "f_1", "f_2", ... "f_i", "f_k", ... "f_n", como nomes das coisas que ocupam a primeira, a segunda, a *i*-ésima, *k*-ésima ... *n*-ésima posição da sequência *f*. Eu uso a mesma notação que Tarski, exceto ao usar [por razões tipográficas] "$P_k y$" como o nome da universalização [ou quantificação universal] da expressão *y* com relação à variável v_k[28]. Assume-se que para a definição de Tarski (II)[29] é acrescentada uma definição de "v_k ocorre na função-enunciado *x*" – uma suposição que de modo algum vai além dos métodos de Tarski, e que de fato está implícita no próprio tratamento de Tarski.

Podemos agora proceder à substituição da Definição 22 de Tarski [p. 193]. Vamos substituí-la por duas definições, a Definição 22a, preliminar, e a Definição 22b, que corresponde à própria definição de Tarski.

Definição 22a

Uma sequência finita de coisas f é *adequada à* função-enunciado *x* (ou de *comprimento suficiente em relação a* x) se e somente se

para todo número natural *n*,

se v_n ocorre em *x*, então o número de posições de *f* é no mínimo igual a *n* (i. é, $Np(f) \geq n$).

---

27. As "coisas" [conforme eu as chamo aqui; eu poderia tê-las chamado, como Tarski, de "indivíduos", exceto pelo fato de que eu queria evitar mencionar a complicação talvez um pouco confusa de que os "indivíduos" de Tarski seriam as *classes* individuais do cálculo de classes] consideradas por Tarski nessa seção de seu trabalho são classes; em vista do desenvolvimento dos § 4 e 5 de Tarski, falarei aqui de "sequências de coisas" ao invés de sequências de classes, assumindo que uma relação $f_i \subset f_k$ é definida para todas as coisas f_i e f_k.

28. Cf. Definição 6 de Tarski na p. 292 [176].

29. Op. cit., p. 294 [178]. Tarski define explicitamente apenas a expressão "A variável v_k ocorre *livremente* na função-enunciado *x*" [ou "v_k é uma variável *livre* da função sentencial *x*"].

Definição 22b[30]

A sequência *f satisfaz* a função-enunciado x se e somente se

f é uma sequência finita de coisas e x é uma função--enunciado e

(1) f é adequada a x,

(2) x cumpre uma das quatro condições a seguir:

(α) Existem números naturais i e k tais que $x = \iota_{i,k}$ e $f_i \subset f_k$.

(β) Existe uma função-enunciado y tal que $x = \bar{y}$ e f não satisfaz y.

(γ) Existem duas funções-enunciado y e z tais que $x = y + z$ e f satisfaz y ou z ou ambas.

(δ) Existe um número natural k e uma função-enunciado y tal que

(a) $x = P_k y$,

(b) toda sequência finita g cujo comprimento é igual a f satisfaz y, desde que g cumpra a seguinte condição: para todo número natural n, se n é um número de posição de f e $n \neq k$, então $g_n = f_n$.

A Definição 23 de Tarski [p. 193] agora pode ser substituída por uma das duas definições equivalentes[31] a seguir.

Definição 23+

x é um *enunciado verdadeiro* (i. é, $x \in Wr$) se e somente se (a) x é um enunciado ($x \in As$) e (b) toda sequência finita de coisas que é adequada a x satisfaz x.

---

30. Esta é exatamente igual à Definição 22 de Tarski [p. 193], exceto que (1) é acrescentada à condição de Tarski (a fim de substituir suas sequências infinitas por finitas), e que nossa (δ) (b) contém um pequeno ajuste na medida em que se refere ao comprimento de f (e de g). Há um inconveniente em traduzir *"erfüllen"* por "satisfazer"; é o seguinte: na definição de *"f satisfaz x"*, faz-se uso da ideia intuitiva *"x* cumpre (ou seja, satisfaz) tais e tais *condições"*. Mas os dois "satisfaz" são bem distintos tecnicamente, mesmo que intuitivamente eles quase coincidam. No texto alemão, nenhuma distinção terminológica é feita na p. 311, mas na p. 312, nota de rodapé, correspondente à nota 1 na p. 193 da edição inglesa, ocorre uma distinção entre *"erfüllt"* e *"befriedigt"*. É claro que não há circularidade na Definição 22.]

31. A equivalência emerge da consideração de Tarski; cf. op. cit., p. 313, linhas 13 a 16 [p. 194, linhas 12 a 15].

Definição 23++

x é um *enunciado verdadeiro* (i. é, $x \in Wr$) se e somente se (a) x é um enunciado ($x \in As$) e (b) existe pelo menos uma sequência finita de coisas que satisfaz x.

Pode-se notar que a formulação de 23++ não se refere necessariamente à adequação da sequência. Pode-se notar ainda que em 23+ (que corresponde exatamente à definição de Tarski), mas não em 23++, a condição (a) pode ser substituída por "x é uma função-enunciado", obtendo-se assim uma certa generalização ao abranger funções-enunciado com variáveis livres; por exemplo, a função $\iota_{i,k}$; isto é, as funções-enunciado universalmente válidas (*allgemeingültige* ["corretas em todo domínio individual"])[32].

De modo análogo, 23++, se estendido às funções, leva à noção de uma função-enunciado satisfatória (*erfüllbare*).

Concluirei dizendo que, em sua aplicação a uma teoria empírica (pelo menos parcialmente formalizada) e especialmente a funções-enunciado não quantificadas de tal teoria, a definição de preenchimento [ou satisfação]; isto é, a Definição 22b, parece ser perfeitamente "natural" de um ponto de vista intuitivo, principalmente devido ao fato de se evitar sequências infinitas[33].

---

32. Cf. ibid., p. 320 [201], Definição 27ss.

33. Podemos usá-la, p. ex., para definir uma instanciação de uma lei (não escrita como uma universalização; i. é, escrita sem um prefixo universal) como uma sequência finita de coisas que a satisfazem; ou, mais importante, na minha opinião, para definir uma *instância que refute* qualquer função-enunciado (aberta ou fechada) como uma sequência finita [e adequada] de coisas que *não* a satisfazem.

APÊNDICE 1
O BALDE E O HOLOFOTE: DUAS TEORIAS DO CONHECIMENTO*

O propósito deste texto é criticar uma visão amplamente defendida sobre as finalidades e métodos das ciências naturais e apresentar uma visão alternativa.

I

Começarei com uma breve exposição da visão que proponho examinar, a qual chamarei de *"teoria da ciência como balde"* (ou *"teoria da mente como balde"*). O ponto de partida dessa teoria é a doutrina persuasiva de que antes de podermos saber ou dizer algo sobre o mundo, devemos primeiro ter tido percepções – experiências sensoriais. Supõe-se decorrer dessa doutrina que nosso conhecimento, nossa experiência, consiste em percepções acumuladas (empirismo ingênuo) ou senão em percepções assimiladas, ordenadas e classificadas (uma visão defendida por Bacon e, de forma mais radical, por Kant).

Os atomistas gregos tinham uma noção um tanto primitiva desse processo. Eles assumiam que os átomos se desprendem dos

---

* Palestra proferida (em alemão) no Fórum Europeu do Colégio Austríaco, Alpbach, Tirol, em agosto de 1948, e publicada pela primeira vez, em alemão, sob o título "Naturgesetze und theoretische Systeme" [Leis da natureza e sistemas teóricos] em *Gesetz und Wirklichkeit* [Lei e realidade], editado por Simon Moser, 1949. Não publicado previamente em inglês. [Acréscimos textuais feitos nesta tradução [em inglês] estão colocados entre colchetes ou indicados nas notas de rodapé.] O artigo antecipa muitas das ideias desenvolvidas de modo mais completo neste volume e em *Conjectures and Refutations* e, além disso, contém algumas ideias que não publiquei em nenhum outro lugar. A maioria das ideias e as expressões "teoria da mente como balde" e "teoria da ciência [e da mente] como holofote" remontam aos meus dias na Nova Zelândia e são mencionadas pela primeira vez em minha *Open Society*. Li um artigo com o título "The Bucket Theory of the Mind" [A teoria da mente como balde] no Staff Club da London School of Economics em 1946. Este apêndice está intimamente relacionado, em especial, com os cap. 2 e 5 do presente volume.

objetos que percebemos e penetram em nossos órgãos dos sentidos, onde se tornam percepções; e a partir destas, com o passar do tempo, nosso conhecimento do mundo externo vai se encaixando [como um quebra-cabeças automontante]. De acordo com essa visão, então, nossa mente se assemelha a um recipiente – um tipo de balde – no qual se acumulam percepções e conhecimentos. (Bacon fala de percepções como "uvas, maduras e da estação" que têm de ser colhidas, de modo paciente e industrioso, e a partir das quais, se prensadas, irá fluir o vinho puro do conhecimento.)

Empiristas rigorosos nos aconselham a interferir o mínimo possível neste processo de acumular conhecimento. Conhecimento verdadeiro é conhecimento puro, não contaminado por aqueles preconceitos que estamos demasiado propensos a acrescentar a, e a misturar com, nossas percepções; só estas constituem a experiência pura e simples. O resultado desses acréscimos, de nossa perturbação e interferência no processo de acumular conhecimento, é um erro. Kant se opõe a essa teoria: ele nega que as percepções sejam sempre puras e afirma que nossa experiência é o resultado de um processo de assimilação e transformação – o produto combinado das percepções dos sentidos e de certos ingredientes acrescentados por nossas mentes. As percepções são a matéria-prima, por assim dizer, que flui de fora para dentro do balde, onde se submete a algum processamento (automático) – algo parecido com a digestão ou, talvez, com a classificação sistemática – a fim de ser transformada, no final, em algo não muito diferente do "vinho puro da experiência" de Bacon; digamos, talvez, em vinho fermentado.

Não creio que nenhuma dessas visões sugira algo como uma imagem adequada daquilo que acredito ser o processo real de aquisição de experiência, ou o método real usado em pesquisas ou descobertas. Deve-se admitir que a visão de Kant pode ser interpretada de tal forma que se aproxima muito mais da minha própria visão do que o empirismo puro. Concedo, é claro, em que a ciência seja impossível sem a experiência (mas a noção de "experiência" tem de ser cuidadosamente considerada). Embora eu conceda isso, defendo, contudo, que as percepções não constituem nada parecido com a matéria-prima, como constituem de acordo com a "teoria do balde", a partir da qual construímos a "experiência" ou a "ciência".

II

Na ciência, é a *observação* e não a percepção que desempenha o papel decisivo. Mas a observação é um processo no qual nós desempenhamos um papel intensamente *ativo*. Uma observação é uma percepção, mas que é planejada e preparada. Não "temos" uma observação [do mesmo modo como podemos "ter" uma experiência sensorial], mas "fazemos" uma observação. [Um navegador até mesmo "opera" uma observação.] Uma observação é sempre precedida por um interesse particular, uma questão ou um problema – em suma, por algo teórico[1].

Afinal de contas, podemos colocar toda questão na forma de uma hipótese ou conjectura à qual acrescentamos: "É assim mesmo? Sim ou não?" Assim, podemos afirmar que toda observação é precedida por um problema, uma hipótese (ou como quer que a chamemos); de qualquer forma, por algo que nos interessa, por algo teórico ou especulativo. É por isso que as observações são sempre seletivas e por isso elas pressupõem algo como um princípio de seleção.

Antes de elaborar melhor esses pontos tentarei introduzir, como digressão, algumas considerações de natureza biológica. Ainda que não se destinem a constituir uma base ou mesmo um argumento para a tese principal que pretendo propor mais adiante, elas talvez possam ser úteis para superar, ou contornar, certas objeções a essa tese e, desta forma, facilitar seu entendimento mais adiante.

III

Sabemos que todos os seres vivos, mesmo os mais primitivos, reagem a certos estímulos. Essas reações são específicas, ou seja, para cada organismo (e para cada tipo de organismo) o número de reações possíveis é limitado. Podemos dizer que todo organismo

---

1. Com a palavra "teórico" não me refiro aqui ao oposto de "prático" (já que nosso interesse pode muito bem ser prático); em vez disso, deve ser entendido no sentido de "especulativo" [como com um interesse especulativo em um problema preexistente] em contraste com "perceptivo"; ou "racional" em oposição a "sensível" ou "sensual".

possui um certo conjunto inato de reações possíveis, ou uma certa disposição para reagir desta ou daquela forma. Esse conjunto de disposições pode mudar com o avanço da idade do organismo (em parte talvez sob a influência de percepções ou impressões sensoriais) ou pode permanecer constante; seja como for, a qualquer instante da vida do organismo, podemos assumir que ele está investido de um tal conjunto de possibilidades e disposições para reagir e que esse conjunto constitui o que pode ser chamado de seu estado interno [momentâneo].

Desse estado interno do organismo irá depender a forma como ele irá reagir a seu ambiente externo. É por isso que estímulos fisicamente idênticos podem, em instantes diferentes, produzir reações diferentes, enquanto estímulos fisicamente diferentes podem resultar em reações idênticas[2].

Agora, diremos que um organismo "*aprende com a experiência*" somente se suas disposições para reagir mudarem com o passar do tempo e se tivermos razões para assumir que essas mudanças não dependem meramente de mudanças [de desenvolvimento] inatas no estado do organismo, mas também do estado mutável de seu ambiente externo. Em outras palavras, consideraremos o processo pelo qual o organismo aprende como um certo tipo de mudança, ou modificação, em suas disposições para reagir, e não, conforme a teoria do balde, como um acúmulo (ordenado ou classificado ou associado) de vestígios de memória, deixados por percepções que são anteriores.

Essas modificações na disposição do organismo para reagir, que vão compor os processos de aprendizagem, estão intimamente ligadas à importante noção de "*expectativa*" e também com a de "*expectativa frustrada*". Podemos caracterizar uma expectativa como uma *disposição para reagir, ou como uma preparação para uma reação,* que é adaptada a [ou que antecipa] um estado do ambiente ainda por ocorrer. Essa caracterização parece ser mais adequada do que uma que descreva uma expectativa em termos de estados de consciência; pois só nos tornamos conscientes

---

2. Cf. VON HAYEK, F.A. "Scientism and the Study of Society". *Economica*, N.S. 9, 10 e 11 (1942, 1943 e 1944); [agora também em sua *The Counter-Revolution of Science*, 1952].

de muitas de nossas expectativas quando elas são frustradas, devido ao fato de não serem atendidas. Um exemplo seria o encontro de um degrau inesperado [*unexpected*] no caminho de alguém: é a imprevisibilidade [*unexpectedness*] do degrau que pode nos tornar conscientes do fato de que esperávamos [*expected*] encontrar uma superfície plana. Tais decepções nos forçam a *corrigir* nosso sistema de expectativas. O processo de aprendizagem consiste, em grande medida, em tais correções; ou seja, na eliminação de certas expectativas [frustradas].

IV

Retornemos agora ao problema da observação. Uma observação sempre pressupõe a existência de algum sistema de expectativas. Essas expectativas podem ser formuladas na forma de perguntas; e a observação será usada para obter uma resposta de confirmação ou de correção às expectativas assim formuladas.

Minha tese de que a questão, ou a hipótese, deve preceder a observação pode, a princípio, ter parecido paradoxal; mas podemos ver agora que não é de modo algum paradoxal assumir que as expectativas – isto é, as disposições para reagir – devam preceder toda observação e, de fato, toda percepção: pois certas disposições ou propensões para reagir são inatas em todos os organismos, enquanto as percepções e observações claramente não são inatas. E ainda que as percepções e, até mais, as observações desempenhem um papel importante no processo de *modificar* nossas disposições ou propensões para reagir, algumas dessas disposições ou propensões devem, é claro, estar presentes primeiro, ou elas não poderiam ser modificadas.

Essas reflexões biológicas não devem de forma alguma ser entendidas no sentido de implicarem minha aceitação de uma posição comportamentalista. Não nego que percepções, observações e outros estados de consciência ocorram, mas atribuo a eles um papel muito diferente daquele que eles deveriam desempenhar de acordo com a teoria do balde. Tampouco essas reflexões biológicas devem ser consideradas no sentido de formarem, em qualquer sentido, uma suposição na qual meus argumentos serão baseados.

Mas espero que elas ajudem a entender melhor esses argumentos. O mesmo pode ser dito das seguintes reflexões, que estão intimamente ligadas a essas reflexões biológicas.

Em todo instante de nosso desenvolvimento pré-científico ou científico estamos vivendo no centro do que costumo chamar de um "*horizonte de expectativas*". Com isso me refiro à soma total de nossas expectativas, sejam elas subconscientes ou conscientes, ou talvez até explicitamente enunciadas em alguma linguagem. Animais e bebês também têm seus vários e diferentes horizontes de expectativas, embora sem dúvida em um nível de consciência mais baixo do que, digamos, um cientista cujo horizonte de expectativas consiste em uma extensão considerável de teorias ou hipóteses formuladas linguisticamente.

Os vários horizontes de expectativas diferem, é claro, não somente no fato de serem mais ou menos conscientes, mas também em seu conteúdo. Porém, em todos esses casos, o horizonte de expectativas desempenha o papel de uma estrutura de referência: somente sua configuração nessa estrutura confere significado ou significância sobre nossas experiências, ações e observações.

As observações, mais especialmente, têm uma função muito peculiar dentro dessa estrutura. Elas podem, sob certas circunstâncias, destruir até mesmo a própria estrutura, se entrarem em conflito com algumas das expectativas. Em tal caso elas podem ter um efeito sobre nosso horizonte de expectativas como uma bomba. Essa bomba pode nos forçar a reconstruir, ou reestruturar, todo nosso horizonte de expectativas; ou seja, podemos ter que corrigir nossas expectativas e encaixá-las novamente em algo como um todo consistente. Podemos dizer que, desta forma, nosso horizonte de expectativas é alçado a e reconstruído em um nível mais elevado e que desta forma alcançamos um novo estágio na evolução de nossa experiência; um estágio no qual aquelas expectativas que não foram atingidas pela bomba são de algum modo incorporadas ao horizonte, enquanto aquelas partes do horizonte que sofreram danos são reparadas e reconstruídas. Isso tem de ser feito de tal maneira que as observações danosas não sejam mais sentidas como perturbadoras, mas sejam integradas com o resto de nossas expectativas. Se tivermos sucesso nessa reconstrução, então teremos criado o que costuma ser conhecido como uma *explicação* daqueles eventos observados [que criaram a perturbação, o problema].

Quanto à questão da relação temporal entre observação, por um lado, e o horizonte de expectativas ou teorias, por outro, podemos bem admitir que uma nova explicação, ou uma nova hipótese, é geralmente precedida no tempo por *aquelas* observações que destruíram o horizonte prévio de expectativas e, assim, foram o estímulo para nossa tentativa de uma nova explicação. Porém isso não deve ser entendido no sentido de que as observações geralmente precedem as expectativas ou hipóteses. Pelo contrário, cada observação é precedida por expectativas ou hipóteses; por essas expectativas, mais especialmente, que compõem o horizonte de expectativas que empresta a essas observações sua significância; somente dessa forma elas atingem o estatuto de observações reais.

A questão "O que vem primeiro, a hipótese (*H*) ou a observação (*O*)?" lembra, é claro, outra questão famosa: "O que veio primeiro, a galinha (*H*) ou o ovo (*O*)?" Ambas as perguntas são solúveis. A teoria do balde afirma que [assim como uma forma primitiva de um ovo (*O*), um organismo unicelular, precede a galinha (*H*)], a observação (*O*) sempre precede toda hipótese (*H*); pois a teoria do balde considera que esta última surge de observações por generalização, ou associação, ou classificação. Por contraste, podemos agora dizer que a hipótese (ou expectativa, ou teoria, ou como quer que a chamemos) precede a observação, ainda que uma observação que refuta uma certa hipótese possa estimular uma nova hipótese (e, portanto, temporalmente posterior).

Tudo isso se aplica, mais especialmente, à formação de hipóteses científicas. Pois aprendemos somente a partir de nossas hipóteses que tipo de observações devemos fazer: para onde devemos direcionar nossa atenção; por onde devemos nos interessar. Assim, é a hipótese que se torna nosso guia, e que nos leva a novos resultados observacionais.

Essa é a visão que chamei de *"teoria do holofote*"* (em contraposição com a *"teoria do balde"*). [De acordo com a teoria do

---

* Holofote, em inglês *"searchlight"*, que literalmente se traduziria como "luz de procura", ou seja, a luz utilizada para iluminar uma região escura durante buscas à noite [N.T.].

holofote, observações são secundárias às hipóteses.] As observações desempenham, entretanto, um papel importante como *testes* aos quais uma hipótese deve ser submetida no decorrer de nosso exame [crítico] sobre ela. Se a hipótese não passar no exame, se for falsificada por nossas observações, então temos que procurar por uma nova hipótese. Nesse caso, a nova hipótese virá depois daquelas observações que levaram à falsificação ou rejeição da hipótese antiga. Porém o que tornou as observações interessantes e relevantes e o que completamente deu origem ao nosso ato de empreendê-las, em primeira instância, foi a hipótese anterior, a antiga [e agora rejeitada].

Desse modo, a ciência aparece claramente como uma continuação direta do trabalho pré-científico de reparo em nossos horizontes de expectativas. A ciência nunca começa do zero; nunca pode ser descrita como livre de suposições; pois a todo instante ela pressupõe um horizonte de expectativas – o horizonte de expectativas de ontem, por assim dizer. A ciência de hoje é construída sobre a ciência de ontem [e também é o resultado do holofote de ontem]; e a ciência de ontem, por sua vez, é baseada na ciência do dia anterior. E as teorias científicas mais antigas são construídas sobre mitos pré-científicos, e estes, por sua vez, sobre expectativas ainda mais antigas. Ontogeneticamente (i. é, em relação ao desenvolvimento do organismo individual) regressamos, assim, ao estado das expectativas de uma criança recém-nascida; filogeneticamente (em relação à evolução da raça, do filo) chegamos ao estado de expectativas de organismos unicelulares. (Não há perigo aqui de uma regressão infinita viciosa – por nenhuma outra razão além de que todo organismo nasce com *algum* horizonte de expectativas.) Há, por assim dizer, apenas um passo da ameba até Einstein.

Agora, se esse é o modo como a ciência evolui, o que pode ser considerado o passo característico que marca a transição da pré-ciência para a ciência?

V

Os primórdios da evolução de algo parecido com um método científico podem ser encontrados, aproximadamente, na virada dos séculos VI e V a.C., na Grécia antiga. O que aconteceu ali? O que há de novidade nessa evolução?

De que modo as novas ideias se comparam com os mitos tradicionais, que vieram do Oriente e que, creio eu, forneceram muitas das sugestões decisivas para as novas ideias?

Entre os babilônios e os gregos e também entre os maoris na Nova Zelândia – de fato, ao que parece, entre todos os povos que inventam mitos cosmológicos – contam-se histórias [*tales*] que tratam do princípio das coisas e que tentam entender ou explicar a estrutura do universo em termos da narrativa [*story*] de sua origem. Essas narrativas se tornam tradicionais e são preservadas em escolas especiais. A tradição está frequentemente sob responsabilidade de alguma classe separada ou escolhida, os padres ou curandeiros, que a guardam ciosamente. As narrativas mudam apenas pouco a pouco – principalmente através de imprecisões ao transmiti-las, através de mal-entendidos e, às vezes, através da adição de novos mitos, inventados por profetas ou poetas.

Agora, o que é novo na filosofia grega, a novidade que é acrescentada a tudo isso, me parece consistir não tanto na substituição dos mitos por algo mais "científico", mas em uma *nova atitude em relação aos mitos*. O fato de que seu caráter começa então a mudar parece-me ser meramente uma consequência dessa nova atitude.

A nova atitude que tenho em mente é *a atitude crítica. No lugar de uma transmissão dogmática da doutrina* [na qual todo o interesse está na preservação da tradição autêntica] *encontramos uma discussão crítica da doutrina*. Algumas pessoas começam a questioná-la; duvidam da confiabilidade da doutrina: de sua *verdade*.

A dúvida e a crítica certamente existiam antes desse estágio. O que é novo, no entanto, é que a dúvida e a crítica agora se tornam parte, por sua vez, da tradição da escola. Uma tradição de ordem mais elevada substitui a preservação tradicional do dogma: no lugar da teoria tradicional – no lugar do mito – encontramos a tradição de criticar as teorias (que, a princípio, não são muito mais do que mitos). É somente no decorrer dessa discussão crítica que a observação é convocada como testemunha.

É improvável ter sido um mero acidente que Anaximandro, o discípulo de Tales, tenha desenvolvido uma teoria que diverge explícita e conscientemente daquela de seu mestre e que Anaxímenes, o discípulo de Anaximandro, tenha divergido de modo igualmente consciente da doutrina de seu mestre. A única explicação parece ser que o próprio fundador da escola tenha desafiado seus discípulos a criticar sua teoria e que eles transformaram essa nova atitude crítica de seu mestre em uma nova tradição.

É interessante que isso tenha acontecido apenas uma vez, até onde eu sei. A escola pitagórica anterior era quase certamente uma escola do antigo tipo: sua tradição não abarca a atitude crítica, mas limita-se à tarefa de preservar a doutrina do mestre. Sem dúvida, foi somente a influência da escola crítica dos jônicos que mais tarde aliviou a rigidez da tradição da escola pitagórica e, então, abriu o caminho para o método filosófico e científico da crítica.

A atitude crítica da filosofia grega antiga dificilmente pode ser melhor exemplificada do que pelas famosas linhas de Xenófanes:

> Porém se o gado, os cavalos ou os leões tivessem mãos e pudessem desenhar
>
> E pudessem esculpir como os homens, então os cavalos desenhariam seus deuses
>
> Como cavalos; e o gado como gado; e cada um deles então moldaria
>
> Corpos de deuses à similaridade, cada espécie, de si mesma.

Isso não é somente um desafio crítico – é uma declaração feita com plena consciência e domínio de uma metodologia crítica.

Assim, parece-me que é a tradição da crítica que constitui o que há de novidade na ciência e o que é característico da ciência. Por outro lado, parece-me que a tarefa que a ciência coloca a si mesma [ou seja, a explicação do mundo] e as principais ideias que ela usa são assumidas sem nenhuma ruptura com a criação pré--científica do mito.

VI

Qual é a tarefa da ciência? Com essa questão eu terminei meu exame preliminar das evoluções biológicas e históricas e chego agora à análise lógica da própria ciência!

A tarefa da ciência tem uma parte teórica – a *explicação* – e uma parte prática – *a previsão e a aplicação técnica*. Tentarei mostrar que essas duas finalidades são, de certa forma, dois aspectos diferentes de uma mesma atividade.

Examinarei primeiro a ideia de uma explicação.

Frequentemente ouve-se dizer que uma explicação é a redução do desconhecido ao conhecido; mas raramente nos dizem como isso deve ser feito. De qualquer forma, essa noção de explicação não foi jamais utilizada na prática real da explicação na ciência. Se observarmos a história da ciência a fim de ver que tipos de explicação foram usados e aceitos como satisfatórios em um momento ou outro, então encontramos uma noção muito diferente de explicação em uso prático.

Fiz um pequeno esboço dessa história (não me refiro à história do conceito de explicação, mas à história da prática da explicação) no seminário filosófico desta manhã[3]. Infelizmente, o tempo me impede de lidar com essa questão aqui novamente em detalhes. Devo mencionar aqui, porém, um resultado geral. No decorrer do desenvolvimento histórico da ciência, muitos métodos e tipos diferentes de explicação foram considerados aceitáveis; mas todos eles têm um aspecto em comum: os vários métodos de explicação consistem todos em uma *dedução lógica*; uma dedução cuja conclusão é o *explicandum* – um enunciado da coisa a ser explicada – e cujas premissas consistem no *explicans* [um enunciado das leis e condições que a explicam]. As principais mudanças que

---

3. (Acrescentado na tradução para o inglês.) Parte da história mais completa pode ser encontrada (embora um pouco condensada e com ênfase reduzida sobre o que na prática real foi aceito como explicação) em minha palestra de Veneza: "Philosophy and Physics: Theories of the Structure of Matter". *Atti del XII Congresso Internazionale di Filosofia*, 2, 1961, p. 367-374. Outras partes podem ser encontradas na primeira metade de minhas *Conjectures and Refutations*, esp. nos cap. 6, 3 e 4. (Este último capítulo sobrepõe e expande algumas partes da presente palestra.)

ocorreram no curso da história da ciência consistem no abandono silencioso de certas exigências implícitas quanto ao caráter do *explicans* (que ele pode ser compreendido intuitivamente, que deve ser autoevidente etc.); exigências que acabam não sendo conciliáveis com outras certas exigências cuja significância crucial se torna cada vez mais óbvia conforme o tempo passa; em particular a exigência da testabilidade independente do *explicans* [que forma as premissas e, portanto, o próprio cerne da explicação].

Assim, uma explicação é sempre a dedução do *explicandum* de certas premissas, que serão chamadas de *explicans*.

Aqui está um exemplo um pouco pavoroso, apenas com o propósito de ilustração[4].

Um rato morto foi descoberto e desejamos saber o que aconteceu com ele. A explicação pode ser assim declarada: "Este rato aqui morreu recentemente". Este *explicandum* é definitivamente conhecido por nós – o fato está diante de nós na dura realidade. Se quisermos explicá-lo, devemos testar algumas explicações conjecturais ou hipotéticas (conforme fazem os autores de histórias de detetive); ou seja, explicações que nos introduzem algo que nos é *desconhecido* ou, de qualquer forma, muito menos conhecido. Tal hipótese pode ser, por exemplo, que o rato tenha morrido de uma grande dose de veneno de rato. Isso é útil como hipótese na medida em que, primeiramente, nos ajuda a formular um *explicans* a partir do qual o *explicandum* pode ser deduzido; em segundo lugar, nos sugere uma série de testes independentes – testes do *explicans* que são bastante independentes do fato de o *explicandum* ser verdadeiro ou não.

Agora, o *explicans* – que é nossa hipótese – não consiste somente na sentença "Este rato comeu alguma isca contendo uma grande dose de veneno de rato", pois, a partir deste enunciado somente, não se pode deduzir validamente o *explicandum*. Em vez disso, teremos que usar, como *explicans*, dois tipos diferentes de premissas – *leis universais* e *condições iniciais*. Em nosso caso, a lei universal pode ser colocada desta forma: "Se um rato comer

---

4. Eu tornei o exemplo um pouco menos pavoroso na tradução para o inglês.

pelo menos oito grãos de veneno de rato, morrerá em cinco minutos". A condição inicial (singular) (que é um enunciado singular) pode ser: "Este rato comeu pelo menos dezoito grãos de veneno de rato há mais de cinco minutos". A partir dessas duas premissas em conjunto, podemos agora realmente deduzir que esse rato morreu recentemente [ou seja, nosso *explicandum*].

Agora, tudo isso pode parecer um tanto óbvio. Mas considere uma de minhas teses – a saber, a tese de que aquilo que chamei de *"condições iniciais"* [as condições pertinentes ao caso individual] nunca é suficiente por si só como explicação, e que precisamos sempre também de uma lei geral. Agora, essa tese não é de modo algum óbvia; pelo contrário, sua verdade muitas vezes não é admitida. Suspeito até que a maioria de vocês estaria inclinada a aceitar um comentário como "este rato comeu veneno de rato" como bastante suficiente para explicar sua morte, mesmo que nenhum enunciado explícito da lei universal com relação aos efeitos do veneno de rato seja acrescentado. Mas suponha por um momento que estivéssemos vivendo em um mundo no qual qualquer pessoa (e também qualquer rato) que comer uma porção dessa substância química chamada "veneno de rato" se sentirá especialmente bem e feliz por uma semana e mais vivaz do que nunca. Se uma lei universal como essa fosse válida, a afirmação "Este rato comeu veneno de rato" ainda poderia ser aceitável como explicação da morte? Obviamente não.

Assim, alcançamos o importante resultado, frequentemente ignorado, de que qualquer explicação que utilize apenas as condições iniciais singulares seria incompleta e que *pelo menos uma lei universal* é também necessária, ainda que essa lei seja, em alguns casos, tão bem conhecida que é omitida como se fosse redundante.

Para resumir esse ponto. Descobrimos que uma explicação é uma dedução do seguinte tipo:

U (Lei Univeral)   } Premissas
I (Condições Iniciais Específicas) } (que constituem o *Explicans*)
E (*Explicandum*)   Conclusão

VII

Mas todas as explicações para essa estrutura são *satisfatórias*? Por exemplo, nosso caso em questão (que explica a morte do rato por referência ao veneno de rato) é uma explicação satisfatória? Não sabemos: os testes podem mostrar que, seja lá do que o rato tenha morrido, não foi veneno de rato.

Se algum amigo estiver cético quanto à nossa explicação e perguntar: "Como você sabe que este rato comeu veneno?", obviamente não será suficiente para responder: "Como você pode duvidar, vendo que ele está morto?" De fato, qualquer razão que possamos enunciar em apoio a qualquer hipótese deve ser diferente e independente do *explicandum*. Se só podemos aduzir o próprio *explicandum* como evidência, sentimos que nossa explicação é circular e, portanto, bastante *insatisfatória*. Se, por outro lado, formos capazes de responder: "Analise o conteúdo de seu estômago e você encontrará uma porção de veneno", e se essa previsão (que é nova – i. é, não implicada apenas pelo *explicandum*) se provar verdadeira, pelo menos consideraremos nossa explicação uma hipótese razoavelmente boa.

Mas tenho que acrescentar algo. Pois nosso amigo cético pode também questionar a verdade da lei universal. Ele pode dizer, por exemplo: "Tudo bem, este rato comeu uma certa substância química; mas por que ele teria morrido disso?" Novamente, não devemos responder: "Mas você não vê que está morto? Isso só mostra como é perigoso comer essa substância química". Pois isso novamente tornaria nossa explicação circular e insatisfatória. A fim de torná-la satisfatória, devemos submeter a lei universal a casos de teste que são independentes de nosso *explicandum*.

Com isso, minha análise do esquema formal de explicação pode ser considerada como concluída, mas acrescentarei algumas considerações e análises adicionais ao esquema geral que delineei.

Primeiro, uma observação sobre as ideias de causa e efeito. O estado de coisas descrito pelas *condições iniciais* singulares pode ser chamado de "*causa*" e o descrito pelo *explicandum*, de "*efeito*". Sinto, no entanto, que é melhor evitar esses termos, sobrecarregados que estão com as associações a partir de sua história.

Se ainda assim quisermos usá-los, devemos sempre lembrar que eles adquirem um significado apenas relativo a uma teoria ou a uma lei universal. É a teoria ou a lei que constitui o *vínculo lógico* entre causa e efeito, e o enunciado "*A* é a causa de *B*" deve ser assim analisado: "Existe uma teoria *T* que pode ser, e foi, testada independentemente e a partir da qual, em conjunto com uma descrição *A* de uma situação específica, testada independentemente, podemos deduzir logicamente uma descrição, *B*, de outra situação específica". (Muitos filósofos, incluindo Hume, ignoraram que a existência de tal vínculo *lógico* entre "causa" e "efeito" está pressuposta no próprio uso desses termos[5].)

VIII

A tarefa da ciência não se limita à procura por explicações puramente teóricas; tem também seus lados práticos: a realização de previsões, bem como a aplicação técnica. Ambas podem ser analisadas por meio do mesmo esquema lógico que introduzimos para analisar a explicação.

(1) *A derivação de previsões.* Enquanto na procura por uma explicação o *explicandum* é dado – ou conhecido – e um *explicans* adequado tem de ser encontrado, a derivação de previsões procede na direção oposta. Aqui a teoria é dada, ou assume-se que é conhecida (talvez da literatura especializada), assim como as condições iniciais específicas (são conhecidas, ou assume-se que são conhecidas, por observação). O que restam ser encontradas são as consequências lógicas: certas conclusões lógicas que ainda não nos são conhecidas a partir da observação. Essas são as *previsões*. Nesse caso, a previsão *P* toma o lugar do *explicandum E* em nosso esquema lógico.

(2) *Aplicação técnica.* Considere a tarefa de construir uma ponte que tem que obedecer a certos requisitos práticos, estabelecidos

---

5. (Acrescentado na tradução em inglês.) Fiz estes comentários sobre as noções de "causa" e "efeito" primeiramente na seção 12 da minha *Logik der Forschung*. Cf. tb. minha *Poverty of Historicism*, p. 122s. • Minha *Open Society and Its Enemies*, esp. nota 9 do cap. 25. • "What can Logic do for Philosophy?" [O que a lógica pode fazer pela filosofia?]. Aristotelian Society, Supplementary Volume, 2a, 1948, p. 145ss.

em uma lista de especificações. O que nos é dado são as especificações, *S*, que descrevem um certo estado de coisas exigido – a ponte a ser construída. (*S* são as especificações do cliente, que são dadas previamente e são distintas das especificações do arquiteto.) São-nos dadas, além disso, as teorias físicas relevantes (incluindo certos princípios básicos). O que se deve encontrar são certas condições iniciais que podem ser realizadas tecnicamente e que são de natureza tal que as especificações podem ser deduzidas a partir delas, juntamente com a teoria. Então, nesse caso, *S* toma o lugar de *E* em nosso esquema lógico[6].

Isso deixa claro como, de um ponto de vista lógico, tanto a derivação de previsões quanto a aplicação técnica de teorias científicas podem ser consideradas como meras inversões do esquema básico de explicação científica.

O uso de nosso esquema, entretanto, ainda não está esgotado: ele também pode servir para analisar o *procedimento de testar nosso explicans*. O procedimento de testagem consiste na derivação, a partir do *explicans*, de uma previsão, P, e em compará-la com uma situação real, observável. Se uma previsão não estiver de acordo com a situação observada, então mostra-se que o *explicans* é falso; ele é falsificado. Nesse caso, ainda não sabemos se é a *teoria* universal que é falsa, ou se as condições iniciais descrevem uma situação que não corresponde à situação real – de modo que as *condições iniciais* sejam falsas. [Claro, pode bem ser que a teoria *e* as condições iniciais sejam falsas.]

A falsificação da previsão mostra que o *explicans* é falso, porém o inverso disso não é válido: é incorreto e grosseiramente enganoso pensar que podemos interpretar que a "verificação" da previsão "verifique" o *explicans* ou mesmo uma parte dele. Pois

---

6. (Acrescentado na tradução em inglês.) Não se deve interpretar que esta análise implique que o tecnólogo ou o engenheiro estejam preocupados somente em "aplicar" teorias que são fornecidas pelo cientista puro. Pelo contrário, o tecnólogo e o engenheiro constantemente estão diante de *problemas a serem resolvidos*. Esses problemas são de vários graus de abstração, mas costumam ser, pelo menos em parte, de caráter teórico; e, ao tentar resolvê-los, o tecnólogo ou o engenheiro usam, como todo mundo, o método de conjectura, ou tentativa, e testagem, ou refutação, ou eliminação de erros. Isso está bem explicado na p. 43 de DAVIES, J.T. *The Scientific Approach*, 1965, um livro no qual podem ser encontradas muitas aplicações e ilustrações boas da teoria da ciência como holofote.

uma previsão verdadeira pode facilmente ter sido validamente deduzida a partir de um *explicans* que é falso. É até bastante enganador considerar *toda* "verificação" de uma previsão como algo similar a uma *corroboração* prática do *explicans*: seria mais correto dizer que somente tais "verificações" de previsões que são "inesperadas" [sem a teoria sob exame] podem ser consideradas como corroborações dos *explicans*, assim como da teoria. Isto significa que uma previsão pode ser usada para corroborar uma teoria somente se sua comparação com observações puder ser considerada como uma tentativa séria de testar o *explicans* – uma tentativa séria de refutá-la. Uma previsão ["arriscada"] desse tipo pode ser chamada de "relevante para um teste da teoria"[7]. Afinal, é razoavelmente óbvio que o ato de passar em uma prova pode dar uma ideia das qualidades do estudante somente se a prova em que ele passar for suficientemente severa e, também, que se pode elaborar um exame em que mesmo o estudante mais fraco passará facilmente[8].

Além de tudo isso, nosso esquema lógico nos permite, por fim, analisar a diferença entre as tarefas de uma explicação *teórica* e de uma explicação *histórica*.

O teórico está interessado em encontrar, e testar, leis universais. Ao testá-las, ele usa outras leis, dos mais diversos tipos (muitas delas de forma bastante inconsciente), bem como diversas condições iniciais específicas.

O historiador, por outro lado, está interessado em encontrar descrições de estados de coisas em certas regiões espaçotemporais finitas e específicas – ou seja, aquilo que chamei de condições

---

7. Uma previsão relevante corresponde, em certo sentido, a uma prova de fogo [*acid test*], ou a um "*experimentum cruris*"; pois a fim de que uma previsão *P* possa ser relevante a um teste de uma teoria *T*, deve ser possível enunciar uma previsão *P'* que não contradiga a condição inicial e o restante do nosso horizonte de expectativas neste instante, diferente de *T* (suposições, teorias etc.), e que, combinada com as condições iniciais e o restante do horizonte de expectativas, contradiga *P'*. Esse é o significado se afirmamos que *P* (= *E*) deve ser (sem *T*) "inesperado".

8. Examinadores experientes sentirão que a palavra "facilmente" é um tanto irrealista. Como às vezes dizia contemplativo o presidente de uma banca examinadora governamental em Viena: "Se um estudante, ao responder à pergunta do exame "Quanto é 5 mais 7?", coloca "18", então nós lhe aprovamos. Mas se ele responde "verde", então às vezes penso depois que nós realmente deveríamos tê-lo reprovado.

iniciais específicas – e em testar ou verificar sua adequação ou precisão. Nesse tipo de testagem ele usa, além de outras condições iniciais específicas, leis universais de todos os tipos – geralmente mais óbvias – que pertencem ao seu horizonte de expectativas, embora, via de regra, ele não esteja consciente de que as usa. Nisso ele se assemelha ao teórico. [A diferença entre eles, porém, é muito marcada: está na diferença entre seus vários interesses, ou problemas: na diferença a respeito do que cada um considera problemático.]

Em um esquema lógico [similar aos nossos anteriores], o procedimento do teórico pode ser representado da seguinte maneira:

$$U_0 \quad U_0 \quad U_0 \quad \dots$$
$$U_1 \quad U_2 \quad U_3 \quad \dots$$
$$\underline{I_1 \quad I_2 \quad I_3} \quad \dots$$
$$P_1 \quad P_2 \quad P_3 \quad \dots$$

Aqui, U_0 é a lei universal, a hipótese universal, que está sendo examinada. Ela é mantida constante ao longo dos testes e utilizada, juntamente com várias outras leis U_1, U_2 ... e várias outras condições iniciais I_1, I_2, ..., a fim de derivar várias previsões P_1, P_2, ..., que podem então ser comparadas com fatos reais observáveis.

O procedimento do historiador pode ser representado pelo seguinte esquema:

$$U_1 \quad U_2 \quad U_3 \quad \dots$$
$$I_1 \quad I_2 \quad I_3 \quad \dots$$
$$\underline{I_0 \quad I_0 \quad I_0} \quad \dots$$
$$P_1 \quad P_2 \quad P_3 \quad \dots$$

Aqui, I_0 é a hipótese histórica, a descrição histórica, a ser examinada ou testada. Ela é mantida constante ao longo dos testes; e é combinada com várias leis (mais óbvias), U_1, U_2, ... e com as condições iniciais correspondentes, I_1, I_2, ... para derivar várias previsões, P_1, P_2 etc.

Ambos os nossos esquemas são, é claro, altamente idealizados e simplificados em demasia.

IX

Tentei mostrar anteriormente que uma explicação será *satisfatória* somente se suas leis universais, sua teoria, puderem ser testadas independentemente do *explicandum*. Mas isso significa que qualquer teoria explicativa satisfatória deve sempre afirmar *mais* do que aquilo que já estava contido nos *explicanda* que originalmente nos levaram a apresentá-la. Em outras palavras, teorias satisfatórias devem, por uma questão de princípio, transcender as instâncias empíricas que lhes deram origem; caso contrário, como vimos, elas meramente levariam a explicações que são circulares.

Aqui temos um princípio metodológico que está em contradição direta com todas as tendências positivistas e ingenuamente empíricas [ou indutivistas]. É um princípio que exige que nos atrevamos a apresentar hipóteses ousadas que abram, se possível, novos domínios de observações, ao invés daquelas generalizações cuidadosas a partir de observações "dadas" que permaneceram [desde Bacon] sendo os ídolos de todos os empiristas ingênuos.

Nossa visão, de que é tarefa da ciência apresentar explicações ou (o que leva essencialmente à mesma situação lógica)[9] criar os fundamentos teóricos para previsões e outras aplicações – essa visão nos levou à exigência metodológica de que nossas teorias devem ser testadas. Porém há *graus de testabilidade*. Algumas teorias são *mais bem* testáveis do que outras. Se fortalecermos nossa exigência metodológica e visarmos teorias cada vez *melhores e melhor testáveis*, então chegaremos a um princípio metodológico – ou a um enunciado da tarefa da ciência – cuja adoção [inconsciente] no passado explicaria racionalmente um grande número de eventos na história da ciência: ele iria explicá-los como passos rumo à execução da tarefa da ciência. (Ao mesmo tempo, ele nos dá uma declaração da tarefa da ciência, dizendo-nos o que deve

---

9. (Acrescentado na tradução em inglês.) Nos últimos anos (a partir de 1950) fiz uma distinção mais nítida entre as tarefas teóricas ou explicativas e as tarefas práticas ou "instrumentais" da ciência e enfatizei a prioridade lógica da tarefa teórica sobre a tarefa instrumental. Tentei enfatizar, mais especialmente, que as previsões não têm somente um aspecto instrumental, mas também, e principalmente, um aspecto teórico, pois elas desempenham um papel decisivo na testagem de uma teoria (como mostrado anteriormente na presente palestra). Cf. minhas *Conjectures and Refutations*, esp. cap. 3.

ser considerado na ciência como *progresso*; pois, ao contrário da maioria das outras atividades humanas – arte e música em particular – realmente existe, na ciência, uma coisa tal como progresso.)

Uma análise e comparação dos graus de testabilidade de diferentes teorias mostra que a testabilidade de uma teoria cresce com seu *grau de universalidade*, bem como com seu *grau de definição* [*definiteness*], *ou precisão.*

A situação é razoavelmente simples. De acordo com o grau de universalidade de uma teoria há um aumento na gama daqueles eventos sobre os quais a teoria pode fazer previsões e, por conseguinte, também o domínio de falsificações possíveis. Mas uma teoria que é mais facilmente falsificada é, ao mesmo tempo, melhor testada.

Encontramos uma situação similar se considerarmos o grau de definição ou precisão. Um enunciado preciso pode ser mais facilmente refutado que um enunciado vago e pode ser, portanto, melhor testado. Essa consideração também nos permite explicar a exigência de que enunciados qualitativos devem, se possível, ser substituídos por quantitativos, pelo nosso princípio de aumentar o grau de testabilidade de nossas teorias. (Dessa forma, podemos também explicar o papel desempenhado pela *medição* no teste de teorias; é um dispositivo que se torna cada vez mais importante no decorrer do progresso científico, mas que não deve ser usado [como é frequentemente] como característica distintiva da ciência, ou da formação de teorias, em geral. Pois não devemos ignorar o fato de que os procedimentos de medição só começaram a ser usados em um estágio bastante tardio no desenvolvimento de algumas das ciências, e que eles ainda não são usados em todas elas; e também não devemos ignorar o fato de que toda medição depende de suposições teóricas.)

X

Um bom exemplo da história da ciência que pode ser usado para ilustrar minha análise é a transição das teorias de Kepler e Galileu à teoria de Newton.

Essa transição não tem nada a ver com indução e a teoria de Newton não pode ser considerada como nada parecido com uma generalização dessas duas teorias anteriores. Isso pode ser visto a partir do fato inegável [e importante] de que a teoria de Newton as *contradiz*. *Assim, as leis de Kepler não podem ser deduzidas das leis de Newton* [ainda que se tenha afirmado frequentemente que elas podem sim ser deduzidas e mesmo que as leis de Newton podem ser deduzidas das leis de Kepler]: As leis de Kepler podem ser obtidas a partir das leis de Newton apenas *aproximadamente*, ao se fazer a [falsa] suposição de que as massas dos vários planetas são insignificantes em comparação com a massa do sol. Da mesma forma, a lei dos corpos em queda livre, de Galileu, não pode ser deduzida da teoria de Newton: pelo contrário, ela a contradiz. Somente fazendo a [falsa] suposição de que o comprimento total de todas as quedas é insignificante em comparação com o comprimento do raio da terra é que podemos obter a lei de Galileu *aproximadamente* a partir da teoria de Newton.

Isso mostra, é claro, que a teoria de Newton não pode ser uma generalização obtida por indução [ou dedução], mas que é uma nova hipótese que pode irradiar o caminho para a falsificação das teorias antigas: ela pode irradiar e apontar o caminho para aqueles domínios nos quais, de acordo com a nova teoria, as teorias antigas falham em produzir boas aproximações. (No caso de Kepler, esse é o domínio da teoria das perturbações e no caso de Galileu é a teoria das acelerações variáveis, uma vez que, de acordo com Newton, as acelerações gravitacionais variam inversamente com o quadrado da distância.)

Se a teoria de Newton não tivesse alcançado nada mais do que a união das leis de Kepler com as de Galileu, teria sido somente uma *explicação circular dessas leis* e, portanto, insatisfatória como explicação. Seu poder de iluminação e seu poder de convencer as pessoas, porém, consistia apenas em seu poder de lançar luz sobre o caminho para testes independentes, levando-nos a previsões [bem--sucedidas] que eram incompatíveis com as duas teorias anteriores. Esse foi o caminho para novas descobertas empíricas.

A teoria de Newton é um exemplo de uma tentativa de explicar certas teorias anteriores, de um menor grau de universalidade, o que não só leva a um tipo de unificação dessas teorias anteriores, mas ao mesmo tempo à sua falsificação (e assim também à sua correção, ao restringir ou determinar o domínio dentro do qual, em boa aproximação, elas são válidas)[10].

Um caso que ocorre talvez mais frequentemente é este: uma teoria antiga é primeiro falsificada; e a teoria nova surge depois, como tentativa de explicar o sucesso parcial da teoria antiga, bem como seu fracasso.

XI

Em relação à minha análise da noção (ou melhor, da prática) de explicação, um outro ponto parece significativo. De Descartes [e talvez até de Copérnico] a Maxwell, a maioria dos físicos tentou explicar todas as relações recém-descobertas por meio de *modelos mecânicos*; ou seja, eles tentaram reduzi-las a leis de impulso ou pressão, com as quais estamos familiarizados por lidar com coisas físicas do cotidiano – coisas pertencentes ao domínio

---

10. (Acrescentado na tradução em inglês.) A incompatibilidade da teoria de Newton com a de Kepler foi enfatizada por Pierre Duhem, que escreveu, sobre os *"princípios da gravidade universal"* de Newton, que aquela está *"muito longe de ser derivável por generalização e indução a partir das leis observacionais de Kepler"*, de modo que ela "contradiz formalmente essas leis. Se a teoria de Newton estiver correta, as leis de Kepler estão necessariamente falsas". (A citação é da p. 193 da tradução de P.P. Wiener de *The Aim and Structure of Physical Theory*, de Duhem, 1954. O termo "observacional" aplicado aqui às "leis de Kepler" não deve ser levado tão a sério: as leis de Kepler eram conjecturas radicais, assim como eram as de Newton: elas não podem ser induzidas a partir das observações de Tycho – tampouco as leis de Newton a partir das de Kepler.) A análise de Duhem se baseia no fato de que nosso sistema solar contém *muitos* planetas pesados, cuja atração mútua deve levar em consideração a teoria de perturbações de Newton. Podemos, no entanto, ir além de Duhem: mesmo que consideremos que as leis de Kepler se apliquem a um conjunto de *sistemas de dois corpos*, cada um deles contendo um corpo central da massa do sol e um planeta (de massa e distância variáveis nos vários diferentes sistemas pertencentes ao conjunto), ainda assim a terceira lei de Kepler falha se as leis de Newton forem verdadeiras, conforme mostrei brevemente em *Conjectures and Refutations*, nota 28 do cap. 1 (p. 62) e com algum detalhe em meu artigo "A finalidade da ciência" (1957), agora cap. 5 do presente volume, também em *Theorie und Realität*, org. por Hans Albert, 1964, cap. 1, p. 73ss., esp. p. 82s. Nesse artigo eu falo um pouco mais sobre explicações que *corrigem seus* explicanda (*aparentemente "conhecidos" ou "dados"*) enquanto os *explicam aproximadamente*. Essa é uma visão que tenho desenvolvido de modo razoavelmente completo em minhas palestras desde 1940 (primeiro em uma série de palestras dadas à filial de Christchurch da Sociedade Real da Nova Zelândia; cf. nota de rodapé nas p. 134s. de minha *Poverty of Historicism*).

dos "corpos físicos de tamanho médio". Descartes fez disso uma espécie de programa para todas as ciências; ele até exigiu que nos restringíssemos a modelos que funcionassem meramente por impulso ou pressão. Esse programa sofreu sua primeira derrota com o sucesso da teoria de Newton; mas essa derrota (que foi uma séria aflição para Newton e sua geração) foi logo esquecida e a atração gravitacional foi admitida no programa em condições de igualdade com o impulso e a pressão. Maxwell, também, primeiro tentou desenvolver sua teoria sobre o campo eletromagnético na forma de um modelo mecânico do éter; mas no fim, ele desistiu da tentativa. Com isso, o modelo mecânico perdeu a maior parte de sua significância: restaram somente as equações com que originalmente se pretendia descrever o modelo mecânico do éter. [Elas foram interpretadas como descrevendo certas propriedades não mecânicas do éter.]

Com essa transição de uma teoria mecânica para uma *teoria abstrata*, alcança-se um estágio na evolução da ciência no qual, na prática, não se exige nada mais de teorias explicativas além de que possam ser testadas independentemente; estamos prontos para trabalhar com teorias que possam ser intuitivamente representadas por diagramas tais como imagens [ou por modelos mecânicos "imagináveis" ou "visualizáveis"], se forem possíveis de obter: isto produz teorias "concretas"; ou então, se estas não puderem ser obtidas, estamos prontos para trabalhar com teorias matemáticas "abstratas" [o que, no entanto, pode ser bastante "entendível" em um sentido que analisei em outro momento][11].

É claro que nossa análise geral da noção de explicação não é afetada pelas falhas de qualquer imagem ou modelo em particular. Ela se aplica a todos os tipos de teorias abstratas da mesma maneira em que se aplica aos modelos mecânicos e outros. Na verdade, os modelos, do nosso ponto de vista, não são mais do que tentativas de explicar leis novas em termos de leis antigas que já foram testadas [juntamente com suposições sobre condições iniciais típicas ou sobre a ocorrência de uma estrutura típica –

---

11. (Acrescentado na tradução em inglês.) Uma análise mais completa do "entendimento" é dada no cap. 4 do presente volume.

ou seja, o modelo em um sentido mais restrito]. Os modelos frequentemente desempenham papéis importantes na extensão e na elaboração de teorias; mas é necessário distinguir um modelo novo em uma configuração de suposições teóricas antigas a partir de uma teoria nova – isto é, a partir de um novo sistema de suposições teóricas.

XII

Espero que algumas de minhas formulações que no início desta palestra possam ter-lhes parecido exageradas ou até mesmo paradoxais agora pareçam menos.

Não há estrada, régia ou não, que leve necessariamente de um "dado" conjunto de fatos específicos a qualquer lei universal". O que chamamos de "leis" são hipóteses ou conjecturas que sempre fazem parte de algum sistema mais amplo de teorias [na verdade, de todo um horizonte de expectativas] e que, portanto, nunca podem ser testadas isoladamente. O progresso da ciência consiste em tentativas na eliminação de erros e em outras tentativas guiadas pela experiência adquirida ao longo de tentativas e erros prévios.

Nenhuma teoria em particular pode ser considerada como absolutamente certa: toda teoria pode se tornar problemática, não importa o quão bem corroborada ela possa parecer agora. Nenhuma teoria científica é sacrossanta nem está acima de qualquer crítica. Esse fato foi frequentemente esquecido, particularmente durante o século passado [séc. XIX], quando estávamos impressionados com as corroborações frequentemente repetidas e verdadeiramente magníficas de certas teorias mecânicas, que acabaram sendo consideradas como indubitavelmente verdadeiras. O desenvolvimento tempestuoso da física desde a virada do século nos ensinou melhor; e agora pudemos ver que é tarefa do cientista submeter sua teoria a testes sempre novos e que nenhuma teoria deve ser declarada final. A testagem se procede tomando a teoria a ser testada e combinando-a com todos os tipos possíveis de condições iniciais, bem como com outras teorias, e então comparando as previsões resultantes com a realidade. Se isto leva a expectativas frustradas, a refutações, então temos que reconstruir nossa teoria.

A frustração diante de algumas das expectativas com as quais uma vez abordamos avidamente a realidade desempenha um papel muito significativo nesse procedimento. Ele pode ser comparado com a experiência de um homem cego que toca ou esbarra em um obstáculo e assim se torna ciente de sua existência. *É através da falsificação de nossas suposições que realmente entramos em contato com a "realidade".* É a descoberta e a eliminação de nossos erros que por si só constituem aquela experiência "positiva" que ganhamos a partir da realidade.

É claro que é sempre possível salvar uma teoria falsificada por meio de hipóteses suplementares [como as dos epiciclos]. Mas esse não é o caminho do progresso nas ciências. A reação adequada à falsificação é a procura por novas teorias que pareçam capazes de nos oferecer uma melhor compreensão dos fatos. A ciência não está interessada em ter a última palavra, se isso significa desligar de nossas mentes a falsificação de experiências, mas sim em aprender a partir de nossa experiência; ou seja, em aprender com nossos erros.

Há um modo de formular teorias científicas que aponta com particular clareza para a possibilidade de sua falsificação: podemos formulá-las sob a forma de proibições [ou *enunciados existenciais negativos*], tais como, por exemplo, "Não existe um sistema físico fechado, tal que a energia mude em uma parte dele sem compensar as mudanças que ocorrem em outra parte" (primeira lei da termodinâmica). Ou, "Não existe uma máquina que seja 100% eficiente" (segunda lei). Pode-se mostrar que os enunciados universais e os enunciados existenciais negativos são logicamente equivalentes. Isso torna possível formular todas as leis universais na maneira indicada; ou seja, como proibições.

Entretanto, essas são proibições destinadas apenas aos técnicos e não ao cientista. Elas dizem ao técnico como proceder se ele não quiser desperdiçar suas energias. Mas para o cientista elas são um desafio a testar e a falsificar; elas o estimulam a tentar descobrir aqueles estados de coisas cuja existência elas proíbem, ou negam.

Assim, chegamos a um ponto a partir do qual podemos ver a ciência como uma magnífica aventura do espírito humano. É a invenção de teorias sempre novas e o exame infatigável de seu poder de lançar luz sobre a experiência. Os princípios do progresso científico são muito simples. Eles exigem que abandonemos a antiga ideia de que podemos atingir a certeza [ou mesmo um elevado grau de "probabilidade" no sentido do cálculo da probabilidade] com as proposições e teorias da ciência (uma ideia que deriva da associação da ciência com a magia e do cientista com o mágico): a finalidade do cientista não é descobrir certezas absolutas, mas descobrir teorias cada vez melhores [ou inventar holofotes cada vez mais poderosos] capazes de serem postos a testes cada vez mais severos [e, por conseguinte, nos levar a, e iluminar para nós, experiências sempre novas]. Mas isso significa que essas teorias devem ser falsificáveis: é através de sua falsificação que a ciência progride.

APÊNDICE 2
CONSIDERAÇÕES SUPLEMENTARES
(1978)

Neste Suplemento (1978) ao *Conhecimento objetivo*, gostaria de discutir e, na medida do possível, responder a algumas das objeções críticas manifestadas contra as visões expostas neste livro desde que foi publicado pela primeira vez em 1972[1]. Irei tratá-las em cinco tópicos: (1) *Indução*; (2) *Verdade*; (3) *A comparação de conteúdos*; (4) *Verossimilhança*; e (5) *Experimentos cruciais em física*. Posso dizer de imediato que considero como as objeções mais sérias aquelas manifestadas por David Miller e outros contra minha análise da verossimilhança[2].

(1) *Indução*. Anthony O'Hear [1975], em uma nota escrita com clareza, deu dois argumentos em defesa da alegação de que "suposições indutivas" são necessárias na ciência e que "Popper não pode fazer ciência sem elas"[3]. Tentarei mostrar brevemente que ambos os argumentos estão equivocados.

O primeiro é uma objeção às minhas visões, que foi levantada muitas vezes e respondida muitas vezes. Parece ser completamente convincente para aqueles que estão acostumados a pensar em linhas indutivistas, porém é claramente inválido. Ele pode ser colocado muito brevemente assim: alguma suposição indutiva é necessária se desejarmos argumentar a partir da *experiência passada* para uma previsão de *eventos futuros*; pelo menos uma

---

1. Desde então, foram publicados os dois livros: SCHILPP, P.A. (org.) [1974], que contém uma "Autobiography of Karl Popper" [Autobiografia de Karl Popper] (também publicada como minha [1977(b)]) e minhas "Replies to My Critics" [Respostas aos meus críticos]. • Popper, K.R. e Eccles, J.C. [1977].

2. Cf., entre outros artigos, Grünbaum [1976(b)]; Harris [1974]; Miller [1974(a)], [1974(b)], [1975(a)], [1975(b)], [1976]; Tichý [1974], [1976]. Cf. tb. meu [1976(b)].

3. O'Hear [1975], p. 276.

suposição que nos diz que temos o direito de discutir da experiência passada para o futuro.

Eu respondo que nós nunca (menos ainda na ciência) fazemos inferências a partir da mera experiência observacional para a previsão de eventos futuros. Em vez disso, cada tal inferência é baseada na experiência observacional (formulada por enunciados de "condições iniciais") mais algumas teorias universais. A presença dessas teorias (como a teoria da gravitação de Newton) é essencial para argumentar do passado para o futuro. Mas essas teorias universais não são, por sua vez, inferidas da experiência observacional passada. São, em vez disso, palpites: são conjecturas.

Essa resposta contém tudo resumido. Pois claramente não há espaço para "suposições indutivas" na inferência puramente dedutiva que leva de condições iniciais *e* teorias universais a uma previsão. Assim, o único lugar onde "suposições indutivas" poderia entrar seriam as teorias universais. Mas uma teoria universal pode ter sido conjecturada *antes* de haver qualquer evidência dela, *antes* que qualquer "instância positiva" dela tenha sido observada. Portanto, além de não ser *inferida*, mas sim *conjecturada*, certamente não é inferida *indutivamente* ou com a ajuda de "suposições indutivas". É claro, previsões baseadas desse modo em teorias universais e condições iniciais não são "justificadas", ou "garantidas", em qualquer sentido destes termos, não mais do que as próprias teorias universais. Mas como já expliquei de modo mais completo em outra situação[4], a justificativa não precisa desempenhar nenhum papel na análise crítica do conhecimento científico.

A segunda objeção de O'Hear me parece de menor interesse, uma vez que se baseia em um mal-entendido. O que eu chamo de "conhecimento de fundo"[5] não consiste *somente* em relatórios de observação (como ele implicitamente assume), mas também de *teorias*: daquelas teorias conjecturais que são, neste momento (enquanto estamos discutindo um certo conjunto de teorias concorrentes e, portanto, problemáticas), tratadas como

---

4. Cf. o cap. 1 do presente volume e a seção 15 de minhas "Replies" em Schilpp (org.) [1974]. Cf. tb. Bartley [1962].

5. Cf. meu [1976(a)], cap. 10, esp. p. 238-240.

não problemáticas. O'Hear diz que "tanto o uso aqui feito do conhecimento de fundo quanto a consequente explicação da lei de rendimentos decrescentes[6] a partir de testes repetidos parecem estar em conflito com a rejeição característica de Popper na *L.Sc.D.* [isto é, meu [1977(a)]] (p. 367-369) de qualquer esquema da forma

$$p(a_n, a_1\, a_2\, ...\, a_{n-1}) > p(a_n)$$

onde p é a medida da probabilidade"[7]. A referência dada por O'Hear só é compreensível assumindo-se que ele acredita que o que eu chamo de "conhecimento de fundo" consiste meramente em instâncias observacionais, como são a_1, a_2... na fórmula a que ele se refere. Mas esse não é o caso. (A probabilidade de instâncias futuras, e mesmo de *teorias*, pode ser levantada se outras *teorias* forem "dadas"[8].) Assim, os receios de O'Hear se dissolvem.

Talvez eu deva também mencionar que O'Hear diz que "a rejeição da indução por Popper torna difícil para ele [...] mostrar por que seria racional preferir a teoria científica mais bem testada como base para a ação"[9], citando passagens do meu capítulo 1 acima. Uma vez que expandi em outra ocasião[10] minha discussão sobre o problema pragmático da indução de uma forma que implicitamente atende às críticas de O'Hear, não me parece necessário dizer mais nada aqui. No entanto, pode-se acrescentar o seguinte.

O melhor que podemos fazer é procurar por uma teoria verdadeira, fazendo uso de toda a nossa engenhosidade imagina-

---

6. É claro que o que descrevi com o termo "rendimentos decrescentes" não funcionaria na interpretação de O'Hear sobre o conhecimento de fundo. Alan Musgrave [1975] levantou algumas dificuldades a respeito dos "rendimentos decrescentes", mesmo que se admita (contra a suposição de O'Hear) que as leis universais formam partes do conhecimento de fundo. Espero encontrar uma oportunidade para mostrar que as dificuldades de Musgrave podem ser resolvidas. A crítica de O'Hear é diferente da de Musgrave, pois ele pensa que a inclusão de "hipóteses" (cf. p. 275, penúltimo parágrafo novo) no conhecimento de fundo (o qual ele pensa que teria de ser indutivo, enquanto eu consideraria como conjectural) permitiria, na verdade, "rendimentos decrescentes".

7. O'Hear [1975], p. 275.

8. Cf. a fórmula particular (6) na p. 368 de meu [1977(a)] (parte do apêndice de fato referido por O'Hear).

9. O'Hear [1975], p. 273.

10. Cf. minhas "Replies" em Schilpp (org.) [1974], seção 14, esp. p. 1.025s.

tiva, crítica e experimental. É claro que pode haver casos em que não existe uma teoria verdadeira do tipo desejado. Eu não ficaria surpreso, por exemplo, se procurássemos em vão uma teoria verdadeira pela qual pudéssemos prever o tempo para os domingos, com cinco semanas de antecedência. Mas se houver uma teoria verdadeira do tipo que estamos procurando, então o método de propor palpites ousados e de tentar arduamente eliminar os palpites equivocados *pode* ser bem-sucedido em produzir uma teoria verdadeira; e ela claramente não deixa tudo ao acaso, como faz o método dos palpites ousados somente, sem tentativa de eliminação; ou pior, o método de apenas ater-se dogmaticamente a um palpite, à teoria que primeiro nos ocorreu; ou ainda pior, o método de não ter nenhuma teoria.

O'Hear diz: "o mero fato de não haver um método 'melhor' ou 'mais racional' do que um dado método (escolhendo a teoria mais bem testada) não mostra que o método em si é uma forma racional de atingir um determinado fim (ação bem-sucedida)"[11]. Concordo plenamente. Mas, primeiro, simplesmente *não temos garantia* de sucesso; e, segundo, existem sim métodos piores e, portanto, menos racionais. O'Hear continua: Em um jogo de números aleatórios, pode não haver nenhum método melhor ou mais racional do que escolher novamente o último número, mas o procedimento em si dificilmente é racional"[12]. É bem isso: esse procedimento corresponde a fazer um palpite ao acaso e, em seguida, ater-se a ele, até o fim; o que é menos racional do que o método que estou recomendando. (No entanto, na medida em que no caso especial mencionado por O'Hear não há, de fato, nenhum método *melhor* do que escolher novamente o último número – embora haja muitos igualmente ruins – o método dificilmente poderia ser chamado de "irracional".)

Assim, creio que estou certo em descrever, como método mais racional do que alguns outros, o método de propor palpites (uma pluralidade de palpites), deixá-los competir e eliminar o pior deles; e O'Hear sequer nega que esse seja o "melhor" ou o "mais racional"

---

11. O'Hear [1975], p. 274.
12. O'Hear, ibid.

método que conhecemos. (Aliás, não considero que valha a pena gastar muito tempo com uma disputa pela palavra "racional"; e não tento "justificar" o método – não sou um justificacionista. Pelo contrário, sempre enfatizei que ele *pode* não ser bem-sucedido; e ficarei surpreso mas feliz se alguém sugerir um método melhor ou mais racional e cujo sucesso seja certo, ou provável.)

Pode-se acrescentar aqui uma palavra sobre o clamor dos indutivistas (O'Hear nega ser um deles) por princípios indutivos ou suposições indutivas. Geralmente se considera que tais princípios ou suposições – como o "princípio da uniformidade da natureza" – estão em um nível mais elevado de universalidade do que as teorias físicas, ou em um metanível. E, de fato, palpites de um nível mais elevado sobre o mundo, ou metaconjecturas, frequentemente desempenham um papel em nossos procedimentos científicos. Pode haver a metaconjectura de que talvez, pelo método de conjectura e refutação, possamos chegar a um modelo que explique as fases da lua, ou o funcionamento de uma tempestade com raios. E também pode haver a metaconjectura, derivada de nossa cosmologia, de que aplicaríamos o método de conjectura e refutação em vão se tentássemos chegar a uma lei que nos permitisse prever o tempo aos domingos com cinco semanas de antecedência. Em outras palavras, temos metaconjecturas que nos levam a esperar que o método de conjecturas e refutações possa ser útil a fim de responder questões em certos campos, mas não em certos outros campos. É claro que estas metaconjecturas são falíveis e alguém pode descobrir uma regra tal como "quase sempre chove aos domingos, mas não aos sábados". Mas não só ficaríamos surpresos se tal regra funcionasse, como isso também perturbaria nossa visão do mundo. É claro que essa visão, por sua vez, é conjectural, ainda que se possa dizer que é uma "suposição" subjacente a muitas de nossas conjecturas científicas. (Cf. tb. meu [1977(a)], seção 79.)

Acho possível que algumas pessoas que acreditam intuitivamente em "suposições indutivas" possam sentir que a admissão dessas metaconjecturas se encaixe em suas intuições e que isso mitigue seus receios em relação à minha negação da indução.

(2) *Verdade.* Dra. Susan Haack [1976], em um artigo intitulado "Is it True What They Say About Tarski?" [É verdade o que dizem

sobre Tarski?], repreendeu-me por interpretar a teoria da verdade de Tarski (no presente volume e em outras ocasiões) como uma teoria de correspondência. Ela responde à questão colocada no título de seu artigo com a ousada asserção "[...] Tarski não apresenta sua teoria como uma teoria de correspondência" (HAACK, 1976, p. 324). Minha resposta é simplesmente citar duas breves passagens de Tarski. A primeira é da segunda página do artigo fundamental de Tarski "The Concept of Truth in Formalized Languages" [O Conceito de Verdade em Linguagens Formalizadas][13]. Lá, Tarski diz sobre seu próprio trabalho: "Eu mencionaria apenas que ao longo deste trabalho me preocuparei exclusivamente em compreender as intenções que estão contidas na chamada concepção *clássica* da verdade ('verdadeiro – correspondente à realidade') em oposição, por exemplo, com a concepção *utilitária* ('verdadeiro – de certa forma útil')". A segunda passagem de Tarski, da quarta página de seu artigo "The Establishment of Scientific Semantics" [O estabelecimento da semântica científica], é ainda mais explícita[14]: "Consideramos a verdade de uma sentença como sua 'correspondência com a realidade'".

Creio, portanto, que as animadversões da Dr. Haack sobre a confiabilidade de meus relatórios sobre Tarski podem ser descartadas. Embora Tarski apresente sua teoria como uma teoria de correspondência, ele negou que conclusões realistas ou outras metafísicas possam ser tiradas dela. Usei pela primeira vez a teoria de Tarski em defesa de um realismo metafísico em 1956[15]. É claro que não atribuí essa visão a Tarski[16]; mas eu disse (em 1956) que estava "implícito na teoria clássica ou de correspondência" chamar um estado de coisas de "real" se o enunciado que o descrevia fosse verdadeiro.

(3) *A comparação de conteúdos.* Tenho argumentado frequentemente que o progresso da ciência resulta da concorrência de

---

13. A versão polonesa foi apresentada em 1931 e publicada em polonês em 1933 e em alemão em 1935-1936. Tradução em inglês em Alfred Tarski [1956], p. 152-278.

14. Tarski [1956], p. 401-408.

15. Cf. LEWIS, H.D. (org.) [1956], p. 355-388, esp. p. 384. Esse ensaio é agora o cap. 3 de meu [1976(a)]; cf. p. 116.

16. Pelo contrário, na p. 389 do presente livro, n. 9 e texto, eu dissocio Tarski de meus pontos de vista.

teorias; e também que nossas teorias mais interessantes tipicamente contradizem suas predecessoras (cf. cap. 5 acima). Portanto, precisamos de alguns meios pelos quais o conteúdo, ou o poder explicativo, de tais teorias possa ser comparado. No presente volume eu sugeri (cf. p. 74-75 acima) que poderíamos usar, como base para uma comparação, as questões que as teorias concorrentes são capazes de responder. (E também sugeri que pudéssemos usar para esse propósito o que chamei de conteúdo de problema das teorias[17].) Ou seja, eu sugeri que nossa comparação fosse feita em relação aos nossos problemas, problemas aos quais as teorias são capazes de responder.

Estas minhas sugestões se mostraram insatisfatórias. Infelizmente, falei em lugares proeminentes de "todas" as questões que uma ou outra teoria poderia responder; e David Miller, Adolf Grünbaum e John Watkins produziram contraexemplos. Entretanto, o que eu tinha no fundo da minha mente era tentar superar a dificuldade de comparação de conteúdo relativizando o conteúdo (como simplicidade; cf. meu [1976(a)], p. 241, n. 23) para nossos problemas *relevantes* – aqueles problemas que o cientista prático consideraria como relevantes[18].

Ainda penso que se alguém articular essa ideia adequadamente (o que eu, infelizmente, falhei em fazer), as dificuldades envolvendo a comparação dos conteúdos de teorias concorrentes e conflitantes talvez possam ser superadas.

As dificuldades de comparação de conteúdo foram enfatizadas por David Miller e Adolf Grünbaum. Quando uma teoria predecessora é *corrigida* por uma teoria sucessora, haverá experimentos cruciais para os quais a teoria predecessora e a teoria sucessora afirmam resultados diferentes (chamemos os resultados

---

17. Cf. minha "Autobiography" em Schilpp (org.) [1974], p. 20-21; [1977(b)], p. 200-201.

18. Sobre essa ideia de relativização a respeito de problemas, cf. meu [1976(a)], p. 241 n. 23; o presente volume, p. 78 e 187; meu [1977(a)], p. 377 e 386; e também minha "Autobiography" em Schilpp (org.) [1974], p. 68, e meu [1977(b)], p. 86. De modo mais geral, frequentemente enfatizei o modo em que os problemas, incluindo problemas práticos, são o ponto de partida para a ciência e o papel dos problemas na ciência é um tema importante no presente volume. Cf. tb. minha "Autobiography" em Schilpp (org.) [1974], p. 105-107, meu [1977(b)], p. 132-135 e meu [1976(b)].

cruciais previstos de c e não c, respectivamente). Agora, como aponta Miller ([1975(a)], p. 165), a questão "c-ou-u é verdadeiro?" será indecidível dentro da teoria sucessora se u for indecidível; pois na presença da teoria sucessora que implica não c, c ou u será equivalente a u. Assim, há uma questão que é resolvida, ou respondida, pela teoria predecessora, mas não pela teoria sucessora. É claro que David Miller admite que a pergunta "c ou u é verdadeiro?" pode não ser de nenhum interesse científico novo.

Adolf Grünbaum [1976(a)] também apresentou diversos exemplos de problemas que surgem em uma teoria predecessora (teoria de Newton) mas não na teoria sucessora (teoria de Einstein). No entanto, embora se deva admitir que as críticas de Grünbaum atingem algumas de minhas formulações anteriores, não creio que haja aqui um problema substancial importante. Pois podemos dizer que, para todos os seus problemas, a teoria sucessora *tem* uma resposta completa, diferente da teoria predecessora, ainda que não seja nem "sim" nem "não". A resposta é: "Esta questão não surge". (Deveria ter sido estipulado explicitamente que esse tipo de resposta é admissível.)

Assim, embora não queira menosprezar as dificuldades, sinto que não devemos deixá-las nos intimidar. Pois creio que há um sentido perfeitamente claro no qual podemos dizer que as leis de Kepler são explicadas (e corrigidas; cf. cap. 5) pela teoria da gravitação de Newton; que há um sentido perfeitamente claro no qual podemos dizer que a teoria de Kepler é menos geral, e de menor poder explicativo, ou de menor conteúdo informativo que a de Newton; e que relações análogas àquelas entre as teorias de Kepler e Newton se aplicam entre as teorias da gravitação de Newton e Einstein. Digo que há este sentido perfeitamente claro, mesmo que admita que falhei em deixá-lo claro.

Queremos poder afirmar algo como o seguinte, ao considerar as relações entre uma teoria como a de Kepler e sua sucessora como a de Newton. A teoria sucessora será na maioria dos casos (1) de um grau pelo menos tão elevado de generalidade ou universalidade quanto a teoria predecessora, no sentido de que cobre pelo menos a gama de problemas cientificamente interessantes cobertos pela teoria predecessora. Além disso, ou ela (2) se aplicará a situações sobre as quais a teoria predecessora nada tinha a dizer; ou (3) corrigirá alguns dos equívocos da teoria predecessora; ou fará, de preferência, ambas (2) e (3) e, portanto, todas essas coisas (1), (2) e (3). (Além disso, uma teoria sucessora pode superar mais de uma teoria predecessora e unificá-las; de fato, geralmente é este o caso.)

A dificuldade está em (3): se as duas teorias entram em conflito, então, como mostra claramente o exemplo de Miller, *nem todas as questões possíveis* respondidas pela teoria predecessora serão respondidas pela teoria sucessora. Meu equívoco foi sugerir, em minhas formulações de fato, que todas elas são respondidas.

Mas, conforme vejo as coisas agora, o ponto principal de trazer problemas seria *relativizar* a comparação com problemas *cientificamente relevantes* (ou com aqueles problemas que podem ser característicos do que eu chamei de situação de problema).

Por exemplo, podemos *relativizar* o conteúdo de problema de, digamos, K (as três leis de Kepler) e N (a teoria de Newton) para aquelas questões "relevantes" que pedem (dentro de uma situação descrita) a *posição* de um determinado corpo físico em função do *tempo*. As duas teorias dão respostas ligeiramente diferentes a respeito das posições dos planetas, e é por isso que surgem experimentos cruciais. Mas as respostas ao conjunto de perguntas escolhido estão (através da coordenada de tempo) em uma relação de um para um: quando as respostas das duas teorias desviam uma da outra, elas são relacionadas uma à outra de um para um. Desta forma, teríamos à nossa disposição um método pelo qual podemos comparar as partes "relevantes" de seus conteúdos em que as teorias levam a resultados diferentes. Onde os resultados são os mesmos, a relação um para um, é claro, também se aplica.

John Watkins, em uma comunicação privada, mostrou-me a insuficiência dessa relativização particular. Sua objeção pode ser colocada da seguinte forma.

A teoria de Kepler pode dar uma previsão precisa da posição de dois planetas em um determinado momento utilizando somente informações relativas às suas posições em momentos anteriores no tempo. Mas a menos que as massas dos planetas possam ser desprezadas, a teoria de Newton não pode fazê-lo; pelo menos, não com o mesmo número de posições dadas. Seria necessário também as massas dos planetas, o que a teoria de Kepler (erroneamente) não considera relevante. Assim obtemos uma resposta à nossa pergunta a partir da teoria de Kepler, mas não a partir da teoria de Newton.

Creio que esse contraexemplo é mais interessante e importante do que o de Miller ou o de Grünbaum, porque ele não é formalista. Mas ele pode ser respondido de várias maneiras. Uma delas é a seguinte.

A teoria de Newton *pode* dar uma resposta (ainda que somente na forma de um método de aproximação) para qualquer combinação particular das massas desconhecidas dos três corpos. (É claro, ela não tem solução direta para o problema dos três corpos.) Sua única resposta, portanto, consiste em uma exaustiva conjunção infinita de condicionais. Cada uma das condicionais terá a forma: se as massas dos planetas são tal e tal, suas posições são esta e aquela. Essa conjunção infinita *única* está em correspondência de um para um com a solução de Kepler. Apesar de seu caráter condicional, ela não pode ser considerada mais fraca do que a resposta de Kepler, uma vez que esgota todas as condições.

Mas podemos tentar outras maneiras de superar a dificuldade apontada por Watkins. Podemos relativizar nossos problemas relevantes ao conhecimento de fundo implícito na teoria de Kepler ou na de Newton: sob a suposição de fundo de Kepler, de que as massas dos planetas são irrelevantes para o problema, ou desprezíveis, Kepler e Newton dão os mesmos resultados, pois sob esta suposição o problema torna-se para Newton simplesmente a sobreposição de dois problemas de um só corpo. Sob a suposição (newtoniana) de que as massas *são* relevantes, mas desconhecidas, a teoria de Newton leva a essa infinita conjunção mencionada anteriormente.

De modo geral, não creio que haja necessidade de *um* método preferido para escolher a base do problema da relativização.

É de se admitir que este argumento seja apenas um esboço intuitivo, mas creio que vale a pena investigar se, por uma ou outra convenção adequada[19] envolvendo a *relevância*, podemos comparar os conteúdos de problema em relação a uma lista (um tanto convencional) do *tipo* de problemas aceitos como relevantes[20].

Pode haver outras relativizações, algumas talvez relativas ao crescimento das *situações de problema* de *T1* e *T2*. (Cf. cap. 4 acima.) A nova situação de problema surge da antiga através de um esquema como $P1 \to TT \to EE \to P2$. A nova situação de problema consistirá, assim, em *P1* e *P2*: será, *de modo comparável, mais rica* do que a antiga.

(4) *Verossimilhança*. Minha teoria da verossimilhança foi severamente criticada[21], e devo admitir prontamente que minha "definição de verossimilhança" proposta é falha. Há também uma séria falha nas considerações heurísticas intuitivas que originalmente me levaram à minha proposta.

Gostaria agora de corrigir[22] essas *considerações heurísticas intuitivas* da seguinte forma:

Parece intuitivamente que um enunciado *b* está mais próximo da verdade do que um enunciado *a* se, e somente se, (1) o conteúdo (relativizado) de verdade de *b* exceder o conteúdo de verdade de *a* e (2) algumas das consequências de *a* que são falsas (de preferência, todas aquelas aceitas como refutadas e, de mais preferência ainda, algumas outras além delas) não são mais deriváveis de *b*, mas substituídas por suas negações.

Nessa formulação heurística, trataríamos o termo "conteúdo", ou "conteúdo de verdade", como sujeito à revisão (relativização) esboçada na seção anterior (3) do presente apêndice.

---

19. Argumentei que uma convenção não precisa implicar arbitrariedade, em meu [1977(c)], vol. I, p. 64. Hayek [1978], p. 11, ao referir-se a essa passagem, aponta que Hume [1888], p. 484 disse que regras podem ser "artificiais", mas não precisam, portanto, ser "arbitrárias".

20. Cf. meu [1976(b)], esp. seção 4.

21. Devo a David Miller algumas críticas importantes; também a Pavel Tichý. Cf. os artigos listados no n. 2 acima. Cf. tb. meu [1976(b)].

22. Conforme vejo agora, meu principal equívoco foi a falha em ver imediatamente que meu "A Theorem on Truth-Content" [1966] poderia ser estendido ao conteúdo de falsidade: se o conteúdo de um enunciado falso *a* excede o de um enunciado *b*, então o conteúdo de verdade de *a* excede o conteúdo de verdade de *b*, e o mesmo se aplica a seus conteúdos de falsidade.

Além do esboço dado de uma ideia heurística corrigida do conteúdo da verdade, parece haver uma abordagem alternativa, que David Miller está explorando[23]: ele toma a *distância* (booleana) de uma teoria (um conjunto dedutivo de enunciados) do conjunto (dedutivamente fechado) de enunciados verdadeiros como a "distância da verdade"[24]. Algo como o oposto disso pode então ser tomado como verossimilhança. Além do mais, algumas medidas desses conjuntos (pois a distância booleana é um conjunto) podem ser introduzidas.

Como no caso do conteúdo, brevemente discutido na seção anterior (3), estou otimista com relação à verossimilhança. (Concordo com Pavel Tichý sobre isso.) A ideia me parece clara, mesmo que sua definição em termos puramente lógicos deva apresentar grandes dificuldades.

A sequência de teorias tais como K (as três leis de Kepler), N (a teoria da gravitação de Newton), E (a teoria de Einstein) parece-me ilustrar suficientemente o que se entende por um aumento do poder explicativo e do conteúdo informativo; e se os testes progressivamente mais severos das teorias sucessoras levarem a resultados positivos, esses resultados positivos parecem-me fornecer argumentos favoráveis à *conjectura* de que não é um acidente, mas sim devido ao aumento da verossimilhança[25].

Lamento profundamente ter cometido alguns equívocos muito sérios em relação à definição de verossimilhança; mas creio que não devemos concluir a partir do fracasso de minhas tentativas de resolver o problema que o problema não pode ser resolvido. Talvez ele não possa ser resolvido por meios puramente lógicos, mas somente por uma relativização a problemas relevantes ou mesmo pela introdução da situação de problema histórica.

Temos que distinguir o problema de esclarecer a ideia de verossimilhança da questão da apreciação de teorias a respeito da verossimilhança, especialmente teorias de alto poder explicativo.

---

23. Cf., p. ex., Miller [1977].

24. Cf. meu [1976(b)]. Talvez a sugestão de David Miller tenha que ser ampliada relativizando-do as classes booleanas para responder a problemas relevantes.

25. Cf. cap. 2, seção 33; p. 132-134 acima.

(É claro que teorias com alto poder explicativo são, por essa mesma razão, provavelmente falsas.)

É claramente parte de minha posição geral que *"jamais poderemos* ter argumentos [...] bons nas ciências empíricas para alegar que tenhamos realmente alcançado a verdade" (cf. p. 80 acima). Mas também defendo que *podemos* ter argumentos válidos para preferir uma teoria concorrente a outra, em *relação à nossa finalidade de encontrar a verdade, ou de chegar mais perto da verdade*. Assim, eu defendo que *podemos* ter argumentos válidos para *preferir* – pelo menos por enquanto – *T2* a *T1 em relação à verossimilhança*. Posso talvez ter me expressado aqui ou ali[26] de um modo ligeiramente incauto, mas isso é o que eu me proponho defender.

Sempre que digo (como na p. 81) que temos razões para acreditar que fizemos progressos, é claro que falo não na linguagem objeto factual de nossas teorias (digamos *T1* e *T2*), nem alego na metalinguagem que *T2* está, de fato, mais próximo da verdade do que *T1*. Em vez disso, faço uma apreciação do *estado da discussão* dessas teorias, à luz das quais o *T2* parece ser preferível ao ponto de vista de visar a verdade.

(5) *Experimentos cruciais em física*. A análise lógica das ideias utilizadas na metodologia da ciência é um assunto interessante e importante, e tenho certeza de que levará a novos e interessantes *insights*. Mas não devemos nos deixar desencorajar por resultados negativos, tal como outro resultado muito interessante do de David Miller, que cria uma situação comparável ao paradoxo de Russell[27]: o resultado que se uma teoria falsa *T1* produz aproximações métricas melhores que *T2* aos valores verdadeiros (ou então aos valores medidos) de pelo menos dois parâmetros, pode-se sempre transformar essas teorias em teorias logicamente equivalentes que devem receber a classificação oposta em relação a outro conjunto de parâmetros, definíveis em termos do primeiro conjunto (a definibilidade é mútua).

---

26. Cf. p. 68 acima, o primeiro parágrafo da seção 7; p. 76 acima, o último parágrafo; p. 80-81 acima; e p. 128 acima, o segundo parágrafo novo.

27. Cf. Miller [1975(a)], p. 170 e 180s. Cf. tb. seção 4 de meu [1976(b)].

A prova de David Miller pode ser colocada da seguinte forma. Os dois conjuntos seguintes (i) e (ii) de duas equações são mutuamente dedutíveis e, portanto, equivalentes

$$\text{(i)} \quad x = q - 2p$$
$$y = 2q - 3p$$
$$\text{(ii)} \quad p = y - 2x$$
$$q = 2y - 3x$$

Se dois quaisquer desses quatro valores forem "dados" ("dados" como sendo verdadeiros; ou como tendo sido medidos), os outros dois podem ser calculados. Vamos assumir os valores $x = 0$; $y = 1$; $p = 1$; $q = 2$, como sendo ou os valores verdadeiros ou os valores medidos (ou ambos).

Considere que a teoria T_1 implique

$$x = 0{,}100, \ y = 1{,}000$$

Considere que a teoria T_2 implique

$$x = 0{,}150, \ y = 1{,}225$$

Aparece então que T_1 é superior em precisão a T_2. Entretanto, se calcularmos os parâmetros p e q implicados por T_1 e T_2, chegamos ao resultado oposto: T_2 implica $p = 0{,}925$ e $q = 2{,}000$ e, assim, parece ser mais preciso do que T_1, que implica $p = 0{,}800$ e $q = 1{,}700$.

O resultado de Miller parece sugerir a futilidade de qualquer ordenação, não meramente de acordo com a verossimilhança, mas mesmo de acordo com uma simples concordância melhor com as medidas, de quaisquer teorias falsas com pelo menos dois parâmetros; pois sempre podemos encontrar um conjunto equivalente de parâmetros que levariam à ordem oposta.

Isso parece destruir o método fundamental da física, de decidir entre duas teorias concorrentes com base em experimentos cruciais; ou seja, com base em sua melhor ou pior concordância com medidas experimentais. (Um método, aliás, que não faz nenhuma suposição sobre a verossimilhança.)

Frege, quando confrontado com o paradoxo de Russell, disse: "A aritmética está cambaleando". É tentador dizer que o resultado de Miller mostra que a física está cambaleando. No entanto, Frege estava errado em seu diagnóstico. E temos razões muito sólidas para pensar que a física não está cambaleando, mas é capaz de lidar de modo bem-sucedido com problemas extremamente difíceis e sutis. O que a princípio parece ser implicações óbvias e radicalmente céticas da simples prova de Miller não pode, portanto, ser aceito.

Não conheço nenhum método geral pelo qual esse problema levantado por Miller possa ser resolvido ou evitado. No momento, parece que seria necessário tomar uma decisão, em cada caso particular, sobre os parâmetros que entram na avaliação das teorias físicas concorrentes; digamos, sobre mantê-las independentes. Parece que essa escolha não precisa ser arbitrária, mas será guiada pelos problemas nos quais estamos trabalhando e, de modo mais geral, pelas teorias que, naquele momento, influenciam nosso conhecimento de fundo.

Bibliografia selecionada

BARTLEY, W.W. III. *The Retreat to Commitment* [O retiro para o compromisso]. Nova York: Alfred A. Knopf [1962].

FEYERABEND, P.K. & MAXWELL, G. (orgs.). *Mind, Matter and Method*: Essays in Philosophy and Science in Honor of Herbert Feigl. Mineápolis: University of Minnesota Press, [1966].

GRÜNBAUM, A. "Can a Theory Answer More Questions than one of its Rivals?" [Uma teoria pode responder mais questões que uma de suas rivais?]. *British Journal for the Philosophy of Science*, 27, mar./1976, p. 1-23 [1976(a)].

_____. "Is the Method of Bold Conjectures and Attempted Refutations Justifiably the Method of Science?" [O método de conjecturas ousadas e refutações tentadas é justificadamente o método da ciência?]. *British Journal for the Philosophy of Science*, 27, jun./1976, p. 105-136 [1976(b)].

HAACK, S. "Is it True What They Say About Tarski?" [É verdade o que dizem sobre Tarski?]. *Philosophy*, 51, p. 323-336 [1976].

HARRIS, J.H. "Popper's Definitions of Verisimilitude" [As definições de verossimilhança de Popper]. *British Journal for the Philosophy of Science*, 25, jun./1974, p. 160-166 [1974].

HAYEK, F.A. *New Studies in Philosophy, Politics, Economics and the History of Ideas* [Novos estudos em filosofia, política, economia e a história das ideias]. Londres: Routledge & Kegan Paul, [1978].

HUME, D. *A Treatise of Human Nature* [Tratado da natureza humana]. Org. de L.S. Selby-Bigge. Oxford: Clarendon Press, [1888].

LEWIS, H.D. (org.). *Contemporary British Philosophy* [Filosofia britânica contemporânea]. 3. Série. Londres: Allen & Unwin, [1956].

MILLER, D.W. "Verisimilitude Redeflated" [Verossimilhança reesvaziada]. *British Journal for the Philosophy of Science*, 27, dez./1976, p. 363-381 [1976].

_____. "The Accuracy of Predictions" [A precisão das previsões], *Synthese*, 30, p. 159-191 [1975(a)].

_____. "The Accuracy of Predictions: A Reply" [A precisão das previsões: uma resposta], *Synthese*, 30, p. 207-219 [1975(b)].

_____. "Popper's Qualitative Theory of Verisimilitude" [A teoria qualitativa da verossimilhança de Popper]. *British Journal for the Philosophy of Science*, 25, jun./1974, p. 166-177 [1974(a)].

_____. "On the Comparison of False Theories by Their Bases" [Sobre a comparação de teorias falsas por suas bases]. *British Journal for the Philosophy of Science*, 25, jun./1974, p. 178-188 [1974(b)].

MUSGRAVE, A. "Popper and 'Diminishing Returns from Repeated Tests'" [Popper e "rendimentos decrescentes a partir de testes repetidos]. *Australasian Journal of Philosophy*, 53, dez./1975, p. 248-253 [1975].

O'HEAR, A. "Rationality of Action and Theory-Testing in Popper" [Racionalidade de ação e testagem de teorias em Popper]. *Mind*, 84, abr./1975, p. 273-276 [1975].

POPPER, K.R. *The Logic of Scientific Discovery* [A lógica da pesquisa científica]. 9. impr. Londres: Hutchinson, [1977(a)].

_____. *Unended Quest* [Busca inacabada]. 3. impr. Londres: Fontana/ Collins [1977(b)].

_____. *The Open Society and Its Enemies* [A sociedade aberta e seus inimigos]. 12. impr. Londres: Routledge & Kegan Paul, [1977(c)].

_____. *Conjectures and Refutations* [Conjecturas e refutações]. 6. impr. Londres: Routledge & Kegan Paul [1976(a)].

_____. "A Note on Verisimilitude" [Uma nota sobre a verossimilhança]. *British Journal for the Philosophy of Science*, 27, 06/1976, p. 147-159 [1976(b)].

_____. "A Theorem on Truth-Content" [Um teorema sobre o conteúdo de verdade]. In: FEYERABEND & MAXWELL (orgs.), p. 343-353 [1966].

POPPER, K.R. & ECCLES, J.C. *The Self and Its Brain* [O eu e seu cérebro]. Berlim/Londres/Nova York: Springer International/Heidelberg [1977].

SCHILPP, P.A. (org.). *The Philosophy of Karl Popper* [A filosofia de Karl Popper]. 2 vol. La Salle, Ill.: Open Court Publishing [1974].

TARSKI, A. *Logic, Semantics, Metamathematics* [Lógica, semântica, metamatemática]. [Trad. em inglês por J.H. Woodger. Oxford: Clarendon Press [1956].

TICHÝ, P. "Verisimilitude Redefined" [Verossimilhança redefinida]. *British Journal for the Philosophy of Science*, 27, mar./1976, p. 25-42 [1976].

_____. "On Popper's Definitions of Verisimilitude" [Sobre as definições de verossimilhança de Popper]. *British Journal for the Philosophy of Science*, 25, jun./1974, p. 155-160 [1974].

ÍNDICE DE NOMES*

Abbot, C.G. 327n.
Adler, A. 58n.
Albert, H. 50, 58n., 238n., 429n.
Alcmeão 240n.
Alexander, S. 274n.
Allison, S.K. 255n.
Anaximandro 219n., 230n., 240n., 305n., 417
Anaxímenes 240n., 417
Aristóteles 18, 26, 127, 133n., 158n., 159, 189, 196n., 202n., 233n., 243-244n.

Bach, J.S. 62
Bacon, F. 233n., 236n., 408, 426
Baldwin, E. 297n.
Baldwin, J.M. 92, 300n., 326n., 328
Barlow, N. 316n.
Bartley, W.W. 435n., 448
Bayes, T. 178
Beethoven, L. 228, 274n., 310
Bentley, R. 242n.
Bergson, H. 328, 344
Berkeley, G. 49n., 53, 56, 58, 87, 93, 114, 138, 140, 162, 189, 218
Bernard, C. 314n.
Bertalanffy, L. 263n.
Black, M. 377
Bohm, D. 266

Bohr, N. 26, 251, 255n., 263n., 266n., 330, 358, 366
Boltzmann, L. 363
Bolzano, B. 99, 138, 149, 160, 161n., 189, 193, 196, 205n., 371
Boole, G. 178, 445n.
Born, M. 224n., 229, 246n., 255, 301, 361, 364n.
Boscovic, R.J. 388n.
Bothe, W. 255n.
Breck, A.D. 345n.
Bridgman, P. 212
Brillouin, L. 265n.
Broglie, L. 266, 330
Brouwer, L. 141-142, 152, 164
Brown, R.W. 67n.
Buda 360
Buhler, K. 61n., 154n., 190, 202n., 288n.
Bunge, M. 180, 190, 224n., 365n.
Busch, W. 77n.
Butler, S. 292, 313, 328, 331

Cajori, F. 247n.
Campbell, D.T. 92
Carnap, R. 35n., 69n., 214n., 353, 403n.
Carus, P. 264n.

---

* Compilado por J.F.G. Shearmur. • A letra n. indica nota de rodapé.

Carus, T.L. 264n.

Catulo 235

César, J. 235

Chadwick, J. 267

Churchill, W. 51n., 63-64n., 69n., 88, 108

Cícero 18n., 129, 235

Collingwood, R.G. 201, 203n., 207, 211n., 228, 233-234n., 235

Colodny, R.G. 38n.

Compton, A.H. 255-256n., 263n., 264n., 277-279, 281-285, 287-288, 294-295, 299n., 302-303, 311

Comte, A. 319n.

Copérnico, N. 121, 216-217, 219n., 220, 429

Coriolis, G. 216n.

Cotes, R. 242

Darwin, C. 37, 50, 90-91, 94-95, 103, 126, 153, 183, 188, 203n., 276, 295-296, 297n., 312-314, 316, 318, 324-329n., 330, 335, 340-341, 343-344, 349

Darwin, F. 316n.

Davies, J.T. 453n.

Descartes, R. 53, 55-56, 58, 93, 99, 103, 138, 151n., 163, 165-166, 203n., 242-243, 282-287, 295, 303, 307-308, 311, 429-430

Dewey, J. 87

Diels, H. 240n.

Dilthey, W. 201, 214n., 219n., 228, 233, 236n.

Diógenes Laércio 199n.

Dirac, P. 255, 267, 330

Drake, S. 220n.

Dresden, A. 169s.

Duane, W. 365

Ducasse, G.J. 163n.

Duhem, P. 248n., 429n.

Eccles, J. 50n., 99n., 434n.

Eckart, C. 270n.

Edwards, P. 68n., 386n.

Einstein, A. 25, 33, 43, 58n., 63n., 74, 75, 76n., 77, 80, 89n., 95, 132-133, 165, 171, 220, 224n., 229-230n., 251-252n., 256, 264-267n., 276n., 301-302, 314, 318, 322, 327, 330, 363-364, 402, 415, 441, 445

Ellis, R.L. 236n.

Elsasser, W. 363n.

Eschenbach, M.E. 59n.

Euclides 100, 167, 172

Exner, F. 263n.

Feigl, H. 35n., 75n., 254, 353-354, 448

Fermat, P. 142

Feuerbach, L. 51n.

Feyerabend, P.K. 35n., 75n., 190n., 192, 254, 364n., 448

Flew, A. 9

Forster, E.M. 44

Foucault, L. 216n.

Fowler, H.W. 69n.

Frege, G. 99, 138, 140n., 142, 161-162n., 190, 193-194, 196, 198, 205n., 448

Fresnel, A. 252n.

Freud, S. 58n.

Frisch, K. 288n.

Galileu 33, 215, 226-227, 233n., 236n., 238n., 246, 248, 250, 319, 427

Ghiberti, L. 225n.

Gödel, K. 68, 204n., 387n., 393

Goldbach, G. 151, 203

Goldschmidt, R.B. 340

Gombrich, E. 172n., 190, 225n., 310n.

Gomperz, H. 190

Good, I.J. 60n.

Grattan-Guinness, I. 9

Green, D.E. 276n.

Grünbaum, A. 434n., 440-441, 443, 448

Haack, S. 438-439, 448

Hadamard, J. 265n.

Haldane, E.S. 190, 203n.

Hamlyn, D.W. 68n.

Hanson, N.R. 267n.

Hardy, A. 344

Harris, J.H. 75n., 434n., 449

Harsanyi, J.C. 34n.

Haydn, F.J. 225n.

Hayek, F.A. 146n., 151n., 190, 203n., 231n., 411n., 444n., 449

Heath, D.D. 236n.

Hegel, G.W.F. 137, 159-161, 191, 196, 202n., 359, 362

Heinemann, F. 191

Heisenberg, W. 255, 263n., 266n., 269, 270n., 278, 286, 330, 358, 363-366

Hempel, C.G. 38n.

Henry, P. 191

Heráclito 58, 159

Heródoto 230n.

Hesíodo 230n.

Heyting, A. 141, 165n., 173n., 175, 191, 369

Hill, E.L. 364n.

Hobbes, T. 193, 232n.

Hochhuth, R. 51n.

Hörmann, H. 67n.

Hubel, D.H. 97n.

Humboldt, W. 61n.

Hume, D. 15, 17, 17-23n., 27, 29, 31, 38-40, 41-42, 44n., 45, 46-47, 49n., 56, 58, 87, 93, 103, 112-125n., 126, 127, 129-131, 138, 140, 162, 203n., 270, 275, 277-279, 280-281, 303, 330, 386, 422, 444n., 449

Husserl, E. 190, 193, 205

Hutton, J. 344

Huxley, A. 273n.

Huxley, J. 326n.

Jennings, H.S. 43n., 92, 229n., 300n., 302n.

Jessop, T.E. 189

Jordan, P. 263n.

Jung, C. 58n.

Kahn, G.H. 305n.

Kant, I. 42, 46, 53, 58, 93n., 105n., 113n., 114, 117, 120-122, 125, 136, 138, 142, 156n., 164-167, 170-172n., 180, 196n., 224n., 262n., 270n., 291, 326, 388n., 394, 408-409

Keller, H. 204n.

Kemp-Smith, N. 164n.

Kepler, J. 33, 83, 94, 110, 319, 330, 361, 427-429n., 441-445

Kipa (a Sherpa) 55

Kleene, S.C. 173n., 176n., 191

Körner, S. 266n.

Kotarbinki, T. 389

Koyré, A. 395n.

Kramers, H.A. 255n., 266n.

Kranz, W. 240n.

Kretschmann, E. 224n.

Kronecker, L. 151, 203

Kuhn, T.S. 228n., 266n.

Lakatos, I. 35n., 152n., 161n., 173n., 180n., 184n., 191, 209n., 226, 341, 356

Lamarck, J. 126, 183, 188, 326n., 327-330, 338, 344

La Mettrie, J.J. (Offray de la Mettrie) 276

Landé, A. 60n., 266, 358, 365-366

Laplace, P.S. 171, 264n., 272, 274n., 381, 326-327

Lashley, K.L. 67n.

Le Sage, G.L. 327n.

Leavis, F.R. 99n.

Leibniz, G.W. 49, 196, 262, 388n.

Lettvin, J.Y. 184n., 191

Lewis, H.D. 241n., 439n.

Lillie, R. 263n., 285n.

Lindauer, M. 288n., 290n.

Livingstone, D. 376

Locke, J. 53, 56, 58, 87, 93, 102n., 114, 138-140, 162, 201

Lorenz, K.Z. 95n., 126, 302n., 328

Luce, A.A. 189

Lucrécio 264n., 327n.

Lutz, B. 299n.

Macbeth, N. 341n.

Mach, E. 60, 114, 239n., 310n.

MacKenna, S. 191

Martin, R.M. 394n.

Martin, T.H. 133n.

Marx, K. 19n., 51n.

Maxwell, G. 35n., 75n., 254, 364n.

Maxwell, J.C. 251-252n., 311, 330, 366, 429-430

Mayr, E. 344

Mazurkiewicz, S. 400n.

Medawar, P. 314n., 324n., 326n.

Medicus, F. 263n.

Menger, K. 387

Merwe, A. 60n.

Mill, J.S. 201

Miller, D.W. 51n., 75n., 79n., 99n., 434n., 440-448

Moore, G.E. 56n.

Morgan, C.L. 92

Moser, S. 32n., 238n., 408n.

Mostowski, A. 204n.

Motte, A. 247n.

Mozart, W.A. 274n., 310

Musgrave, A. 35n., 184n., 191, 209n., 297n., 436n.

Myhill, J. 174n., 191

Nagel, E. 77n., 192, 368n.

Needham, J. 276n.

Nelson, E. 60n.

Neugebauer, O. 219n.

Neumann, J. 267n.

Neurath, O. 84n.

Newton, I. 25, 33, 37, 58n., 64, 75-78, 80, 83, 120-121, 132-133, 167, 171, 172n., 218, 219, 230n., 238n., 242n., 243, 246-248n., 260-262n., 268, 270n., 271, 273, 319n., 324, 327n., 330, 366, 402, 427-429n., 435, 441-443

Nietzsche, F. 360
Nowell-Smith, P.H. 264n.

Occam, W. 353-354, 356, 363
Ogden, G.K. 194
O'Hear, A. 434-437n., 438
Orwell, G. 273n.

Parmênides 17, 91n., 315n., 363
Pauli, W. 330
Peirce, C.S. 262-263n., 265n.,
268n., 271, 278, 304, 358
Pemberton, H. 262n.
Petersen, A.F. 9
Pirie, N.W. 276n.
Pitágoras 224n., 417
Píteas de Marselha 26, 127
Planck, M. 264n., 364-365
Platão 137, 149, 156, 158n.,
159-161, 169-170, 172, 176, 192,
196, 196n., 200, 243-244, 362-363
Plotino 158-159n., 165, 191,
202n.
Podolsky, B. 266n., 267n.
Poincaré, H. 178
Polya, G. 169
Powell, J.U. 232n.
Ptolomeu 217, 219n., 220n.

Quine, W.V. 84n., 353-354n., 363,
371

Ramsey, F.P. 105n.
Ranke, L. 236n.
Raven, C.E. 295, 313
Reichenbach, H. 368
Reid, T. 47, 56, 93, 104, 131n.
Rembrandt 62, 235

Richards, I.A. 194, 203n.
Robinson, R.M. 204n.
Rootselaar, B. 137n., 253
Rosen, N. 266n., 267n.
Ross, D. 158n.
Ross, G. 158n., 203n.
Routledge, H. 55n.
Russell, B. 15, 20n., 23-25, 27-28,
46, 56n., 63n., 89n., 98, 112n., 114,
119-120, 122, 124, 138-140, 142,
162n., 163n., 178, 185, 192, 446
Ryle, G. 25, 27, 275n.

Salmon, W. 111
Schilpp, P.A. 63n., 89n., 193,
267n., 434-436n., 440n.
Schlick, M. 264n., 277-278n.,
280-281, 285, 303, 376
Schopenhauer, A. 262n., 360
Schrödinger, E. 224n., 255, 263n.,
264, 266, 268n., 301, 326n., 330,
356, 361, 363
Schwartz, J. 368n.
Selby-Bigge, L.A. 18n., 115n.,
116n., 117n., 125n., 270
Seward, A.C. 316n.
Sexto Empírico 129, 199
Shakespeare, W. 68n.
Shearmur, J. 9
Sherrington, C. 325n.
Simon, A.W. 255n.
Simpson, G.G. 300n., 326
Skinner, B.F. 273n.
Skolem, T.A. 388
Slater, J.C. 255n., 266n.
Soddy, F. 26
Spedding, J. 236n.

Spencer, H. 296, 312-313n., 314, 319n., 320, 324, 326, 330, 340

Spinoza, B. 53, 167, 262n.

Staal, J.F. 137n., 253

Stove, D. 25n., 118n.

Strawson, P. 27

Suppes, P. 77n., 191, 368n.

Szilard, L. 179

Tales 61, 65, 75n., 77n., 81, 83, 154n., 191, 204n., 214n., 368n., 371, 372-382, 384-406n., 438-439n.

Tarski, A. 240n., 417

Teodósio 233, 235

Téon de Esmirna 133n.

Tichý, P. 75n., 434n., 444n.

Tomás de Aquino, Santo 165

Turing, A.M. 276n.

Tycho Brahe 429n.

Urey, H.C. 25

Vesley, R. 191

Vigier, J.P. 266

Volkmann, R. 192

Waddington, C.H. 300n., 326n.

Wald, A. 388

Warnock, G.J. 123n.

Watkins, J.W.N. 51n., 123n., 158n., 193, 232n., 440, 442-443

Weyl, H. 230n., 363, 364n.

Wheeler, J.A. 302n.

Whitehead, A.N. 156

Whorf, B.L. 171n., 193, 209

Wiener, P.P. 248n., 429n.

Wiesel, T.N. 97n.

Wigner, E.P. 60n., 230n.

Wisdom, J.O. 316n.

Wittgenstein, L. 162n., 193, 376-377, 386

Woodger, J.H. 66n., 393n., 402n.

Wright, G.H. 122

Xenófanes 417

Yourgrau, W. 60n., 345n.

ÍNDICE DE ASSUNTOS*

Abelhas 183, 202, 288n., 290, *346*, 362
Abordagem negativa 38
Abstrato
  entidades abstratas; cf. Mundo
  teorias 430
Ação *39-41*, 45-46, 52, 104-107, 123n., 124-125, 130-131, 156, 188, 211, 235, 297, 302, 436
  crença ou disposição 44-45, 62, 105-107, 123n., 128, 137-140, 144, 155-156; cf. tb. *Conhecimento (subjetivo)*
  realismo 93, 123n., 130-131
Acaso 263n.-265, 278-281, 285n., 300n., 303, 310; cf. tb. *Indeterminismo*
  no mundo newtoniano *262-265n.*, 268
Aceitação 44, 180-183, 318; cf. tb. *Preferência*
Aceitação$_1$/aceitação$_2$ (Lakatos) 180n.
Acidentes 47
  argumento a partir da improbabilidade de 132-134, 446
Ad hoc 32, 239-242, 251-252, 328, 356, 358
Ameba e Einstein 43, 95, 301-303, 318, 322, 415
Analiticidade 109-112, 120-121, 166
Anatômico
  estrutura (executora) 331, 333-344

monstros (Goldschmidt) 340-344
  cf. tb. *Evolução*
Animal 183, 257
  conhecimento 100, 156, 172, 187, 318, 415; cf. tb. *Ameba e Einstein, eliminação*
  linguagem 153-156, 288n., 289-290; cf. tb. *Linguagem (funções da, expressão e sinalização)*
Animismo 243, 328, 331, 338
Anti-intelectualismo 52
Antinomias (paradoxos lógicos) 68n., 69, 83, 374-376, 380, 385, 389, 445-446
Aparência
  de verdade; cf. *Verossimilhança*
  e realidade 57, 59n., 362
A posteriori 120-121, 181-182
Apreciação 81, 180-183, 446-448; cf. tb. *Preferência*
Aprendizagem 42, 56, 87-88, 91, 139, *187-189*, 317, 334, 337, 356, 411-412
  a partir de equívocos 53, 232, 302, 324
  darwinista ou evocativa *vs.* lamarckista ou instrutiva 126, 183, 188, 324-326, 411-412
A priori 20n., 46-48, 95, *113-114*, *120-122*, 164n., 166n., 180-182, 353
  psicologicamente (ou geneticamente) 20n., 42, 122; cf. tb. *Inato*

---

* Compilado por J.F.G. Shearmur. • Referências de particular importância estão em itálico.
• A letra n. indica nota de rodapé e a letra t. significa termo explicado.

validade 20n., 42, 46-48, 113,
120-122, 125, 166, 181, 243
Aproximação 33-34, *246-250n.*,
327, 428-429n.; cf. tb.
Simulação
à verdade; cf. *Verdade*
(*aproximação à*)
Argumento 38, *60n.*, 138, 143,
156-157, 275-276, 290-293;
cf. tb. *Crítica, discussão*
linguagem; cf. *Linguagem*
(*funções da, argumentativa*)
Arte 52, 62, 137, 185, *225n.*,
228, 230, 308, *310*, 427
Associação de ideias 19, 86-87,
91, 102n., 119, 123-125, 272n.,
411, 414; cf. tb. *Teoria do balde*
Astrologia 218, 221n.
Atomismo 408
Atração ou força (newtoniana)
218, 246n., 250n., 327, 430
Axiomatização/axiomatizabilidade
69n., 72, 174, 204, 397, 400

Balde
teoria da mente como (teoria do
conhecimento do senso
comum) 17, 27, 53-54, 56n.,
60, *84t.-93*, 96-104, *113-117*,
122, 129-131, 135-136, 183,
314-316n., 359, 408n., 409,
411, 414; cf. tb. *Subjetivismo*
- *vs.* realismo 42-43, 59, 89,
114-116, 130-131, 136; cf. tb.
realismo
da ciência 408
Baldwin
efeito 300n., 326, 328t., 330
Biologia 40, 60, 127, 267, 286,
290, 305, 313n., 320, 330;
cf. tb. *Evolução*
análogos à b. do mundo 145-152,
162, 183, 202-203, 292, 308,
345-346, 362
método em 312-313, 322-330

percepção ou psicologia 42-43,
87, 89, 96-98, 103, 116, 126,
184-185, 410-412
redutibilidade da 352
teoria do conhecimento 36-37,
50, *90-98*, 101, 102-103,
104-105, 136, 144-147,
182-185, 187, 318-322,
346-349, 411-413, 415
Bolhas 304-305n.
"Bondade" de teorias, cf.
preferência

Calor/movimento molecular
263n., 304-305; cf. tb.
Indeterminismo (peirceano)
Causa e efeito 20n., 117-120, 125,
147, 270, *287n.*, *422n.*
Causalidade *112-121*, 125-126,
147, 185, 238, 270n., 325,
360, 366; cf. tb. *Explicação*
indução 112-113, *114*, 115-120,
124-125
Certeza 25, 38-39, 45, 57, 68,
68n., 86-88, 94, 98, 101,
104-108, 127-129, 135, 165,
168, 175, 219n., 232, 321,
433, 439
busca por 57, 63, 87, 100-104,
232, 433
tipos de *104-107*
vs. entendimento 214n., 219n.,
232
Ceticismo 19-20, 38, 114, *129-131*,
136, 448
clássico 129, 387
Ciência(s) 46, 48-49, 106-108,
112, 137, 145-147, 155,
177-180, 219n., 226, 232, 252,
290, 318, 350-351, 367, 433
aplicadas; cf. *Tecnologia*
arte 310n.
finalidade ou tarefa da 60-61,
65, 77, 94, 108, 155, 182,

228-230, 238-253, 321, 384n.,
402, 418, 422, 426n., 446-448
- explicação 47-48, 61, *238*,
240-242, 251-252, 320-322,
417-419, 426n.
- verossimilhança 76-78, 80-83,
96, 401-402, 446
história da, cf. *história*
humanidades 232-238, 351
limites da discutibilidade 60n.
modas na 264-266, 328-329
natureza conjectural da; Cf.
conhecimento (conjectural)
normal (Kuhn) 228n., 265-266n.
precursores da 414-415; cf. tb.
Mitos
progresso ou avanço na 34,
61, 80-81, 252, 319n.,
348-349, 427-433, 439-448;
cf. tb. *Conhecimento
(crescimento do)*
realismo; cf. *Realismo (ciência)*
relações entre 350-357
teoria da
- como balde; cf. *Balde*
- como holofote; cf. *Holofote*
"Ciência normal" (Kuhn) 228n.,
265-266n.
Cientificismo 231n., 232
Científico
conhecimento e teoria do
conhecimento 20, 22-25,
101-103, 107, *122, 139*,
143-144, 162, 177
método; cf. *Método*
realismo; cf. *Realismo*
redução; cf. *Redução*
Círculo de Viena 384, 389
Clareza 65, 81
Classe de consequência (sistema
dedutivo); cf. *Conteúdo*
Coerência
teoria da verdade por *371-372,*
374-375, *380-381*
Complementaridade (Bohr) 358

Comportamentalismo
(*behaviorismo*) 85, 97n., 105,
135n., 146-147, 198, *272*, 277,
282-283, 292, 353-357, 412
Comportamento
monstruoso 340-344
mutações de; cf. *Dualismo
genético*
Compton
postulado da liberdade de
283-284, 287, 294
problema de 277-278, *280-282t.,
283-285, 286-289*, 293-295,
311; cf. tb. *Corpo-mente,
problema*
Computadores 85, 99, 148, 203,
275-278n., 280, 292, 303-306
Comunicação 139, 153-156,
173, 200, 203n., 288-290;
cf. tb. *Linguagem (funções
da, sinalização)*
Conceitos
construção de (Kant) 166n.
critérios 385-387
teorias *vs.* 157-158n., 199,
362, 372-373, 388n.; cf. tb.
Essencialismo
Condições iniciais 120, 240,
419-425, 431, 435
Confiabilidade de teorias 29,
38-40, 48, 94, 128-129;
cf. tb. *Indução (problema
da, tradicional), preferência
(pragmática)*
Conhecimento; cf. tb. *A priori;
Certeza, Diretidade;
Fundamentos; Sociologia:
Sucesso*
abordagem objetiva ao 144-147,
205-211, 223-224, 232-237
análogo subjetivo do 104
árvore do 318-320, 339
crescimento do 54, 57, 91,
96-97, 112, 113, 143-144,
154-156, 161, 179-189,

208-209, 308, 311, 313-322,
346-350; cf. tb. *Ciência*
(*progresso na*)
- subjetivo *90-91*, 113, 187-188;
cf. tb. *Eliminação*
de fundo 53, 71, 96, 106, 208n.,
210, 213, 216, 226, 436n.,
448; cf. tb. *Expectativas*
(*horizonte de*)
demonstrável 101-102
é impregnado de teoria 96-98,
135
imprevisibilidade do 360
objetivo *43*, *90*, *99-100*,
101-104, 107-108, 113,
120-122, 128, 131, *140-144*,
145-147, *147-152*, 154-156,
160-162, 185, 188, *192*,
208n., 346, 360-362, 366;
cf. tb. *Mundo 3*
parcial 280
subjetivo 43-44, 62, 88,
90-91, *96-104*, 137-143, 147,
155, 178, *193*, 206, 360-361;
cf. tb. *Crença*; *Disposições*;
Expectativas; *Mundo 2*
teoria do (epistemologia) 41,
45, 53-54, 63, 84-109, 113,
130-132, 134-136, 312-322;
cf. tb. *Método* (*científico*)
- biologia ou evolução 37,
50, *90-98*, 101, 103, 105, 136,
145-147, 182-185, 187,
318-322, 345-350, 410-413, 415
- conhecimento científico 20,
22-25, 101-102, 122, 139,
143, 162, 177
- subjetivista; cf. *Subjetivismo*
- tradicional *140*, 143, 156, 163n.
tudo como conjectural 25-27,
29, 42, 48-50, 61, 81, *101-102*,
103, 106-107, 121, 131,
135-136, 155, 179-180, 182,
188, 205n., 314, 321-322,
361, 431-433, 434-438

Conjecturas
conhecimento consiste em;
cf. *conhecimento* (*conjectural*)
refutações 108-109, 207, 211,
314, 316, 321, 423n., 438;
cf. tb. *Método de tentativa*
Consciência 43, 99-101, 137,
140, 159-160, 196, *306-307n.*,
353, 412; cf. tb. *Conhecimento*
(*subjetivo*); *Estado* (*mental*)
Consequências não intencionais
54, 150, 175, 202-203n.; cf. tb.
Mundo 3 (*autonomia do*)
Constante
de aceleração 248
intuicionista 166n., 167-170,
172-177
Conteúdo(s) (classe de
consequência, sistema dedutível
axiomatizável) *68-75n.*, *76*,
78-83, 99, 108, 154-156, 200,
241n., 245, 382, *395-402*, 434,
439-448
comparabilidade de 72-75n.,
82, 434, *439-448*
de falsidade 69n.-75n., *76*,
80-82, *108-109*, 397-402
de verdade *70*, 73-74, 75n.,
78-82, 108, 154, 181, *396t.-402*,
445-448
empírico *69n.*, 181-182, 324
informação 32, 34, 37, 78, 441
medida de *73n.*, *74-75*, 78-79,
82, 132, 181n., 398, *400n.*, 401
probabilidade 34-36, 72-74,
132, 181, 400
relativo 71-74, 398-402
zero 71-72, 398-401
Continuum
teoria do (Brouwer) 141, 174
Contradições 160, 359
Controle 283-287, 293-300,
303-310
consciência 306-308; cf. tb.
Descartes, problema de

de eliminação de erro 297-300
de ferro 284, 304, 310
modelos de chave geral 284n.,
  285-287, 303, 306
plástico 284, 287, 293-296,
  299, 303-305, 308-310
por significado ou conteúdo
  de teorias 293-295; cf. tb.
  Compton, problema de
Convenções 444n.
Copérnico
  teoria de 216-217, 219n., 220n.
Corpo-mente
  dualismo 195-196, 199n., 307n.,
    331
  problema 100, 138, 186-189,
    197n., 277, *281-284n.*,
    294-295, 303, 305-311, 353-357
Correspondência
  a fatos ou realidade 65-68, 83,
    321, 350, 371, *374-383*, 385,
    389-392, 423, 439
Corroboração *34-38*, 110-111,
    128, 134, 217, 251, 424, 431
  analiticidade de escolhas e
    previsões 109-112
  desempenho futuro *35-36*, 432
  grau de 35-38, 82, 110-111, 134
  interpretação numérica da
    35n., 82
  preferência por teorias 18, 109,
    134
  verossimilhança 134
Cosmologia 41, *215-221n.*, 232n.,
    416, 438
Costume ou hábito (Hume) 19,
    119-120, *124*, 126, 272n.
Crença 17-19, 21, 41-46, 47,
    55, 92-94, 101-103, *105-106*,
    123n., 124-125, 128, 130-132,
    138, 144, 156n., 180, 258;
    cf. tb. *Conhecimento*
    (subjetivo); *Mundo 2*
  ação: cf. *Ação*

conhecimento de acordo com o
  subjetivismo 21, 43-44, 88,
    101-104, 156, 162-163n., 178,
    184-185
  eliminação do organismo com;
    cf. *Eliminação*
  filosofia 43, 138, 156, 179
  formação de 17, 41-42, 45-46,
    87, *92-93*; cf. tb. *Associação*
  justificativa da; cf. *Justificativas*
  lógica 140, 163n., 177-179,
    371-372
  probabilidade 105, *178-179*
Criatividade; cf. *liberdade*
Critérios 381, 385-387, 402
  de preferência 34
  de verdade 68, 381-382,
    385-387, 402
  - subjetivistas 43, 86, 88-89, *93*,
    99, 103
Crítica *38*, 43, 52, *53-54*,
    111-112, 122, 153-156, 160,
    173, 187, 237, 314, *316-318*,
    320-324, 347, 367, 383, 416
  dúvida 178
  possibilitada por
    formulação linguística 43-44,
      50, *90-91*, 95, 111, 125-126,
      153-156, 302, 320, 323; cf. tb.
      Linguagem (funções da)
  lógica; cf. *Lógica (de dois*
    valores)
Crítico(a)
  argumento ou discussão 34,
    38-39, 46, 54, 81, 83, 90-91,
    106-107, 109-111, 138-139,
    143, 155-156, 172-175,
    179-180, 187, 207, 290-291,
    292, 294-295, 347-350,
    367-368, 374, 416; cf. tb.
    Linguagem (funções da,
    argumentativa)
  atitude 50, 240, 302-303,
    415-417
  método 33, 95; cf. tb. *Método*

de tentativa e eliminação de erros
tradições 350, 416-417

Darwinista/darwinismo 37, 50, 90, 94-95, 103, 153, 277, 295, 297n., 318, 324-325, 330, 340, 349; cf. tb. *Evolução*
procedimento de seleção (ou evocativo) 126, 182-183, 188, 324-326
simula lamarckismo 188, 326-328, 330
Decidibilidade 385-387
Decisões instantâneas 280, 286-287
Decodificação 56-57, 87-88, 90, 98, 116
Definição 48, 78, 82-83, 158-159, 373-375, 393-395
da verdade de Tarski; cf. *Verdade (definição de Tarski)*
Demarcação *15n.*, 18n., 28n., 48-49, 113
Descartes
problema de *282-284n.*, *285-287*, 295, 306-308, *311*; cf. tb. *Corpo-mente*
Descoberta 180-185, 188, 198, 252, 384
"mundo 3" 99, 151-152, 175, 197-199, 203-204n.
Determinismo/determinista
acaso como única alternativa (Hume, Schlick) 277-281, 303
filosófico ou psicológico 270-274n.
físico *260n.*, 261-262n., 264n., 267-269n., 271-274n., 275-281, 310
"pesadelo do" 268-270n., 273-277, 310
teorias estatísticas 366
Deus 40, 62
"jogo de dados" (Einstein) 229

mundo 3 158-160, 196n.
(ou cristianismo) e teoria do conhecimento 89, 93, 104, 162, 165, 242
Deuses
planetas 218
pluralismo 195-197
Xenófanes sobre 417
Dialética 157, 160, 207n., 359, 362
Diferenciação (Spencer) 319, 324, 327
Diretidade ou imediação 55, 86-88, 93, 98, 103-104, 131, 136; cf. tb. *Decodificação*
Discussão 17, 46, 81, 83, 90-91, 106-107, 109-110, 155, 172-175, 180, 208, 293, 347, 367-368, 374; cf. tb. *Argumento*; *Linguagem (formulação em)*
Disposições 62, 90-91, 96-97, 99, 101-102, 137-140, 144-145, 155-156, 206, 411-412; cf. tb. *Conhecimento (subjetivo)*; *Mundo 2*
inatas; cf. *Inato*
Dogmatismo 42, 50, 54, 88, 215, 219, 330, 416, 437
Drosófila (mosca da fruta) 339
Dualismo
corpo-mente; cf. *Corpo-mente*
genético; cf. *genético*
Duane
princípio de 365-366
Dúvida 55, 178

Efeitos de amplificação 263n., 285-287n., 305-306
Einstein
como portador *vs.* críticas 90-91, 95, 111-112, 122, 126, 156, 187, 296, 299, 302-303, 318
eliminação 112, 152, 189, 213, 293, 300, 437-438; cf. tb. *Refutação*
evolução 112, 296-299, 306, 349

método de 31, 189, 321-323;
cf. tb. *Método de tentativa
e erro*
teoria de 58n., 77, 80, 83, 110,
132, 164-165, 230, 265, 363
Emergência 152-153, 155, 185,
267n., 292, *295-299n.*, 311,
347-363
redução 350-363
Empatia 207; cf. tb. *Entendimento*
Empírico(a, os)
base 50, 232
conteúdo 69n., 181-182, 324
enunciados 28n.
Empirismo 15, 20, 50, 87, 113,
119-120, 162-163n., 177,
264n., 408-409, 426
princípio do 28
Entendimento 143, *147-149*, 175,
205-237n., 323, 358, 361
análise situacional 223-224n.,
228, 233-237
aspectos subjetivos do 199,
205-210
de uma obra de arte 225n.
exemplo matemático de 213-215
graus de 214n.
histórico 206, 211, *214-225*,
231, *232-237*
"mundo 3" 199, 205-213, 216,
219, 223, 233-237
na ciência 228-230, 430n.
nas humanidades 205n., 228-232
organismos unicelulares 229
problema de um metaproblema
214, *221-223*, 226
"problemas vivos" 226-227
resolução de problemas 207-208,
209-211, 213-235
teoria do
- de Collingwood 207, 233-237
- de Dilthey 214n., 233n.
teorias malsucedidas 215-221,
224-225

teorias subjetivas do 200,
205n., 207, 214n., 219, 229,
233-237
vs. certeza 214n., 219n., 232
Entropia 179
Enunciados
básicos 22, 28n.; cf. tb.
Enunciados de observação
cálculo de e Cálculo de
Sistemas 396-398
existenciais 28n., 29-30, 432
fatos; cf. *Correspondência*
Epifenômenos 268, 269n.
Epistêmica(s)
atitudes (Ducasse) 163n.
lógica 140, 162, 177-178,
371-372
Epistemologia; cf. *Teoria do
conhecimento*
Equação de Schrödinger 301,
361
Erro(s) 232, 302
eliminação de; cf. *Eliminação*
teoria subjetivista do 86, 93,
103n., 409
Escolástica 52
Escolha
de teoria para ação *38-41*,
109-112, *123n.*, 437
entre teorias concorrentes;
cf. *Preferência*
sequência (Brouwer) 141, 151
Espaço
intuição do 164-164n., 166, 172
newtoniano 230n.
teoria kantiana do 142,
164-164n., 166-167
Especialização 228n., 231
Esperança 128-131
monstros esperançosos 340-344
Espírito absoluto ou objetivo
(Hegel) 138, 160-161
Esquema
de explicação; cf. *Explicação*

de tentativa e eliminação de
erros; cf. *Método de tentativa*
Esse
construi (Brouwer) 168-171,
176; cf. tb. *Intuicionismo*
percipi (Berkeley) 163, 357
Essencialismo
essências 27, 127n., 157,
241-242n., 244-245, 372,
388n.; cf. tb. *Universais*
modificado 242n., 245
Estado
de uma discussão 81, 138,
284n., 308, 446; cf. tb. *Mundo 3*
físico 197, 284n., 307, 311,
354, 360; cf. tb. *Mundo 1*
mental 137-140, 185, 197,
199n., 200, 284n., 307n., 311,
351-353, 360; cf. tb. *Mundo 2*
Estampagem (*imprinting*) (Lorenz)
126
Estímulo e reação 287n., 410-412
Estoicismo 158, 196, *199n., 200,
387*
Estratagema convencionalista
(imunização) 58n., 59, 432
Estrutura de propensão 333,
336-338
papel principal de mutações da
337-338, 343; cf. tb. *Dualismo
genético*
Estrutura fina 73n., 400n.
Estrutura-habilidade 333-339,
343-344
Estruturas biológicas 145-147;
cf. tb. *Mundo 3 (análogos
biológicos)*
Éter material 251n., 430
Ética 274n.
Evidência
documental 206-207, 232, 236n.
graus de (Heyting) 175-176
independente 239-240, 251
Evolução 36, 47, *94-96*, 103,
112, 127, 144-146, 153, 155,

183-189, 267n., 275-276, 285,
287-294, *295-300n.*, 303, 306,
309, 312-313, 318-319,
322-344, 348-350, 358
árvore da 318-320
autotranscendência 185-189
caráter lógico da teoria da
94-96, 295-297, 324, 327-328,
330, 358
criativa (Bergson) 299, 328
da linguagem 95, 112, 202n.,
288-294
da mente ou consciência 306,
307n., 413
de instrumentos 319-321
emergência; cf. *Emergência*
endossomática 183-184
exossomática 126, 154,
183-184, 292, 296, 303, 307,
310, 346; cf. tb. *Mundo 3*
imprevisibilidade da 358
leis da 295, 324
problema das mudanças
direcionadas a metas etc. para
teoria da 300, 327-328, 331,
337-339, 342-344
problemas de método na teoria
da 322-330
problemas do organismo na;
cf. *Problemas (evolutivos)*
teoria do conhecimento; cf.
*Conhecimento (teoria da
biologia)*
Exatidão/precisão 82, 169n.,
251, 271-273, 329, 426-427
Expectativas 17, 19, 24, 39,
42-43, *44-45*, 86-87, 90, 94,
96, 184, 315, 324, 412-414,
431; cf. tb. *Conhecimento
(subjetivo)*
horizonte de 44, *413t.-415*,
424n., 431; cf. tb.
Conhecimento de fundo
inatas; cf. *Inato*
inconsciente 44, 411-412

Experiência 18-19, 22, *28-29*, 56,
85, 88, 135, 187, 409-410,
413, 432-433, 435
decodificação *56-57*, *87-88*, 90,
98, 116
Experimentos
como testes 323
cruciais 31-32, 424, 434, 446-447
Explicação 29-30, 32-33, 47, 61,
120, 156-157, *238-254*,
320-322, 325-326, 356,
414, *418-426*, 440, 446; cf. tb.
Causalidade; Redução;
Simulação
ad hoc ou circular 32-33,
239-240, 251-252, 328, 356,
421, 426, 428
condições iniciais 120, 241,
419-425
correção do *explicandum*;
cf. *Explicandum*
dedução 418-420
do conhecido para o
desconhecido 239, 418-419
do sucesso na busca por
conhecimento 41, 47, 128, 253
história da 418, 430
leis universais 241, 244-245,
419-421, 424-426
modelos 327-328, 429-431
previsão 242, 418, 422-424n.,
427
representação esquemática da
420, 425
última 157, 241-243, 311, 432;
cf. tb. *Essencialismo*
Explicandum 238-241, 418-422,
426; cf. tb. *Explicação*
correção do 32, *245-251*,
252-253, *429n.*, 440-442
Explicans 238-241, 418-419,
422-424; cf. tb. *Explicação*
Expressão 139, 154-155, 185-186,
188, 200, 203, 211, 229, 288,
293

como função da linguagem;
cf. *Linguagem (funções da,
expressiva)*
Expressionismo 185-186; cf. tb.
Mundo 2

Falibilismo/falibilidade 28,
62, 88, 155, 171, 322; cf. tb.
Conhecimento (conjectural)
Falsidade 30-31, 200, 291, 376
conteúdo de *69-75n.*, 76, 80-82,
108-109, *397-402*, 444n., 446
no "mundo 3" 199
proximidade à verdade
78-79, 382, 402; cf. tb.
Verossimilhança
retransmissão da 50, 367-368,
371
Falsificação; cf. *Refutação*
Fatos 66-68, 134, 223, 350, 379,
381, 389-391, 395
concretos 135
correspondência aos; cf.
Correspondência
Fenomenalismo 58n., 62, 270n.,
357
Fenomenologia 58n., 62, *205n.*
Ferramentas 292, 319
anatômicas executoras 331,
333-344
Filo 296-297, 307, 415
Filosofia/filósofos 51-53, 62-63,
65, 84, 87, 160, 195-196, 209,
224n., 256, 295-296, 388,
416-417
Filosófico(a)
determinismo 269-270n., 271-273
redução 353-357
Finalidade(s) 150, 188, 229, 238,
283, 294, 309-310, 336-338,
340, 343
estrutura 150, *333-344*
Física
realismo *vs.* subjetivismo na
178-180, 363-366

redução da química à 351-352, 355

Fisicalismo 276-278, 353-359

Físico(s, as)
entidades abstratas; cf. *Compton, problema de*
movimentos e estados mentais; cf. *Descartes, problema de*
mundo (ou universo); cf. *Mundo 1*

Fontes de conhecimento 84, 103n., 165-168, 170, 172; cf. tb. *Balde, teoria do*

Força ou atração (newtoniana) 218, 246n., 250s., 430

Formalismo 169n., 170, 174

Formas (Platão) 138, 157-160, 195-197, 198-199, 244n., 362

Funções-enunciado 403-407n.

Funções recursivas 141, 152

Fundamentos (bases) de conhecimento 53-54, 57, 63, 87, 135; cf. tb. *Ponto de partida*

Futuro e passado 17, 46, 94, 119, 126, 434-435; cf. tb. *Indução (problema da)*

Galileu, teoria de
das marés *215n.*, *221n.*, 236n.

Galinha e ovo 414

Geisteswissenschaften (humanidades) 201, 205, *228-232*; cf. tb. *Entendimento*

Geneticamente *a priori* 122; cf. tb. *Inato*

Genético
código 99, 112, 188-189
dualismo (pluralismo) 188-189, 297-298, 308-310, *331-344*
monismo 332, 334-336, 339

Geometria 121, 164, 166, 217, 219n., 220n.

Gestalten 85, 259n.

Glândula pineal 285

Gravidade 25, 74-75, 80, 132, 230, *327*, 445

Hábito 187-188; cf. tb. *Costume*

Harmonia do mundo 224n., 301

Hermenêutica 205n., 228-232, *233n.*, 236n.; cf. tb. *Entendimento*

Heurística 42, 147, 169, 444-445; cf. tb. *Resolução de problemas*

Hipóteses
morrem em nosso lugar; cf. *Eliminação*
Newton sobre 242
suplementares 432; cf. tb. *Imunização*
todo conhecimento como consistindo em; cf. *Conhecimento (conjectural)*

História 92, 211, *231-236*, 347, 358-363
da ciência 21-22, 81, 214, 225n., 231, 418, 426; cf. tb. *Galileu, teoria de*

Historicismo 244

Histórico
entendimento 206, 210, 214-226, 232, 236n.; cf. tb. *Entendimento*
explicação 224, 232, 237, 424-426; cf. tb. *Análise situacional*
evolução 327-328, 330

Holismo 259n., 259

Holofote 408n., 414, 423n., 433

Humanidades 201, 205, 228-232; cf. tb. *Entendimento*

Humanismo 180-185

Idealismo 56n., *58-64*, 89, 93n., 114-115, 130n., 136, 357, 388, 394

Ideias
Platão 137, 157-161, 196, 198, 201, 244n., 362
reguladoras (princípios) 49, 83, *154*, 160, 181, *291*, 293, 294-295, 321, 350, 373, 382

Ilusões/aparência
realidade 57, 59n., 362
Imediação; cf. *Diretidade*
Impressões 85, 87, 93, 116, 122,
131; cf. tb. *Percepção*
Improbabilidade de acidentes
132-134, 445
Imunização (Albert) 50, 58n., 59
Inato
comportamento 328, 339
conhecimento 85, 96n., 97,
121n., 315
crenças 45
disposições 87-88, 91, 96, 155,
332, 411
estrutura 97; cf. tb. *Dualismo
genético*
expectativas 20n., 42, 315
instintos 42-43
Inconscientes
teorias ou expectativas 44,
323, 411
Indeterminação
fórmula de Heisenberg 263n.,
286, 364-366; cf. tb. *Teoria
quântica*
Indeterminismo (físico)
262-265n., 268n., 269n.,
278-280, 285-286, 303,
310-311, 358
em um mundo newtoniano
262, 265n., 268n., 358
liberdade 277-278, 284, 286n.,
311
não é suficiente 269n., *278*,
282, 285; cf. tb. *Controle
(plástico)*
peirceano 263-266n., 303-304,
358
teoria quântica 264-265,
279-280, 285
Indução 81, 112-134, 184, 246,
250, 330, 434-438; cf. tb.
Balde, teoria do

correção do *explicandum* na
explicação 244-251, 428, 429n.
corroboração 111
crítica da 17, 47-48, 118-119,
122-124, 127-129
demarcação 15n., 28, 48-49
falta de confiabilidade da
chamada 127-129
invalidade da (ou princípios
indutivos) 27, 47, 114, 124,
330
por repetição 18-19, 22, 41,
46-47, 123, *128*, 130
princípios ou regras da 18n.,
20, 24, 27, 46-48, 114,
120-121, 128, 434-438
problemas da
- de senso comum 17-18, 46
- lógica e solução de Hume
18-20n., 21-24, 27-29, 40-41,
112-126, 130-131, 330
regressão infinita 114, 120
reformulação(ções) da 22-24,
25-29, 41-46
- pragmática 38-41, 47-48
- psicológica
- - de Hume e solução de Hume
18-19, 21, 27-29, 114, 119,
123-126, 130-131, 330
- teorias científicas universais
20, 22-25, 122
- tradicional 16, 29, 40, 46-48,
118-119
simulada 128, 330
suposta justificativa da (ou
princípios indutivos) 18-19,
46-48, 119, 122-124, 127-128
teorias probabilísticas da 19,
34-35n., 36, 47, 118, 132-134,
321-322
Indutivismo 19n., 26, 35, *38*, *43*,
46, 426, 434-438
Inércia 217, 220, 242

Inferências indutivas 16, 47, 118, 124, 126, 246, 434-435; cf. tb.
Indutivo
não demonstrativas (Hempel) 38
válidas 21, 124, 367
Informação 32, 34, 37, 78
elementos da (teoria do balde) 85-86
teoria 84-85, 179
Instâncias: (Hume) 18-19, 22, 24, 125-126
de uma lei 24-25, 38, 407n., 435
Instintos 42-43
Instrução; cf. *aprendizagem*
Instrumentalismo 89, 94, 107, 242, 319-321; cf. tb. *Tecnologia*
Instrumentos 319-321
indivíduos como (Hegel) 159-161
Integração (Spencer) 319-321, 324, 327
Inteligíveis 196n., 210
Interação
corpo-mente; cf. *Problema corpo-mente*
entre mundos 1 e 3; cf. *Mundo 1; Mundo 2*
Interpretação 148, *206*, 208-209, 220n., 232n., 236n., 237n.; cf. tb. *Entendimento*
da experiência 56, 196n.; cf. tb. *Decodificação*
Interpretatio naturae 236n.
Intuição 164n., *165*, 166-167
Intuicionismo *164-176n.*, 368-370
Irracionalismo 15, 19, 21, 45-46, 107, 119-120, 123-126, 130

Justificativa
como finalidade 48-49, 65
de crença ou conhecimento 18, 21, 22-23, 29-30, 44, 48-49, 57, 90-91, 102, 109, 119, 123n., 156, 162-163, 323, 435, 438

de indução ou princípios indutivos 18, 46-48, 119, 122-124, 127-129
de preferência por teorias 22-23, 92, 109-112; cf. tb. *Preferência*

Kantiano/kantianismo 46, 120-122
correto em que medida 42, 93n., 121-122, 394-395
filosofia da matemática 164n., 165, *166n.*, 167, 170, 172-173
física newtoniana 120-121, 172n.
intuição *164-166n.*, 171-173
Russell como 46-47, 120
teoria do espaço 142, 164, 164n., 166
teoria do tempo 164n., 166-168, 171
Kant-Laplace
hipótese de 326
Kepler, teoria (leis) de 83, 110, 218, 261, 361, 441-442, 445
inconsistência com teoria de Newton 33, 238n., *246*, *248-251*, 262, 428-429n.

Lamarckismo 126, 183, 330
simulado pelo darwinismo 188, 326-328, 330
simulado pelo dualismo genético 338, 343-344
Laplace
demônio de 264n., 272, 274n.
Lei de refutação (falsificação) 30-31
Leis
da natureza 121, 129, 230, 240, *244-245*
de conservação 217-221
"estabelecidas" 25-26
falsificadoras 31
instância de 24, 38, 407n., 435-436
observacionais 254, 429n.

são todas hipotéticas 25, 244,
431; cf. tb. *Conhecimento*
(*conjectural*)
universais 240, 244-245, 324,
419-421, 425-426, 431, 435
Liberdade 160, 188-190, 258-259,
267-269, 274n., 278,
284-287n., 311; cf. tb.
Controle (*plástico*)
determinismo 268-270,
273-275, 277, 285n., 310
indeterminismo 269n.,
278-282, 285, 286, 311
postulado da
- de Compton 283-285, 287, 294
Linguagem 24, 57, 61, 91, 100,
146, 158n., 172, 201, 252,
339; cf. tb. *Linguístico*
animal 153, 156, 288n., 289-290
comum 66n., *83*, 142, 380
comunicação 139, 154-155,
173, 200, 203n., 288-289;
cf. tb. *Linguagem* (*funções
da, sinalização*)
distinção da 154n., 290, 291,
299-300
- expressiva ou sintomática
138, 153-155, 200-201, 203n.,
288-289, 291-293
é impregnada de teoria 50,
171, 184, 208
evolução da 96, 112, 150, *203n.*,
288-297
formulação em
- argumentativa 31, 61n., 95,
112, 122, *152-154n.*, *154-156*,
172-174, 203n., 204n., 288n.,
289, *290-291*, 292-293, 320
- descritiva 61n., 95, 112,
122, *153-154*, 156, 173, 203n.,
288n., *289*, 291-293, 320
- possibilita crítica 43-44, *50*,
90-91, 95, 111, 126, 153-156,
302, 321, 323
matemática 166-168, 172, 175

meta; cf. *Metalinguagem*
"mundo 1" 199-201, 358
"mundo 2" 99-100, 199-201
"mundo 3" 150-151, *152-156*,
161, *174*, 199n., 201-202
objeto; cf. *Linguagem objeto*
realidade; cf. *Correspondência*
relações da superior à inferior
153-154, 202n., 289-290,
291-294, 299
- hortativa e persuasiva 288n.
- de sinalização ou liberação
139, 153-154, 203n., 286n.,
289-290, 291-293
Linguagem-objeto 66-67, 377-380,
389-394, 446
Linguística
análise 104, 143
enigmas 52
redução 353-356
cf. tb. *Linguagem*
Lógica 21-22, 28-29, 34, 58,
78-80, 94, 101, 111, 120,
154n., 250-251, 275, 283,
310, 367-374, 382-383, 387
da descoberta 42, 92, 180-185;
cf. tb. *Conhecimento* (*teoria do*)
de dois valentes como *órganon*
da crítica 50, 78n., 155,
176-178, 291n., 359, 367-371,
382-383
epistêmica 140, 162, *177-178*,
371-373
intuicionista 176n., 177, 367-369
psicologia 21-22, 42, 92, 102n.,
126n., 140-142, 200, 360-361;
cf. tb. *Transferência* (*princípio
de*); *Mundo 2* (*efeito de
mundo 3*)
realismo 367-374
sistemas alternativos de 78n.,
176-178, 367-370
situacional; cf. *Análise
situacional*
teoria quântica 366-368

Lua e marés 218-221
Luz
teorias da 251

Magia 433
Máquinas e homens 276; cf. tb.
Computadores
Marcações cruzadas [*crossbearings*]
(Churchill) 64, 88
Marés
teoria de Galileu das *215-221n.*, 236n.
Marxismo 19n., 51
Matemática 164-177, 212-214,
368-370
crescimento da 172-173
estatuto ontológico da 100,
151-152, 167-169n., 170,
173-176, 203-204
filosofia kantiana da 164n.-166,
166-168, 170, 172-173
linguagem e pensamento
discursivo na 166-168,
172-175
"mundo 3" 99-100, 151-152,
170, 198, 202-205
problemas epistemológicos da
168, 169n., 169-174
problemas metodológicos da
169n., 170, 175-177, 366
profundidade em 245
Materialismo 199n., 262n., 331,
388n.
monista (fisicalismo) 276-277,
353-359; cf. tb. *Determinismo*
(físico)
Mecânica ondulatória 224n., 364;
cf. tb. *Teoria quântica*
Medição 251, 365-366, 427
Meio excluído 163, 169, 370
Mente; cf. *Consciência; Estado*
(mental); Mundo 2
Metafísica 48, 58, 60n., 125, 244,
252-253, 389, 439
Metalinguagem 66-67, 172,
378-380, 389-391n., 392-394, 446

Método
científico 21-22, 28, 41, 76, 81,
95-96, 108, 112-113, 122,
183, 231, 310n., 323,
415-416, 437-438, 446-448
de conjectura e refutação;
cf. *Conjectura*
de tentativa e eliminação de
erros 33, 39, 43, 45, 48, 88,
91, 95, 104, 126n., 131, 287,
290, 297, 300n., 309-310n.,
330, 349, 423n.
representação esquemática do
153, 155, 160, 182, 207n.,
208, 211-213, 218-222,
297-300, 347-349, 359, 444
Metodologia 28, 58n., 147,
252-253, 367, 370, 385, 402,
417, 446
problemas de
- na matemática 169n., 169-170,
176-178, 366
regras ou princípios da 34, 50,
426-427
Mitos 112, 184, 346, 350, 416-417
Modelos 217, 327, 429-431
Monismo 195, 363
genético 332, 335, *339*
materialista 276-278, 354-359
neutro/neutralismo 114, 388
Monstro 340-344
Mortais
"todos os homens são" 26, 127n.
Morte 26, 55, 127n., 276, 329n.
Mosquitos *257-260*, 304
Movimento circular 218-220n.
Mudança
realidade da 362-363
Mudanças direcionadas a metas
como problema evolutivo
327-328, 338-339; cf. tb.
Dualismo genético
Mundo 1 (primeiro mundo,
mundo físico) 99t., 112, 137,
187, 197-201, 205n., 210, 345,

470

388n.; cf. tb. *Determinismo* (*físico*); *Indeterminismo* (*físico*); *Materialismo*
influenciado pelo mundo 3 (via mundo 2) 139-140, 144, 152, 187-188, 197-198, 202, 276-278, 281-289, 294-295, 306-309
interação com mundo 2 138, 183, 197, *282-287n.*, 295, 306-307n., 311
linguagem 199-201
mundos 2 e 3 considerados por alguns como aspectos do 274-277, 353-359
Mundo 2 (segundo mundo, experiência ou pensamento *no sentido subjetivo*) 99t., 100t., 102, 106, 112, 123n., 139-144, 161-162, 163n., 187, 196-200, 360-361, 390n.; cf. tb. *Consciência; Disposições; Conhecimento* (*subjetivo*); *Estado* (*mental*)
abordagem do mundo 3 a problemas no 31-33, 100, 145-147, 205-211, 223, 233-237cf. tb. *Transferência*
como intermediário entre mundo 1 e mundo 3 187-188, 197-198, 202, 306-309
efeito do mundo 3 no 100, 139-141, 144, 197-198, 293-295, 306-309, 358 cf. tb. *Linguagem* (*funções da, argumentativa*)
entendimento 199, 205-211, 235; cf. tb. *Entendimento* (*teorias subjetivas do*)
interação com mundo 1; cf. *Mundo 1* (*interação com mundo 2*)
linguagem 100, 199-201, 358
matemática 168-169; cf. tb. *Intuicionismo*

mundo 3 considerado por alguns como expressão do 138, 146-148, 184-186, 188, 198, 200, 205n., 360-361
Mundo 3 (terceiro mundo, pensamento objetivo, especialmente *produtos* da mente humana) 50, 99n., 99t.-101, 106, 112, 123n., 137-164, 173-174, 177-178, 183-189, *192-205*, 217-218, 291-294, 306-308, 346, 358-362, 388n. cf. tb. *Conhecimento* (*objetivo*); *Linguagem* (*formulação em*)
análogos biológicos do 145-152, 162, 183, 201-203, 292, 308, 345-347, 362
autonomia do 100, 138-140, 143-144, *147-153*, 160, 161, 175, 186-187, 200-204n., 308, 359-362
Bolzano 138, 161-162, 196
considerado por alguns como expressão do mundo 2; cf. *Mundo 2*
considerado por alguns como aspecto do mundo 1; cf. *Mundo 1*
conteúdos ou internos do 99-100, 138, 157, 161, 175, *198*, 199-201, 202n., 208-210, 362
descoberta no 100, 151-152, 175, 197-198, 202n., 204
efeito no mundo 2; cf. *Mundo 2*
entendimento; cf. *Entendimento*
Frege 138, 162, 190, 193, 194, 198n.
Hegel 159-161, 196, 196n., 202n., 362
influência do - no mundo 1; cf. *Mundo 1*
linguagem 150, 153-156, 162, 173, 199n., 294

Platão 138, 157, 161, 196,
196n., 199n., 200, 362
teoria do conhecimento 101,
137-144; cf. tb. *Conhecimento*
(teoria do)
um produto humano 149-151,
156-157, 175, 185-187,
201-205, 346, 361-362
Mundos, pode-se distinguir mais
de três 138
Música 62, 185, 225n., 228-229,
274n., 308, 310n., 427
Mutação 95, 112, 296, 298-300,
331-343
teoria da ponta de lança de
mutação comportamental;
cf. *Ponta de lança*

Nacional-socialistas 52
Necessidade causal 116-120,
125-126, 270, 272n.
Negação
operação de 67n.
Neodarwinismo 296, 298,
312-315, 329n., 331
Neoplatonismo 158-159
Newton
determinismo 260n., 260, 262,
268n., 268, 271-273
indeterminismo 264, 266,
265n., 268n, 358
refutabilidade da 58n.
teoria de 37, 64, 77-78, 80,
120-121, 172n., 242, 325,
366; cf. tb. *Força*
Nicho ecológico 150, 183, 188,
299n., 343
Nominalismo 158, cf. tb.
Universais
Número(s)
de posição 404-407
primos 100
Nuvens *257t., 258-265n., 280,*
299, 302, *303-306*

Objetividade 173, 237; cf. tb.
Linguagem (formulação em)
Objetivismo 135n.; cf. tb.
Comportamentalismo
Objetivo
conhecimento; cf. *Conhecimento*
(objetivo)
modo de falar 21-22, 24, 142, 200
Observação 53, *89-90*, 135, 226,
262n., 314-316, 323, 357,
409-415, 416; cf. tb. *Balde,*
teoria do; Decodificação
caráter conjectural da 50, 99
é dependente de teoria ou
problema 24-25, 50, 96-98,
232, 314-316, 409-415
enunciados 21, 22n., 23-24,
28n., 34, 36-37, 49
Observacional
leis 252, 254, 429n.
linguagem 184
Observador
papel na física 363, 366
Occam
navalha de 353-354, 356, 363
Olho 97, 184, 196n., 331-332
evolução do 299, 301, 327,
331, 338-339, 343
Ontologia; cf. *Corpo-mente;*
Monismo; Pluralismo; Mundo
1; Mundo 2; Mundo 3
problemas na matemática 167,
169n., 170, 173-176, 203-205
Operacionalismo 135n., 136
Organismos
bolhas 304-305n.
controles plásticos 296, 299
evolução de
- multicelulares 299, 329n., 349
filo 297, 307
Órgão(s)
complexos 331, 338, 342-344
de autocontrole 334, 336, 339
posse e uso do 332, 334-335,
338-339

Ortogênese 331, 340, 343; cf. tb.
Dualismo genético
Ótica 171
Ousadia 32, *33*, 76, 108, 426, 437

Paixão 27-28
Palavras
não importam 36
verdade ou falsidade de teorias
vs. significado de 158-159,
372-374; cf. tb. *Essencialismo*
Palpites
conhecimento como; cf.
Conhecimento (conjectural)
"Pão alimenta" 26-27, 127-128
Paradoxo(s)
do mentiroso 68n., 374, 385
lógicos (antinomias) 67n., 69,
83, 374-375, 380, 385, 389,
446
Parâmetros 446-448
Passado e futuro 16, 46, 94, 119,
126, 434-435
Pensamento discursivo 164n.,
165n.-167, 171-173, 174-176
Percepção(ões) 135, 156, 163n.,
165, 196n., 316n., 408-412;
cf. tb. *Balde, teoria do*
biologia 87-88, 96-98, 103,
116, 126-127, 183-185, 412
Piloto automático 300, 333-336
Pitagóricos 417
Planck
princípio de 364-365
Planetas
fases de 217
movimento circular de 218,
219n., 220
Platão
barba de 363
Platonismo 159, 169-170,
243-244n..; cf. tb. *Essencialismo;*
Formas; Mundo 3; Platão
Pluralismo 195-197, 308; cf. tb.
Mundo 1; Mundo 2; Mundo 3

emergência 349-363
genético; cf. *Dualismo genético*
social 259
teórico (teorias concorrentes)
22-23, 30, 32-33, 74, 75n.,
82, 106-111, 123n., 125, 155,
180-183, 187, 208, 299-302,
321, *323, 366,* 428; cf. tb.
Preferência
Poder explicativo 75, 181, 445-446
Politeísmo 195
Ponto de partida 54-56, 98,
134-136, 196, 408, 440; cf. tb.
Fundamentos, problemas
senso comum e crítica como
52-55, 83-84, 94, 98, 129-130,
135, 388
Positivismo 56n., 58n., 62, 87,
231, 270n., 357, *386-387,*
388-389, 426
Pósitron 267
Pragmática
preferência; cf. *Preferência*
problema da indução 39-41,
47-48
Práxis/problemas práticos 209,
316, 320, 375, 440
Precisão 82, 251, 427-428
determinismo 268n., 271-273
grau de 241n., 427, 445-448
Preconceito 86, 183-184, 187,
236n., 409
Preferência (entre teorias
concorrentes) *22-23, 29-38,*
43, 46, 50, *74-76,* 78, 80-81,
92, *108-112,* 119-120,
123n., 125, 128, 132-134,
138, 180-182, 207-209, 245,
302n., 322, 348, 401-402,
436-440, 445-448
pragmática 29, 35-36, *38-41,*
46, 104-108, 109-112, 123n.,
124-125, 436; cf. tb. *Ação;*
Certeza; Tecnologia

Previsão/previsibilidade 111,
257, 358, 360, 374, 434-435,
442
de eventos improváveis 132-134
explicação 242, 418-424n., 426
Primeiro mundo; cf. *Mundo 1*
Probabilidade 50, 82, 132-134,
181, 433, 436-438
conteúdo; cf. *Conteúdo*
indução; cf. *Indução (teorias*
probabilísticas)
relativa 73, 400
teoria subjetiva da 105, 158n.,
177
Problema(s)
consciente *vs.* objetivo do
agente 224n., 296-297, 300,
361
descoberta científica 30, 185,
314-322, 348-350, 413, 439,
440n., 441; cf. tb. *Método de*
tentativa
deslocamento de 209, 213,
226, 348, 356
entendimento 207-208, *209-212,*
213-237
estatuto objetivo ou de mundo
3 do (ou situações-problema)
99-100, 138-139, 140-142,
148-149, 151-153, 156, 175,
196-197, 202-204n., 207-209,
211n., 212-232, 296-297,
300-301, 361, 388n.
evolutivo (do organismo)
184-185, 296-297, 300-301,
309, 349, 356
produção *vs.* problema de
estrutura produzida 145-147;
cf. tb. *Mundo 2 (abordagem*
do mundo 3 ao)
relativização de 77, 187, 440n.,
442-445
representação esquemática
de; cf. *Método de tentativa e*
eliminação de erros

resolução de 180, 226-227,
293-294, 316-317, 322-323, 350
- arte 225n., 310
- evolução 183, 296, 301
situações de 22-23, 104-106,
138, 141, 149-150, 156,
208-209t., 211, 214-222,
224-225, 231, 233-235, 264n.,
299n., 358, 362, 442-448
vivo 226-227
"Problema de Hume"; cf. *Indução*
(problema da, lógica, de Hume)
"Problema de Kant"; cf. Demarcação
Profundidade 33, 37, 120, 244,
245, 347
Programas de pesquisa 144
Progresso da ciência; cf. *Ciência*
(progresso na)
Projétil
Galileu *vs.* Newton sobre
246-248
Proteínas
síntese de 189
Prova 56n., 57-58, 106, 163,
168-177, 367-370, 386
uso de lógica fraca em
176-177, 368-369
Pseudociência 48
Pseudoproblemas 355
Psicanálise 58n.
Psicologia/psicológico 67n.,
85-88, 113, 126n., 147, 172,
198, 205n., 211, 231,
271-272, 282
biologia 43, *87-88*, 96-98, 126,
410
determinismo; cf. *Determinismo*
(filosófico)
lógica 21, 42, 92, 102n., 126n.,
140-142, 200, 360; cf. tb.
Transferência; Mundo 2
(efeito do mundo 3 sobre)
problema da indução; cf.
Indução (problema da,
psicológica)

Psicologismo 113, 147, 193,
205n.; cf. tb. *Mundo 2 (mundo 3
considerado por alguns como
expressão do)*
Ptolomeu
teoria de 217, 219n., 220n.

Qualitativo e quantitativo 427
Quantum
completude do 266n.
indeterminismo 264, 266, 279,
286, 311
postulado (Planck) 364
subjetivismo no 178-180, 265,
366, 368
teoria quântica 50, 255, 263n.,
264-266n., 268, 364-369
Questões o-que-é 243, 306-307,
372; cf. tb. *Essencialismo*
Química
redutibilidade à física 351-352,
354-355

Racional(is)
atitude 50, 302
atividade e finalidades 238
decisões (*vs.* decisões
instantâneas) 279, 286-287
discussão 34, 109, 155, 350
discutibilidade 60n.
Racionalidade 20, 39-40, 46, 83,
107, 122-124, 291, 302,
436-437; cf. tb. *Indução
(problema da, solução do
autor)*
das leis da natureza 230n.
função argumentativa da
linguagem 203n., 290
mundo 3 185
princípio da 224
Racionalismo 353, 370
Rato
do comportamentalista 272
explicação da morte do 419-421
operação de negação 67n.

Razão 27-29, 61-62, 124-125, 128
Razão suficiente 18, 44, 49,
101-103, 131
lei do meio excluído 162-163n.
para preferência; cf. *Preferência*
Realidade 56-57, 59n., 83, 88,
130, 237, 242n., 351, 377,
388n., 395-396, 432; cf. tb.
Realismo
correspondência à; cf.
Correspondência
princípio da 230n.
Realismo 52, 55-56n., *57-64*, 83,
88-90, 98, 100, 114-116,
123n., 136, 138, 252, 388n.,
395, 439
ciência 60-61, 93, 130-131,
251-253, *350*, 354, 364-369
Churchill sobre 63-64
Einstein sobre 63
estatuto do 56n., 58-59n.,
60n.-64, 130-131, 136
linguagem 61
lógica 367-369, *370*, 372-383
metafísico 60n., 252-253, 389
pluralismo 350-357
teoria da correspondência 67,
83, *350*, 375, 378, *381*, *389*
teoria do conhecimento do
senso comum *vs.* 60, 63, 90,
114-116, 129-131, 135-136
Redução 82, 325, 350-359,
393-395, 418; cf. tb.
Simulação
científica 350-357
emergência 350-357, 359
linguística ou filosófica
353-357, 394
Reflexos 85, 91
Refutação/refutabilidade/
falsificação 28-31, 38, 44,
58-59n., 94, 104, 108-109,
113-114, 128, 152n., 176,
241, *244-246*, 293, 314, 316,
321, 367, 382, 414, 423n.-424,

475

427, 429, 431-433, 438; cf. tb.
Eliminação; Testes
imunização contra 50, 58n.,
59, 431
realidade 247, 394-395, 432
Regressão infinita 159, 373, 415
indução 114, 120
Regularidades
crença em ou necessidade de
18, 41-42, 45
pragmáticas 26-28, 40-41,
48, 119-120, 127-128;
cf. tb. *Indução (problema da,
psicológica)*
Relatividade 83, 164-165, 265,
363-364; cf. tb. *Einstein,
teoria de*
Princípio de Galileu 215n.
Relativismo 161, 371
Relativização de problemas 77,
187, 440n., 442-445
Relevância 440-448
Religião
história da 231
teoria subjetivista do
conhecimento 89, 93, 104,
162, 166
Relógios *257t.*, 257, 260-265n.,
280-281, 304-305
"são todos nuvens" *262-265n.,
280-281, 304-305*; cf. tb.
Indeterminismo
"todas nuvens são" *260-262,*
264-265, 268, 281; cf. tb.
Determinismo (físico)
"Rendimentos decrescentes" 436n.
Repetição
formação de crenças (*balde,
teoria do*) 17, 41, 45-46, 87
indução por 19, 21-23, 46,
123-124, 126, 128, 130
Retroalimentação [*feedback*]
144-145, 150, 152, 156, 160,
186, 204, 203, 295, 299,
303-304, 307

Satisfação 389, 393, 402n., 403,
406n., 407
Segundo mundo; cf. *Mundo 2*
Seleção 126, 183, 188, 293, 330;
cf. tb. *Aprendizagem*
natural 50, 126, 183, 188-189,
296-297, 303, 309, 312,
318, 325-327, 331, 334; cf. tb.
Evolução
Semântica
metalinguagem; cf.
Metalinguagem
paradoxos; cf. *Paradoxos*
termos 83, 389, 393
Semelhança; cf. Universais
Senso comum 52-56n., *57*, 58-60,
63, 68n., 88, 94, 98, 103-104,
128-131, 135-136, 257, 260,
357, 388
como ponto de partida *52-54*,
84, 94, 98, 130, 388
crítico 52-58, 83-84, *130-131*,
134-136
noção de verdade; cf. *Verdade
(teoria da correspondência à)*
problema da indução 17, 46
realismo 55, 56n., *57-60*,
130-131; cf. tb. Realismo
teoria do conhecimento; cf.
Balde, teoria da mente como
- *vs.* realismo 60, 62-63, 89-90,
114-116, 130-131, 136
Sensorial(is)
dados 85-90, 136, 184-185
experiência 87, 122, 135-136,
163, 408; cf. tb. *Balde, teoria do*
intuição (Kant) 165-166
órgãos 97, 116, 183-184, 409
Sentenças (Tarski) 66n., 384n.,
387, 402n.
Sentidos 17, 85, 98, 115-116,
162, 315
Sequela 300n.
Sequências
finitas e infinitas 403-407n.

função sinalizadora da linguagem; cf. *Linguagem (funções da, sinalização)*
Si/eu 99, 135, 188
autocrítica 186
autoexpressão 153, 186; cf. tb. *Linguagem (funções da, expressiva)*
consciência de 55-56, *100*, 307n.
transcendência 155, 185-189
Significado 158-159, 372-373, 381
Simetria e leis da natureza 230n.
Similaridade 42, 244n.; cf. tb. *Universais*
Simplicidade 33, 181, 241n., 245
Simulação 188, 300, 305, 324-328, 330, 338, 344
Sintaxe ou morfologia da linguagem 389-390, 391n., 393-394
Sinteticidade 111, 113-114, 120-121, 166
Sistema
  imperfeito (Newton) 262n.
  planetário/solar 304
Sistema dedutivo (classe de consequência)
  axiomatizável; cf. *Conteúdo*
  não axiomatizável 69n., 396-397
Sistemas
  abertos 305, 311
  biológicos ou orgânicos 189, 259, 305n.
  cálculo de (Tarski); cf. *Tarski*
  fisicamente fechados 268-269, 277, 284n., 310; cf. tb. *Determinismo (físico)*
  físicos 257, 304, 333
Situação (Collingwood) 233-237; cf. tb. *Situação de problema*
Situacional
  análise ou lógica 95, 141, 211, 223-225t., 227-229, 233-237; cf. tb. *Situação de problema, entendimento*

Sobrevivência 19, 36-37, 94-95, 295-297, 298, 309, 319, 326, 328-329n., 349
  mutações, monismo genético e dualismo 334-344
Sociedade aberta 258
Sociologia do conhecimento 147, 273n.
"Sol nasce e se põe uma vez a cada hora" 17, 26, 37, 45, 127-128
Sonhando 58-59, 61-62, 64, 89, 163n.
Sonhos utópicos 273n.
Subjetivismo 56, 58n., 62, 64-65, 89-92n., *98*, 101-104, 105-106, 113, 122, 135-136, 139, *140*, *143-144*, 147, *162-163n.*, 173, 175, *177-180*, 185, 198, 205n., 359-360, *363-366*; cf. tb. *Balde, teoria do*
  e religião 89, 93, 103, 162, 166
Subjetivo
  conhecimento; cf. *Conhecimento (subjetivo)*; *Mundo 2*
Substância 284n., 308
Sucesso na busca pelo conhecimento
  explicação do provaria demasiado 41, 128-129, 253
  improvável se nossas teorias estiverem corretas 27, 41, 47-48, 252

Tabula rasa 81t., 91n., 96, *98*; cf. tb. *Balde, teoria do*
Tarski
  cálculo de sistemas de 69n., 70-75, 395-402; cf. tb. *conteúdo*
  definição de verdade; cf. *Verdade* (definição de Tarski)
  teoria de verdade; cf. *Verdade* (definição de Tarski)
Tecnologia/ciência aplicada 94, 106-107, 124-125, 197-198, 202, 319, 418, 422-423n., 426n.

Teleologia 147, 325, 328
Telescopagem 297n.
Tempo 100, 171, 230n., 341,
362-363
intuição do 164-166n., 171-173,
174-175
teoria kantiana do 166n.,
165-168, 171
Tentativa e erro; cf. *Método de
tentativa e eliminação de erros*
Teoria da ponta de lança de
mutações comportamentais
298, 306-307, 337-338, 340,
342, 344; cf. tb. *Dualismo
genético*
Teoria estatística
determinismo 366
teoria quântica como 366
Teoria pragmática da verdade
371-376, 380-382
Teorias
concorrentes; cf. *pluralismo*
impregnam toda percepção,
conhecimento, linguagem
etc. 24-25, 50, 96-98, 135,
171, 183-185, 208-209,
314-315, 410n.-415
todas são conjecturais; cf.
Conhecimento (conjectural)
"Terceira visão" 242n., 244
Terceiro mundo; cf. *Mundo 3*
Terceiro reino (Leavis) 99n.
Testes/testabilidade 28-32, 34-35,
36-38, 50, 59n., 108-109, 152,
180-182, 225, 241n., 314,
321, 366, 415, 423n.,
425-427, 430-433; cf. tb.
Refutação
cruciais 31-32, 424n.
enunciado de 21, 22n., 23-24,
28n., 34, 36, 49
graus de 32, 35, 181, 245, 427
independentes 32, 239-240,
419-421, 426, 428
severos 31, 35, 108, 128, 181,
239, 433

Texto
interpretação de 231n., 233n.,
236n., 237n.
Thnētos 26, 127n.
Tradição 156, 173, 186, 350,
415-417
Tradução 376, 390
Transferência
princípio de *21t.*, 42, 45,
92n., 107; cf. tb. *Mundo 2
(abordagem do mundo 3 a
problemas no)*

Uniformidade da natureza 46,
127, 129, 438; cf. tb. *Indução
(problema da, tradicional)*
Universais *158n.*, 243, 245; cf. tb.
Essências
Universalidade
grau ou nível de 241n.,
243-244, 251, 427, 441

Validade 92, 155, 291, 293, 367,
385-386
a priori; cf. *a priori*
da indução; cf. *Indução
(invalidade da)*
Verdade
aproximação ou proximidade
à 69, 78-80, 83, 92, 97, 109,
125, 128, 134, 161, 181, 187,
252, 302n., 321-322, 327-328,
382, 397, 402, 444-448; cf. tb.
Verossimilhança
atemporalidade da 201
busca pela 29-34, 49, 65, 68,
76-80, 124, 155, 160, 384
como ideia reguladora 48-49,
154, 160, 291, 293, 321-322,
350, 373, 382
conteúdo de; cf. *Conteúdo*
critérios de; cf. *Critérios*
crítica da
- discutida 374-376, 388-389

478

- reabilitada por Tarski 371,
  377-383, 389, 394, 439
- realismo 67, 83, 350, 375,
  379, 381, 388, 439
da proposição *vs.* autenticidade
  da pessoa 201
definição da
- de Tarski 83, 214n., 380-381,
  393-394n., 395
de teorias *vs.* significado
  de palavras 158, 373-375;
  cf. tb. *Essencialismo*
na linguagem comum 83,
  380-381
não relacionada à linguagem 67
no tribunal de justiça 375,
  380-381
pragmática da 371-375,
  380-381, 439
teoria da
- de Platão 199n.
- de Tarski 65-70, 83, 154n.,
  371, 378-383, 389-396,
  438-439

- por coerência *371-372,*
  374-375, *380-381*
- por correspondência 65-68,
  81-83, 154n., 321, 371,
  374-383, 389-395, 439; cf. tb.
  Verdade (definição de Tarski)
transmissão da 50, 367-368, 371
uma ilusão (criticada) 49n.,
  68n., 386
Verificação 29, 163, 423
Verossimilhança 69-70, *74-84,*
  108, 124, 132-134, 154,
  161, 181-182, 382, 398,
  400n., 401-402, 434, 444-447;
  cf. tb. *Verdade (aproximação à)*
como finalidade de ciência 78,
  80-81, 96, 402
Vida 26, 55, 128-129, 185, 276,
  329n.
emergência ou evolução da
  112, 276, 311, 353, 357
Vitalismo 328, 338, 344

COLEÇÃO PENSAMENTO HUMANO

- *A caminho da linguagem*, Martin Heidegger
- *A Cidade de Deus (Parte I; Livros I a X)*, Santo Agostinho
- *A Cidade de Deus (Parte II; Livros XI a XXIII)*, Santo Agostinho
- *As obras do amor*, Søren Aabye Kierkegaard
- *Confissões*, Santo Agostinho
- *Crítica da razão pura*, Immanuel Kant
- *Da reviravolta dos valores*, Max Scheler
- *Enéada II – A organização do cosmo*, Plotino
- *Ensaios e conferências*, Martin Heidegger
- *Fenomenologia da vida religiosa*, Martin Heidegger
- *Fenomenologia do espírito*, Georg Wilhelm Friedrich Hegel
- *Hermenêutica: arte e técnica da interpretação*, Friedrich D.E. Schleiermacher
- *Investigações filosóficas*, Ludwig Wittgenstein
- *Parmênides*, Martin Heidegger
- *Ser e tempo*, Martin Heidegger
- *Ser e verdade*, Martin Heidegger
- *Verdade e método: traços fundamentais de uma hermenêutica filosófica (Volume I)*, Hans-Georg Gadamer
- *Verdade e método: complementos e índice (Volume II)*, Hans-Georg Gadamer
- *O conceito de angústia*, Søren Aabye Kierkegaard
- *Pós-escrito às migalhas filosóficas (Volume I)*, Søren Aabye Kierkegaard
- *Metafísica dos costumes*, Immanuel Kant
- *Do eterno no homem*, Max Scheler
- *Pós-escrito às migalhas filosóficas (Volume II)*, Søren Aabye Kierkegaard
- *Crítica da faculdade de julgar*, Immanuel Kant
- *Ciência da Lógica – 1. A Doutrina do Ser*, Georg Wilhelm Friedrich Hegel
- *Ciência da Lógica – 2. A Doutrina da Essência*, Georg Wilhelm Friedrich Hegel
- *Crítica da razão prática*, Immanuel Kant
- *Ciência da Lógica – 3. A Doutrina do Conceito*, Georg Wilhelm Friedrich Hegel
- *Lições sobre a Doutrina Filosófica da Religião*, Immanuel Kant
- *Leviatã*, Thomas Hobbes
- *À paz perpétua – Um projeto filosófico*, Immanuel Kant
- *Fundamentos de toda a doutrina da Ciência*, Johann Gottlieb Fichte
- *O conflito das faculdades*, Immanuel Kant
- *Conhecimento objetivo – Uma abordagem evolutiva*, Karl R. Popper
- *Sobre o livre-arbítrio*, Santo Agostinho